今泉隆雄著

古代宮都の研究

吉川弘文館 刊行

日本史学研究叢書

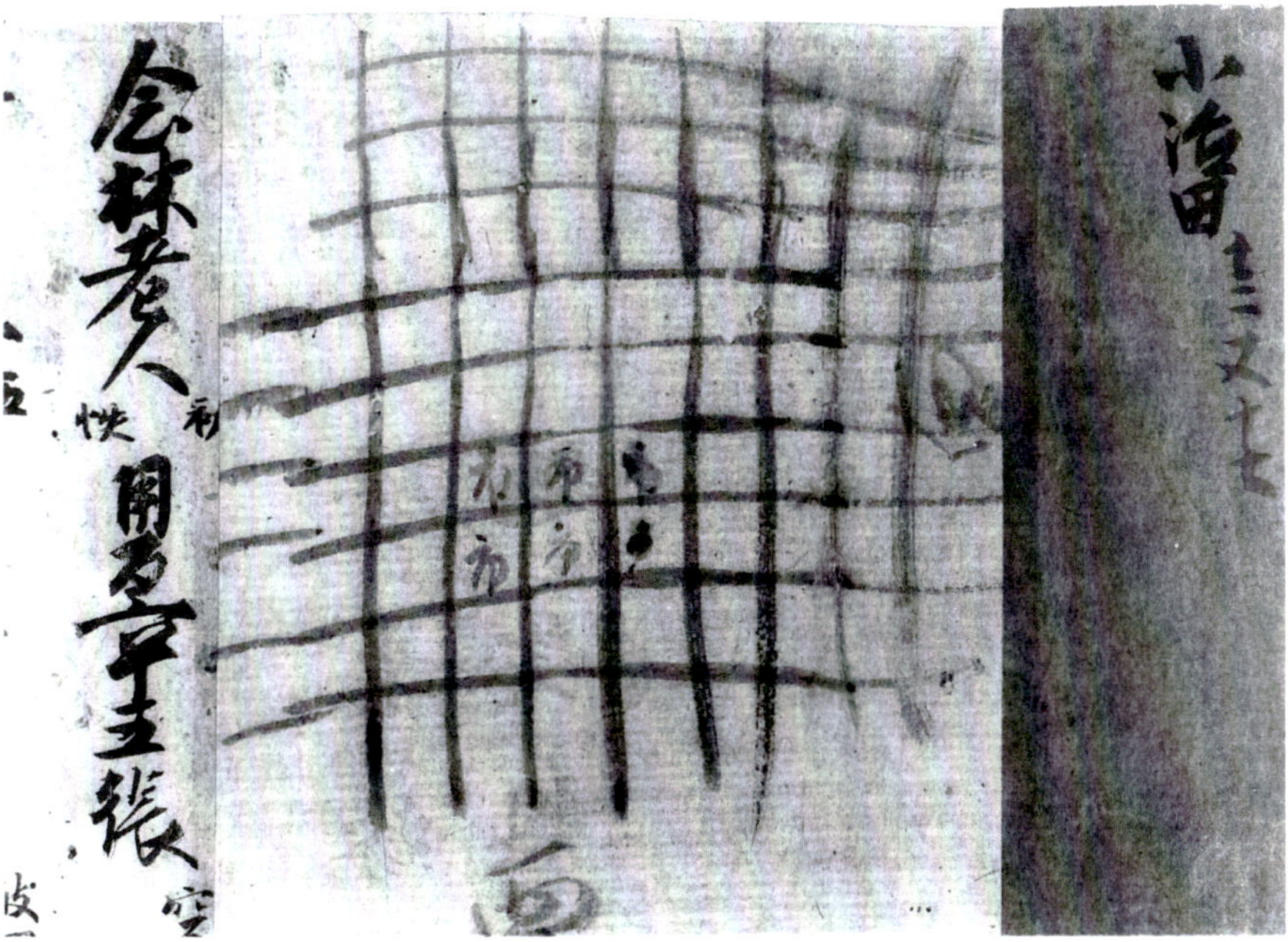

図１　平城京市指図

図２　市指図　部分拡大

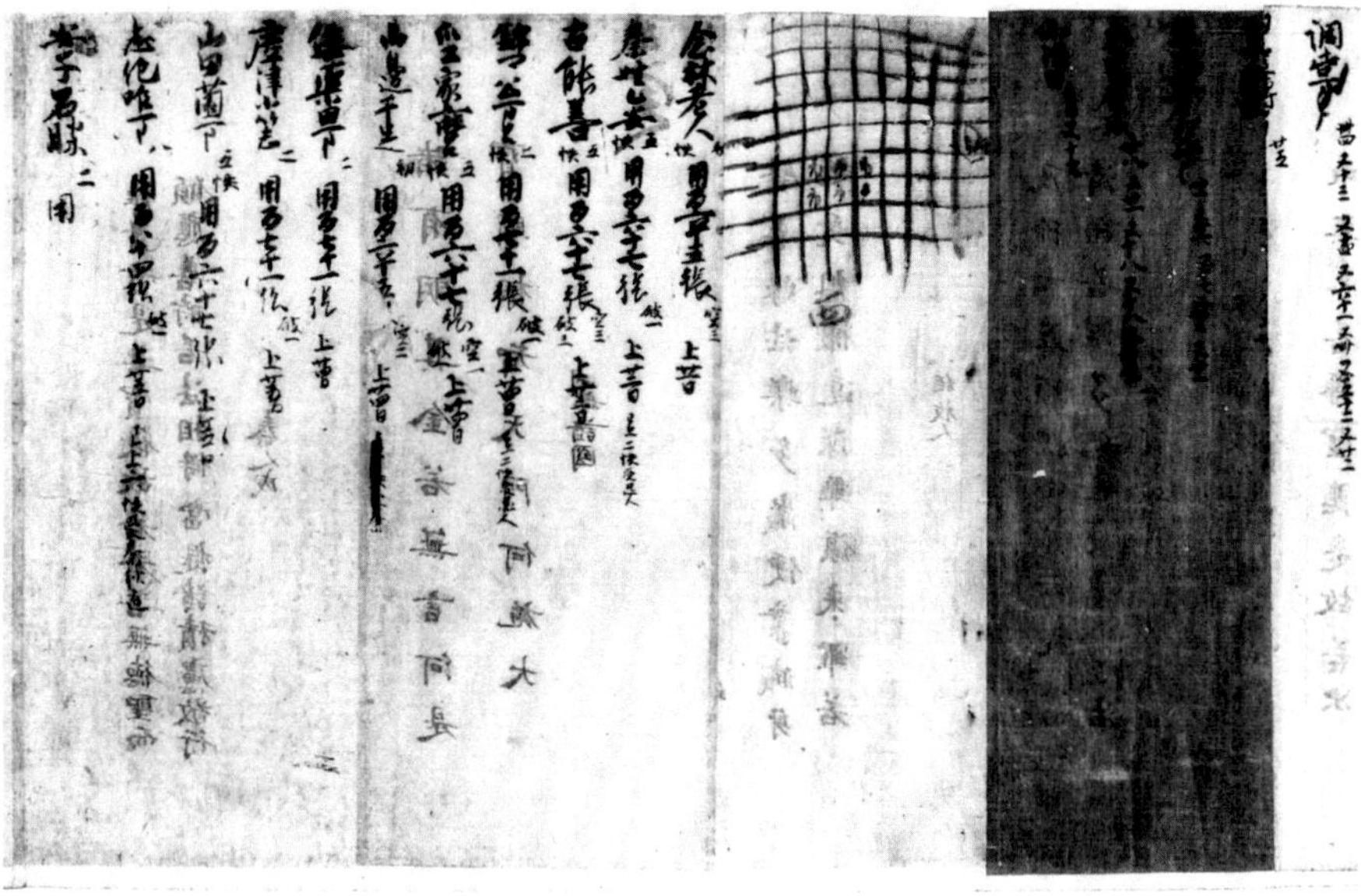

図3　市指図と接続文書

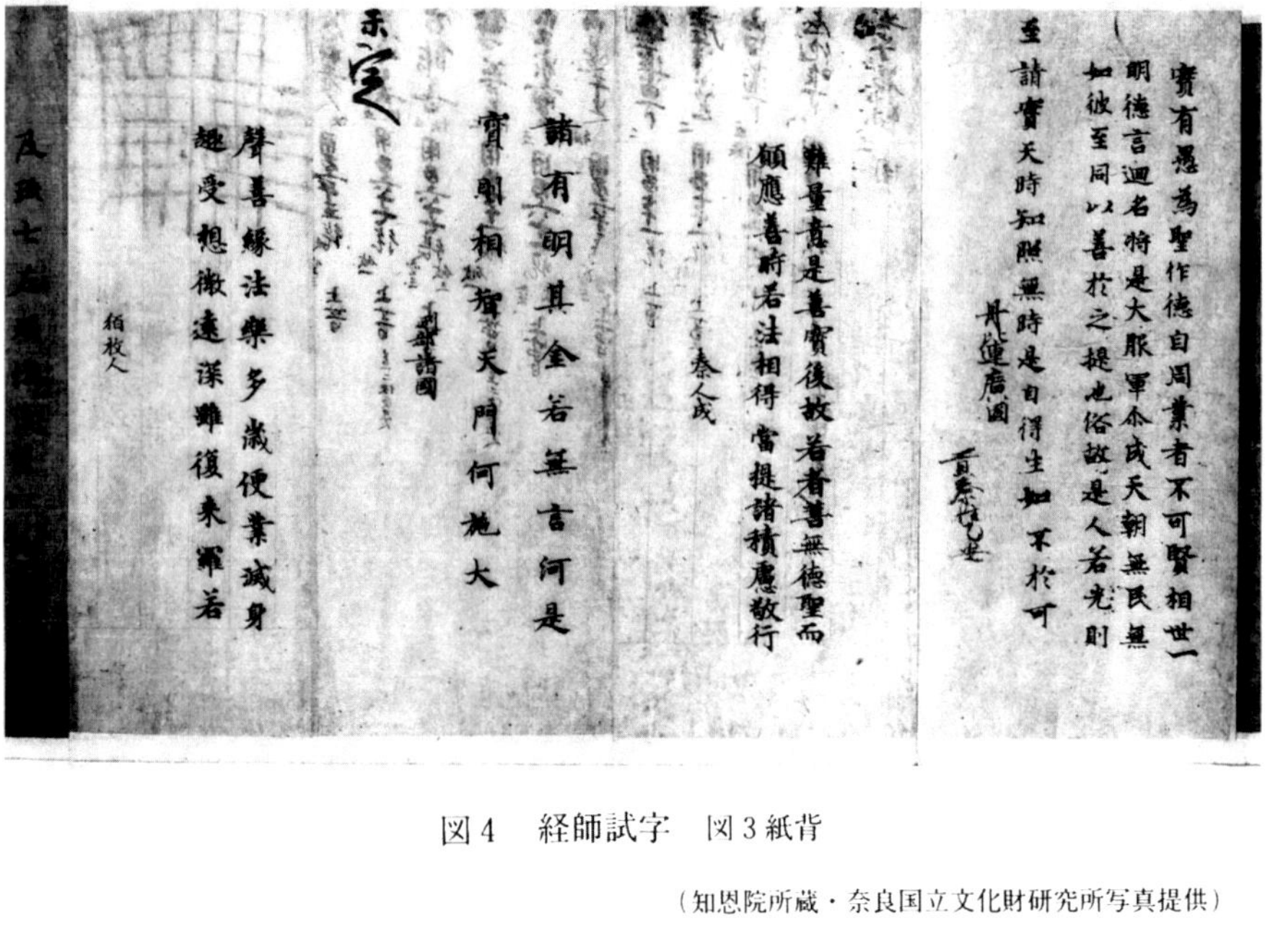

図4　経師試字　図3紙背

（知恩院所蔵・奈良国立文化財研究所写真提供）

序

本書は、日本古代宮都に関する論文十一編を一書に編んだものである。旧稿十編、新稿一編から成り、全十一編を内容によって三部に編別構成した。第一部「飛鳥」は七世紀の飛鳥の宮都の諸問題、第二部「平城京」は八世紀の平城宮と京の諸問題、第三部「宮都の諸問題」は宮都全体に関わる問題と、飛鳥と平城京のほかの京に関する問題を扱った論文を、それぞれ収載した。以下、各章の研究の意図や方法、旧稿についての現在の研究段階における位置づけと問題点について述べることとする。

第一部

第一章 飛鳥の須彌山と齋槻

飛鳥の中央部に位置する飛鳥寺の西の地域に所在した須彌山の園池、漏刻臺、齋槻、飛鳥の東南方の多武峰にある両槻宮について、文献史料と発掘調査の成果によって個別的に解明し、それらを通して七世紀の倭京の構造について考察した論文で、第一部の中核となる。『日本書紀』斉明紀に見える須彌山像は石神遺跡に当たり、噴水の須彌山石を中心とした園池で、仏教の経典に説く須彌山世界を庭園の形で具現化したものである。主に天武・持統紀に見える飛鳥寺の西の槻は、神の依代の齋槻であり、また両槻宮も齋槻を中心とする宗教的施設であることを明らかにした。水落遺跡は斉明六年（六六〇）に造られた漏刻臺の遺構で、時刻と朝政の刻限を報知する漏刻臺の建造は、斉明朝における官人・庶民の倭京への集住の進展を示すと考えた。倭京の構造については、これまで提起されてきた方格地割論は成立せず、代々の宮室の集中、寺院の建造、豪族らの集住によって自然的に形成された京であり、官衙・倉・園池などの国家的施設も京内に分散的に配置され、内裏・朝堂、官衙などが集中する宮城は未だ成立していなかったと考えた。方格地割論の成立が困難な現段階において、遺跡と文献史料から明らかにできる施設を個別的に解明することによって、倭京の構造の究明に迫ろうとした論文である。

第二章　飛鳥の漏刻臺と時刻制の成立

第一章でふれた漏刻臺に関する詳論で、飛鳥寺の西北方で発見された水落遺跡すなわち漏刻臺遺構をめぐって、日本古代における時刻制の実施とその意義について論じた。日本古代において、時刻制は舒明八年（六三六）ごろから導入されたが、斉明六年（六六〇）の漏刻臺の建造によってはじめて本格的に実施された。時刻制の実施は、官僚制整備の一環としての朝政定刻制の実現のためであると考えた。本章は水落遺跡の発見を契機とした、はじめての本格的な日本における時刻制の成立論である。

第三章　「飛鳥浄御原宮」の宮号命名の意義

倭京最後の宮室として重要な位置を占め、かつ近年伝承飛鳥板蓋宮跡の比定宮室として有力視されている飛鳥浄御原宮に関する基礎的事実の確定を意図した論文である。天武元年（六七二）から持統八年（六九四）までの天武・持統二代の宮室であった飛鳥浄御原宮の宮号が、遷宮から十四年後の天武の死の直前にようやく命名されたことを明らかにし、その背景を考え、さらに宮号の有する一般的な意義についても論及した。飛鳥浄御原宮の宮号以前には地名に基づく通称的な宮号が行なわれ、浄御原宮の宮号は、天武の不予に当たって、その原因と考えられた草薙の剣の祟を払うために命名され、非常に特異な意味をもっていたと考えた。本文（補四）で指摘したように、小沢毅氏は本論を受けとめ、伝承板蓋宮跡＝浄御原宮の立場から、宮号命名の遅れを別の観点から説明しようとしている。

第二部

第一章　平城宮大極殿朝堂考

第二章　平城宮大極殿朝堂再論

この二章は、平城宮の朱雀門中軸線上の中央区とその東の壬生門中軸線上の東区にある、二つの大極殿・朝堂の変遷を明らかにし、その歴史的意義を解明することを意図したもので、この問題は平城宮の構造と歴史を考えるうえで重要であり、第二部の中心となる論文である。両論文以前、大極殿・朝堂については遺構の変遷の事実を述べるにとどまることが多く、遺構の変遷全体にわたって歴史的に考察した研究は、阿部義平氏の論文を除いてほとんどなかった。前述した歴史的意義の解明に至るまでには、遺構変遷の全体的な把握、各地区の用途、性格、呼称などの問題があって、それらの解決に多くの考察と紙幅を費やした。

第一章は一九七九年、第二章は一九八八年に執筆され、その間に発掘調査は大きく進展し、私の考えも変化しているが、それにも関わらず、本書であえて両論文を収録したのは、第一章に、なおとるべき点と第二章の前提となる点があり、両論文とも研究史上一定の意味をもち、かつ両論文をあわせて読むことによって理解が深まると考えたからである。両論文の研究史上の位置づけは、奈良国立文化財研究所『平城宮発掘調査報告XIII』第V章1（一九九一年）を参照されたい。

第一章は内裏の遺構が明らかになり、中央区の調査が進展し、大極殿院が特異な構造で朝堂も四堂であることが明らかになった段階で執筆された。大極殿・朝堂は当初中央区にあり、のち東区へ遷移したという、いわゆる第一次・

した。(1)大極殿・朝堂は和銅から中央区にあっ
たが、養老五年（七二一）から天平初までの宮内改作によって東区に建造され遷移政治史的観点から、首皇太子（聖武）の即位をめざしたものと考えた。(2)大極殿・朝堂の東区への遷移以後、中央区の
旧大極殿院の北地区は「中宮」、南地区の朝堂はひき続き「朝堂」と呼称され、これ以降中央区と東区に「朝堂」が
併存する。(3)「中宮」は従来考えられていたように内裏の別称ではなく、本来大極殿院と同じ性格の天皇出御の場で
ある。「中宮」――「朝堂」は主に饗宴の場であり、平安宮の豊楽院の前身となる。

第二章は、東区で大極殿と朝堂東第一・二堂が調査され、上層遺構の大極殿・朝堂の下に上層とほぼ同じ構造の掘
立柱建物の下層遺構が存することが明らかになった段階で執筆された。新しい調査成果を受け、第一章の考えを改め、
次のように考えた。(1)中央区では、和銅に北地区の大極殿院が造られ、南地区の朝堂は神亀前後に付設された。東区
では、和銅に下層遺構の掘立柱建物が造られ、神亀前後に上層遺構の礎石建物に建て替えられた。下層も上層も、正
殿と十二堂という、いわゆる朝堂院の建物配置である。(2)中央区南地区、東区南地区の下層遺構は、いずれも当初か
ら「朝堂」とよばれた。大極殿は和銅から天平十二年（七四〇）の恭仁京遷都まで中央区にあり、天平十七年の平城
京還都以降東区の上層遺構の正殿が大極殿と呼称された。第二章の前に執筆した第三部第一章では、東区の朝堂の正
殿は当初から大極殿と呼称され、平城京遷都当初から中央区・東区に二つの大極殿・朝堂が併存したと考えたが、第
二章では、天平十二年以前の東区の正殿の呼称は不明であるとした。中央区北地区は、和銅から大極殿があるととも
に、その地区全体が「中宮」と呼称された。(3)和銅当初からの中央区・東区の併存の事実を、各地区の機能の分担と
いう点から解釈した。奈良時代前半には、中央区北地区（中宮・大極殿）は朝賀・即位などの儀式、南地区の四朝堂は饗
宴、東区は朝政、告朔、宣詔などの政務の場であり、天平十七年以降の奈良時代後半には、東区は儀式と政務、中央

区は饗宴の場という分担になった。(4)奈良時代前半において東区の正殿——十二朝堂の伝統的構造のものとともに、中央区に新しい構造の大極殿院——四朝堂が設けられたが、これは大宝律令における天皇と臣下の関係を規定する儀式の完成による儀式・饗宴の重視を、宮城の造営に具現化したものである。奈良時代後半における東区の儀式と政務、中央区の饗宴という分担は、天平十二年以降の恭仁京遷都などの偶発的要因によっておきたことであるが、この両区のあり方が平安宮の朝堂院と豊楽院の併存の原型となった。

以上の見解のうち遺構の変遷について異論の予想される一つは、東区の上層遺構の年代、すなわち掘立柱建物から礎石建物への建て替えの年代である。私は第一章の段階から、養老五年に始まる神亀前後の宮内改作によるものと考えてきたが、一方で奈良国立文化財研究所の報告書をはじめとして、天平十七年平城京還都以降とする考えが有力である。この問題の最終的な決着は、上層遺構の所用軒瓦の六二二五——六六六三、六二九六——六六九一Aなどの年代を考古学的な方法によって決定することによってつくものと考える。この問題は今後の課題であるが、いずれの考えによるのかによって、その改造の意味が異なってくると考えられる。神亀前後説によれば、この改造は養老五年に始まる宮内改作の一環であるから、為政者の主体的な意志によって行なわれたと考えられるのに対して、天平十七年以降説によれば、この改造は、天平十二年の藤原広嗣の乱——→聖武の東国行——→恭仁京遷都——→平城京還都という一連の事件の結果として行なわれたことになるから、偶発的な事件を契機として行なわれた改造と考えられる点に注意したい。

ここで第一章・第二章に関連して、宮都研究に文献史学の立場から考古学資料を活用する方法について、いささか考えているところを述べたい。一般に宮都研究は、考古学、文献史学、歴史地理学、建築史学などの諸分野の研究方法によって進められているが、本書では文献史学を基本としながら考古学にも大きく依存している。考古学資料は遺構と遺物があり、それらは考古学的方法によって事実と認定されたものとして存在する。たとえばある遺跡で遺構の変遷があり、各時期の遺構の年代が決められているといったことである。いうまでもなく、この事実としての考古学資料はそのままでは歴史ではなく、一つの解釈によって歴史的意義を与えられてはじめて歴史になる。考古学は考古学資料を解釈して歴史を作り出す独自の方法をもっている。しかし歴史時代の考古学においては、一方に関連する文献史料が存するから、それらを考古学資料の解釈に活用することができる。歴史考古学の中で宮都については他の遺跡よりも文献史料は格段に多い。私は宮都研究の中で文献史学の立場から考古学資料を解釈する方法を模索し、第一章・第二章では意識的にその方法を考えてきた。

考古学資料——特に遺構の解釈はその遺構がどのような性格の施設なのか、さらにつきつめていえば何とよばれた施設なのかということを明らかにすることが先ず必要である。一般的に、このことは遺構の全体的構造の把握、遺物、関連する文献史料などの総合的検討によって達成される。特に遺物の中に墨書土器、木簡などの文字資料があれば大きな手掛りとなる。第一章・第二章の大極殿・朝堂では残念ながらそのような好都合な資料は少なかったので、次のような方法をとった。遺構の全体的な構造(すなわち施設の配置の構造)の意味を明らかにし、一方そこで行なわれる可能性のあることがどのような施設を必要とするかを明らかにして、両者を比較して一致点をみつけることである。たとえば、中央区北地区は壇上の正殿と壇下の広場という構造であるが、これは大極殿に着座する天皇を朝庭に列立する臣下が拝礼する即位、朝賀の儀式に構造的に一致するから、北地区はこれらの儀式の場と考えられ、また文献史料の「中宮」は天皇の出御する場であるから、北地区全体は「中宮」と呼称されたと考えた。中央区の四朝堂と東区の十二朝堂については、それぞれ同じ構造である平安宮の豊楽院と朝堂院の検討から、四朝堂は饗宴の場で、五位以上と六位以下がそれぞれ北・南二堂に分かれて着座することから採用された構造、十二朝堂は朝政の場で、官司ごとに着座するために採用された構造であることを明らかにした。ここで述べる方法の前提は、ある施設はそこで行なわれることに適合した構造の施設が造られるということである。私たちは、遺構としてその施設の構造を把握するわけであるが、文献史料によってその構造に適合する行事を求め、あるいはその構造の意味を解明することを通して、その施設の用途・性格を明らかにすることができるわけである。このような施設の性格、呼称の解明を経てはじめて、考古学資料が歴史を叙述するための資料となりうる。平城宮における大極殿・朝堂の全体的変遷がどのような歴史的意義をもつかが考察されることによって、これらの考古学的事実は歴史になっていく。ここで述べたことは、文献史学の立場から考古学資料を歴史の資料として活用する方法の一つにすぎず、その他にもいろいろの方法があるだろうし、さらに工夫していく必要がある。

なおいうまでもないことであるが、考古学資料に対する文献史料の利用といっても、それは解釈の段階に関してであり、その前段階の考古学事実の決定は考古学の方法によるべきであって、そこに安易に文献史料を用いることは慎まなければならない。本書の中でそのような意味で文献史学の立場から踏み込みすぎている点がないかとおそれ、自戒の意味をこめて記しておく。

第三章　「平城京市指図」と東西市の位置

平城京の市の所在地と坪付復原の基礎史料である「平城京市指図」を史料学的に検討し、さらに市の坪付復原について新説を提示したものである。平城京市指図は、接続している文書や裏の文書の検討から、天平初年から天平感宝元年（七四九）の間にかかれたものと推定し、市の所在地は、東市が左京八条三坊、西市が右京八条二坊のそれぞれ五・六・十一・十二坪であると考えた。それまでは福山敏男氏の五・六・七・十・十一・十二坪の六坪とする説が通説であったのに対して、市指図の市の場所を示す六字の「市」字のうち二字が墨抹されているという岸俊男氏の教示に従って、四坪説を提示したのである。この研究では原文書の調査が成果の大きな部分を占める。新しい見解は、原文書の調査における紙の接続、市指図の描き方、「市」字の墨抹などの検討から出てきたのである。本文（補二）に記したように、その後、東市推定地の発掘調査が進められ、四坪説を支証する結果も出はじめ、四坪説が通説化してきた。

第四章　平城京の朱雀大路

平城京の朱雀大路について、景観、維持・管理の体制などを通してその本質を明らかにし、さらに朱雀大路と羅城門の本質を通して律令制宮都の性格の一端を明らかにしようとしたものである。都城は律令国家の国家としての威容を国内的・対外的に示すために造営された政治的都市であり、京の正面大路である朱雀大路と正面門である羅城門は、都城のそのようなための装置の一つとして設けられた。朱雀大路は道路の実用性をかけ離れた広さをもち、特別の管理体制の下に景観が維持され、国内的・対外的に服属者を威圧する機能をもち、特に対外的に来朝する外国使節が意識されていた。

第　三　部

第一章　律令制都城の成立と展開

講座のために執筆した七世紀初から九世紀初までの宮都の歴史の概説である。ここで用いる「律令制都城」の術語は条坊制に基づく都城をさし、これを「律令制都城」と称するのは、この都城が律令体制の成立・完成と即応して形成・完成されたと考えるからである。なお書名に用いた「宮都」の術語は岸俊男氏が使い始め（『ＮＨＫ大学講座　日本の古代宮都』一九八一年）、近年定着してきた。「宮都」の語は「宮室」あるいは「宮殿」と「都城」の合成語であるというが、私は「宮室」あるいは「宮城」と「都城」をあわせた語として用いる。これまで「帝都」「都城」などの語が用いられてきたが、私が「宮都」の語がよいと考えるのは、一つには宮都の歴史の古い段階には宮室が中心であること、二つには京や都城が形成されても宮室または宮城が重要な意味をもち両者が問題となるから、両者を含む「宮都」の語が便宜であることの二点の理由による。なお本章では初出稿の題をそのままにした。

本章では、宮室の中枢部と都城の二つの問題を中心に、律令制都城の成立・完成・展開の過程を明らかにし、さらに律令国家にとっての都城の意義を論じた。律令制都城は、日本律令体制の成立である浄御原令体制に対応する藤原京において、大極殿の成立による宮室中枢部、宮城、条坊制による都城のそれぞれの成立によって成立したが、それは未成熟であったので、律令体制の完成である大宝律令体制に対応する平城京において完成した。内裏、大極殿・朝堂については長岡宮、平安宮で新しい展開があった。律令制都城は、天皇が居住し、中央官衙の所在する律令国家の全国支配の拠点であり、そのうえに、都城と宮城は、天皇と国家の国内的・対外的な支配の威厳を誇示するための舞台であると考えた。この論文の執筆以降、調査・研究の進展によって大きく変わった点は、一つは本文（補五）に述べたように、倭京に方格地割を想定する考えが成立困難になったこと、二つは（補四）に述べたように、藤原京条坊の復原に関して通説であった岸俊男説に問題が生じ、なおかつ現在安定した説がないことである。

本章でもふれたが宮都研究の目的の一つについて述べておく。宮都は古代国家の全国支配の根拠地であることから、宮都研究は古代天皇制支配や古代国家の政治支配の研究と密接に関連し、それらを豊かにするものでなければならない。これらの問題は、単なる制度などの問題から、宮都研究によってそれらの支配が行なわれる「場」が具体的に解明されることによって、より豊かなものになっていくと考える。

宮都研究の残された課題にふれておく。第二部第二章にも述べたように、宮都研究には、内裏、大極殿・朝堂の宮室中枢部、都城、中央官衙の三分野があり、本章でも本書でも前二者についてはふれているが、官衙の問題が課題として残されている。これは学界全体の研究の傾向でもある。平城宮跡を中心として発掘調査によって官衙の構造が明らかになりつつあるので、それらを類型化して考察する必要がある。

第二章　八世紀造宮官司考

八世紀初の平城京造営から同末の平安京造営まで、宮都の造営・改作とそのための官司について論じたものである。この時代は、平城・恭仁・長岡・平安京の主都が造営され、一方平城京の時代には宮城がいく度も改作されるとともに、難波・紫香楽・保良・由義宮などの副都も造営され、ほとんど全時期を通じて造営事業が行なわれていた。造宮官司は、常置の造宮省のほかに臨時の造宮官司が組織された。本章では個別的に造宮官司を解明するとともに、造宮官司の観点から各時期の造営と改作について考察した。結論を集約したのが、第30表「八世紀の造宮官司年表」である。

第三章　長岡宮宮城門号考

長岡宮、平安宮の宮城門の門号を考定した論文である。宮城門号に関するまとまった史料として、『弘仁式』『貞観式』『延喜式』陰陽寮式があり、これまで、前二式は平城宮以降の、『延喜式』は弘仁九年（八一八）以降の平安宮の門号と推定されていたが、本章では『弘仁式』が長岡宮、『貞観式』『延喜式』が平安宮の門号と考定した。付論「藤原宮・平城宮の宮城門号」では、両宮の宮城門号について木簡史料を中心として推定した。第三章と付論をあわせて、藤原宮から平安宮までの宮城門号について明らかになった。

第四章　平安京の造京式

『掌中歴』所引の延暦十三年（七九四）造京式の史料的信憑性を検討し、その内容について論じたものである。この造京式は、平安京造営を担当した造宮使の官人全員を記すなど興味深い史料で、すでに第二章で用いているが、十二世紀の『掌中歴』に引用されているものなので信憑性に問題がある。本章では、まず出典と内容から信憑性を確認し、そのうえでこの造京式が、平安京の条坊復原の基礎史料である『延喜式』左右京職式京程条の原型となるものであることを推定し、そのような造京式が延暦十三年平安京遷都に伴って作成されたという興味深い事実を明らかにした。
以上、各章に関して研究の意図や方法、また現在の研究段階における位置づけと問題点について記し、序とする。

なお旧稿十編は、本書に収載するに当たって次のようにした。
(1)注記や年次表記など形式的な面は、統一するために全面的な改訂を施し、また論題は改めたものがある。内容の改訂は、各論文の発表時における研究史上の意味を考慮して行なわないことを原則としたが、一部改めたものがある。
(2)各論文の末尾の（付記）に初出稿を示し、本書収載の際の改訂の内容についてもふれた。内容を改訂した場合、あるいは初出稿以後の補足の必要な場合は、補注によって行なった。初出稿の段階で存した補注は（補注1）、本書で新しく加えた補注は（補一）のごとく表記して、両者を区別した。

目次

第三部　宮都の諸問題……二五九

挿図目次

表目次

第一部

飛鳥

第一章　飛鳥の須彌山と齋槻

はじめに

飛鳥の地域には、崇峻五年（五九二）遷宮の豊浦宮から持統八年（六九四）に終る飛鳥浄御原宮までのほぼ一世紀間にわたって、一時宮が外に出ることはあったが、歴代の宮室が営まれ、倭京とよばれる京が形成されていた。この飛鳥の地については、一九五六年の飛鳥寺跡、一九五九年の伝飛鳥板蓋宮跡の発掘調査を引きついで、寺院と宮の発掘調査が継続的に実施されて大きな成果をあげ、それらを基礎としながら文献史学・歴史地理学などからの研究が進められてきた。

宮都の歴史の中で、この飛鳥の諸宮と倭京の時代は、藤原宮と新益京における律令制宮都の成立の前段階と位置づけられる。(1) 私は、この時代の宮都の研究の課題として、藤原宮と新益京における達成との比較からみて、次の三点が指摘できると考える。(1)宮中枢部の構造。藤原宮において大極殿が造られ、内裏、大極殿・朝堂という宮中枢部が成立したが、それ以前においてはどのようであったか。(2)宮室と官衙・園池などのその他の官の施設との関係。平城宮においては、宮中枢部を中核に官衙や離宮・園池などの官の施設が集中し、それらを大垣で囲んだ「宮城」が成立していた。藤原宮はその内部がまだ十分に分らないが、「宮城」が成立していたことはまちがいない。それ以前においいては「宮室」といえば内裏・朝庭（朝堂）の中枢部そのものであったと思われる。官司制の発展とともに官衙が設けられ、園池なども造られるようになるが、それらと「宮室」＝宮中枢部はどのような関係になっていたのか。(3)倭京の構造。新益京は条坊制を備えた律令制都城であったが、それ以前の倭京はどのような構造をもっていたか。

これまでの研究においてもこれらの課題は追究されてきた。(1)の宮中枢部については、発掘調査例も多く、岸俊男氏をはじめとする研究があって大筋が明らかになりつつある。[2] (3)の倭京の構造については、計画的な方格地割を伴う一定の京域をもつ倭京を想定する倭京論がいく人かの論者によって提唱されてきたが、[3] 近年この方格地割論を批判する見解や、[4] 境界祭祀の観点から倭京域を決定する試み[5]が提出されている。(2)については未だ十分な議論がなされていない。以上が、私の関心に基づく飛鳥の諸宮と倭京の研究の現状と課題の整理である。

本論は指摘した課題に直接とりくもうとするものではなく、以上の研究の現状と課題を念頭におきながらも、「飛鳥寺の西」に焦点を絞って、そこに所在した須彌山の園池、漏刻臺、齋槻の広場、また関連する多武峰の両槻宮について個別的に解明することを意図している。飛鳥寺の西の地域をとり上げるのは、この地域が前記の諸施設の所在する倭京の中でも重要な地域であり、『日本書紀』（以下『書紀』と略す）にそれらに関する少なからざる史料が残されており、そのうえ近年水落遺跡、石神遺跡の調査が継続的に実施されて新しい事実が明らかになっているからである。本論は、このような個別的・部分的な究明を通して、倭京に関する理解を深めることをめざしており、最後に前記の課題の一部にもふれるであろう。

なお、須彌山の園池と齋槻については、前稿「蝦夷の朝貢と饗給」[6]においてふれ、漏刻臺については第二章「飛鳥の漏刻臺と時刻制の成立」において論じた。「蝦夷の朝貢と饗給」は律令国家の蝦夷支配の解明を意図し、宮都の究明をめざす本稿とは自ずと視角を異にし、紙幅の都合で論証を一部省略した部分もあるので、重複する部分もあるが、須彌山と齋槻については本論で全面的に論ずる。漏刻臺については第二章に論証を委ねて、本稿では必要な範囲で結論を記すにとどめる。

一　飛鳥寺の西の地域

飛鳥寺の西　現在飛鳥と称する地域は、奈良盆地の東南隅に位置する、丘陵に囲まれた狭小な平地である。北に香具山を中心とする低丘陵、東から南へは破裂山、竜門山地の山麓の丘陵、西に甘樫岡などの低丘陵が横たわり、平地の広さは東西〇・五～一粁、南北二・五粁ほどである。南の山地から流下した飛鳥川が平地の西辺を北へ流れて、深い河谷を形成する。飛鳥寺は、この飛鳥の平地のほぼ中央で、西から甘樫岡が、東からも丘陵がのびて狭くなった地点に位置する。飛鳥寺は、日本最初の本格的伽藍として崇峻元年（五八八）の発願から七世紀初めまでの間に中心伽藍が建立された。この飛鳥寺の遺跡については、一九五六～五七年の奈良国立文化財研究所の発掘調査によって中心伽藍が、その後の調査によって、寺域が南北三二四米（約三町）、東西二一三米（約二町）であることが明らかになった(7)。この寺の西を飛鳥川が北流する。寺からの距離は、寺域北西隅から一八〇米、南西隅から二二〇米である。飛鳥川の西岸には甘樫岡の東麓が迫っている（第1図）。

『書紀』に「飛鳥寺西」とみえるのは、この飛鳥寺寺域西辺から飛鳥川までの地域と考えられる。現在この地域の地形は、寺から川に向かって段々に下る水田となっていて、西門跡の田（海抜一〇五・九米）と川原の比高差は約六米ある。この地域に石神遺跡と水落遺跡が所在する。前者は寺域北西隅の北西方に接し、後者は前者の南に隣接して所在する。石神遺跡は寺域の真西からはずれるが、これも「飛鳥寺西」の地域とみてよいであろう。また古代大和の幹

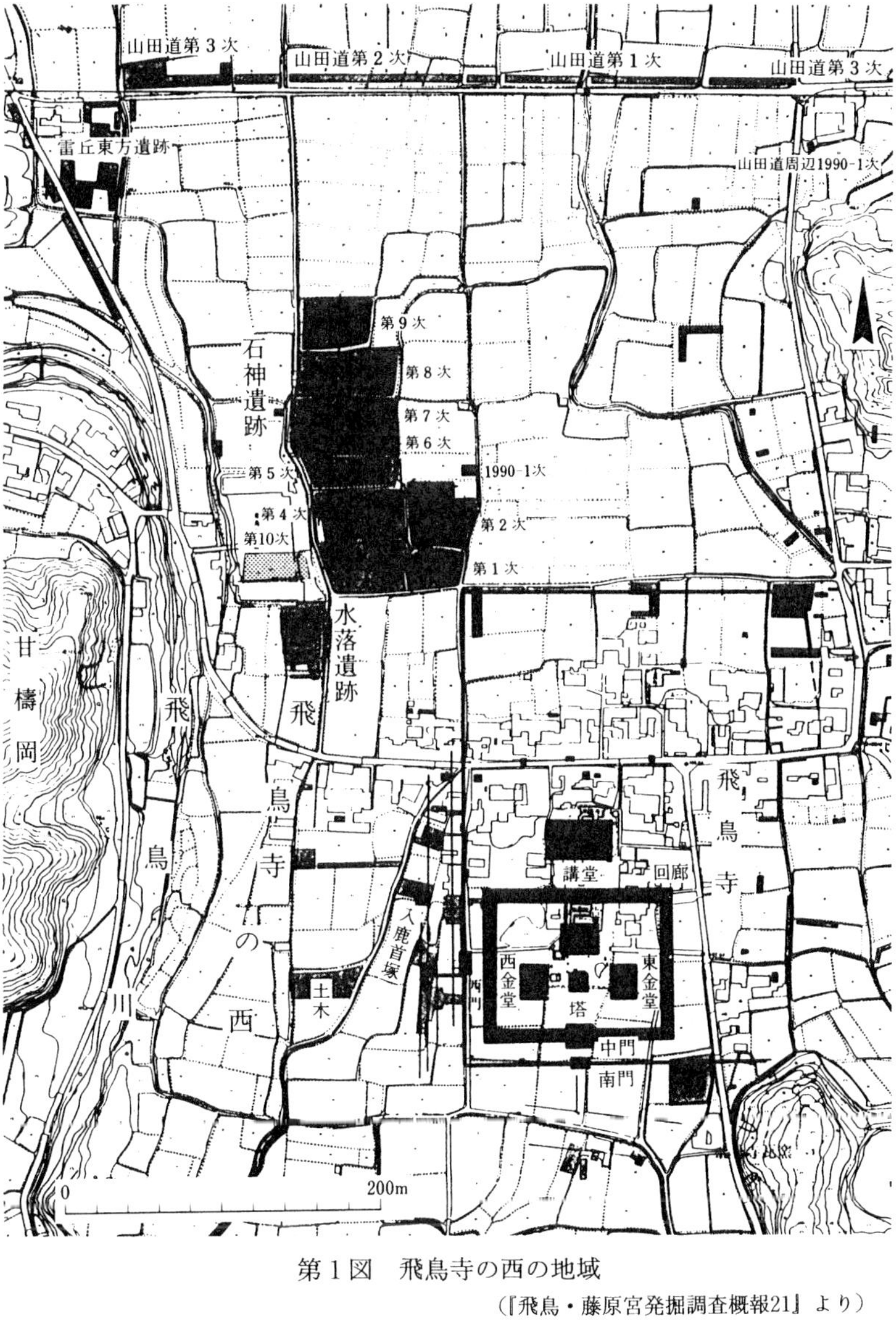

第１図　飛鳥寺の西の地域

（『飛鳥・藤原宮発掘調査概報21』より）

線道路のひとつである中つ道が、飛鳥寺西辺の外を南北に走ると想定されているが（注(3)岸論文など）、横大路以南では二カ所の想定位置の発掘調査で道路遺構を確認できず、その存在に強い疑いが提起されているので（注(4)井上論文）、この地域について考察するのに中つ道の存在を前提とすることはできない。

飛鳥寺の西に関する史料　飛鳥寺の西に所在した槻木、須彌山、漏刻臺に関する史料を掲げて、問題のあるものについて検討しておきたい。まず飛鳥寺の西の槻木に関しては『書紀』に次の九史料がある。

(a)　『書紀』皇極三年（六四四）正月乙亥朔条

（前略）中臣鎌子連、（中略）便付㆓心於中大兄㆒、疏然未㆑獲㆑展㆓其幽抱㆒、偶預㆓中大兄於**法興寺槻樹之下**打毬之侶㆒、而候㆓皮鞋随㆑毬脱落㆒、取㆓置掌中㆒、前跪恭奉、中大兄、対跪敬執、自㆑玆、相善、倶述㆑所㆑懐、既無㆑所㆑匿、

（後略）

(b)　同孝徳即位前紀大化元年（六四五）六月乙卯条

天皇、皇祖母尊、皇太子、於**大槻樹之下**、召㆓集群臣㆒、盟曰、告㆓天神地祇㆒曰、（中略）而自㆑今以後、君無㆓二政㆒、臣無㆑弐㆑朝、若弐㆓此盟㆒、天災地妖、鬼誅人伐、皎如㆓日月㆒也、

（後略）

(c)　同天武元年（六七二）六月己丑条

（壬申の乱の時、大海人皇子側の大伴連吹負らが近江朝側の倭京の留守司を攻めた。）爰留守司高坂王、乃興㆑兵使者穂積臣百足等、據㆓**飛鳥寺西槻下**㆒為㆑営、唯百足居㆓小墾田兵庫㆒、運㆓兵於近江㆒、時営中軍衆、聞㆓（大海人皇子側の秦造）熊叫声㆒、悉散走、仍大伴連吹負（中略）乃挙㆓高市皇子之命㆒、喚㆓穂積臣百足於小墾田兵庫㆒、爰百足乗㆑馬緩来、逮㆓于**飛鳥寺西槻下**㆒、有㆑人曰、下㆑馬也、時百足下㆑馬遅之、便取㆓其襟㆒以引堕、射中㆓一箭㆒、因抜㆑刀斬而殺之、（後略）

(d) 同天武六年（六七七）二月条

是月、饗二多禰嶋人等於**飛鳥寺西槻下**一、

(e) 同天武九年（六八〇）七月甲戌朔条

飛鳥寺西槻枝、自折而落之、

(f) 同天武十年（六八一）九月庚戌条

饗二多禰嶋人等于**飛鳥寺西河辺**一、奏二種々楽一、

(g) 同天武十一年（六八二）七月戊午条

饗二隼人等於**明日香寺之西**一、発二種々楽一、仍賜レ禄各有レ差、道俗悉見之、（後略）

(h) 同持統二年（六八八）十二月丙申条

饗二蝦夷男女二百一十三人於**飛鳥寺西槻下**一、仍授二冠位一、賜レ物各有レ差、

(i) 同持統九年（六九五）五月丁卯条

観二隼人相撲於**西槻下**一、

これらのうち史料(b)(i)は飛鳥寺の西槻であることを明記しない。史料(b)は乙巳の変の直後、孝徳が即位してから天皇・群臣らが「大槻樹之下」に集まって誓盟したものである。乙巳の変のクーデターは板蓋宮や飛鳥寺周辺の飛鳥を舞台にして行なわれたから、(8)この大槻樹は飛鳥寺の西のものとしてまちがいない。史料(i)の「西槻」は常套語の「飛鳥寺西槻」の略記であろう。史料(f)は「飛鳥寺西河辺」、(g)は「明日香寺之西」と記すのみで槻木にふれないが、いずれも多禰島人、隼人ら夷狄の饗宴で、史料(d)(h)(i)の西槻下での行事と同じであるから、これらも槻木に関わるものとしてよいであろう。史料(f)の「飛鳥寺西河辺」の表現があることから、槻木のある場所が飛鳥川川原と連なってい

ると解釈できよう。史料(a)は、乙巳の変における中大兄皇子と中臣鎌足との結託のきっかけとなった法興寺槻木の下での打毬に関する著名な話で、西槻の初見記事である。この話は、中大兄皇子と蘇我石川麻呂とを結びつけるための麻呂の女との婚姻の話とともに、乙巳の変前夜の挿話として皇極三年正月乙亥条にまとめて載せられている。すでに山田英雄氏が明らかにしたように[9]、この打毬と婚姻の話は、筋立てが説話的であるうえに同じ話が新羅の文武王と金庾信に関して『三国史記』『三国遺事』に載せられていることから、説話的なものであって事実ではないと考えられる。さらに『家伝上』にも同趣旨の「蹴鞠」の話を載せるが（『寧楽遺文』下巻）、その場として槻木は出てこない。以上から大槻下での打毬の話は事実ではなく、資料(a)は初見史料として採用できない。

次に須彌山像と漏刻については次の三史料がある。

(j)　『書紀』斉明三年（六五七）七月辛丑条

作二須彌山像於**飛鳥寺西**一、[10]且設二盂蘭瓫会一、暮饗二覩貨邏人一。或本云、堕羅人、

(k)　同斉明五年（六五九）三月甲午条

甘檮丘東之川上、造二須彌山一、而饗二陸奥与二越蝦夷一。檮、此云二柯之一、川上、此云二箇播羅一

(l)　同斉明六年（六六〇）五月条

是月（中略）又皇太子、初造二漏剋一、使レ民知レ時、又阿倍引田臣、闕レ名、献二夷五十余一、又於二**石上池辺**一、作二須彌山一、高如二廟塔一、以饗二粛慎卌七人一。（後略）

これら三史料の須彌山像については、同一物で飛鳥寺西の同一地点に設けられたと考えてよいかが問題となる。検討は後にするが、結論として私は三つの須彌山像とも石神遺跡に関わる同一物と考えている。漏刻（漏剋）については、後述のように一九八一年に発掘された水落遺跡の漏刻臺遺構に当たると考えられ、したがってこれも飛鳥寺の西

に所在したことになる。以上からこれら三者に関する十二の史料は、飛鳥寺の西に関わるものと考えることができる。これらの史料を、第1表に整理しておこう。

飛鳥寺の西の地域の用途　第1表によれば、この飛鳥寺の西の地域は、大化元年（六四五）の初見から持統九年（六九五）までの七世紀中葉から末葉まで半世紀にわたって、槻木、須彌山像、漏刻臺の場として用いられた。これらを時期別に整理すると、宮が飛鳥を離れた空白期をはさんで次の三時期になる。

第1表　飛鳥寺の西の地域

時期	史料番号	史料	内容
Ⅰ	a	皇極三・正・乙亥（六四四）	**法興寺槻樹之下**の打毬の時、中大兄皇子・中臣鎌子が親交を結ぶ。
	b	大化元・六・乙卯（六四五）	乙巳の変の時、**大槻樹之下**で、天皇・皇祖母尊・皇太子・群臣ら天神地祇に誓盟す。
Ⅱ	j	斉明三・七・辛丑（六五七）	**飛鳥寺西**に須彌山像を作り、且に盂蘭盆会を行ない、暮に覩貨邏人を饗す。
	k	五・三・甲午（六五九）	**甘檮丘東之川上**に須彌山を造り、陸奥と越の蝦夷を饗す。
	l	六・五（六六〇）	中大兄皇太子が初めて漏刻を造る。**石上池辺**に須彌山を作り、粛慎四七人を饗す。
Ⅲ	c	天武元・六・己丑（六七二）	壬申の乱のとき**飛鳥寺西槻下**に近江朝方が軍営を造る。近江朝方の興兵使穂積百足が**飛鳥寺西槻下**に斬殺される。
	d	六・二（六七七）	**飛鳥寺西槻下**で多禰島人を饗す。
	e	九・七・甲戌（六八〇）	**飛鳥寺西槻枝**、自ら折れて落つ。
	f	十・九・庚戌（六八一）	**飛鳥寺西河辺**に多禰島人らを饗す。種々楽を奏す。
	g	十一・七・戊午（六八二）	**明日香寺之西**に隼人らを饗す。種々楽を発す。賜禄。道俗悉くこれを見る。
	h	持統二・十二・丙申（六八八）	**飛鳥寺西槻下**に蝦夷男女二一三人を饗す。冠位を授け物を賜う。
	i	九・五・丁卯（六九五）	**西槻下**に隼人の相撲を見る。

Ⅰ　孝徳朝＝飛鳥板蓋宮　槻木（史料b）
Ⅱ　斉明朝＝後飛鳥岡本宮　須彌山像・漏刻臺（史料j〜l）
Ⅲ　天武・持統朝＝飛鳥浄御原宮　槻木（史料c〜i）

これらの各時期は宮室が飛鳥にあった時期で、対応する宮号を記しておいた。そしていうまでもなく、ⅠとⅡの間は難波宮の時期（六四五〜六五四年）、ⅡとⅢの間は近江大津宮の時期（六六七〜六七二年）である。

ここで須彌山像と槻木の下の用途について整理しておく。須彌山像については、⑴来朝の夷狄の饗宴三例（史料j〜l）、⑵盂蘭瓮会一例（史料j）、槻木の下では、⑴来朝の夷狄の饗宴と行事五例（史料d、f〜j）、⑵天皇・群臣らの誓盟一例（史料b）である。これらから次のことを指摘しておきたい。

第一に、須彌山像も槻木の下も夷狄の服属儀礼の場として用いられたことである。夷狄としたのは、蝦夷（史料h・k）、隼人（g・i）、多禰嶋（種子島）人（d・f）と覩貨羅＝墮羅（j）、粛慎（l）である。前三者を夷狄とするのは問題ない。覩貨羅＝墮羅の比定については諸説あって定まらないが、『令集解』職員令玄蕃寮条所引の古記が「在京夷狄」の注釈で、「墮羅」を蝦夷・舎衛とともに例示しているから、夷狄と認識されていたことはまちがいない。粛慎もその比定に諸説があるが、この時のものは斉明六年の阿倍比羅夫の日本海側の遠征によって蝦夷とともにつれてこられたものであるから、蝦夷と同じく夷狄と認識されていたであろう。

「蝦夷の朝貢と饗給」（注6）で明らかにしたように、これら夷狄の饗宴と行事は、朝貢してきた夷狄の服属儀礼の一環と考えられる。朝貢してきた夷狄は方物を貢進し、天皇への服属を誓約し、それに対して饗宴と禄物を賜与されたのである。隼人と多禰嶋人の奏楽も服属儀礼の意味をもっていた。この夷狄の服属儀礼の場として、まず斉明朝に須彌山像の下が、天武・持統朝にはそれをひきついで槻木の下が用いられた。

第二に、須彌山像の下では、盂蘭瓮会という仏教法会が行なわれているように、その用途は夷狄の服属儀礼に限られていなかったことである。

第三に、槻木の下については、天武六年（六七七）以降、夷狄の服属儀礼の場として用途が固定し、それ以前の天皇・群臣らの誓盟を行なった時期と使い方が変わってくる。天武朝以降、夷狄の行事以外に用いられなかったとはいえないが、この用途が大きな比重を占めるようになったのは確かであろう。このような使い方からみて、天武朝以降、槻木の下が整備された可能性があろう。

ところで、須彌山像と槻木は飛鳥寺の西という同地域にあり、その使い方でも共通するが、両者は同地域の別地点に所在したのであろう。斉明朝に両者は併存したのであるが、もし須彌山像を槻木の下に設けたとするならば、槻木の史料からみて槻木下にあることを明記するであろうから。

小結——飛鳥寺の西の地域の変遷　文献史料で知られる限りでこの地域の変遷についてまとめておく。大化元年以前からこの地域には槻木があって、その下が用いられることがあった。その後難波宮の時代を経て宮室が飛鳥に還ってくると、斉明二年（六五六）後飛鳥岡本宮が営まれ、これに伴いこの地域に須彌山像と漏刻臺が設けられ、前者では夷狄の服属儀礼や盂蘭瓮会が行なわれた。また後述する両槻宮が多武峰に造られたのも斉明二年のことであった。この間槻木は存続し、近江大津宮の時代を経て壬申の乱の時には槻木の下に軍営が設けられたこともあった。天武が飛鳥に還り天武元年（六七二）飛鳥浄御原宮が営まれると、槻木下は同六年（六七七）二月から持統九年（六九五）五月まで夷狄の服属儀礼の場として用いられた。藤原宮遷宮は持統八年十二月であるが、まだ新宮の施設が十分でなかったために翌九年五月まで用いられたのであろう。ほぼ浄御原宮の終末まで利用されたといえよう。

以下、須彌山像、漏刻臺、槻木についてそれぞれ検討していくこととする。

二　須彌山の園池

須彌山とは仏教の世界観において世界の中央に立つ想像上の高山であるが、斉明紀にみえる須彌山（像）は園池に設けられたものであった。そのような須彌山像はすでに推古二十年（六一二）に小墾田宮に造立されていた。『書紀』推古二十年是歳条に、この年百済から渡来した男（名は路子工、あるいは芝耆摩呂）が、「山岳之形」を構える能力をもち小墾田宮の南庭に「須彌山形及呉橋」を構えたとある。呉橋はアーチ状でスロープが階段になっている橋で、中国の江南地方で行なわれたものといわれるが[11]、園池に架せられたものであろう。須彌山形は仏教の須彌山の「山岳之形」を模した構造物で、呉橋と同じく園池に設けられたものであろう。斉明紀の「須彌山（像）」も同様のもので、同じく園池に設けられたものと考えられ、史料(1)の「石上池」は自然の池ではなく、人工の園池であろう。

この斉明紀の「須彌山像」は具体的には石神遺跡から出土した「須彌山石」[12]と称される石造物に当たり、石神遺跡はそれが設けられた園池に関わる遺跡と考えられている。そして須彌山石は園池に置かれた一種の噴水といわれている[13]。私もこの見解が妥当と考える。これまで指摘された点も含めて、この見解の根拠を整理すると次の三点が指摘できる。

(A)　須彌山石は形態からみて仏教教義上の須彌山に当たる。この須彌山石が石神遺跡から出土した。

(B)　石神遺跡の命名のもとになった小字「石神《イシガミ》」の地名が、須彌山像の設けられたという「石上池」（史料1）と一致し、小字「石神」は「石上池」の遺称地名と思われる。「石上池」は古く「イソノカミイケ」とよみ天理市の石上神宮のある石上の地に当てられてきたが、すでに早く田村吉永氏が「イシカミイケ」とよんでこの小字

「石神」の地に比定された。[14] 従うべき考えである。また須彌山像は「飛鳥寺西」に造立されたが（史料j）、石神遺跡は飛鳥寺北西隅に接し、この地域に当たるとしてよい。

発掘調査の結果、石神遺跡で斉明朝に比定できる七世紀中葉の遺構群を検出した。以下、(A)(C)について詳述しよう。

(C) **須彌山石**　須彌山石は、[15] 一九〇二年飛鳥小学校増築のための採石の際に、同校東方の小字「石神」の水田からたまたま発見された。同水田からは翌年にも石人像と称する石像物が出土した。一九八一年の石神遺跡第一次調査において、七世紀の原位置は動いているものの一九〇二年発見当時に須彌山石が置かれていた痕跡を検出し、この石像物が小字「石神」の水田から出土したことを確認した。

須彌山石は三個の加工した花崗岩からなり、上下に積み重ねられたものである（第2図～第4図）。上・中石は直接組み合うが、中・下石は組み合わないので、本来はこの間に一石以上があったと考えられている。上石は縦に半分に割れて欠損する。積み上げた全体の外形はあたかも頂上の丸い砲弾状を呈する。第3図写真は原物の三石を積み重ねたもの、第4図は欠石した石を一個として、四石重ねに復原したものである。大きさは最大径が上石約〇・八五㍍、下石約一・三五㍍、三石を組み上げた高さが約二・三㍍で、本来の高さは欠失した石が一個とすれば三㍍をこえ、二

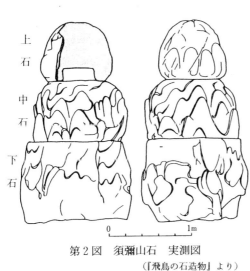

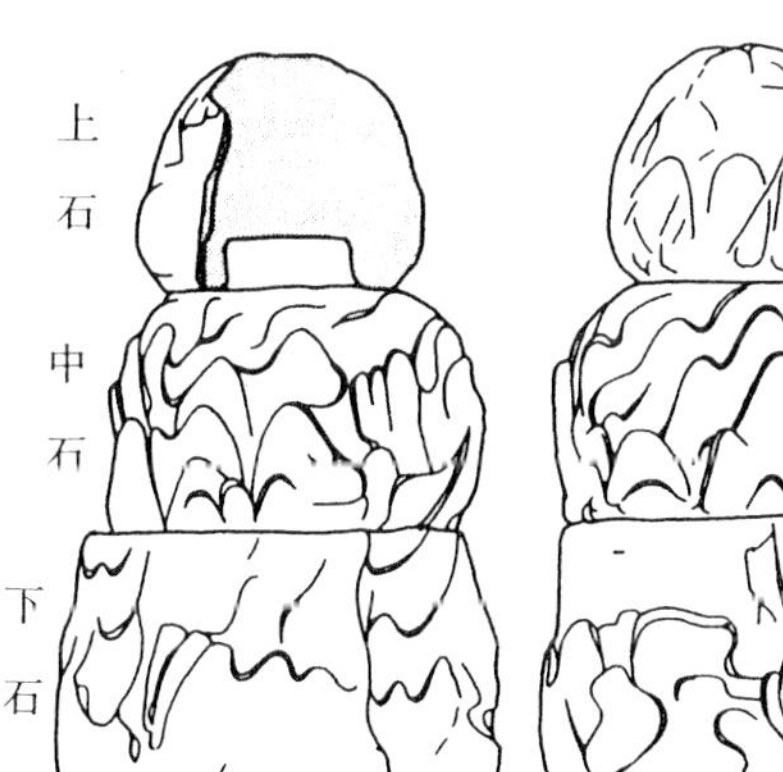

第2図　須彌山石　実測図
（『飛鳥の石造物』より）

個とすれば四㍍に及ぶと推定される。[16] 日本の自然の山容と異なり聳えたつ姿が特徴的である。三石とも表面に浮彫が施され、上・中石は山形文、下石は水波文である。

　三石の内部はくりぬかれている（第5図・第6図）。下石は上から深さ約四〇㌢の円筒形にくりぬかれ、全形は臼形である。中石は、ジョウゴをふせた形に内部がくりぬかれ、上石は底部から円筒形に浅くくりぬかれている。中・下石の間に想定される石は、中・下石の形からみて内部を円筒形にくりぬいた管状の形と推定される。これらの石を組み上げると内部に水槽ができ、その形状は普通にみかけるガラスの水差形となる。

　下石の水槽には底に内から外へ直径約五㍉の直孔四本が、臼形の縁部にはほぼ垂直に直径約三㌢の直孔二本（A・B）がうがたれている。[17] 内から外への四本は中心点に対してほぼ九〇度ずつに割りつけられ、四方へ向かって開く。縁部の垂直孔A・Bは中心点に対して約一二〇度の位置にある。垂直孔Aは、底の末端の部分に方形にくりこんだ仕口（高さ一六㌢、幅六六㌢）が作られ、木樋

第3図　須彌山石　原物

第4図　須彌山石　復原

（第3・4図　飛鳥資料館，奈良国立文化財研究所提供）

などが横方向にさしこまれたと考えられる。上端は縁部に開くから、下石の上に想定される円筒形の石の縁部にもこれと連絡する孔がうがたれ、中石には連絡する孔がないから、想定される石において内側に折れて水槽に通じていたと推定できる。もう一本の垂直孔Bは、下端は底に通じ上端は縁部内側の角部で水槽に通じている。このBに向かって、石の上端付近に外側から水平に、幅約四・五㌢の薄い彫りこみが作られている。

下石底部の四本の直孔が水の噴出孔、縁部の垂直孔Aが水槽への入水孔、Bが出水孔で、それに伴う彫りこみは出水を調節する弁の差しこみ口と推定できる。想定できる石

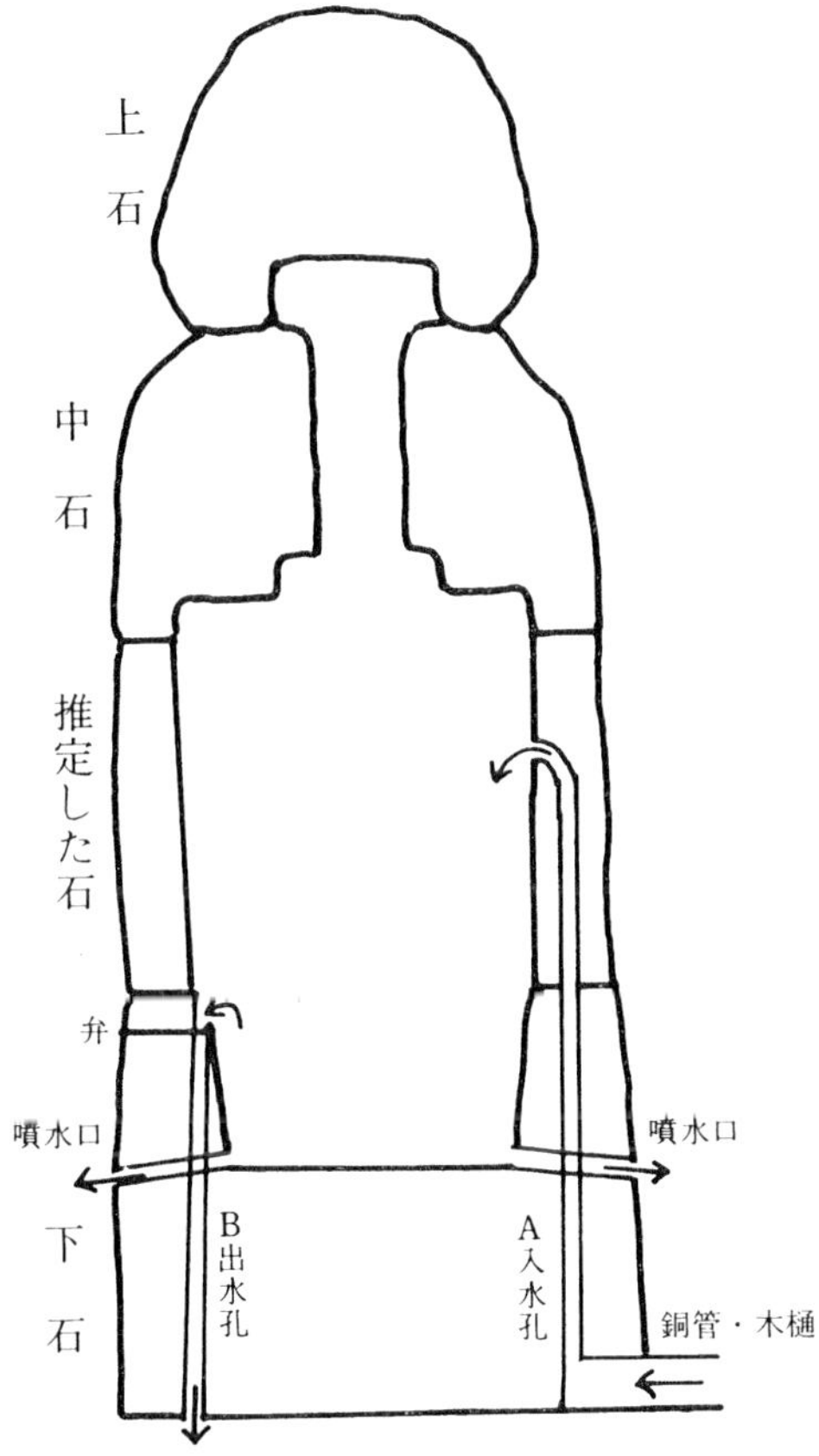

第6図　須彌山石　構造模式図

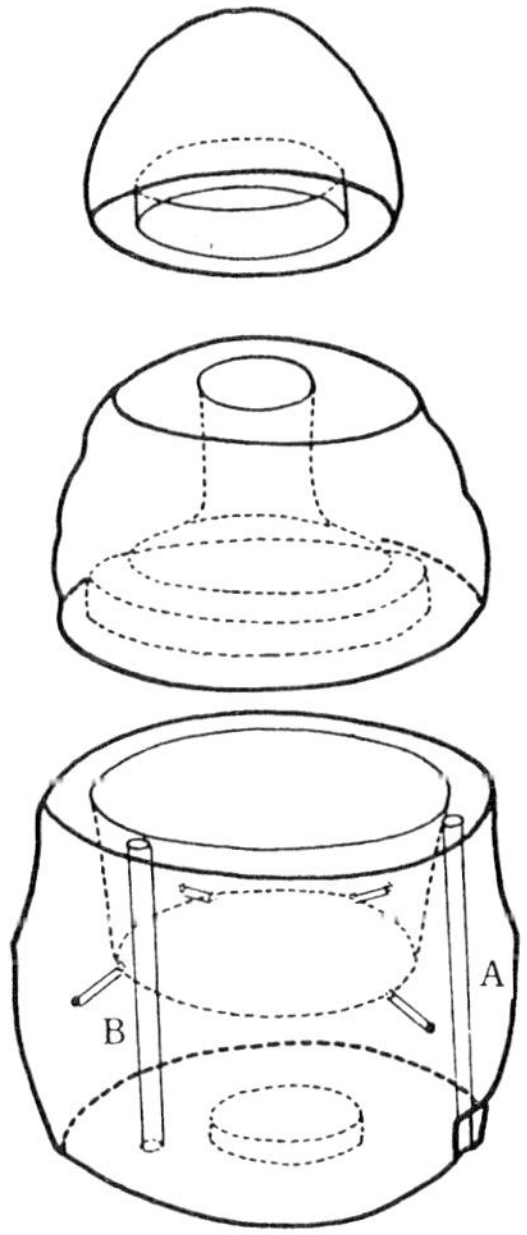

第5図　須彌山石　内部図
（『飛鳥資料館案内』より）

を組み上げ、間に漆喰などをつめれば内部に気密性をもった水槽ができる。四本の噴出口を栓などで閉じ、出水孔Bを弁で閉じ、木樋に通ずる入水孔Aから水圧をかけて水槽に水を貯め、そして噴出口の栓をはずすと噴出口から水が四方に噴き出すのである。出水孔Bと弁の役割はよくわからないが、水槽内の水圧を調節するためのものであろうか。須彌山石はこのような仕掛けをもつ噴水施設の一種であり、これを設けるためには木樋などの給水施設が必要であり、また噴水するから園池に置くのにふさわしい。

同地から出土した石人像は、岩に腰かけた老男に老女が手をかけて寄りそった姿を彫り出したものである。やはり内部に、老男が口元にもつ盃から底へ向う通孔と、それからY字状に分岐して老女の口へ向う通孔（直径二センチ）があけられ、やはり噴水施設の一種と考えられている。高さ一・七メートル。

須彌山と須彌山石　まず経典に説く須彌山と、日本古代において描かれた須彌山の図について述べ、次にそれらと須彌山石を比較することとする。

仏教教義上の須彌山については定方晟氏が『倶舎論』によって次のように説いている。[18] すなわち仏教の宇宙観によると、虚空に円筒形の風輪がうかびその上に同じく円筒形の水輪と金輪がのる。金輪の上部は円盤状で大海となっている。その中央に須彌山がそびえ、その周囲を同心方形に七つの山脈がとり囲む。須彌山と七つの山脈相互の間も海である。山脈の四方の大海中に四つの大陸（贍部・勝身・倶盧・牛貨州）があり、大海の最外周は鉄囲山という山脈がとり囲む。須彌山は平面が正方形の方柱で、三十三天と四天王・衆天が住む。頂上は忉利天と称し、その四隅には四つの峰がある。ここには三十三天が住み、その中央には三十三天の第一人者である帝釈天の住む善見城殊勝殿がある。中腹には四カ所四周に張り出したヴェランダ状のものがあって、その一番上に四天王（持国・増長・広目・多聞天）が、その下の三カ所にその配下の衆天が住む。須彌山の上部の空間には欲界の四欲天、色界の諸天の世界がある。

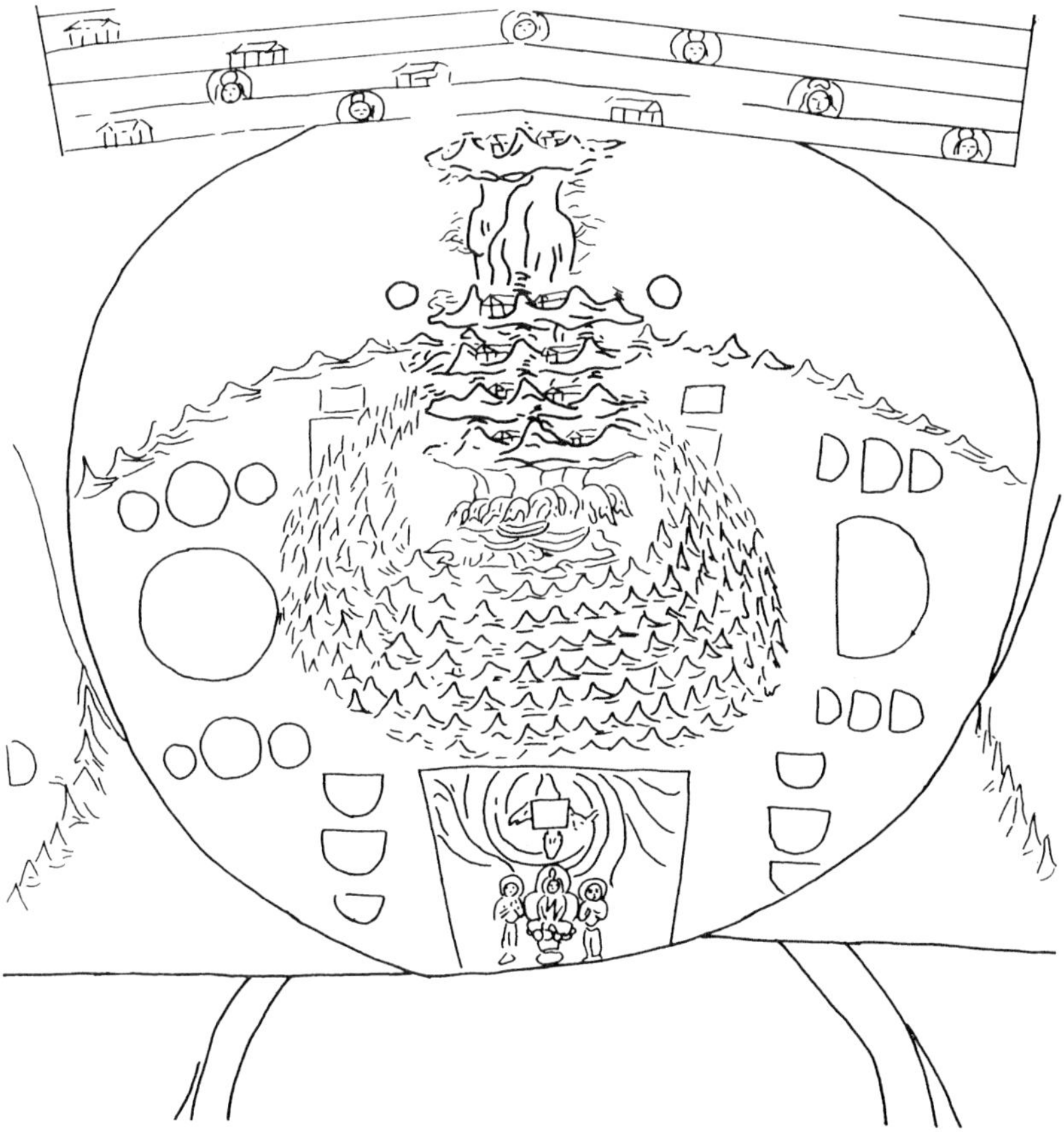

第7図　東大寺大仏蓮弁須彌山図

次に七、八世紀の日本において描かれた須彌山図について述べる。その実例として(A)法隆寺玉虫厨子須彌座背面腰板の図、(B)東大寺盧舎那仏蓮弁の線刻蓮華蔵世界図、および(C)同寺二月堂本尊光背の身光部裏面の線刻図がある。(A)は七世紀中葉の制作、(B)は天平勝宝末ごろの制作と推定され、各蓮弁に蓮華蔵世界が線刻され、その一部に大海全体の須彌山世界が描かれ、(C)は天平宝字ごろの制作と推定されるが、寛文七年（一六六七）の一月堂火災で損傷し明確でない部分がある。(19) (B)が須彌山石と共通点が多いので主にこれについて述べる（第7図）。大仏蓮弁の図では、須彌山は自然の山容とは異なり屹立するものとして描かれる。頂上には山と宮殿があり、中腹に四段にわたって山々がめぐり各々に宮殿がたつ。前者が三十三天の宮殿、後者が四天王と衆天の住むヴェランダ状のものとその宮殿に当たる。根本は二匹の竜王が囲繞し、一番下は大海の波がうちよせるように描かれ、さらにその周囲に同心円状に七つの山脈がめぐっている。

この大仏蓮弁図と須彌山石を較べると、次の四つの共通点が指摘できる（第2図・第3図・第4図・第7図）。

(1)　全体の形については、須彌山石は自然の山容とは異なって、頂上が丸い砲弾状で、高く屹立する異様な形をしている。蓮弁図の須彌山はこれとまったく同じではないが、高く屹立する点では共通する。史料(1)が須彌山像について「高如二廟塔一」と記すのはこのような屹立する特徴をいったもので、須彌山石の復原高は三～四㍍あるからあながち誇張でないのかもしれない。なお定方晟氏は、『倶舎論』によれば須彌山の平面は正方形で、周囲の七山脈も同心方形にとり囲むのが正しいとするが、蓮弁図では七山脈は同心円状で、須彌山の根元も方形ではなく円形に近い。このほか氏の著書に引用する須彌山の古図でも平面を円形とするものがあるから、比較的早い時期から『倶舎論』とは違って平面が円形の須彌山の形状も考えられていたと思われる。したがって、平面が円形であるからといって須彌山石を須彌山でないとはいえない。

(2)　須彌山石の上石の山形文の浮彫は蓮弁図の頂上の忉利天の山と一致する。経典に記す忉利天の四峰に基づくものであろう。

(3)　須彌山石の中石の山形文の浮彫は、蓮弁図の須彌山の中腹の四天王・衆天の住む宮殿のある山々に一致する。

(4)　須彌山石の下石の水波文の浮彫は、蓮弁図の須彌山の根元にうちよせる大海の波と一致する。蓮弁図ではこの波ははっきりしないが、玉虫厨子の図では明瞭に描かれている。以上の四点からみて、須彌山石は経典に説く須彌山

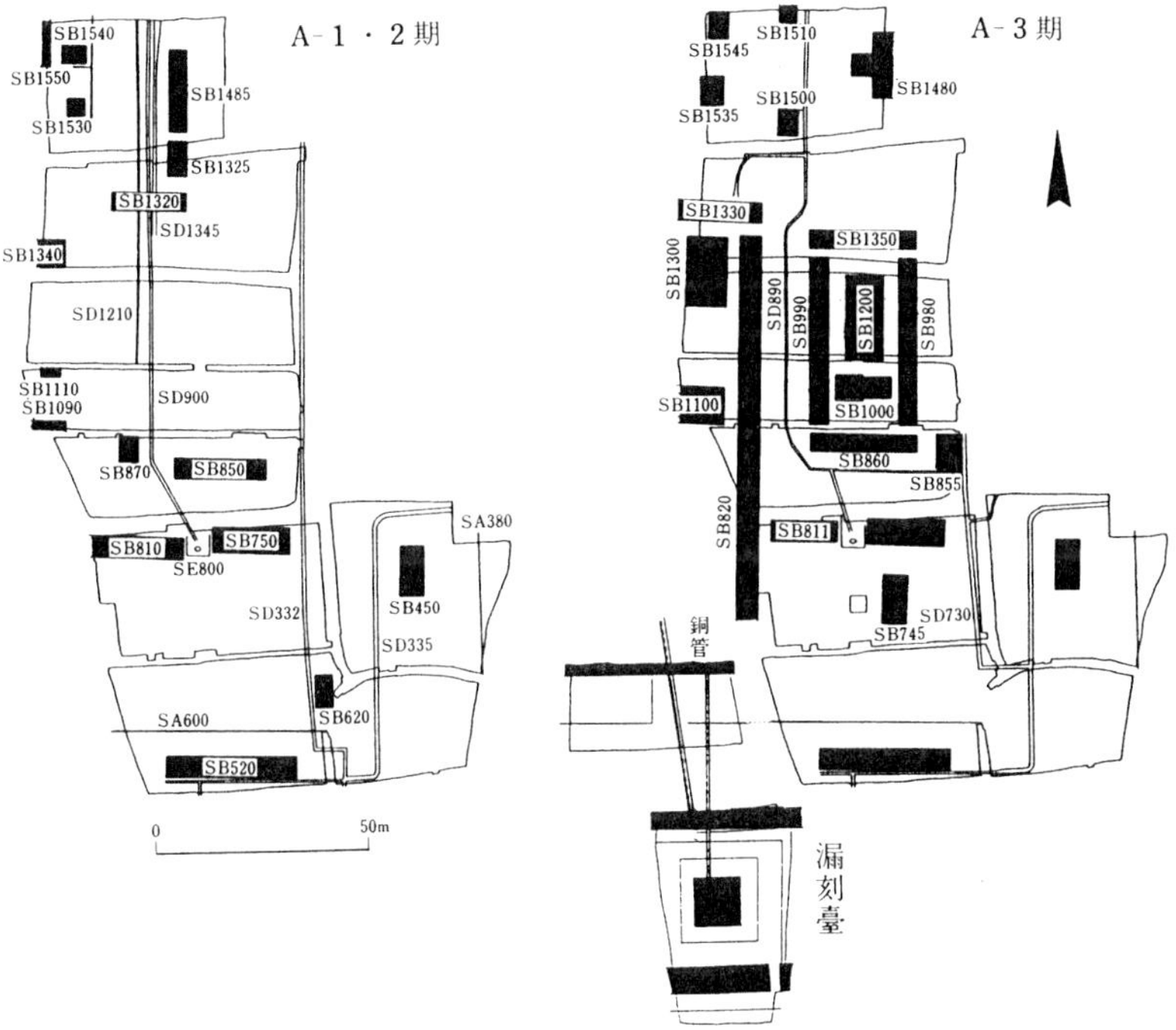

第８図　石神遺跡遺構略図

（『飛鳥・藤原宮発掘調査概報21』の図に加筆）

に当たるとみてよいであろう。

石神遺跡　前記の論拠(C)に関連して石神遺跡について記す。この遺跡は飛鳥寺寺域西北隅に接してあり、小字「石神」を遺跡名とする。すでに早く、一九二九・三六年に部分的な発掘調査が行なわれ、喜田貞吉氏によって小字「ミカド」の存在などから飛鳥浄御原宮の所在地に[20]、あるいは須彌山石の出土から斉明紀の須彌山像の遺跡と推定されてきた[21]。その後奈良国立文化財研究所が、一九八一年から九一年まで一〇次にわたって継続的に発掘調査を行ない、調査地は南北一六〇㍍、東西一四〇㍍にわたり、総面積一一〇〇〇平方㍍に及ぶ[22]。その結果古代の主な遺構は、A期（七世紀中葉、斉明朝）、B期（七世紀後半、天武朝）、C期（七世紀末～八世紀初、藤原宮期）、D期（八世紀前半、奈良時代）の四期に分けられることが明らかになってきた。ここでは問題となるA期の遺構の概要について記す（第8図）。

A期の遺構は大規模な盛土による造成の上に構築され、A—1・2・3期の三小期に細分される。まずA—1・2期についてみると、調査区南辺に基壇をもった掘立柱の東西塀SA六〇〇がある。これは、石神遺跡と南の水落遺跡の漏刻臺の境界となる塀である。調査区東寄りに、屈曲しながら南から北へ流れる大規模な二条の石組溝がある（SD三三二一・三三三五）。東西塀から北へ幅四〇㍍の空閑地をへだてて、特異な井戸（SE八〇〇）とその東西の二棟の東西棟掘立柱建物がある。井戸は、井戸枠が半円筒形に加工した二枚の板を組みあわせて平面が紡錘形になり、周囲には地表から一段下がった石敷を設ける。石敷からは一部暗渠になる石組溝（SD九〇〇）が北へ伸び、北へ送水することができる。

A—3期になると、A—1・2期を踏襲しながらも井戸より北の区域が大きく変化する。東と西に長廊状建物に囲まれた建物群が相対して存する。東建物群は、東西棟・南北棟長廊状建物各二棟で四辺を囲み、その中に四面廂付南北棟建物（SB一一〇〇）と東西棟建物を配する。四棟で囲んだ建物群全体の規模は、南北四九・四㍍（高麗尺一四〇尺）東西二四・七㍍（同七〇尺）で南北と東西長の比は二対一である。建物群全体の縁辺は周囲より一段高く基壇状に作られている。各建物は整然と軒を接するように配置され、他に例をみない特異な構造と配置である。西建物群はまだ東部分が明らかになっているだけであるが、北と東に長廊状建物（SB一三三〇・八二〇）を配し、その内側に四面廂付南北棟建物（SB一三〇〇）・東西棟建物を配置する。東辺の長廊状建物SB八二〇は中央部付近が楼閣建物となっている。東・西建物群のほぼ中央を井戸SE八〇〇から北へ伸びる暗渠SD八九〇が走る。両建物群の北には、東側に平面が十字形になる可能性のある特異な建物（SB一四八〇）、西側に倉庫と推定される総柱建物が三棟ある。

一九九一年の石神遺跡第一〇次調査は漏刻臺の北の旧飛鳥小学校に調査区を設けた。まだ詳しい報告はないが、水落遺跡の漏刻臺基壇の中央部から北へ向かって土中に埋設されていた銅管が石神遺跡に及んでいることが明らかになったことが注目される。この銅管は漏刻臺建物中央部の漏刻を置いた台石の西側から基壇にもぐりこんで下りながら北へのび、漏刻臺基壇北溝の北の東西棟建物のところで斜め上方に伸びる管が分岐し、建物内で地上に出る。一方北へのびてきた管はそのまま北へのびて、第一〇次調査区を南北に縦断する。現在の総延長は約五〇㍍あり、さらに北にのびて西建物群の内部に達するものと考えられる。銅管の北延長線上にのる第六・七次調査区西辺では検出していないから、途中で止まるか、西折して飛鳥川の方に向かうかであろう。(補二) 第一〇次調査では銅管の抜き取った溝を検出しただけであるが、水落遺跡の調査によれば、銅管は外径一・二㌢、内径〇・九㌢、長さ八〇㌢のものを連結し、外側を漆でくるみこれを約一〇㌢角の木樋に封じこんでいる。一つの想定として、漏刻臺の上層に貯水槽があって、台石側から上方へのびる銅管がこれに接続し、一方石神遺跡へのびる銅管・木樋の末端が須彌山石の下石の入水口の仕口にはめこまれていることが考えられる。こうすれば須彌山石へ水圧をかけた水を送りこめる。この想定が認められるとすれば、須彌山石のあった地点は西建物群の内部か、それより西の飛鳥川寄りと推定される。ただしこの想定には、銅管・木樋と入水孔A・仕口とのそれぞれの接続の検討が必要である。

B期には盛土・切土による大規模な土地造成が行なわれ遺構が一変する。A期はその年代が七世紀中葉で、斉明朝に比定することができる。まだ須彌山石を設置した園池そのものは検出されていないが、須彌山石が出土し「石神」の地名を遺すこの地域から、斉明朝に比定できる遺構群を検出したことは、この遺跡を斉明紀の須彌山像に関わるものと考える根拠となし得る。以上論拠(C)について記した。

前記の論拠(A)(B)(C)の三点からみて、須彌山石は斉明紀の須彌山像であり、その出土地の石神遺跡のA期の遺構群がその園池に関わるものと推定される。

須彌山像は常設されず　ここで前にのこした、斉明紀の須彌山像に関する三史料（j～l）が同一地点における、同一物に関するものか否かという問題にふれておきたい。このようにいうのは、三史料では設置する場所の表記が異なるうえに三史料が各々須彌山像を「造」「作」と記し、これを「ツクル」とよめば三回にわたって須彌山像を新しく製作したことになりかねないからである。しかし私は、同一地点において同一物が設けられたと解すべきと考える。須彌山石は、前記のように大がかりで精巧な石造物であるから、わずか三年間に三度も製作されたとは考えにくく、同一物とみるのが自然であるからである。また設置場所については、史料(k)の「甘檮丘東之川上」は同岡の東麓の飛鳥川西岸をさす可能性もあるが、西岸は岡が迫って平地が狭いので、やはり史料(j)の「飛鳥寺西」と同じく東岸をさすものとみてよいであろう。史料(l)「石上池辺」は小字石神に当たるから、三史料とも「飛鳥寺西」に設けられたものと考えられる。そしてその地域の中でも、須彌山石は給水施設や園池を必要とするから、わずか三年間に三回設けられた須彌山像は、同じ園池に設置されたとみるのが自然であろう。ただし発掘調査の成果によると、石神遺跡はA期の中でも変遷があるから園池も改修された可能性が皆無ではない。この点は今後の調査にまつべきであるが、そのような留保をつけたうえで、大筋としては三回の須彌山像は同じ園池に設けられたと考えておきたい。なお先に須彌山石の所在地を飛鳥川寄りの地と考えたが、史料(k)に「甘檮丘東之川上」すなわち飛鳥川の川原に設けたとあることと一致する。

それでは史料(j)～(l)の「作」「造」の記載はいかに解釈すべきであろうか。「作」は「起てる」、「造」は「建てる」の意があるから、(23)両者は「タテル」と訓じ、三史料は須彌山像をたてることを意味すると解釈すべきである。すなわち須彌山像は園池に常設されていたのではなく、行事のあるたびに起てられたのである。このように理解すれば、三つの須彌山像を同一物と解釈するのに障害はなくなる。私はこの斉明紀の須彌山像は、すでに推古二十年（六一二）

に路子工が製作した須彌山形そのものが引きつがれた可能性もあると考える。このような特殊な仕掛けのある石造物がそう手易く製作できるとは思えないからである。もちろん須彌山石は、その重量が上石（半損）＝〇・七トン、中石＝一トン強、下石＝一・七トンであって、(24) かなりの重量物であり、移動と組み立てには相当の労力を必要とした。しかし当然のことながら、その労力は最初から製作するよりは軽いのである。そしてこのように労力をかけても、行事の都度組み立てたのは、一つには須彌山像が構造的に不安定なものであることも考えられるが、より本質的には、神聖物であるという、その性格によるものであろう。すなわち、須彌山像は宗教的な意味をもつ神聖物であるゆえに常設されず、行事のある度に設営したと考えるのである。(補二)

須彌山像の性格　須彌山像は噴水施設として園池の装飾物であるとする見解があるが（注(21)矢島論文）、そのようなものでなく、宗教的な意味をもった神聖物であると考える。『書紀』に明記するように「須彌山（像）」とよばれ、まさしく仏教教義上の須彌山を形どって作られたものであって、このようなものが単なる園池の装飾物とは考えにくい。もちろん本来もっていた宗教的性格を喪失するということも考えられるが、須彌山像では仏教法会である盂蘭盆会が行なわれているから（史料j）、これが仏教教義上の意味をもつことは明らかである。夷狄の饗宴を行なっていることが装飾物説の一つの根拠となっているが、注(6)論文で明らかにしたように、この饗宴は夷狄の服属儀礼の一環であり、このような服属儀礼をここで行なったのは須彌山像が帝釈天ら諸天が坐す仏教教義上の意味をもつものであったからである。これら服属儀礼は夷狄が天皇への忠誠を誓約するためのものであるが、その誓約は帝釈天ら三十三天、四天王などの諸天に対してなされた。三十三天、四天王ら諸天はこのような誓約の対象とされることがあった。天智十年（六七一）十一月、天智天皇が不予となって近江朝廷では大友皇子と左大臣蘇我赤兄ら五人の重臣が、内裏西殿の織仏像の前で皇子をもりたてていくことを誓言するが、その赤兄の誓言の中に三十三天、四天王が天神地祇とともに誓約を違えた時仏罰を与えるものとして現われる（『書紀』天智十年十一月丙辰条）。そしてこの考え方は中世にもひきつがれ、中世の起請文にも帝釈天・四天王が同じ役割を果たすものとして見えている。[25] 帝釈天ら三十三天、四天王は仏教護法の威力のある神であり、また帝釈天は四天王らを使って毎月三斎日に天下万民の善悪正邪を監視させると説かれているが、このような性格のゆえにこれら諸天は誓約の対象とされ違約の際に仏罰を与える神とされた。天武・持統朝には夷狄の服属儀礼は槻木の下で行なわれるが、それは依代としての斎槻に依り坐した神に対する誓約だったのであり、この点からも須彌山像がこの斎槻と同じく神聖な物であることは確かである。このように須彌山像は、単なる園池の装飾物といったものではなく三十三天、四天王らが坐す神聖なものであり、そこでの夷狄の服属儀礼は諸天を媒介とする呪術的な性格をもつものであった。

このような仏教教義上の宗教的意味は、単に須彌山像だけがもったものでなくそれが設けられた園池全体がもっていたと考える。私はこの須彌山像と園池が、全体として仏教教義上の須彌山世界を園池の形であらわしたものである可能性があると考える。園池は須彌山のまわりに広がる大海であり、須彌山から噴出する水は下石の水波文をぬらし、大海を満たしたのではないだろうか。隋の煬帝が洛陽の離宮の西苑に神仙世界をあらわした庭園を作り、[26] 平安時代後期の浄土式庭園が浄土の姿を園池の形で現わしたものであるように、[27] 園池が宗教的世界を具現するものとして造られることがあった。このことの当否はいずれ発掘調査によって明らかになるであろうが、一つの可能性として記しておくこととする。

三　漏刻臺

水落遺跡　水落遺跡は石神遺跡の南に隣接して所在する。この遺跡は一九七二年に一部が調査され、一九八一年の全面的調査によって斉明六年（六六〇）に造られた漏刻（水時計）を安置した漏刻臺の遺構に当たることが明らかになり、その後一九八七年の第六次調査まで補足調査が行なわれている。(28)

漏刻臺は、正方形の基壇上に建つ、平面が正方形の楼閣建物である。基壇は下底の一辺が二二・四㍍で、四周に底幅一・八㍍の溝をめぐらす。基壇と溝は一体的に大きな玉石で化粧されている。建物は平面が一辺一一㍍で、四間四方である。中央を除く二四ヵ所すべてに柱を配置する総柱建物で、楼閣建物と考えられる。柱を受ける礎石はすべて柱を受ける円形柱座をうがち、基壇の中に埋設され特異な地中梁という工法で固定されている。建物の中央には加工した台石が埋設され、その上には漏刻の最下部と推定している黒漆塗木箱が置かれている。基壇内には、台石を中心として木樋と銅管による給・排水施設が埋設されている。前述のように銅管は台石の西側から基壇内にもぐりこんで、土中を北へのびている。漏刻臺を中心とする遺構は、その年代が出土土器から七世紀第3四半期で石神遺跡のA期の遺構と一体的なものと考えられる。

この遺構を斉明六年の漏刻臺とする根拠として次のことが指摘できる。(1)楼閣建物であること。平安宮や近江大津宮の例によると、漏刻を安置する建物は漏刻臺とよぶ重層の楼閣建物で、(29)下層に漏刻を置き上層に時報のための鐘・鼓を設けた。水落遺跡の建物はこれに一致する。(2)基壇内に埋設された給・排水施設が漏刻で使う水のための施設と考えられること。(3)台石上の漆塗木箱が漏刻の最下部の遺存したものと考えられること。(4)遺構の年代が『書紀』に記す斉明六年（六六〇）の漏刻の年代と一致することである。

この漏刻臺遺構の発見は、『書紀』に記された飛鳥の施設が遺構によって実証できたというばかりでなく、倭京について考える上で大きな意義をもっている。

令制の漏刻と時刻制　漏刻設置の意義を考察する前提として八世紀以降の令制の時刻制に簡単にふれておく。(30)令制では漏刻は陰陽寮が管掌した。同寮の漏刻博士二人が守辰丁二十人を率いて交替で漏刻の運転に当たり、鐘・鼓を撃って時刻を報知した（職員令陰陽寮条）。平安宮では漏刻と鐘・鼓は陰陽寮内にある漏刻臺に設けられたが、さかのぼって平城宮・藤原宮でも同様であったであろう。時・刻ごとにそれぞれ鼓・鐘を撃って京内の住人に報知した。

この時報制度とならんで重要なのは、京城・宮城の諸門の開閉のために撃鼓する諸門開閉鼓の制である。宮衛令開閉門条によれば、日出前に第一開門鼓（暁鼓）を撃って羅城門と宮城の諸門を、日出後に第二開門鼓を撃って朝堂南門ならびに大極殿閤門をそれぞれ開き、太陽南中時（午三刻）前後に退朝鼓を撃って同前門を、日入後に閉門鼓（夜鼓）を撃って羅城門と宮城の諸門をそれぞれ閉じるのである。この諸門開閉鼓は陰陽寮が担当し漏刻臺の鼓を撃ったと考えられる（『令集解』宮衛令開閉門条朱記所引貞説、『延喜式』陰陽寮式諸門鼓条）。『延喜式』陰陽寮式には各々の撃鼓の時刻が二十四節気を基準に詳細に定められ、季節によって変化する。日出前・後、太陽南中時、日入後などと記したのは、撃鼓の時刻がそれらを基準に定められているからである。

諸門開閉鼓は単に諸門開閉の時刻を報せるだけでなく、京内の官人・庶人の生活を律する時の区切となっていた。まず京官が毎日朝堂に参向する朝参に関しては、第二開門鼓前に参向し退朝鼓の後に退出することになっており（公式令京官上下条）、諸門開閉鼓が朝参の時刻の基準となっていた。次に京内の路は閉門鼓から第一開門鼓までの夜間に外出が禁止されていた（宮衛令分街条）。このように令制では京内で鐘・鼓による時刻報知が行なわれる一方、諸門開閉鼓が京内の官人・庶人の生活を律する時の区切となっており、両者とも陰陽寮の漏刻臺の鐘鼓が撃たれたのである。
以上の令制のあり方をふまえて、日本における時刻制の導入と漏刻の設置の意義を考えることとする。

時刻制の導入　日本において時刻制の導入は七世紀前半の舒明朝に意図されたと考える。『書紀』において時刻の記載は允恭元年十二月条に初見するが、信拠できる最初の記事は舒明八年（六三六）七月己丑条、次いで大化三年（六四七）是歳条で、次の通りである。

(m)　『書紀』舒明八年（六三六）七月己丑朔条

大派王謂㆓豊浦大臣㆒曰、群卿及百寮、朝参已懈、自㆑今以後、卯始朝之、巳後退之、因以㆑鍾為㆑節、然大臣不㆑従、

(n)　同大化三年（六四七）是歳条

是歳、壊㆓小郡㆒而営㆑宮、天皇処㆓小郡宮㆒、而定㆓礼法㆒、其制曰、凡有㆑位者、要於寅時、南門之外、左右羅列、候㆓日初出㆒、就㆑庭再拝、乃侍㆓于庁㆒、若晩参者、不㆑得㆓入侍㆒、臨㆑到㆓午時㆒、聴㆑鍾而罷、其撃㆑鍾吏者、垂㆓赤巾於前㆒、其鍾臺者、起㆓於中庭㆒（後略）

史料(m)は田中宮、(n)は難波小郡宮の規定で、いずれも朝参して朝政する登・退朝の時刻を定め鐘を撃って報知する規定で、朝政定刻制というべきものである。これらを受けつぎ発展させたのが、前記の令制の宮衛令の諸門開閉鼓の規定と公式令の京官の朝参の規定である。史料(m)(n)と令の規定を比較すると次の四点で異なっている。(1)前者は直接朝参の刻限を定めているのに対して、後者は諸門開閉鼓の規定をもとにそれに連動する形で京官の朝参の規定を定めている点。(2)前者は鐘で、後者は鼓で報知する点。(3)(m)についてのみであるが、登・退朝の時刻が卯始（午前五時）、巳後（午前十一時）と固定しているのに対して、令制では開閉鼓の時刻は季節によって変化し、(n)も登・退朝時刻は幅

をもって定められている点。(4)(m)の退朝時刻が巳後に対して、令制と(n)は午刻前後である点などである。史料(m)(n)は、令制とは異なるこれらの独自な内容から史料的信憑性が確かめられ、したがって遅くも七世紀前半舒明朝に時刻制の導入が図られたと考えられる。朝参については推古十二年（六〇四）の憲法十七条の第八条にもみえるが、そこでは「群卿百寮、早ク朝《まゐ》リテ晏《おそ》ク退《まか》レ」とあって（『書紀』推古十二年四月戊辰条）、登退朝の時刻にふれていないからはじめて時刻制の導入が図られたのは舒明朝のこととみてよい。

時刻制と関係の深い暦法は、すでに六世紀に日本に伝えられたが（『書紀』欽明十四年〈五五三〉六月条）、厳密な意味で始用されたのは推古朝のことである。推古十年（六〇二）十月百済僧観勒が来朝して陽胡史の祖の玉陳に暦法を伝習させて暦法の技術が定着し（『書紀』）、同十二年正月暦が施行された(31)（『政事要略』）。推古朝において暦の施行によって年・月・日を計えることが始まり、それを前提として、次の舒明朝にさらに時刻を計ることが意図されたのである。

暦法の導入が国家組織の発達や官人組織の整備に伴ってなされたように、舒明朝における時刻制の導入も単なる生活の便宜のためではなかった。信拠できる古い時刻の記載がいずれも朝参に関わるものであることからみて、時刻制の導入は朝政の刻限の制定という国家的な必要のためになされたものと考える。このような朝政制の整備は中央豪族の官僚化と深く関係するから、時刻制の導入は官僚制整備の一環としてなされたものである。朝政定刻制を引きついだ令制の諸門開閉鼓の制が、時刻報知の制のほかに、京内の官人・庶人の生活を規制するものとして定められていたのは、その制の起源が時刻制の導入とともに古いものであったからであろう。

ただし舒明八年・大化三年の朝政定刻制の実効性は疑わしい。前者は大臣蘇我蝦夷が従わなかったというから実現されなかった。後者は撃たれたのは退朝鐘のみで、登朝鐘は撃たれなかったらしい。このような不十分な撃鐘報知では効果は十分でなかったであろう。その原因は時計の問題であったろう。漏刻製作以前、時刻制の導入とともに使われた時計は、史料的根拠はないが、日時計と推測される。中国では、「表」とよぶ、地面に垂直にたてた棒によって、方位を決め、季節・時間を計った。日時計は「表」を中心とした円周上に目盛りを刻んだ簡単な仕掛けで、歴史的に水時計より古くから用いられている(32)。舒明朝における時刻の観念・時刻制の導入とともに、移入されたのは日時計であったであろう。日時計は夜間および曇天・雨天など太陽が出ない時には計時できないという欠陥をもち、いわば不完全な時計であった。大化三年制の登朝時刻の寅時は日出前であるから日時計では計時できず、したがって観念的に登朝時刻を決めてみても登朝鐘を撃つことはできなかったのである。

漏刻設置の意義　舒明朝の時刻制の導入を受けて、斉明六年（六六〇）飛鳥に漏刻が設けられ（史料1）、次いで天智六年（六六七）の大津宮遷宮後、近江京にも同十年（六七一）四月漏刻臺が造られ漏刻が設けられ（史料o）、さらに『懐風藻』の大津皇子の臨終の詩から浄御原宮の時期にも撃鼓による時報がなされたことが推定されている（注(30)岸論文）。

(o)　『書紀』天智十年（六七一）四月辛卯条

置《キ》二漏剋《ヲ》於新臺《ニ》一、始《メテ》打《うチ》二候《うかがフ》時《ヲ》一、動《とどろカス》二鐘鼓《ヲ》一、始《メテ》用《フ》二漏剋《ヲ》一、此漏剋者、天皇為二皇太子一時、始親所二製造一也、云々、

飛鳥と近江の漏刻はいずれも中大兄皇太子の製作と伝えるから同じものであって、近江の漏刻は飛鳥のものを移したのであろう。

斉明六年の漏刻の製作と漏刻臺の建造は時刻制にとって大きな画期であった。第一に、漏刻によって一日中計時することができるようになり、時刻の報知が開始されたことである。漏刻は計時の精度は必ずしも高くないが、これまでの「不完全な時計」である日時計に対して、昼夜と天候に関わらず計時できる点で「完全な時計」といってよいで

あろう。時報について史料(1)は「使レ民知レ時」と素っ気なく記すのみであるが、漏刻壹の存在からみて鐘鼓による時刻報知が始まったのであろう。「完全な時計」である漏刻の獲得と漏刻臺建造による時刻報知の開始によって、ここに始めて日本の時刻制は本格的に成立したのである。

第二に、史料(1)(o)にはともにふれていないが、本来時刻制の導入が朝政定刻制の実現を目的としたことからみて、鐘あるいは鼓によって報知する朝政定刻制が完全な形で実施されるようになったと考えられることである。

第三に、宮都との関係でいえば、時刻と登・退朝の時刻の報知が、倭京全体を対象に行なわれるようになったことである。大化三年制は退朝鐘のみ撃たれたから朝庭参向の官人を対象にしただけであったが、登朝時刻の報知がなされたとすれば倭京に居住する官人が対象となり、時刻報知は倭京居住の人々が対象となったのである。このために大規模な漏刻臺の建造が必要であった。倭京全体を対象とする鐘鼓による報知は、官人・庶民の倭京への集住を前提とする。毎日朝参の制そのものが官人の倭京への集住を前提としてこそ可能なのであるが、漏刻臺の出現は斉明朝における官人・庶民の倭京への集住が一層進展していたことを示している。

漏刻臺と須彌山との関係についてふれておく。両者は隣接して所在し、須彌山が斉明二年、漏刻臺が同六年とほぼ同時期に設置されきわめて深い関係にあったと思われる。その関係は一つは両者とも水を用いるという実用的観点から理解できる。二つは両者の組み合わせに何らかの思想的背景があることも考えられ、中国・朝鮮などに先蹤があったことも考慮する必要があるかもしれない。(33) これについては今後の課題である。

四　齋槻

飛鳥寺の西の槻木は「齋槻」といわれる神木である。本論ではとりあえず、この槻木が齋槻たることを論証できればよいが、齋槻のことは古代史上興味ある問題を含んでいるので、一節をあてて少し詳しく論ずることとする。「槻」は国字の「欟」を用いることもあり、訓は「ツキノキ」あるいは「ツキ」であって、(34)ケヤキの古名とするのが定説である。(35)少し古い資料であるが、一九七一年現在、ケヤキの大木で国の天然記念物に指定されているものは二一件あり、それらのうちたとえば東根の大ゲヤキ（山形県東根市、特別天然記念物）や原町の大ゲヤキ（群馬県吾妻町）はツキノキまたはツキと呼称されてきており、(36)ツキ＝ケヤキ説を裏づける。なおケヤキの語は十五世紀ごろから見える。(37)

古代の人たちは、槻木のうち巨木、老木であるなど特別のものを、神の依り坐す依代と観念し神木としてまつることがあった。そのような槻木は、『万葉集』では「齋《いは》ひ槻」（巻十一—二六五六）、「ユ槻」（巻十一—二三五三）、「イ槻」（巻十三—三二二三）とよばれている。「齋ふ」とは「神聖なものとしてあがめまつる」の意、「ユ」「イ」は漢字をあてれば「齋」あるいは「忌」で、「忌み清めた、神聖な」の意の接頭語である（前掲『時代別国語大辞典　上代編』）。このような齋槻は、各地の神社、寺院、宮室、池の堤などにあり、また地方官衙や邸宅がこのような槻木の側に設けられることもあった。以下それぞれの事例をあげていくこととする。

葛野郡家の齋槻　槻木が神の依代であることを最も端的に示すのは、山城国葛野郡家の前に所在した松尾大神の依代の槻木である。

(p)　『続日本後紀』承和十四年（八四七）六月甲寅（二一日）条

霖雨止息、先レ是、左相撲司伐二葛野郡々家前槻樹一作二大鼓一、有レ祟、由レ是、奉二幣及鼓於松尾大神一以祈謝、用レ鼓牛皮十二張、一面六張、

この槻木については史料(p)に簡単に記録し、さらに『本朝月令』巻八十一　四月上巳松尾祭事（『群書類従』六輯）に、史料(p)を引用した後に「口伝云」としてより詳細な記録を遺している。[38]両史料によれば承和十三年七月以前に、左相撲司が相撲節会のために葛野郡家前の槻木を伐って大鼓二面を作ったところ、松尾大神（明神）が「此樹者、我時々来遊之木也、而伐取不レ可レ然云々」（本朝月令）と託宣して祟をなした。祟の一つは伐木に当たった囚人の死去と行事の官人の落馬であり、もう一つは承和十四年五～七月と翌嘉祥元年（八四八）六～八月の大雨による洪水であった。これらの祟を払うために松尾神社に幣とその槻木の大鼓を奉ったというのである。[39]この事件の大神の託宣の中で、郡家前の槻木が「我時々来遊之木也」といわれているのは、槻木が神の依代となることを端的に示している。この託宣のことは伐木関係者への祟のことと ともに『本朝月令』にしかみえないのであるが、同書は十世紀に惟宗公方によって撰された古い記録であること（『群書解題』六）、大雨の祟のことは『続日本後紀』によって確認できることなどから史料的に信拠してよいと考える。

ところで松尾社と葛野郡家の位置関係であるが、両者は隣接していたのではなく離れていた。[40]松尾大社は、桂川の西岸、松尾山の東麓で、京都市西京区嵐山宮町に鎮座する。[41]一方葛野郡家の所在地については、京都市右京区花園鷹司町と同右京区西京極郡町の二個所に推定されている。[42]前者は発掘調査によって掘立柱建物群を検出し、平安京遷都以前の葛野郡家跡かと推定されているのでここでは時期的に問題にならない。後者は郡町という地名の遺存によって推定されているもので、[43]その地は桂川東岸で平安京右京五・六条四坊に西接する地点で、平安京時代の郡家跡と推定

される。松尾社から東南約二・七㎞の地点に当たる。郡町説は推定にすぎないから、もしこれによらないとしても、松尾大神の依代の木を松尾社の木といわず、あえて「葛野郡家前」にありとするのは、やはり両者が離れていたからであろう。すなわちこの槻木は葛野郡家に所属する齋槻であったのであり、郡家の行なう祭祀に用いられたのであろう。松尾大神は元来秦氏が奉齋する神であり（注(40)『京都市の地名』）、また秦忌寸氏は葛野郡の郡領氏族であった(44)。この槻木は、郡領氏族秦氏の奉齋する松尾大神を郡家における祭祀に招くための依代であったのである。

このように郡家などの地方官衙に齋槻のある例は、このほかにもあった。『常陸国風土記』行方郡条によれば同郡家の南門に一大槻があったといい、『古今著聞集』巻十九によれば、筑前国莚田駅（延喜兵部式　宗像郡席打駅）の館前にも大きな槻があったと記す。また槻を地名に含む河内国丹比郡槻本駅（延喜兵部式）、摂津国西成郡槻本郷（倭名類聚抄）なども槻木があったかもしれない。これらの地方官衙の槻木も、葛野郡家の例からみて官衙の行なう祭祀のための依代である可能性が考えられよう。

神社・寺院の齋槻　齋槻というものの性格から最も多く所在するのは神社あるいは寺院である。まず大和で著名なのは軽社の齋ひ槻である。

(q)　『万葉集』巻十一―二六五六
天飛ぶや軽の社の齋《いは》ひ槻幾世まであらむ隠妻そも

この槻木は神社にあり、「齋ひ槻」といわれていることからみて、依代としての神木であることは明らかである。これについてはすでに和田萃氏の詳細な論考があるので(45)それによりながら述べる。軽はいうまでもなく下つ道と阿倍山田道の交叉点付近の交通の要衝で、軽市が所在したことでも有名である。軽社は、『三代実録』貞観元年（八五九）正月二十七日条、『延喜式』神名帳にみえる高市郡軽樹村坐神社二座に当たり、現在も橿原市西池尻町軽古に所在する。軽樹村坐神社の「樹」がこの槻木に当たり、神社名に含まれることからみてもこの槻木がこの社を象徴する重要なものであったことが分る。「樹村」の「村」は字そのままに村の意ともとれるが、次の「高槻村」（高の槻群の意）の用例からみて群《ムラ》の意で、槻木が林になっていたことを意味するのであろう。

次に十五世紀の史料ながら『広隆寺来由記』(46)によれば、山城国葛野郡広隆寺には鎮守三十八社の一つで木枯明神として祭られた齋槻があった。広隆寺の檀像薬師如来は元来乙訓郡の乙訓社に祀られたものであるが、貞観六年（八六四）清和天皇の不予の時、同寺の道昌僧都が平癒祈禱のために同像を奉請したところ、乙訓社の向日明神が護衛のために追随して寺の槻木に垂跡した。槻木はにわかに枯れたので木枯明神と称して祀られたが、のちに生命をふきかえした。この槻木にちなんで広隆寺のまたの名を三槻寺と云ったというのである。垂跡によって枯れたとあることからみると、薬師如来動座のころに槻木に落雷があったのを向日明神の垂跡と解釈して奉祀が始まったのであろう。広隆寺は本来秦氏の氏寺であり、葛野郡家の齋槻とともに、秦氏と齋槻との関係が注意される。

『万葉集』の高市黒人の羇旅歌によれば、山背国綴喜郡高神社にも槻林があった。

(r)　『万葉集』巻三―二七七

　　とく来ても見てましものを山背の高の槻群散りにけるかも

この「高の槻群」は漠然と綴喜郡多可郷の地に所在したものと考えられているが、歌の中でこの槻群が特に見るべきものと目ざされていることからみてもっと限定的なものとみなすべきであり、『延喜式』神名帳の高神社に所在する齋槻の林と考えるべきであろう。同社は木津川東岸で京都府綴喜郡井手町大字多賀天王山に所在する。(47)この木津川東岸の地には平城京から近江国へ至る北陸道が通っていたから、(48)同社の槻群はこの道を往還する人の矚目するものであったのであろう。

『丹後国風土記』逸文の天女伝説の中に、(49)天女が天に帰れないのを嘆き丹波郡丹波里哭木村の槻木に依りて哭いたので、哭木村と名づけたという地名説話があるが、この哭木村の槻木というのも『延喜式』神名帳の丹波郡名木神社のものではなかろうか。

このほかに槻にちなむ社名をもつ神社が多くみえる。すなわち、伊勢国多気郡櫛田槻本神社、近江国高嶋郡槻神社、越後国蒲原郡槻田神社、因幡国法美郡槻折神社（以上、『延喜式』神名帳）、飛驒国大野郡槻本神社（同上、『三代実録』貞観九年十月五日条）、信濃国槻井泉神（同元慶五年十二月二十八日条）などであり、いずれも齋槻があってそれに因んで社名としたものであろう。槻に因む寺号の寺としては、藤原氏に関係し平城京右京に所在した殖槻寺があり、(50)これもあるいは槻木があったものであろうか。(補三)

日代宮と朝倉宮の齋槻　宮室で槻木があったと思われるのは、景行の纒向日代宮、雄略の長谷朝倉宮、用明の磐余池辺雙槻宮、斉明の両槻宮である。このうち齋槻であるのがはっきりしているのは日代宮と朝倉宮のものである。この両宮の槻木は、『古事記』下巻雄略天皇の三重采女の説話に出てくる。すなわち雄略天皇が「長谷の百枝槻」の下に坐して新嘗の豊楽（酒宴）をした時、三重采女が盞を献げた。その盞には槻の落葉が浮かび、采女はそれを知らずに奉ったところ天皇は怒って采女を斬ろうとした。そこで采女は次の歌を献って罪をゆるされた。

(s)　纒向の日代の宮は　朝日の日照る宮　夕日の日駈ける宮　竹の根の根垂る宮　木の根の根蔓ふ宮　八百土よし い築きの宮　真木栄く檜の御門　新嘗屋に生ひ立てる　百足る槻が枝は　上枝は天を覆へり　中枝は東を覆へり　下枝は鄙を覆へり　上枝の枝の末葉は　中枝に落ち触らばへ　中枝の枝の末葉は　下枝に落ち触らばへ　下枝の枝の末葉は　蟻衣の三重の子が捧がせる瑞玉盞に　浮きし脂落ちなづさひ　水こをろこをろに是れもあやに恐し　高光る日の御子　事の語言も是をば

この歌は景行の纏向日代宮をよんだもので、それが雄略の説話に収められていることについて、これまで喰い違いがあるといわれ(51)、また一方ではこの歌は天語歌とよばれる歌謡群に属し、帝紀・旧辞において景行とは別に伝承されてきたものといわれている(52)。しかし『古事記』の筋立てとしては、雄略の時の事件に采女が古い時代の景行の日代宮に関わる歌をうたって許されたということになるのであろう。この説話と歌からは、雄略の朝倉宮と景行の日代宮のいずれにも槻木があったとする伝承が存したと考えられる。そしてその槻木の下には新嘗屋が建てられて、新嘗の祭祀と豊楽を行なったから、この槻木は新嘗という祭祀のための依代であったと思われる(53)。

ところで『万葉集』には両宮の齋槻に関わる歌が収められている。朝倉宮の齋槻については次の柿本人麻呂歌集の「長谷の齋槻」である。

(t)　『万葉集』巻十一―二三五三

長谷の齋槻が下にわが隠せる妻あかねさし照れる月夜に人見てむかも

長谷という同じ地域にあった齋槻であるから、この槻木は朝倉宮のものと同じものか、何らかのつながりのあるものであろう。

日代宮のものについては『万葉集』に三首「弓月《ゆつき》が嶽」をよんだものがあり、この山名は日代宮の齋槻《ゆつき》に因むものではないかと考える。弓月が嶽の用字は、「巻目之《まきもくの》　由槻我高《ゆつきがたけ》」（巻七―一〇八七）、「弓月高《ゆつきがたけ》」（同一〇八八）、「弓月我《ゆつきが》高《たけ》」（巻十一―一八一六）で、いずれも柿本人麻呂歌集からとられたものである。弓月が嶽の名義については、これまで上記の用字から、(1)弓月すなわち弦月の意で、山嶺が弦月（上弦・下弦の月）の形をしているからという説、(2)齋槻の意であるとする説の二説があったが(54)、(2)が妥当である。弦月の意味の古語は平安時代から見える「弓張月」あるいは「弓張」であって、この意味の「ユツキ」「ユミツキ」という古語はないから(55)、(1)の説は成りたたない。したがって

「由槻」の用字から齋槻の意とする(2)が妥当である。[56]「槻」も「月」もキは乙類である。弓月が嶽は日代宮と同じ巻向（纏向、巻目）の地域にあるから、弓月が嶽の山名のもとになった齋槻は日代宮と関係のあるものではなかろうか。実在を否定される景行天皇、その日代宮はその実在があやしいわけであるが、纏向に日代宮の齋槻と伝承するものが存し、それが山名にもなったのであろう。もう少し想像すれば、弓月が嶽は神の常に坐す神体山で、齋槻は祭祀の時にその神を招く依代であったのかもしれない。[57]

ところで弓月が嶽は三輪山の東北東の巻向山（海抜五六七㍍と五六五㍍の二峰）に比定され、日代宮の纏向はその西麓、朝倉宮の長谷はその南麓にその所在が推定され、[58]両者は近い位置にあるので、両者の槻木は同じものである可能性もあるが、一応両者は纏向と長谷という異なった地域にあるものとして別のものと考えておく。

日代の宮の齋槻が、歌謡の中でその上枝・中枝・下枝がそれぞれ天《あめ》・東《あずま》・鄙《ひな》を覆うとうたわれているのは注目に値する。[59]本論からはずれるから詳論しないが、この齋槻は大和王権の中心となる宮に立って王権の支配する地域をおおうものと観念されたのである。すなわち王権の支配の象徴としての意味をもつ重要な齋槻と考えられていたのである。

これ以外の宮室の槻については、斉明の両槻宮は槻木の下に建てられたものであることは明らかであり（第六節）、用明の池辺雙槻宮も宮号からみて、やはり槻木の側に作られそれは朝倉宮のように齋槻であったのであろう。

その他の齋槻　齋槻が池の堤にあることもあった。

(u)『万葉集』巻十三―三二二三

霹靂《かむとけ》し曇れる空の九月の時雨の降れば　雁がねもいまだ来鳴かね　神名火の清き御田屋の垣内田《かきつた》の池の堤の
百足らず齋槻《いつき》が枝に瑞枝さす秋の赤葉　巻き持てる小鈴もゆらに　手弱女にわれはあれども　引きよぢて峯《すゑ》

もとををに　ふさ手折り吾は持ちて行く君が插頭《かざし》に

すなわち傍線部によれば、清い神田の御田小屋の、垣の内の田の池の堤に、齋槻《いつき》が立っていたのである。(60) この槻木は「いつき」といわれていることから明らかに神木であり、田の潅漑のための池の堤にたっていることからみて、農耕祭祀に伴う田の神の依代であろう。この例は神田のための池の堤にある特殊な例であるが、一般の潅漑池に存した例も『万葉集』にある。「わが二人見し走出の堤に立てる槻の木」（巻二―二一〇）や「池の辺の小槻が下の」（巻七―一二七六）とよまれているのはそのような例であり、前例と同じく農耕祭祀における依代として用いられたものであろう。これらの事例は、齋槻の信仰が、神社・寺、宮室、地方官衙などの国家的な特別な施設においてばかりでなく、一般農民の生活の中でも行なわれていたことを示す。そしてまたこのような形態が、神社をもつ以前の、原初的な齋槻信仰であると考えられる。

貴族の邸宅に槻木があった例もある。大伴家持の庄の門の側に槻木があって、その下で宴飲をし歌をよんだ（『万葉集』巻二十―四三〇二題詞）。前記した蘇我馬子の槻曲家は、和田氏の見解では軽社の槻に関係するものであるが（注(45)）、あるいはそれとは別で邸宅に槻木があったのかもしれない。これらの邸宅の槻は齋槻であることがはっきりしないが、貴族・豪族の行なう祭祀に関わるものである可能性があろう。

聖樹と齋槻　古代においてはスギ、(61) カシ、(62) ツバキ、(63) カツラ(64)などの木も依代として神木とあがめられたのであって、齋槻の存在はこのような聖樹信仰のひとつである。(65) これらのうちスギ、カシ、ツバキは常緑樹であって、変わらぬ生命力を感じさせる常緑葉をもつことが聖樹たる一つの条件であった。これらに対して槻はカツラとともに落葉樹であって、他の神木と異なっている。

槻木が落葉樹でありながら神木と観念された理由は、第一に高木、巨木となるからであり、第二に多くの枝を四方に分枝する樹形をもつからである。植物学的に見ると、ケヤキはニレ科ケヤキ属に属する落葉大高木で、樹高五〇㍍、直径三㍍に達するものがあるという(66)。現在天然記念物に指定されているケヤキのうち、最大のものの一つである、前述の東根の大ゲヤキ（山形県東根市）は樹高三五㍍、根本の幹周囲一六㍍に達する（注(36)『天然記念物事典』）。依代の神木となる条件として、まず巨木で威厳のある樹相を示し、かつ高木で目だつことがあげられるが、ケヤキはこの条件にあてはまるのである。

第二の点については、「百枝槻」（『万葉集』巻二―二一三、『古事記』雄略段）、「槻の木のこちごちの枝の春の葉の茂きが如く」「百枝槻の木こちごちに」（『万葉集』巻二―二一〇、二一三）の表現から知られるように、古代人は、この木が四方八方へ数多くの枝を広げる樹形をもつ点に注目していたことが明らかである。前記『古事記』の三重采女の話の歌謡で、この木の枝が王権の支配する地域を覆うものとして歌われていたのは、このような認識に基づくのである。植物学においては、樹木の枝の分枝の原則は二つある。一つはスギ、ヒノキのように一本の主幹が真直ぐに成長し、そこから側枝が分れるもので、単軸分枝とよぶ。もう一つは主軸の幹よりも側枝が優勢になるもので、中心に太い幹が真直ぐたたず、枝が四方へ広がる樹形となるもので、仮軸分岐とよぶ（注(65)足田著書）。槻＝ケヤキは後者の典型的な例で、四方に枝を伸ばし半扇形の樹形となる。古代人はこのような樹形を正確にとらえていた。古代人のこの木に対するこのような認識からみると、古代人がこの木を依代と考えたのは、四方へ伸びる枝々が神が降臨し、また坐す足場として格好のものとみたからであろう(67)。葛野郡家前の槻木が松尾大神の「来遊之木」と表現されているところに、そのような感じがみてとれる。

小結

槻木は祭祀を行なうための神の依代となり、齋槻としてあがめられることがあった。そのような齋槻は祭祀のための特定な施設である神社や寺院ばかりでなく、宮室、地方官衙、邸宅、池の堤などにも存した。池の堤における齋槻のように、庶民レベルで、また原初的な形態で農耕祭祀の依代に用いられることに注意したい。もちろん祭祀を行なう場には必ず存したのではない。たまたま古くからあがめられたり、あるいは条件に適った樹木が存した時に、それをとりこんで前記のような施設が設けられたのであろう。

五　飛鳥寺西の齋槻の広場

飛鳥寺西の槻は齋槻である　前節でみてきた依代の齋槻からみて、特別視された飛鳥寺西の槻も同様の性格のものと理解することができる。この槻木そのものに依代としての神木の伝承があった。すでに福山敏男氏は、『延暦僧録』（延暦七年〈七八八〉唐僧思託の撰）の中臣鎌足伝の「平㆓彼猾臣㆒、鎌子即日昇㆓於一位㆒、由㆓殊藤㆒故、賜㆓藤原姓㆒、又詣㆓寺前樹神㆒加㆑祐、便封㆓彼樹㆒竝授㆓三位㆒」を引いて、この槻木が樹神で三位の神階を授けられたものであることを指摘した。(68)

また『今昔物語集』巻十一（本朝仏法部）推古天皇、造本元興寺語第二十二にも関連する説話がある。すなわち、推古天皇が飛鳥寺を建立しようとした時、中金堂の建設予定地に大槻があったので伐り倒そうとすると、それに当たった人は祟によって死亡した。ある雨夜、僧が木に近づくと上から人語がして「麻苧の注連を引き廻らし、中臣祭文を読んで墨縄を懸けて伐れば、伐ることができる。」と聞こえたので、その通りにすると伐り倒すことができ、その時大きな山鳥五、六羽が飛び去った、というのである。槻木が飛鳥寺建立の際に切り倒された点など事実と異なるところがあるのは、あるいは槻木がなくなってからの説話であるからかもしれないが、槻木が神木であったことは正しく伝えている。伐木の祟の話は葛野郡家前の槻木の祟の話を想起させ、この槻木が神木であることを示している。また人語して飛び去った山鳥はこの木に宿った精霊であるが、それは昔この木に依り坐した神の零落した姿であって、この木が依代であったことを伝えている。

『書紀』でも史料(b)大化元年条に乙巳の変の際に天皇・群臣らが大槻下で天神地祇に誓盟したというのは、この槻木に依り坐す神々に対して行なったものと解釈できる。史料(e)天武九年七月条にこの槻の枝が自然に折れたことを特に記すのは、この木が単に目だつ木であるというばかりでなく、特別な神木であったからであろう。前記の因幡国槻折神社（『延喜式』神名帳）、播磨国の槻折山（『播磨国風土記』揖保郡条）などの名は、折れた槻木に因んで命名されたものである。神木たる槻木が折れたことが重大な事件と受けとめられてこのような命名を生んだものであり、史料(e)の記事も同様の心理に基づくものであろう。槻木は四方に枝を広げるから風などによって折れやすいのではないかと思われ、史料(e)は七月という月からみて台風の被害であろう。以上によって、飛鳥寺西の槻木もまた神の依代の齋槻であり、その下は神聖な場所であることが明らかになった。

前述の如く、斉明朝の須彌山像の園池の機能を引き継ぎ、天武六年以降、この大槻の下で隼人、多禰嶋人、蝦夷ら夷狄の服属儀礼が行なわれた。この夷狄の服属儀礼は、齋槻に依り坐す神に対して天皇への忠誠を誓約したもので、神を媒介とする呪術的な性格のものであった。

齋槻の広場の景観　この齋槻は巨木で、それを中心として広場があったと考えられる。史料(b)に「大槻樹」と記すことや、依代の神木であることから、この槻木が年を経た巨木であったことはまちがいない。巨木で空を覆うように枝を広げ、威厳のある樹相を示す故に、神木として尊崇されたのである。いろいろの行事を「槻下」で行なったと記すが、これは槻木の直下ばかりではなく周囲も含めているのであろうが、このような表現は四方に広く枝を広げる樹であったからなのであろう。槻木が林をなしていたとみる向きもある(69)。神社に齋槻の林があったことは前述の通りであるが、しかしここが林となっていたのでは、後述の如く多数の人が集まって行事をするのに不都合ではなかろうか。槻木が一本だけというつもりはないが、林となるようなものではなく、やはり屹立する巨樹を中心とするものであったであろう。

　槻下に広場が広がっていたことについては、いくつかの徴証がある。槻下で夷狄の奏楽や相撲、饗宴を行なっているが、このためにはある程度の広場が必要であろう。饗宴は屋内で行なうのが普通であるが、ここでは「槻下」と記すからやはり野外で行なったのであろう。史料(h)によれば蝦夷二一三人が槻下の饗宴に列なったというから、かなりの広さであったであろう。さらに史料(g)に隼人の奏楽の際に「道俗悉見之」と記すのは、倭京の僧侶・庶民が見物に集まったことをいったものである。このことからこれら行事が野外で行なわれたことが明らかである。彼ら見物人は、中心の齋槻から離れた周囲に集まったのであろうが、そこは多くの人々を収容できる広さをもっていたのである。天武朝以前においても、壬申の乱の時、槻下に臨時のものと思われる軍営を設けたが（史料c）、このことも軍営を設けるだけの広さの広場があったことを示す。

　前に史料(f)の「飛鳥寺西河辺」の表現から、この齋槻の広場が飛鳥川川原に連なる構造になっていたことを考えた。須彌山像の園池についても、史料(k)に「甘檮丘東之川上《かはら》」に須彌山を造ったと記すのも、同様の構造が考えられる。このような構造は、後述するように、発掘調査の所見によると、飛鳥時代には飛鳥川の川原が現在よりも東へ広がっていたことや、飛鳥時代には飛鳥川の川原が両岸に広がっていたとする近年の田村圓澄氏の見解（注(69)論文）などと関係させて考えることもできる。私は、このような両者につらなる川原は、夷狄が服属儀礼に当たって禊をするのに用いられた可能性を考えている。夷狄が服属儀礼に当たって禊をした例として、『書紀』敏達十年（五八一）閏二月条に、降服した蝦夷の魁帥が泊瀬川の川中に下りて、三諸山に向かって水をすすりて忠誠を誓ったことがあげられる。

また飛鳥川が禊をする川であることは『万葉集』に明証がある（巻四—六二六）。

この齋槻の広場の所在地としては、飛鳥寺西門跡の西方地域が想定されている（第1図）。大槻そのものの所在地としては、西門跡の前にある俗に「入鹿の首塚」と称する五輪塔（南北朝時代の作）の所在地とする説（注（7）『飛鳥寺発掘調査報告』六頁）や、西門跡から西方約七〇㍍にある小字「土木《どぎ》」が「ツキ」の遺称地でないかとする説[70]があったが、いずれも発掘調査の結果、大槻の所在を確認するには至らなかった。[71]しかし前述のように、齋槻の広場はこの地域の北端に所在する須彌山の園池とは別地点と考えられるから、やはりこの地域の中央部に当たる西門跡の西方に広がる地域に所在する可能性が高いと考える。

この地域ではこれまで何ヵ所かで発掘調査を行ない、南北、東西方向の石組溝、礫敷、砂利敷、南北掘立柱塀などを検出している。[72]礫敷、砂利敷は平面をなすが、川に向かって降る地形に従って、西面をそろえた玉石列によって段差を設けて西へ下っている。南北掘立柱塀（SA八〇一五）は小字「土木」の東辺に検出し、その西側は河川による礫の自然堆積層で、報告書はこれを飛鳥時代の飛鳥川河川敷と考えている。この自然礫層の東端は飛鳥寺寺域西辺の西七七～七八㍍、現飛鳥川の東一二〇㍍に位置するから、報告書によれば飛鳥時代の川の河原は現在よりも東へ及んでいたことになる。[73]この地域をまだ構造的に把握するに至っていないが、これらの遺構群が齋槻の広場に関わるものである可能性がある。

齋槻と衣縫氏　この齋槻は大化元年（六四五）六月に初見するが、巨樹であったと思われるからそれ以前からこの地に存在したことは確かである。この齋槻は天武朝以降は明らかに国家的なものとして祭られていた。さかのぼって大化元年の段階でも国家的に重要な誓盟を行なったのであるから、すでに同様の意味をもつものであったであろう。このような性格がいつまでさかのぼれるかそれ自体問題となるが、私はこのようなあり方の前段階において、この槻木がこの地に住む人々によってやはり依代の齋槻として祭祀されていたことを想定する。何の意味ももたなかった槻木が、この地に宮室が営まれるに至って、急に国家的な聖樹となったと考えるよりも、すでに齋槻であったものを宮室が営まれるに及んで国家的なものとして組みこんだと考えるのが、自然であると思うのである。

『書紀』崇峻元年（五八八）是歳条に、飛鳥寺は「飛鳥衣縫造祖樹葉之家」をこわして作られたとあるから、この寺が建立された真神原の先住者は、新漢人の飛鳥衣縫氏の集団であった。飛鳥の盆地にはすでに縄文時代中期末葉（BC二〇〇〇年）ごろから人の住んだ痕跡をとどめ、弥生・古墳時代と人が居住してきたが、(74) 本格的に開発されるのは、五世紀後半の雄略朝に真神原やその周辺に百済系の新漢人とよばれた渡来人が定住せしめられ、開発に当たるようになってからで、飛鳥衣縫氏もその一派であったことが、和田萃氏によって明らかにされている。(75) 私は、この齋槻の祭祀はこの飛鳥衣縫氏の集団によって担われた可能性を考える。その根拠は、一つにはまさしくこの齋槻の地の先住者がこの集団であったことであり、二つにはこの集団の祖の「樹葉」という名がこの槻木に因むのではないかと考えるからである。先の飛鳥寺造営の樹葉の話は衣縫氏の家伝のごとき史料によると考えられ（注(68)福山論文）、祖名「樹葉」は実名ではなく伝承的なものであろうが、それはこの集団が奉祀してきた槻木に因むものではなかろうか。すなわち祖名「樹葉」は槻の「樹の葉」の意味であろう。和田氏は、この祖名「樹葉」がこの地域を潅漑する井堰に「木葉堰」としてつけられていることを明らかにした（注(75)「飛鳥川の堰」）。飛鳥川流域の水田の潅漑は、古代から現代に至るまで上流に設けられた井堰からの取水によっている。木葉堰はその井堰の一つで、飛鳥寺西南方の彌勒石の地点に設けられ（現在はそれより少し上流にある）、その用水路はまさしく飛鳥寺の西の飛鳥川東岸の地域を流れてうるおし、その設置時期は七世紀前半にさかのぼるとされる。井堰の地には小字名「木の葉」が遺存する。

前記の如く、齋槻は池の堤などにあって農耕祭祀のための依代となることがあるが、この真神原の齋槻も木葉堰の側にあって、衣縫氏集団の農耕祭祀の依代であったのではなかろうか。真神原に定住した衣縫氏集団は、農耕祭祀を行なう齋槻を中心に結合していたので、この地の開発者たる祖先の伝承上の名として、またその潅漑の井堰の名として、この齋槻にちなんで槻の「樹葉」の名が採用されたと考えるのである。推測に臆測を重ねることになったが、国家的なものとなる前段階の齋槻については以上のように考える。

崇峻元年（五八八）飛鳥寺の造営が開始され、同五年（五九二）甘樫岡の北に豊浦宮が営まれて以後、歴代の宮室が飛鳥におかれるようになり、このような中で齋槻は国家的なものに転換されていく。前述のように、大化元年（六四五）段階にすでにそのようなものになっていたとすれば、その転換は六世紀末から七世紀中葉までに行なわれたことになる。国家的なものへの転換の問題は、齋槻と飛鳥寺との関係[76]などとも関係してくるが、ここでは問題点を指摘するにとどめる。

六　両槻宮と齋槻

両　槻　宮　斉明二年（六五六）斉明天皇は正宮として後飛鳥岡本宮を営むとともに、飛鳥の東方にそびえる多武峰（田身嶺）に両槻宮（二槻宮）を造営した。

(v)『書紀』斉明二年（六五六）是歳条

是歳、於㆓飛鳥岡本㆒、更定㆓宮地㆒、（中略）遂起㆓宮室㆒、天皇乃遷、号曰㆓後飛鳥岡本宮㆒、於㆓田身嶺㆒、冠以㆓周垣㆒、（田身山名、此云㆓大務㆒、）復於㆓嶺上両槻樹辺㆒起㆑観、号為㆓両槻宮㆒、亦曰㆓天宮㆒、（後略）

この宮は嶺上の両槻樹の側に設けられ、それに因んで両槻宮の宮号がつけられたから、やはり槻木と関係が深いのである。この宮の性格については諸説あるが、齋槻との関係で考察できるので、簡単にふれることとする。

関連史料を掲げておく。

(w)『書紀』持統七年（六九三）九月辛卯（五日）・壬辰（六日）条

辛卯、幸二多武峰一、壬辰、車駕還レ宮、

(x)同持統十年（六九六）三月乙巳（三日）条

幸二二槻宮一、

(y)『続日本紀』大宝二年（七〇二）三月甲申（十七日）条

令三大倭国繕二治二槻離宮一、

史料(w)は多武峰行幸であるが、両槻宮に関するものとしてよいであろう。(y)によれば藤原宮の時期にも利用する意志があったことがうかがえる。飛鳥の後岡本宮・浄御原宮、藤原宮の時代に、それらの正宮に付属するものとして一定の役割をもって、ほぼ半世紀にわたって維持された。平城京遷都後は、遠方になったため利用されなくなって廃絶したものであろう。

両槻宮に関する諸説　両槻宮の性格に関する見解は次の三説がある。

(1)　石母田正氏　軍事的施設とする説。(77)(補四) 石母田氏は国内政治に対する国際的契機を検証する一事例として両槻宮に論及した。七世紀中葉、高句麗・百済を攻めた唐の恐威が日本にも迫ったので、戦略的な意味で難波から飛鳥に遷都をした。両槻宮は多武峰に周垣をめぐらしたことからみて、唐の攻撃に備えるための軍事的施設であったとする。この説はいわば大勢論であるが、両槻宮が槻木の側に建てられたことや、天宮とも号されたという点は、軍事的施設とみては理解できないであろう。

(2)　黒板勝美氏　道教の道観説。(78)　黒板氏は日本古代における道家思想ならびに道教の流布を検証する中で両槻宮にふれ、「観」とあるのは道教の寺院に当たる道観であり、北の生駒山、南の吉野金峰山、西の葛城山とともに多武峰にも道観が建てられたと考えた。この見解にはすでに下出積與氏の批判がある。(79)　すなわち、氏は日本に流伝した道教は、宗教的専門家である道士、彼らのすむ道観を伴う教団道教ではなく、民衆道教であるから道観は存在しないとして、両槻宮＝道観説を否定し、「観」は特異な様式・外観の楼観であるとする。

(3)　和田萃氏　神仙思想に基づく宮とする説。(80)　氏は、日本古代における道教の性格については下出氏らと同じ見解にたち、七世紀における民間道教の定着を明らかにした上で、(ア)この宮の立地が多武峰の山上で異例であること。(イ)「天宮」の号は道教思想に基づき、その命名は山上にあるという立地と関係すること。(ウ)斉明二年に同時に営まれた吉野宮とともに、この宮の近辺には道教で仙薬として用いた水銀の鉱床があることなどから、両槻宮が単なる離宮ではなく、神仙思想と深く結びついたものである可能性を指摘した。和田説については後述する。

さて、これまでの諸見解について不満を感じるのは、その側に宮の観を起てた槻木に注目していない点である。この宮は槻木の側を選んで観を起て、その宮の号が槻木に因むことからみて、この槻木は特別なものでありこの宮の本質を規定するものとみなければならない。私は前節までの検討をふまえて、両槻宮の槻木は齋槻たる聖樹であって、この点からこの宮が宗教的性格をもつ施設であることは明らかであると考える。前述の如く齋槻が宮にある例としては、纏向日代宮、長谷朝倉宮、池辺雙槻宮があったが、いうまでもなくこれらは正宮で、その一部に齋槻をとりこんでいたのに対して、両槻宮は正宮たる後岡本宮のほかに、齋槻を中心として営まれた別宮であるから、特に宗教的性格をもったものとして営まれたと考えられる。

問題なのはその宗教的性格がどのようなものなのかということであるが、二つの可能性が考えられる。一つは日本固有の神祇信仰に関するものとする考え、二つは和田氏が主張する神仙信仰に関わるものとみる考えである。前者は、前述のように齋槻を固有の神の依代と考えてきたところから出てくるもので、特に付け加えることはない。後者は魅力的な説なのであるが、いろいろの問題を含むので、以下検討する。

両槻宮と神仙信仰　まず私は、神仙信仰に関わるものとする観点から検討を試みたところ、和田氏があげた論拠に次の三点をつけ加えることができた。(ア)両槻宮の廃絶後、八世紀後半以降、多武峰には鎌足の墓が改葬され[81]、多武峰寺が営まれるが、九世紀後半から十世紀はじめまでに成立した同寺の開創の縁起に、多武峰を「神仙之霊窟」とする伝えがあること[82]。(イ)両槻宮あるいは多武峰行幸の日付けは同宮において行なう行事の日付けを示すが、それは持統七年が九月辛卯（五日）、壬辰（六日）、同十年が三月乙巳（三日）である。後者は三月三日上巳の節日、前者は九月九日が天武忌日に当たるために繰り上げて行なったと考えられるから、九月九日重陽の節日と関係すると考えられる。三月三日、九月九日は、五月五日とともに、道教思想に基づく本草書『本草集注』において神仙となるための仙薬を採取すべき日と定められていること[83]。(ウ)飛鳥には飛鳥寺の西に齋槻がありながら、両槻宮造営に当たって後岡本宮から、より遠い多武峰の齋槻の下が採用されたのは、同宮の性格にとって山上あるいは多武峰という立地が重要な意味をもったと思われることの三点である。

小　結　しかしこのような論点にもかかわらず、私には同宮を神仙信仰に関わるものと断定するのにはためらいがある。それは、和田説では神仙信仰、民間道教との関係を指摘しながら、この宮の性格がもう一つ明確でないからである。和田氏は、唐の長安の南の終南山にある道教の女仙人を祭る元君廟をあげているが、もしこの宮が仙人を祭る道廟のようなものとすれば、そこには道士の存在も想定しなければならず、日本には教団道教は流伝していないという考えと矛盾してくることになりかねない。すなわち、この説のあいまいさは、日本には教団道教は流伝しなかったという通説的な見解との矛盾からきているといえないこともない。私は、この宮と神仙信仰との関係の可能性を残しながらも、その見解の決着は今後の日本古代の道教研究の進展にまつべきであると考える。

以上、私は、両槻宮は齋槻の存在からみて単なる遊宴などのための離宮ではなく、宗教的な施設であると考え、その宗教的性格については、固有の神祇信仰と、神仙信仰、あるいは両者が習合したものという三つの可能性を指摘するにとどめる。

おわりに

飛鳥寺の西に所在した須彌山の園池、漏刻臺、齋槻の広場、さらに多武峰の両槻宮について個別的に明らかにしてきた。これらについてあらためて要約することはしない。最後にこれまでの考察で論じのこした点や、「はじめに」で指摘した課題について論及できる点について記しておきたい。

斉明朝の倭京　まず倭京の形成過程における、須彌山の園池や漏刻臺が造営された斉明朝の位置づけである。倭京の京域に方格地割が施行されていたという方格地割論は、井上和人氏の批判によってそのまま成立できなくなったが(注(4)井上論文)、一定の京域をもった倭京が存したことは確かであろう。私は、基本的に歴代の宮室の集中、それに伴う豪族・庶民の集住、寺院の建立、官の施設の造営などによって、一定の都市的景観をもち京域をもった倭京が形成されていったと考える。岸俊男氏は、一定の範囲を京域とし京職が管轄する行政区画としての倭京が、天武朝に成立していたことを指摘したが(注(3)岸論文)、私は、その考えを受けついだうえで京域はすでに斉明朝に成立していたことを述べた(本書第三部第一章)。

斉明朝は孝徳朝の難波から飛鳥へ還ってきた時期で、斉明は飛鳥川辺行宮、板蓋宮、川原宮を転々とし、小墾田の新宮の造営に失敗したのち、斉明二年（六五六）後飛鳥岡本宮に遷宮した。この時期は宮都について新しい試みがなされた時期である。いずれも失敗したが、小墾田に瓦葺きの中国風の宮殿を建造しようとしたし（『書紀』斉明元年十月己酉条、藤原宮において実現）、倭京では後岡本宮の東の石垣の築造、「狂心渠」とそしられた運河の開削に着手した（斉明二年是歳条）。後者はこの時期に倭京域に工事の手が加えられたことを示す。須彌山の園池と漏刻臺の造営は、このような倭京整備の一環である。特に漏刻臺はこの時期の倭京を考えるうえで重要である。前述の如く、漏刻臺の建造によって、倭京に住む官人・庶民への朝参の刻限と時刻の報知が実現したが、このことは、倭京への官人・庶民の集住がこれ以前より一層進展し、倭京が都市的景観をもっていたことを示すのである。

宮室と須彌山・漏刻臺　次に、須彌山の園池、漏刻臺、齋槻の広場の位置がほぼ明らかになったことは、「はじめに」であげた課題(2)の宮室と官衙・園池などの官の諸施設との関係を考察する手掛りを与えてくれる。このことは課題(3)の倭京の構造にも関係してくる。須彌山の園池は宗教的な性格をもつ点で特異であるが、饗宴を行なう機能からみて、平城宮の宮城内や隣接地に設けられた園池へつながるであろう。平城宮では宮城内に南苑、西池宮、東園、宮の北に松林苑（松林宮）がある。漏刻臺は、前記の如く平安宮では宮内の陰陽寮に所在し、藤原・平城宮でも同様であると推測した。齋槻の広場については藤原宮以降にこれにつながるものがみいだすことができず、このような施設は消滅したものと考える。以上の如く、宮城成立後には、園池や漏刻臺はその中にとりこまれたのである。

それでは倭京の時代にはどうであったか。それを考えるためにはそれぞれの時期の宮室の位置が明らかにならなければならないが、斉明朝の後飛鳥岡本宮、天武・持統朝の飛鳥浄御原宮の位置は諸説があって確定していない。周知のように、後岡本宮は舒明朝に飛鳥岡の傍に営まれた岡本宮（『書紀』舒明二年十月癸卯条）の位置に、浄御原宮は後岡本宮の南に所在した（同天武元年是歳条）。両宮の所在地に関する説は、大きくわけて飛鳥寺の北とする説と同寺の南とする説がある。[84] 前者としては、(1)喜田貞吉氏[85] 岡本宮は雷岡（＝飛鳥岡）の近辺で、浄御原宮はその南の飛鳥小学校付近（石神遺跡付近）。(2)田村吉永氏　神護景雲元年（七六七）官符にみえる「岡本田」の所在から、岡本宮は大官大寺塔跡の東方に、浄御原宮はその南で、山田道までの東西四町、南北六町の地域とする（注(14)田村著書）。後者としては、(3)橿原考古学研究所編『飛鳥京跡二』　両宮を伝飛鳥板蓋宮跡に比定する説がある。[86](補五) このうち(1)説は飛鳥岡の比定に問題があって成り立ちがたく、現在は(3)説が有力視されているが、まだ確定したとはいいがたいと考える。ここでは(2)(3)両説の可能性を考えておく。

(2)(3)いずれの説によっても、斉明朝において須彌山の園池と漏刻臺は後岡本宮の宮室から、また天武・持統朝において齋槻の広場は浄御原宮の宮室からかなり離れて所在したと考えられる。もちろん(2)(3)説は確定的な説ではないから、これらによらない場合も考えておくと、これら三者の所在する地域は、東に飛鳥寺がせまり、西に飛鳥川の流れる狭い地域であるから、少なくとも藤原宮以降のように宮中枢を中心とした宮城に囲いこまれるような形態にはならないとはいえよう。

『書紀』の中にも宮室と官の施設の位置関係を考えうる史料があり、その中に両者が近接したかと思われる例もある。園池については、推古朝の小墾田宮で須彌山と呉橋の園池を「南庭」に構えたとあるのは、宮室の南に造ったのかもしれない（『書紀』推古二十年是歳条）。天武朝の浄御原宮の「白錦後苑」は宮室の後方すなわち北に設けた可能性がある（同天武十四年十一月戊申条）。また倉と宮室との関係については、同時期の大津宮、難波宮の例も含めて岸俊男氏が明らかにしている。[87] すなわち、天智朝の大津宮、天武朝の難波宮では、大蔵省の倉からの失火によって宮室が焼失しているから（同天智十年十一月丁巳、朱鳥元年正月乙卯条）、これらの倉は宮室に近接していたと考えられる。しかし、飛鳥では壬申の乱の時に小墾田兵庫があり（史料(c)）、また浄御原宮の時代の民部省（民官）の蔵庸の舎屋は雷山にあった忍壁皇子宮の火事によって延焼したから、雷岡付近にあったと考えられる（同朱鳥元年七月戊申条、『万葉集』巻三―二三五の左注）。前者は後岡本宮との関係をいえば離れており、後者は浄御原宮の(2)説によれば近接していた可能性があり、(3)説によれば離れていた。

これらの諸例は、園池、広場、倉などの特殊な施設で、一般的な官衙と関係づけられるかもしれないのは陰陽寮の漏刻臺、民部省の倉の例だけであり、また齋槻の広場はその位置が槻木という自然物に規制されるからこの問題を考える材料としては適当でない。そのような点を含んだ上で、倭京では官の施設は宮室に近接して所在する場合もあるが、離れて分散的に所在するものもあったことが明らかで、そこでは当然のことながら、藤原宮以降のような「宮城」は成立していなかった。官の施設が宮室に近接して所在するのは当然といえば当然で、離れて分散的に所在するものがある点に大きな意味があるのである。倭京の構造を考える場合、宮室、寺院、豪族・庶民の住宅などのほか、嶋宮などの皇子宮、さらに園池、官衙、倉などの官の諸施設があり、それらが倭京内に分散的に存在することを考えておくべきであろう。そしてこのような官の施設は、宮室が倭京の中で歴代ごとに遷移・造替されるのに対して、継続して存在するものもあったのではないかと考える。

飛鳥寺の西の諸施設　最後に飛鳥寺西の地域の諸施設を個別的に検討してきて感じる課題めいたものについて記しておく。この地域に存在したものおよび飛鳥寺の間には、相互に何らかの有機的な関係があったのではないのかということである。これらは、齋槻――飛鳥寺――須彌山の園池――漏刻臺の順に出現した。飛鳥寺西門が他の門より大きいことが齋槻を意識しているとすれば、飛鳥寺がこの地に占地したことの理由の一つに齋槻の存在がなかったか。須彌山の園池と漏刻臺の間には深い関係があったようであるが、これらがこの地に設けられたのは飛鳥寺および齋槻の存在と関係がなかったか。須彌山の園池は、仏教という点で飛鳥寺に連なり、また夷狄の服属儀礼という点で齋槻と連なる。漏刻臺については明確ではないが、齋槻、飛鳥寺、須彌山の園池は聖なるものである。これらを思想的に関係あるものとして説明できないだろうか。後考をまちたい。

注

(1) 本書第三部第一章「律令制都城の成立と展開」。
(2) 岸俊男「朝堂の初歩的考察」(『橿原考古学研究所論集　創立三十五周年記念』一九七五年)、「都城と律令国家」(『岩波講座日本歴史2　古代2』一九七五年。両論文とも『日本古代宮都の研究』所収。一九八八年)。狩野久「律令国家と都市」(『大系日本国家史1　古代』一九七五年。『日本古代の国家と都城』所収。一九九〇年)。注(1)今泉論文など。
(3) 岸俊男「飛鳥と方格地割」(『史林』五三―四、一九七一年。『日本古代宮都の研究』所収)、秋山日出雄「『飛鳥京と大津京』都制の比較研究」(奈良県教育委員会『飛鳥京跡一』一九七一年)、千田稔「倭京・藤原京問題と地名」(『地理』一九八二年七月号)など。
(4) 井上和人「飛鳥京域論の検証」(『考古学雑誌』七一―二、一九八六年)。
(5) 前田晴人「倭京の実態についての一試論」(『続日本紀研究』二四〇・二四一、一九八五年)。
(6) 今泉隆雄「蝦夷の朝貢と饗給」(高橋富雄編『東北古代史の研究』所収、一九八六年)。
(7) 奈良国立文化財研究所『飛鳥寺発掘調査報告』(一九五八年)、同『飛鳥・藤原宮発掘調査概報』八、一三、一五、一六(一九七八・八三・八五・八六年)。
(8) 『書紀』皇極四年六月甲辰、孝徳即位前紀皇極四年六月庚戌条。
(9) 山田英雄「中臣鎌足伝について」(『日本歴史』五八、一九五三年)。
(10) 「旦」とした字は諸本「且」であるが、「旦」の誤写であろう。「暮《ユウベ》」と対になって「旦《アシタ》」とよむべきである。熊谷公男「蝦夷の誓約」(『奈良古代史論集』第一集、一九八五年)参照。

（11）岸俊男「小墾田宮の呉橋」（『古代宮都の探究』一九八四年）。
（12）以下の叙述で、須彌山について『書紀』に記されたものと、石神遺跡から出土した石造物そのものを区別して記述する必要がある場合は、前者を「須彌山像」、後者を「須彌山石」と表記する。
（13）高橋健自「飛鳥発見の石製遺物」（『考古界』三―五、一九〇三年）、飛鳥資料館『飛鳥の石造物』（一九八六年）。
（14）田村吉永『飛鳥京藤原京考証』八頁（一九六五年）。古代において「石」にはイシ、イハ、イソの訓がある（上代語辞典編集委員会編・三省堂刊『時代別国語大辞典　上代編』、小林芳規「古事記音訓表」『文学』四七―八・一一、一九七九年）。また上代特殊仮名遣で「神」のミは乙類、「上」のミは甲類で一致しない。しかし「石上」「石神」の用例が八世紀以前において併用されていたわけではないから、この違いは問題にならない。古代の「石上」の表記が現代までの間に「石神」の表記に、音を媒介として変わるのは十分にありうる。
（15）須彌山石については飛鳥資料館編『飛鳥の石造物』（一九八六年）、同『飛鳥資料館案内』（一九七五年）参照。
（16）石の高さは、上石約七四センチ、中石約七五センチ、下石約九八センチである。中・下石の間にあったと推定される石も両石と同じ位の高さと考え、ここでは仮りに八〇センチとみた。
（17）垂直孔Ａ・Ｂの復原や機能については、飛鳥資料館の岩本圭輔氏の教示による。なおこれらも含めて、関係者による須彌山石に関する詳報を期待したい。
（18）定方晟『須彌山と極楽――仏教の宇宙観』（講談社現代新書、一九七三年）。
（19）(A)玉虫厨子図については、『奈良六大寺大観五　法隆寺五』（一九七二年）原色図版九四・九五頁、単色図版一二三頁、解説三九頁、および秋山光和・辻本米三郎『奈良の寺6　法隆寺　玉虫厨子と橘夫人厨子』（一九七五年）、(B)大仏蓮弁図については、『奈良六大寺大観十　東大寺二』（一九六八年）単色図版一六九頁、解説五四頁、(C)二月堂本尊光背については、同前解説五九頁を、それぞれ参照。
（20）喜田貞吉「飛鳥の京」（『歴史地理』二〇―五、一九一二年）、同『帝都』（一九一五年）。
（21）矢島恭介「飛鳥の須彌山と石彫人物について」（『国華』二六一―一二、一九四九年）、石田茂作「飛鳥の須彌山遺跡」（『飛鳥随想』一九七一年）。

(22) 奈良国立文化財研究所『飛鳥・藤原宮発掘調査概報』一二～一九、二一（一九八六～八九・九一年）。一九九一年の第一〇次調査については「石神遺跡第一〇次調査現地説明会資料」（一九九一年十月）による。
(23) 諸橋轍次『大漢和辞典』巻一、十一。
(24) 概数である。岩本圭輔氏のご教示による。
(25) 入間田宣夫「起請文の成立」（『百姓申状と起請文の世界』所収、一九八六年）。
(26) 窪徳忠『道教史』二〇九頁（一九七七年）。
(27) 森蘊『日本庭園史話』（一九八一年）。
(28) 奈良国立文化財研究所『飛鳥・藤原宮発掘調査概報』三、一二、一六、一七（一九七三・八三・八六・八七年）。飛鳥資料館『飛鳥の水時計』（一九八三年）、および木下正史「地中に眠る宮と寺」（『古代を考える　飛鳥』一九八七年）に遺跡についての適切なまとめがある。
(29)『延喜式』大蔵式漏刻料旧幔条、『枕草子』第百六十一段（日本古典文学大系一九）、『百錬抄』『中右記』大治二年（一一二七）二月十四日条、後掲史料(o)など。なお平安宮では漏刻臺は陰陽寮内に設けられた。
(30) 岸俊男「倭京から平城京へ——生活空間としての『京』」（『国文学』二七—五、一九八二年。『日本古代宮都の研究』所収）、同「漏刻余論」（『古代宮都の探究』）などを参照。
(31) 広瀬秀雄『日本史小百科5　暦』（一九七八年）、原秀三郎「静岡県城山遺跡出土の具注暦木簡について」（『木簡研究』三、一九八一年）。
(32) 山田慶児「古代の水時計」（『自然』一九八三年三・四月号）。
(33) このことを考える上で注意されるのは、梁の武帝が大通元年（五二七）に宮の後に建てた同泰寺である。同寺は武帝が彼の信ずる蓋天的宇宙観を具現するために建てたもので、九層の浮図、四周の池、その他多くの建物を建て、その中の璇璣殿には水運蓋天儀を置いた（山田慶児「梁武の蓋天説」『東方学報』四八冊、一九七五年。注(32)山田論文）。九層の浮図と水運蓋天儀は、須彌山像と漏刻に対比できなくもないが、同じではない。水運蓋天儀は、天の模型で、水力によって天の星と同じように動き、その仕組みは漏刻と深い関係にあるが、漏刻そのものではない。中国・朝鮮における先蹤となるものの存在については後考をまちたい。

(34)『倭名類聚抄』(箋注本巻十)に「槻」について「都岐乃岐」、『新撰字鏡』巻七に欟豆支又加太久弥」、また『日本霊異記』上巻第四縁に付された訓釈に「雙欟奈見川支乃」とある。
(35) 注(14)『時代別国語大辞典　上代編』四六一頁、ツキの項。
(36) 文化庁文化財保護部監修『天然記念物事典』一二八頁以下(一九七一年)。
(37) 応永二十四年(一四一七)成立の『山門堂舎記』(『群書類従』二四輯)にみえる「飯室気焼」(沢瀉久孝『万葉集注釈』巻二、四四四頁)、また慶長二年(一五九七)刊『易林本節用集』、同八年刊の『日葡辞書』などが早い用例である。
(38) 祟の原因となった伐木の時期は厳密には、祟の一つの大雨が降った承和十四年五月(承和十四年五月壬午(十八日)条)以前としかいえない。相撲節会の節日は本来七月七日で、天長三年から七月十六日に改められるが、承和年間には七月中に行なわれ、日は固定していない。相撲節会の準備は節日の一月前から始まることになっていたから(延喜中務式)、承和年間では六月に入ってから始まった。したがって原因となった伐木は某年六月以降になされ、また祟の一つの大雨が承和十四年五月に始まるから、伐木は承和十三年の節会以前、すなわち同年七月以前になされたと考えられる。そしてこれよりもあまり古い時期ではなかったであろう。
(39)『続日本後紀』と『本朝月令』とでは少し事実にくい違いがあるようにみうけられる。前者では、承和十四年五、六月に大雨があり(同十四年五月壬午、六月丙申条)、六月四日に松尾大神に奉幣し、六月二十一日に雨がやんだとする。これに対して後者では、大雨、洪水、大鼓の奉還を一年遅れの嘉祥元年のこととしている。しかし、『続日本後紀』によれば、嘉祥元年六〜八月にも大雨、洪水があり、松尾社にも奉幣と甘雨祈請がなされるから(嘉祥元年七月己未条)、やはり松尾大神の祟と考えられたと思われる。すなわち、事実としては承和十四年、嘉祥元年と二年にわたって大雨、洪水があって、いずれも松尾大神の祟と考えられたが、『本朝月令』は嘉祥元年の大雨のみをとりあげたわけである。
(40) 日本歴史地名大系27『京都市の地名』一一〇八頁。
(41) 注(40)同書六一頁。
(42)「住宅公団花園鷹司団地建設敷地内埋蔵文化財発掘調査概報」(鳥羽離宮跡調査研究所『埋蔵文化財発掘調査概報集　一九七六』所収)。

(43) 足利健亮「律令時代における郡家の歴史地理学的研究——遺址の探究と復原の試み——」(『歴史地理学紀要5 考古地理学』所収、一九六三年)。
(44) 嘉祥二、三年(八四九、八五〇)葛野郡の大・少領、主政、主帳は秦忌寸氏にほぼ独占されていた(『平安遺文』第一巻九二、九三、五九号)。
(45) 和田萃「今来の双墓をめぐる臆説」(京都教育大学考古学研究会『史想』一九、一九八一年)。なお和田氏は、『書紀』雄略即位前紀の「新漢擬本南丘」(書紀分注は「擬」字を「槻」字の誤りかとする)、同大化五年三月戊辰条の蘇我石川麻呂の乱にみえる「今来大槻」、同用明二年四月丙午条の蘇我馬子の居宅の槻曲家に関わる槻木が、いずれも軽社の齋槻と同じものである可能性を指摘している。
(46) 『群書類従』二四輯、『大日本仏教全書 寺誌叢書三』所収。『広隆寺来由記』は、明応八年(一四九九)権僧正済承の撰(『群書解題』一七)。
(47) 日本歴史地名大系26『京都府の地名』一二五頁(一九八一年)。
(48) 足利健亮「山背の計画古道」(『日本古代地理研究』所収、一九八五年)。『万葉集』巻十三—三二三六には、倭から「管木《つつき》(=綴喜)の原」を経て相坂山へ至る道行きが歌われている。
(49) 日本古典文学大系『風土記』四六六頁。
(50) 福山敏男『奈良朝寺院の研究』二二一頁(一九四八年)。
(51) 日本古典文学大系『古事記 祝詞』三一八頁。
(52) 日本思想大系『古事記』四六四頁。
(53) 平安時代の大嘗祭には悠紀、主基両所に標山が設けられた。これは櫓屋台様のものに作り山をのせ、鉾をたてたり木を植えたりしたもので、神の依代と考えられている(川出清彦『祭祀概説』二九二頁、一九七八年)。この標山は齋槻の依代の末流に当たるものであろう。
(54) 日本歴史地名大系30『奈良県の地名』四二九頁(一九八一年)。
(55) 『日本国語大辞典』20(小学館刊)、『古語大辞典』(同前)、『時代別国語大辞典 上代編』、『新潮国語辞典 現代語古語』など参照。

(56) 「猟人《さつひと》の弓月が嶽」（巻十一―一八一六）とあるように、「猟人の」が「弓月が嶽」の枕詞となっている。これは「猟人」が「弓」と関係するからで、この点から「弓月」説が妥当のようにもみえる。しかし槻材を弓に用いることが一般的であるから、槻も弓に関係深い。齋槻の意で「弓槻」と表記するのは（巻十一―二三五三）、この槻と弓との関係をふまえている。そして「弓槻（月）」の表記から「猟人の」が枕詞として使われることになるのであろう。

(57) 神体山と依代については、岡田精司『神社の古代史』九頁以下を参照（一九八五年）。

(58) 注(54)『奈良県の地名』。

(59) ヒナ、アヅマの理解については、平野邦雄「古代ヤマトの世界観」（東京女子大学『史論』三九）を参照。

(60) 澤瀉久孝『万葉集注釈』巻十三の口訳による。なお「齋槻《いつき》」は西本願寺本は「卅槻」に作るが、『万葉考』以来、「百足らず」が「五十」の枕詞であることから、「五十槻」の誤りとして「イツキ」と訓ずる。

(61) 神杉としては三輪神社・石上神社のものが著名である。『万葉集』に「三輪の祝が齋ふ杉」（巻四―七一二）、「石上布留の神杉」（巻十一―二四一七）とうたわれた。

(62) 神木としての橿は「厳橿《いつかし》」とよばれ（『古事記』雄略段引田部赤猪子の説話、『万葉集』巻一―九）、また倭姫命は天照大神を「磯城厳橿之本」に鎮座せしめた（『書紀』垂仁二十五年三月丙申条一云）。

(63) 神木の椿は「齋《ゆつ》真椿《まつばき》」と称され、『古事記』雄略段の大后の歌謡によれば、槻木と同じくこの木の下に新嘗屋が設けられた。

(64) 神木の楓は「湯《ゆ》津《つ》楓《かつら》」とよばれた（『古事記』上巻神代）。

(65) 聖樹信仰については足田輝一『樹の文化誌』（朝日選書二九二、一九八五年）を参照。

(66) 牧野富太郎『牧野新日本植物図鑑』九四頁（北陸館刊）、矢頭献一・岩田利治『図説樹木学――落葉広葉樹編――』九〇頁（朝倉書店刊）。

(67) 注(57)岡田精司『神社の古代史』（一三頁）に、ケヤキは枝ぶりがいいので神が梯子にして天からおりてくると考えられたとしている。

(68) 福山敏男「飛鳥寺の創立」（一九三四年。『日本建築史研究』所収、一九六八年刊）。

(69) 田村圓澄「飛鳥川の『川原』」（『日本歴史』四五五、一九八六年）。

(70) 奈良県立橿原考古学研究所『奈良県遺跡調査概報一九八〇年度（第二分冊）』所収「飛鳥京跡第七七次調査」。

(71) 五輪塔に南接する地域の調査は飛鳥京跡第一一次調査（奈良県立橿原考古学研究所『飛鳥京跡二』三六頁）、「土木」の調査は、注(70)「飛鳥京跡第七七次調査」。

(72) 橿原考古学研究所飛鳥京跡第一一、一八次調査（奈良県立橿原考古学研究所『飛鳥京跡二』一九八〇年）、同第七七次調査（注(70)）、奈良国立文化財研究所『飛鳥・藤原宮発掘調査概報』一一―六五頁（一九八一年）、同一二―八四頁（一九八二年）、同一五―七八頁（一九八五年）、同一六―七三頁（一九八六年）。

(73) 注(70)飛鳥京跡第七七次調査。なお報告書によれば、自然礫層からは古墳時代の須恵器、弥生土器が出土している。

(74) 岡崎晋明「飛鳥前史」（注(28)『古代を考える　飛鳥』所収）。

(75) 和田萃「飛鳥川の堰」（『日本史研究』一三〇、一九七三年）、同「飛鳥びとの生活」（門脇禎二編『日本生活文化史2　庶民生活と貴族生活』所収、一九七四年）。

(76) 飛鳥寺西門が南門・中門より規模が大きい理由を齋槻との関係で説明する考えがある。注(4)井上論文参照。

(77) 石母田正『日本の古代国家』第一章第三節（一九七一年）。

(78) 黒板勝美「我が上代に於ける道家思想及び道教について」（『史林』八―一、一九二三年）。滝川政次郎「私教類聚の構成と其の思想」（『史学雑誌』四一―六、一九三〇年）にも同様の見解がみえる。

(79) 下出積與「斉明紀の両槻宮について」（『続日本古代史論集』上巻、一九七二年）。

(80) 和田萃「両槻宮」（『桜井市史』上巻　歴史編（古代）第二章第一節、一九七九年）、同「薬猟と『本草集注』」（『史林』六一―三、一九七八年）。

(81) 鎌足の墓の多武峯改葬については、和田萃「多武峰墓」参照（注(80)『桜井市史』上巻　歴史編（古代）第二章第二節）。

(82) 多武峰寺の開創縁起は、『多武峯略記』（『大日本仏教全書』寺誌叢書二所収）、『諸寺建立次第』『伊呂波字類抄（十巻本）』『諸寺縁起集（護国寺本）』（以上、藤田経世編『校刊美術史料寺院篇上巻』所収）のそれぞれの多武峰の条に収載。これらの書は十二～十四世紀に成立したものであるが、開創縁起はいずれも多武峰寺の僧延安の伝えから出たもので、各書によれば、彼は弘仁十年（八一九）生、嘉祥元年（八四八）ごろ多武峰に入山して、延喜四年（九〇四）に死没。彼のこの経歴から同寺の開創縁起の成立時期を決めることができる。

(83)　注(80)和田萃「薬猟と『本草集注』」。平安時代には三月三日曲水の宴に艾《よもぎ》や母子草《ははこぐさ》の餅を食し、九月九日の菊花の宴に菊花酒をのみ、茱萸《かわはじかみ》を入れた袋を身に付ける習俗があり、これらは邪気を払い長寿を祈るためのものであって（山中裕『平安朝の年中行事』一九七二年）、前記の薬草採取の行事とつらなる。

(84)　両宮の所在地に関する説については、和田萃「飛鳥岡について」（『橿原考古学研究所論集　創立三十五周年記念』一九七五年）に整理されている。

(85)　喜田貞吉『帝都』（一九三九年）。

(86)　同報告書の第三章考察に推定説として記す。伝板蓋宮跡の南部のエビノコ大殿の地区を第一次浄御原宮（旧宮）、その北の上層遺構のいわゆる内郭地区を第二次同宮（新宮）、その下層遺構を後岡本宮に比定する。注(84)和田論文は、飛鳥岡を伝板蓋宮跡の東方の飛鳥坐神社から岡寺にかけての丘陵にあて、後岡本宮が飛鳥寺の南に比定できるとする。

(87)　岸俊男「難波の大蔵」（大阪市文化財協会『難波宮址の研究』第七、論考篇、一九八一年。『日本古代宮都の研究』所収）。

（付記）　初出稿『東北大学文学部研究年報』四一号（一九九二年三月刊）掲載。引用論文の出典の補訂と若干の内容的な補訂を施した。

（補一）　石神遺跡第一〇次調査について、『飛鳥・藤原宮発掘調査概報』二二（奈良国立文化財研究所、一九九二年）に報告され、銅管について、現地説明会資料と異なって、この調査区まで伸びていない可能性が報告されているので訂正する。すなわち、水落遺跡の漏刻臺から北へのびる銅管は、木樋A（本書第二章第9図）の北へのびる木樋（概報では木樋Eとする）とともに、掘方SD二七七に埋設されている。約五〇ｾﾝﾁの間隔をおいて、木樋が東、銅管が西に並び併走する。両者は漏刻臺の北辺溝の北外側、遺存する銅管の南端から約一八・二ﾒｰﾄﾙまで確認されている（水落遺跡第五次調査『飛鳥・藤原宮発掘調査概報』一六、一九八六年）。石神遺跡第一〇次調査区は水落第五次調査区から約一五ﾒｰﾄﾙの間をあけて設定され、この調査区では木樋・銅管そのものは検出できず、掘方SD二七七と、抜き取りのための抜き取り溝SD一五九五を検出した。抜き取り溝は木樋か銅管かいずれのものか決めにくいが、断面観察によれば、木樋のものである可能性が高いという。すなわち、石神第一〇次調査区に木樋はのびているが、銅管は水落第五次調査区と石神第一〇次調査区の間で西方へ曲がっている可能性が高い。両調査区の間の未掘地の調査によって、銅管の行き先を確認することが必要であるが、第一〇次調査の所見により、銅管と須彌山石を関係づけるとすれば、須彌山石の所在地は、本文に述べたように、西建物群の方までいかないことになる。

（補二） 東野治之氏「史料としての『日本書紀』」（『鑑賞日本古典文学(2) 日本書紀・風土記』一九七七年）は、須彌山像の史料について史料論的に検討し、須彌山像に関する史料(j)～(l)の三史料は同一事件に関する重出であり、実際は斉明五年七月十五日の盂蘭盆会に、トカラ人や蝦夷を須彌山を作って饗応したということがあったと理解している。この考えによれば、須彌山像の三つの「作・造」や場所に関する表記の相違の問題は解消するが、なお検討の要があるので、東野氏の考えを注記するにとどめる。

（補三）「額田寺伽藍並条里図」（国宝指定 国立歴史民俗博物館所蔵）の額田寺南門前に槻木が描かれていることを、石上英一氏からご教示いただいた。同図は、大和国平群郡にある額田寺の伽藍を中心に周辺の寺領を描いた田図で、天平宝字五年（七六一）以降の程遠からぬ時期に作成されたと推定されている（福山敏男「額田寺」『奈良朝寺院の研究』一九四八年。狩野久「額田部連と飽波評」『日本古代の国家と都城』一九九〇年）。基本史料となるカラー・白黒・赤外線写真が東京大学史料編纂所編『日本荘園絵図聚影三 近畿二』（一九八八年）七四～九三図に収められ、また国立歴史民俗博物館編『荘園絵図とその世界』（一九九三年）では、復原複製、原物の調査、現地比定が行なわれている（古瀬奈津子「『額田寺伽藍並条里図』復原複製のできるまで」、永嶋正春「『額田寺伽藍並条里図』に見る古代の顔料」）。

同図は大和国京南条里路西三条九・一〇里、四条九・一〇里の範囲を図示し、額田寺は一〇条三里三五・三六坪、一〇条四里一・二・一一・一二坪の六坪を占め、それぞれ東西に並ぶ一・一二坪、二・一一坪の坪界を伽藍中軸線として、南から南門、中門、金堂、講堂が並ぶ。槻木は二坪の南の三坪の西北隅、寺南門のやや東寄り南前方に三本描かれている。三坪は寺領に含まれ、南辺に佐保川が西流し、川に沿って南に「寺畠」、北に「寺楊原・畠」があり、その北に「槻本田」が広がり、坪の西北隅には伽藍が設けられている台地から南へ支丘が伸び、その支丘上に東西に並ぶ三本の樹木が描かれている。東端の一本が大きく他の二本は小さい。現在原図では墨書の幹枝が見えるだけであるが、自然科学的分析によれば緑青によって葉が緑に彩色されていたと推定されている（前掲『荘園絵図とその世界』 47図復原複製図。永嶋論文）。大きさをどの程度正確に描いているか確かではないが、一番大きい木は金堂の高さほどに描かれ、かなりの大きさの木と推測できる。

「欟本田」の存在と描かれた木の樹形から、この三本の木は槻（欟）と考えられる。この三本の槻は、寺の南門前にあることや大樹であることからみて、齋槻である可能性が高い。寺に伴う齋槻の一事例を加えることができるとともに、奈良時代に描かれた槻木の絵として珍しい。またこの付近は佐保川と初瀬川が合流する舟連の要衝であるといわれるが（前掲狩野論文）、丘陵の突端に位置する大槻は南を流れる佐保川を往来する舟人の目印となったのではなかろうか。

（補四）　多武峰にめぐらされた周垣を防備的な山城とみる新しい研究に、阿部義平氏「日本列島における都城形成」（『国立歴史民俗博物館研究報告』第三六集、一九九一年）がある。

（補五）　(3)説については、その後も幾人かの論者によって主張されたが、最も新しい成果として、小沢毅氏「伝承板蓋宮跡の発掘と飛鳥の諸宮」（橿原考古学研究所『橿原考古学研究所論集』第九、一九八八年）がある。すなわち、板蓋宮跡の発掘成果を整理し、さらに文献史学の成果をふまえて、次のように結論する。

すなわち、(1)伝承板蓋宮跡には三時期の宮殿遺構が重複し、第I期＝飛鳥岡本宮、第II期＝飛鳥板蓋宮、第III－A期＝後飛鳥岡本宮、第III－B期＝飛鳥浄御原宮に比定される。(2)III期は、内郭を中心とするA期と、その東南方のエビノコ郭とそれに伴う外郭を整備・拡充したB期の二小期に分かれる。浄御原宮は、A期＝後岡本宮を継承し、それにB期の部分を付加して成立した。(3)宮号に「飛鳥」を冠した宮のうち、一時的な仮宮を除き、正宮は飛鳥岡本宮、飛鳥板蓋宮、後飛鳥岡本宮、飛鳥浄御原宮の四宮で、これらがすべて伝承板蓋宮跡に所在し、この地域が倭京の都市的空間の中枢をなす。古代に「飛鳥」と称されたのはこの限られた地域をさす。

この考えは説得力があり、後岡本宮、浄御原宮の所在について(3)の説が非常に有力になった。しかしこの説で問題が残るとすれば、浄御原宮の朝堂をどのように考えるかであろう。浄御原宮に朝堂が存したことは確かで、『書紀』持統四年（六九〇）七月甲申・己丑条に朝政の際の朝堂座上における拝礼について規定する。内郭の南に朝堂を想定することは、飛鳥川の存在から無理である。そのためにエビノコ大殿の検出以後、エビノコ郭の内に藤原宮の十二朝堂型でない構造の朝堂を、一部の検出遺構を利用して復原することが考えられた。しかし、一九九〇・九一年度の一一六・一一七・一二〇次調査において、大殿の南入側柱から約二〇㍍に、エビノコ郭の南辺塀を検出し、その塀には南門が存せず、塀の南にも朝堂が存する可能性が少ないことが明らかになってきて（橿原考古学研究所『奈良県遺跡調査概報』一九九〇・九一年度）、前記したエビノコ郭の朝堂の想定はそのまま成立できなくなった。浄御原宮の所在地について、(3)説の有力なことを認めながら、断定に至るにはなお調査の進展を見守りたい。

第二章　飛鳥の漏刻臺と時刻制の成立

はじめに

一九八一年奈良県明日香村の水落遺跡において、斉明六年（六六〇）に建造された、日本最古の漏刻臺[1]の遺構が確認された。この発見は、『日本書紀』に記された施設を発掘調査で確認した点で、また飛鳥に設けられた倭京の実態を考察するためにも重要なことであったが、何よりも日本古代における時刻制の問題を考えるために貴重であった。本稿は、水落遺跡の漏刻臺をめぐって、日本古代における漏刻と時刻制、およびそれらの成立について明らかにしようとするものである。[2]

一　水落遺跡と漏刻臺

飛鳥と水落遺跡　飛鳥は奈良盆地の東南隅に位置し、周囲を丘陵に囲まれた小平地である。平地の広さは東西五〇〇㍍～一㌔、南北二・五㌔である。飛鳥川が南方の山地から流れ下り、平地の西辺を北流して深い河谷を形成している。この飛鳥の地には、崇峻五年（五九二）遷宮の豊浦宮から持統八年（六九四）に終る飛鳥浄御原宮までほぼ一世紀にわたって、途中一時近江・難波に出ることがあったが、宮室が歴代営まれて倭京とよばれる京が形成されていた。

この飛鳥の地のほぼ中央に、崇峻元年（五八八）に蘇我氏が発願して造営した飛鳥寺が位置した。寺域は東西二一一㍍（約二町）、南北三二四㍍（約三町）の規模で、寺域の西方一八〇～二二〇㍍を飛鳥川が北流している。この寺域と川に挟まれた地域が、『日本書紀』（以下『書紀』と略記する）の七世紀後半の史料に「飛鳥寺西」としてしばしば登場する地域である。

「飛鳥寺西」の地域は、水落遺跡、石神遺跡および「飛鳥寺西槻」が所在し、倭京でも重要な地域である。石神遺跡が寺域北西隅に接して所在し、水落遺跡は石神遺跡に南接して存する。石神遺跡は水落遺跡と密接な関係をもち、大きくA期（七世紀中葉）～D期（八世紀前半）の四時期の遺構が重複する。石造の噴水施設である須彌山石・石人像が出土し、『書紀』斉明三年（六五七）、五年、六年条にみえる須彌山像を中心とする園池に当たると推定されている。飛鳥寺西槻は、所在地点は確定していないが、依代である神木で、その下の広場が朝貢してきた蝦夷や隼人などの服属儀礼や饗宴に用いられた[3]。水落遺跡をめぐる環境はこのようなものであった。

水落遺跡　この遺跡は一九七二年に一部が調査され、一九八一年の全面的な調査によって、斉明六年（六六〇）に造られた漏刻を安置した漏刻臺の遺構と推定され、その後一九八七年の第六次調査まで補足的な調査が行なわれている[4]。遺構の概要は次の通りである（第9図・第10図）。

漏刻臺と推定される建物（SB二〇〇）は、基壇上に建つ礎石建物である。基壇は平面が正方形の四角錐の上部を切りとった形で、下辺の一辺が二二・四㍍である。四周に底幅一・八㍍の溝をめぐらす。基壇と溝は一体的に構築され、花崗岩自然石によって化粧されている。建物は平面が一辺一〇・九五㍍（高麗尺三〇尺）の正方形で、四間四方である。中央部を除く二四ヵ所に柱を配する総柱建物である。礎石は柱を受ける円形柱座をうがち、基壇内に埋設され地中梁

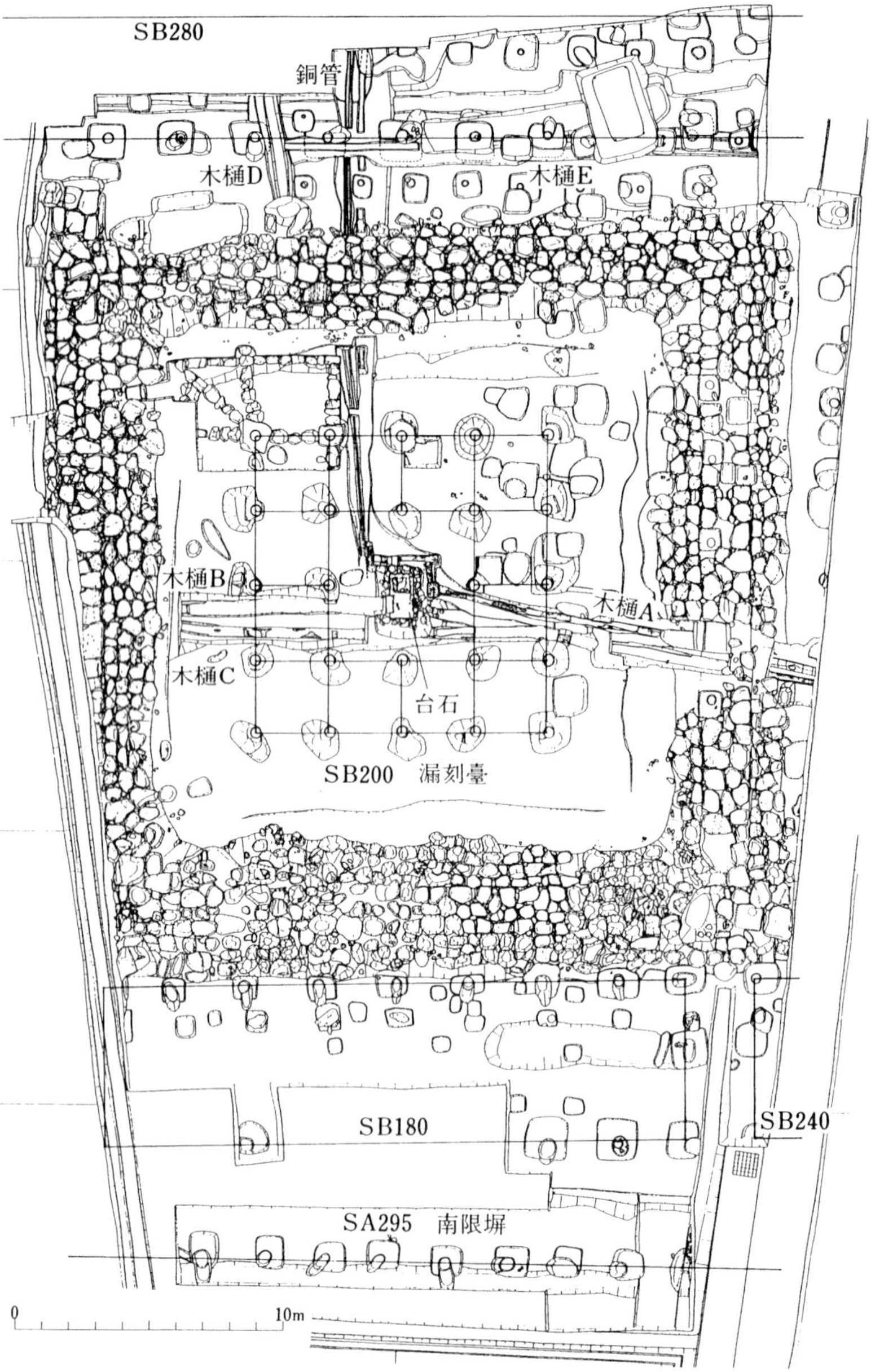

第９図　水落遺跡遺構図
（『飛鳥・藤原宮発掘調査報告Ⅳ』の図を改変）

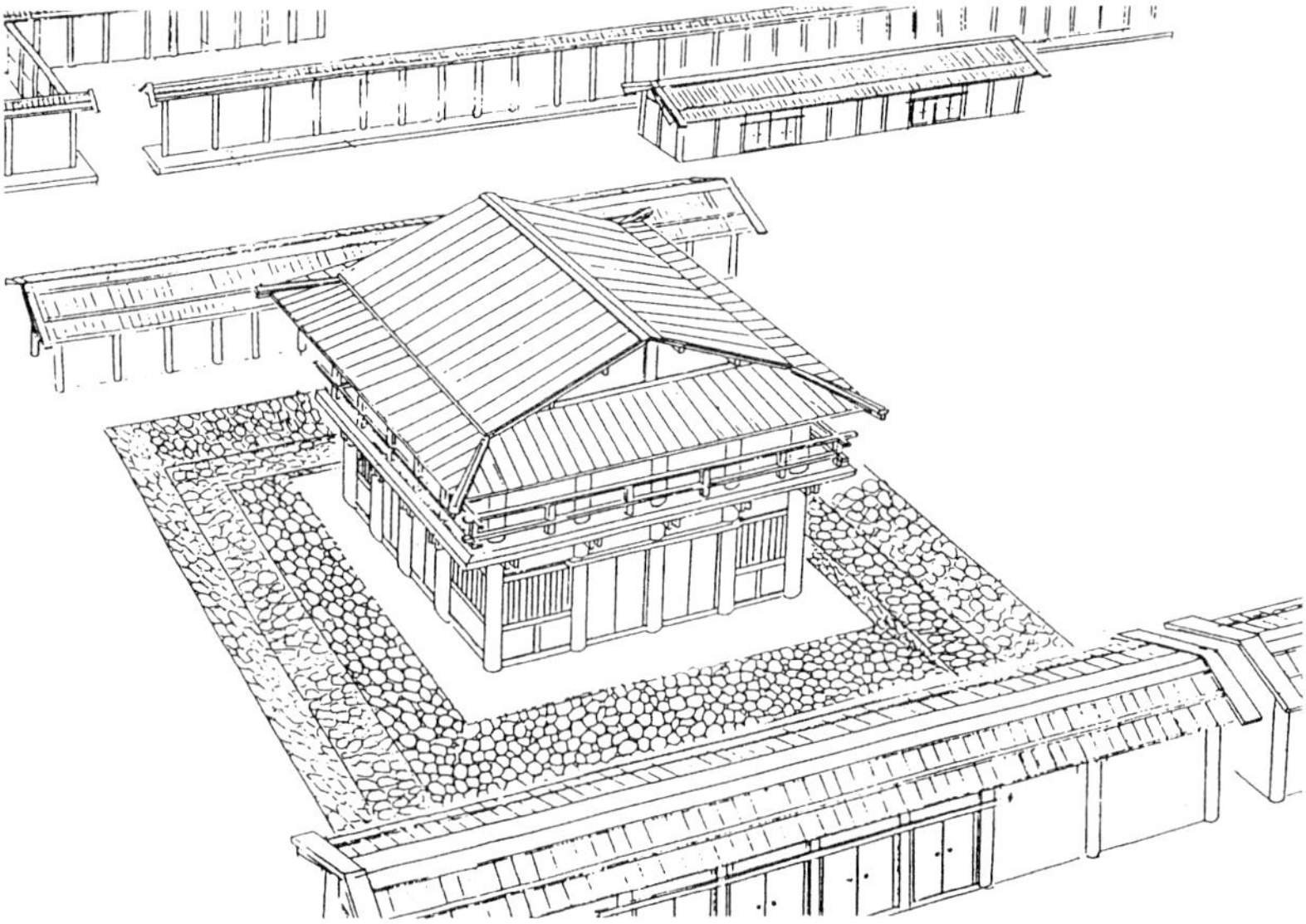

第10図　水落遺跡漏刻臺復原図
（『石神遺跡第10次調査現地説明会資料』より）

という特殊な工法によって固定されている。このような礎石の工法は、柱の移動を防ぎ堅固にする工夫である。正方形の平面形、総柱、礎石の特殊な工法などから、この建物は楼閣建物と考えられた。

建物の基壇の中には水利用の施設が設けられている。中央部に花崗岩切石の台石が埋設され、その上に黒漆塗の木箱が置かれている。木箱は人小二個あり、大形箱の中に小形箱が置かれている。人形箱は底板が厚さ一三㌢の板材で、内法寸法が南北一・四㍍、東西〇・五九㍍、小形箱は内法寸法一辺二七㌢の正方形で、建物の中心に合わせて置かれている。

この台石・木箱を中心として、基壇中に木樋と銅管が埋設されている。木樋は水流からみて四つあり、いずれも基壇四辺の溝底より深い位置にある。木樋Aは、東辺溝外側から台石東辺に向って西流し、台石にそって北折・西折し、さらに北折して北辺溝外側に北流する。木樋Bは、台石西辺から西辺溝外側へ西流し、木樋Cは、台石の南辺を東辺溝外側から西辺溝外側へ西流する。またこのほかに北辺溝の北に木樋D・Eを検出している。木樋DはAの北に伸びる木樋の西にあり、やや斜行して北へ伸びる。木樋Eは東西方向で、Aの北に伸びる木樋の上を通り、DにT字状に接続する。木樋Aは最初の北折部に枡状の施設が設けられ、その一・八㍍東の木樋の天板に上方にのびるラッパ状の銅管が付いている。東から流入した水は、枡状施設で塞きとめることによって、ラッパ状銅管を通して基壇上の建物の内に揚げることができる。この水が漏刻に利用されたと考えられている。余水は北方へ排水される。木樋Bは漏刻で使い終って台石上の木箱に貯められた水を、西外側に排水するためのものである。台石の西側から北溝外側に向かって、内径九㍉の細い銅管が基壇内に埋設されている。台石西側の基壇上から、北へ向かって下り、北辺溝底の下をくぐった地点で二股に分かれる。一方はそのまま北方に伸び、もう一方は上方へ分岐して、後述する北辺溝の北の東西棟建物内に上がっている。北へ伸びる銅管は、本遺跡の北における水利用のカラクリの存在を推定させる。

北辺溝・南辺溝の外側には長大な東西棟掘立柱建物三棟がある。北に一棟（SB二八〇　二間×九間以上）、南に二棟（SB一八〇　二間×八間、SB二四〇　二間×一間以上）がある。水落遺跡の南・北限は掘立柱一本柱列塀で区画され、南北幅は六五㍍ある。北限塀の北が石神遺跡である。楼閣建物を中心とするこれらの遺構の年代は、出土土器から七世紀第3四半期と考定されている。

この楼閣建物はこれまで検出した古代の建物遺構とくらべて、次の四点についてきわめて特異なものである。すなわち、⑴中央台石と黒漆塗木箱の存在。⑵⑴を中心とする基壇内の木樋・銅管の導水施設。⑶建物を堅固にするための礎石の種々の工夫。⑷楼閣建物の威容を高めるための玉石で化粧された基壇と四周の溝の四点である。

水落遺跡と漏刻臺　このような特異な構造の楼閣建物を、『書紀』斉明六年五月条にみえる、初めて造られた漏刻を安置した漏刻臺と推定したのである。これまで指摘されている根拠を整理すると次の通りである。⑴漏刻を安置した建物は、漏刻臺と称される重層の楼閣建物であり、本遺跡の楼閣建物と一致する。(2)基壇内の木樋と銅管などの導水施設が、漏刻で用いる水のための施設と考えられる。(3)台石上の漆塗木箱が漏刻の最下部の遺存したものと考えられる。(4)後述のように斉明六年（六六〇）製作の漏刻は、天智六年（六六七）三月の近江京遷都に伴い同十年（六七一）四月近江京に建造された新漏刻臺に移され、倭京の漏刻臺の機能したのは斉明六年（六六〇）から天智六年（六六七）あるいは同十年（六七一）までと考えられるが、本遺構の年代はこれと合致する。以下(1)(3)の点について詳論する。

漏刻臺　(1)の漏刻臺については平安宮のものが明らかである。『延喜式』大蔵式漏刻料旧幔条には「陰陽寮漏刻臺」と記し、『枕草子』（日本古典文学大系一九）第百六十一段には、長徳元年（九九五）六月、中宮定子が方違いのために太政官の朝所に一夜宿した翌朝、若き人々がその側の「時司」の「たかき屋」に登ったこと、そして「鼓」の音がいつもと異なって聞えたことなどを記す。『中右記』『百錬抄』大治二年（一一二七）二月十四日条によれば、八省院東部の諸官衙の火災によって、「陰陽寮鐘楼」あるいは「陰陽寮漏刻鐘楼」が焼亡したが、渾天図と漏刻を取り出すことができたという。これらの史料によれば、(ア)漏刻臺は陰陽寮に所在したこと、(イ)漏刻を安置する建物は「漏刻臺」「漏刻鐘楼」「鐘楼」「たかき屋」などとよばれたこと、(ウ)漏刻臺には漏刻のほか鐘・鼓・渾天図などが置かれていたことが知られる。まず(ア)については、後述のように令制では漏刻は陰陽寮の所管であるから当然である。十二世紀に成立した宮城図（陽明文庫本・九条家本）によれば、平安宮では陰陽寮は八省院の東で、太政官の北に中務省と一郭をなして所在した。この陰陽寮と漏刻臺の位置は、前述の『枕草子』の記載によって、確実に十世紀末までさかのぼり、さらに前述の『中右記』の記事には、焼亡した鐘楼は平安京遷都の際に建造されたものという伝えを記しているから、平安宮創建期までさかのぼるであろう。大宝官員令で漏刻は陰陽寮の管轄で、さらに天武朝に令制陰陽寮の前身官司が設けられ、(5)次いで飛鳥浄御原令には中務省の被管官司として陰陽寮が置かれ、いずれも漏刻管掌に当たったと推定されるから、平城宮、藤原宮でも漏刻臺は陰陽寮に所在したと考えられる。平城宮の陰陽寮の推定地は東区朝堂の東に隣接し、平安宮と類似する。

(イ)の漏刻臺については、「臺」とは『倭名類聚抄』（諸本集成『倭名類聚抄　本文篇』一三四・六六六頁）によれば「ウテナ」と訓じ、観望のために高く造った施設をさす。「漏刻臺」「鐘楼」「たかき屋」の表記からみて漏刻臺は楼閣建物で、上階に鐘と鼓を置いたと思われる。鐘・鼓は時刻報知のために用い、遠方に音が届くように上階に置く必要があった。漏刻は水を用いるために下階に安置されたであろう。

斉明六年条と天智十年条の検討　ここで七世紀の漏刻に関する次の二史料について検討しておきたい。

(a)『書紀』斉明六年（六六〇）五月是月条

是月（中略）、又皇太子、初造二漏剋一。使レ民知レ時。（下略）

(b)同天智十年（六七一）四月辛卯条

置二漏剋於新臺一、始打二候時一。動二鐘鼓一、始用二漏剋一。此漏剋者、天皇為二皇太子一時、始親所二製造一也、云々。

史料(a)は、中大兄皇太子が初めて漏刻を造り、時刻報知を始めた記事で、この時期は後飛鳥岡本宮の時代（六五六～六六七年）であるから、この漏刻は飛鳥の倭京に設けられ、水落遺跡の漏刻臺遺構に比定されているのである。史料(b)は天智六年（六六七）三月の近江京遷都に伴い、近江京に新しく建造された漏刻臺の記事である。

倭京と近江京の漏刻はいずれも中大兄皇太子の製作と伝えるから、両者は同一物であり、近江京の漏刻は倭京のそれを移したものであろう。史料(a)では漏刻製作を中心に記すのに対して、史料(b)では漏刻の新臺への設置を中心にして記し、製作については付加的に記していることも、このことを示している。水落遺跡の楼閣建物と付属建物は、廃絶時に柱が抜き取られているから、漏刻の新京遷移とともに、これらの建物の建築材も新京で再利用されたのであろう。

ところで史料(b)は前半部が文意が不明瞭で、また史料(a)との関係では二つの「始」の解釈に問題がある。「打候時」と「用漏剋」がこの時に始めて行なわれたと解すると、史料(a)の漏刻による時刻報知の開始と矛盾するからである。前者の文意に関しては、日本古典文学大系『日本書紀』下は「漏剋を新しき臺に置く。始めて候時《とき》を打つ。鐘鼓を動《とどろか》す。始めて漏剋を用ゐる。（下略）」と読み下し、文意が不明確なため頭注で「動鐘鼓」以下は分注かとしている。国史大系本の頭注によれば、「始用漏剋」の四字は北野神社本の引用本にはなく、あるいは衍字かとする。この四字がないと確かに文意が明確になるが、簡単に削ることもできないので、このまま次のように読み下してみた。

漏剋を新臺に置き、始めて時を打ち候《うかが》ふ。鐘鼓を動《とどろ》かすに始めて漏剋を用ゐる。（下略）

日本古典文学大系は「候時」を「とき」の意として「候時《とき》を打つ」とよんだが、私見では、職員令陰陽寮条の漏刻の管理に当たる漏刻博士の職掌に「掌下率二守辰丁一、伺中漏剋之節《とき》上」、守辰丁に「掌下伺二漏剋之節一、以レ時撃中鐘鼓上」とあるのに注目した。「伺二漏剋之節一」とは、後述の漏刻の刻箭の刻を見て、時刻を知ることである。「打」字には動詞の上につく接頭語的な用法があるので（『大漢和辞典』巻五―九二頁）、「時を打ち候《うかが》ふ」とよみ、「伺二漏剋之節一」と同意と考えた。史料(b)の「打二候時一」「動二鐘鼓一」がそれぞれ、守辰丁の「伺二漏剋之節一」「撃二鐘鼓一」の職掌に対応する点も注目すべきである。

史料(b)の二つの「始」については、史料(a)の漏刻による時刻報知の開始の事実を簡単に否定するわけにはいかないから、漏刻の刻箭を候うことや漏刻によって鐘鼓を撃つことが天智十年四月に始めて開始されたという意にはならない。二つの「始」を限定して解し、これらのことが、近江京の新臺の漏刻に関して、この時始めて開始されたと解したらいかがであろうか。

以上の解釈をふまえて、史料(b)によれば、近江京で漏刻を安置するための新しい漏刻臺が建造され、八世紀以降と同じようにそこに設けられた鐘と鼓によって時刻報知が行なわれたことが知られる。史料(a)は、わずか一二字の簡単な記載で、漏刻の製作と時刻報知を開始したことを記す。漏刻臺の記載はないが、時刻報知が行なわれているから、漏刻臺の存在が想定できる。史料(b)の「新臺」の語は、倭京における「旧臺」の存在を前提としているとも解される。想定できる漏刻臺を、水落遺跡の楼閣建物に比定することができる。

漏　刻　(3)の漏刻そのものについては日本のものについては不明であるので、中国のものに関して述べる。[6]漏刻とは、容器に入れた水を流出させて水位の変化によって時間を計る機器である。水位の変化は、目盛りを刻んだ刻箭をつけた浮きを水面に浮かべ、その上下によって知る。最も原初的な漏刻は容器が一つで、水の流出すなわち水位の低下を刻箭で計った。この型の漏刻を沈箭漏といい、前漢の銅製のものが遺存する。次いで水を流出させる容器（漏壺という）の他に、水を受ける容器（箭壺という）をおき、後者に刻箭を浮かべて、水の流入による水位の上昇によって時間を計った。この型を浮箭漏といい、すでに前漢末に出現した。漏刻の語は漏壺と刻箭をあわせてできた。正確な計時をするために問題となるのは、水の流量が漏壺の水位によって一定しないことである。この問題を解決するために、漏壺の複数化が進められた。すなわち、箭壺の上の漏壺の水位を一定にするために、最下位の漏壺の上にさらに漏壺を置き、最下位の漏壺の水量を補って水位を一定にするという考え方である。後漢代二世紀初に張衡が二段式漏壺、晋代三六〇年ごろに孫綽が三段式漏壺、唐代の貞観年間（六二七〜六四九）に呂才が四段式漏壺を作り、これ以後は漏壺数はふえなかった。[7]年代と遣唐使の関係からいえば、斉明六年（六六〇）の漏刻は呂才の四段式漏壺の可能性がある。

ところで漏刻の材質であるが、漏壺は銅製・木製があり、水を流す漏管は玉管や銅管を使い、銅管の場合はサイフォン式に用いた。呂才の漏刻は木製漏壺と銅管サイフォンで、時代は下るが、北宋代一〇三〇年に燕粛の作った漏刻は漆塗木箱と銅管であったという。水落遺跡における楼閣建物の中央部台石上の漆塗木箱と、木樋から揚水するためのラッパ状銅管、北方への導水のために埋設された銅管は、中国の漏刻における漆塗木箱と銅管の使用と共通し、水落遺跡の漆塗木箱は、近江京遷都の際に残された漏刻の最下部と考えられる。

ここに詳述した(1)(3)と先にあげた(2)(4)の四点から、水落遺跡は、斉明六年に建造された漏刻臺の遺構と考えられる。この漏刻と漏刻臺の出現は、日本古代の時刻制の成立過程にどのように位置づけられるであろうか。

二　令制の漏刻と時刻制

陰陽寮と漏刻　七世紀の漏刻と時刻制を考える前提として、大宝令以降のそれらの制度について述べておく。養老令職員令によれば、漏刻は陰陽寮が管掌した。陰陽寮は中務省の被管官司で、その職掌は、天体と気象現象の吉凶と妖祥の観測とその密奏、造暦、漏刻の管理と時刻報知、卜占、相地（地相をみること）、陰陽生・天文生・暦生の教育である。職員は、事務官である頭以下の四等官のほかに、各部門を担当する専門的技術官が置かれていた。卜占・相地の陰陽博士・陰陽師、造暦の暦博士、天文・気象観測の天文博士、そして漏刻の漏刻博士である。唐の官制では、太史局が天文、暦、漏刻を、太卜署が卜占を管掌したが、日本では両官司を統合して陰陽寮を設けたのである。(8)

さて漏刻に関する漏刻博士は二人おり、相当位階は従七位下で、他の三博士・陰陽師より低く、その職掌は「掌下率二守辰丁一、伺中漏剋之節上。」である。その下に守辰丁二十人がおり、その職掌は「掌下伺二漏剋之節一、以レ時撃中鐘鼓㆖。」である。すなわち漏刻博士が守辰丁を率いて、漏刻の運転に当たり、刻箭を伺って時刻を知り、鐘鼓によって時刻を報知するのである。漏刻博士の定員が、他の三博士が一人であるのに対して二人であるのは、漏刻の運転を昼夜を分たず一日中行なうために交替勤務する必要があるからであり、守辰丁も十人一組で交替勤務したのであろう。漏刻博士は、他の三博士と異なり、学生をもたず教育には当たらなかった。守辰丁は、『万葉集』では「時守《ときもり》」と記され（巻十一―二六四一）、得考の色ではなく（『令集解』職員令陰陽寮条朱記）、平安京では仕丁町の一郭に住居を与えられていたから（『続日本後紀』承和五年〈八三八〉七月戊辰条）、仕丁の一種と考えられる。

時刻制　令における漏刻と時刻制に関する規定は職員令陰陽寮条のみであるが、日本古代の時法については、一日＝十二辰刻、一辰刻＝四刻（＝現在の二時間）、一刻＝十分（＝現在の三十分）とする定時法で、辰刻は十二支名で、刻は一～四刻と称したことが明らかである。[9]奈良時代には、午時、巳四点のように、辰刻を「時」、刻を「点」と表記するのが普通で、平安時代になって午刻のように辰刻を「刻」で表記し、『延喜式』では「辰一刻二分」のような表記となっている（陰陽寮式諸門鼓条）。時刻報知の仕方は、『延喜式』陰陽寮式諸時鼓条によれば、辰刻は鼓を、刻は鐘を刻数撃ち、辰刻の鼓の撃数は、子・午刻が九、丑・未刻が八、寅・申刻が七、卯・酉刻が六、辰・戌刻が五、巳・亥刻が四である。鼓の撃法は「平声」といい、後述の諸門開閉鼓と異なり、同じ調子で撃つ撃法と考えられる。

諸門開閉鼓の制　時刻報知とともに、京内の生活の時間的規制として重要な意味をもったのが、次の宮衛令に定める諸門開閉鼓制である。

(c) 宮衛令開閉門条

凡開㆓閉門㆒者、第一開門鼓撃訖、即開㆓諸門㆒。第二開門鼓撃訖、即開㆓大門㆒。退朝鼓撃訖、即閉㆓大門㆒。昼漏盡、閉門鼓撃訖、即閉㆓諸門㆒。理門不㆑在㆓閉限㆒。京城門者、暁鼓声動則開。夜鼓声絶則閉。其出㆓入鑰㆒者、第一開門鼓

以前三刻出。閉門鼓以後三刻進。即諸衛按二検所部及諸門一。持レ時行夜者、皆須二執レ仗巡行一。分明相識。毎レ旦色別一人、詣二在直官長一通二平安一。（右傍の○は大宝令復原可能部分を示す。以下令文の引用は同じ）。

すなわち、諸門開閉鼓制は、宮城の諸門、羅城門の開閉を報知する撃鼓の規定で、第一開門鼓＝暁鼓を撃って、「諸門」すなわち宮城の宮城門・宮門・閤門および「京城門」すなわち羅城門を、第二開門鼓を撃って、「大門」すなわち朝堂南門を（平城宮では大極殿閤門も）開き、退朝鼓を撃って「大門」を、閉門鼓を撃って「諸門・京城門」をそれぞれ閉じる規定である。諸門開閉鼓の時刻については、古記は第一開門鼓を寅一点（午前三時）、第二開門鼓を卯四点（午前六時三十分）とし、義解は別式に定めるとして、一例として第一開門鼓は寅一刻、第二開門鼓は卯二刻（午前五時三十分）をあげる。『延喜式』陰陽寮式諸門鼓条は、義解のいう別式に相当するものであるが、そこでは、二十四節気を基準に一年を四十に分けて、それぞれ日の出と日の入の時刻とともに、諸門開閉鼓の時刻を定めている。それによれば、第一開門鼓は日の出前（日の出の五～七分前）、第二開門鼓は日の出の後（一刻四分～二刻五分後）、退朝鼓は太陽南中時（午三刻）の前後、閉門鼓は日の入の後（五～七分後）に定められている。史料(c)で、第一開門鼓を暁鼓、閉門鼓を夜鼓ともいっているのは、それぞれ日の出前、日の入後の撃鼓であるからである。諸門開閉鼓の時刻は、日の出、太陽南中時、日の入を基準に定められ、それらは季節によって変化するので、開閉鼓の時刻が二十四節気を基準に定められているのである。

『令集解』宮衛令開閉門条の朱記と貞説が説き、また開閉鼓について陰陽寮式に定められていることから明らかなように、この諸門開閉鼓もやはり陰陽寮の漏刻臺の鼓が撃たれた。その撃鼓は、開閉門条の古記と陰陽寮式諸門鼓条によれば、十二撃の連撃を二回くり返し、撃法は「従二細声一至二大声一」すなわち弱音からしだいに強音へ撃つのである。

この諸門開閉鼓制は、次の朝政の登・退朝の規定と密接に関連して京の官人社会、さらに京戸の生活を時間的に規制した。

(d)公式令京官上下条

凡京官、皆開門前上。閉門後下。外官、日出上。午後下。務繁者、量レ事而還。宿衛官、不レ在二此例一。

これは京官については、毎日朝堂で行なう朝政の登・退朝の規定で、義解によれば、京官は朝堂南門の「開門前」すなわち第二開門鼓前に宮城に参向し、「閉門後」すなわち退朝鼓後に退朝するのである。後述のように、歴史的にみると、本条と史料(c)宮衛令開閉門条は、本来一体的な規定であったのが、唐令の影響や、諸門開閉鼓が別の条文の基準ともなったために、大宝令では二条に分けられた。諸門開閉鼓は京官上下条と結びついて、京の官人の時間生活を大きく規制した。

さらに京戸の生活については、宮衛令分街条によれば、京内では原則として、夜鼓＝閉門鼓から暁鼓＝第一開門鼓までの夜間、外出禁止であった。また関市令市恒条によれば、市は午時に開き、日入前に鼓を三度撃って閉じる定めである。この条文は京の東西市、地方の国府の市を対象としていると思われるが、京の東西市では、開門の午時は退朝鼓、閉門の日入前は閉門鼓に連動するのであろう。諸門開閉鼓は夜間外出の禁止、市の開閉などの点で、京戸の時間生活を規制することになっていたのである。このように陰陽寮の諸門開閉鼓は、京の官人と庶人の生活を実質的に律する時報の役割を果たした。

京では、鐘鼓によって定時法に基づく時刻報知が行なわれたが、諸門開閉鼓は、日の出、太陽南中時、日の入を基準とする自然的あるいは不定時法的な時法に基づく、一種の時報といえる。そして京の官人と庶人の生活は実質的に後者に規制されていたと考えられる。

漏刻の設置地域　詳論しないが、令の諸条の検討によれば、律令国家が本来漏刻の設置と時刻報知を意図したのは京のみで、諸国の国府では考えられていなかった。八、九世紀を通じて、大宰府、陸奥国府多賀城、出羽国府、胆沢城鎮守府などの辺要の官衙に漏刻が特別に設置されたが[10]、これはこれらの辺要の地域がしばしば外敵や蝦夷の攻撃を受け、飛駅で中央に報告することがあり、その飛駅上式の文書に発信の年月日とともに時刻を記す必要があったからであり、このことは却って、漏刻の設置が一般諸国に及ばなかったことを示す。天応元年（七八一）の美作国の奏言に未三点・四点の時刻記載があるから（『続日本紀』天応元年三月乙酉条）、一般諸国の国府には、後述する「表」あるいは日時計が置かれたのではないか。そして庶人はもちろん官人は、日の出、日の入を区切りとする不定時法的な時法に基づく生活をしていたと考えられる。

三　時刻制の導入

暦法の導入と施行　時刻制の前提となる暦法の導入と施行について概観しておく[11]。まず欽明朝の六世紀中葉に、百済から暦博士が交替で派遣され暦が日本に伝来した。次いで推古十年（六〇二）十月、百済僧観勒が来朝して暦法を陽胡史の祖に伝習せしめ、同十二年正月元嘉暦を施行した。この段階に至って暦法が日本の技術として定着し、厳密な意味で暦の使用が開始された。さらに持統四年（六九〇）正月、暦の諸司への頒下が行なわれ律令制的な暦制が成立した。

日本書紀の時刻記載　時刻制導入の時期を考えるために『書紀』の時刻記載を第2表に整理した。この時刻記載は次の三類型に分類できる。A型＝十二支によって辰刻を表記したもの。B型＝辰刻をいわゆる時の異名で表記した可

第2表『日本書紀』の時刻記載

番号	年月日	内容	型
1	允恭元年十二月	於レ是、大中姫命惶之、不レ知レ退而侍之、経二**四五剋**一。	C
2	六一一 推古十九年五月五日	薬二猟於菟田野一。取二**鶏鳴時**一、集二于藤原池上一。以二会明一乃往之。	B
3	六三六 舒明八年七月己丑朔	群卿及百寮、朝参已懈。自レ今以後、**卯始**朝之、**巳後**後之。	A
4	六四二 皇極元年八月己丑	是日**夜半**、雷鳴二於西南角一、而風雨。	B
5	皇極元年十一月丙辰	**夜半**、雷一鳴二於西北角一。	B
6	六四七 大化三年	凡有レ位者、要於**寅時**、南門之外、左右羅列、候二日初出一、就レ庭再拝、……臨レ到二**午時**一、聴レ鍾而罷。	A
7	六五五 斉明元年五月庚午朔	空中有二乗レ龍者一。……及二至**午時**一、従二於住吉松嶺之上一、向レ西馳去。	A
8	六五九 斉明五年七月戊寅	伊吉連博徳書曰、……以二十四日**寅時**一、二船相従、放二出大海一。十五日**日入之時**、石布連船、横遭二逆風一、（遣唐使船の報告）	AB
9	六六一 斉明七年五月丁巳	伊吉連博得書云、……以二八日**鶏鳴之時**一、順二西南風一、放二船大海一。（遣唐使船の報告）	B
10	六七〇 天智九年四月壬申	**夜半**之後、災二法隆寺一。	B

11	六七二 天武元年六月甲申	及二**夜半**一到二隠郡一、……会明、至二莿萩野一、……是**夜半**、鈴鹿関司、遣レ使奏言、……（壬申の乱）	B
12	天武元年七月甲午	以二**夜半**一之、銜レ梅穿レ城、劇入二営中一。（壬申の乱）	B
13	六七八 天武七年四月癸巳	食レト。仍取二**平旦時**一、警蹕既動。	B
14	六八〇 天武九年十一月甲戌	自レ**戌**至レ**子**東方明焉。	A
15	六八二 天武十一年八月甲子	是夕**昏時**、大星自レ東度レ西。	B
16	天武十一年八月戊寅	是日**平旦**、有レ虹。	B
17	天武十一年九月庚子	**日中**、数百鶴当二大宮一、以高翔二於空一。**四剋**而皆散。	CB
18	六八四 天武十三年十月壬辰	逮二于**人定**一、大地震。	B
19	天武十三年十一月戊辰	**昏時**、七星倶流二東北一則隕之。	B
20	天武十三年十一月庚午	**日没時**、星隕二東方一。大如レ瓮。逮二于**戌**一、天文悉乱、以星隕如レ雨。	AB

能性のあるもの。C型＝刻数を記したものである。B型の十二支と異なる時の異名は、中国で古くから用いられ、日本でも古いところでは『二中歴』巻第五（鎌倉初期成立、『改定史籍集覧』第二三冊）、『簾中抄』下（平安末期成立、南北朝時代追補。同上）などにまとまって記され、十二支名との対応は次のようになる（注(2)橋本万平『日本の時刻制度』）。

夜半（子）鶏鳴（丑）平旦（寅）日出（卯）食時（辰）禺中（巳）日中（午）日昳（未）晡時（申）日入（酉）黄昏（戌

人定（亥）

このような対応関係が何時までさかのぼるか明らかでない。時刻制施行の確実な斉明六年以降のB型表記には時刻表記の可能性のあるものもあるかもしれないが、それ以前のものは疑ってみる必要がある。

第2表を古い順にみると、①「四五剋」のC型表記は、まだ暦法も施行されていない時期のものであるから信拠できず、②B型の「鶏鳴時」は「会明」＝「あけぼの」と併記されているから、丑刻の異名ではなく、「あかとき」の意の普通名詞であろう。

時刻制の導入　時刻記載として信拠できる古い例は、A型の③⑥である。

(e)『書紀』舒明八年（六三六）七月己丑朔条

大派王謂二豊浦大臣一曰、群卿及百寮、朝参已懈。自レ今以後、卯始朝之、巳後退之。因以レ鍾為レ節。然大臣不レ従。

(f)『書紀』大化三年（六四七）是歳条

是歳、壊二小郡一而営レ宮。天皇処二小郡宮一、而定二礼法一。其制曰、凡有レ位者、要於寅時、南門之外、左右羅列、候二日初出一、就レ庭再拝、乃侍二于庁一。若晩参者、不レ得二入侍一。臨レ到二午時一、聴レ鍾而罷。其撃レ鍾吏者、垂二赤巾於前一。其鍾臺者、起二於中庭一。（下略）

史料(e)は田中宮、(f)は難波小郡宮における規定で、いずれも朝政の登・退朝の時刻を定め、鐘を撃って報知するという制度である（朝政定刻制）。これらを受けつぎ発展させたのが、前述の令制の宮衛令の諸門開閉鼓制と公式令の京官の朝参制である。

(e)(f)と令制をくらべると次の四点で異なる。すなわち、(1)前者が直接登退朝の時刻を定めているのに対して、後者では公式令と宮衛令の条文が連動する形で決められている点。(2)前者は鐘、後者は鼓で報知する点。(3)(e)に関してのみであるが、(e)の登・退朝の時刻が卯始（午前五時）と巳後（午前十一時）と固定しているのに対して、令制では開閉鼓の時刻は季節によって変化する点。この点では(f)は寅時・午時と幅をもって定められており、令制に近い。(4)(e)の退朝時刻が巳後に対して、令制は午刻前後、(f)は午時である点の四点である。史料(e)(f)は、以上の諸点において令制と異なる独自な内容をもつから、史料的な信憑性をもつと考えられる。したがって史料(e)によって遅くも舒明八年（六三六）には時刻制の導入が意図されたと考えられる。朝参については推古十二年（六〇四）の憲法十七条の第八条に「群卿百寮、早朝《クまゐリテ》晏退《おそクまかレ》」とあって（『書紀』推古十二年四月戊辰条）登・退朝の時刻にふれていないから、推古朝には時刻制は導入されていなかった。

暦法が国家組織の発達や官人組織の整備に伴って導入されたと同じく（注(11)原秀三郎論文）、時刻制の導入も単なる生活の便宜のためではなかった。信拠できる時刻記載の古い二史料がいずれも朝政に関するものであることから明らかなように、時刻制は、朝政定刻制という国家的な必要のために導入されたのである。この朝政の整備は中央豪族の官僚化をめざしたもので、時刻制は官僚制整備の一環として導入された。このようにみると時刻制の導入は舒明八年（六三六）朝政定刻制に伴ってなされたと考えられる。推古十二年（六〇四）正月、本格的な暦法の施行によって年・月・日を数えることが始まり、これを前提に、舒明八年に時刻を計ることが意図されたのである。

ただしこの二度の朝政定刻制の実効性については疑問がある。舒明八年制は、大臣蘇我蝦夷が従わなかったというから実現されなかったであろう。大化三年制は、史料(f)によれば退朝鐘のみ撃たれ、登朝鐘は撃たれなかったらしい。中庭は朝庭に隣接する場所と思われるが、ここに鐘臺を設けたのは退朝鐘のみ撃つことと関係がある。登朝鐘ならば官人の居住する広い地域に鐘音が及ばなければならないが、退朝鐘は朝庭に参向している官人に聞こえればよい。登朝時刻を寅時と決めながら、登朝鐘を撃てなかったのは計時の機器に問題があったからであろう。漏刻製作以前には日時計を用いたと推測する。日時計(12)の基はノーモン、また中国で「表」とよばれるもので、地面に垂直に立てた一本の棒である。日時計は「表」を中心とする円周上に目盛りを刻んだ簡単な仕掛けであり、歴史的には水時計に先行して用いられ、水時計の使用の際にも狂いを修正するために併用された。日時計の欠点は、夜間と雨天・曇天など太陽の出ない時に計時できないことである。大化三年制で、寅時の登朝鐘が撃たれなかったのは、寅時（午前三時～五時）が日の出前で（『延喜式』陰陽寮式諸門鼓条）、日時計で計時できなかったからである。登朝鐘が撃たれず、退朝鐘のみの朝政定刻制はあまり実効性のあるものでなかったであろう。

四　漏刻設置の意義

舒明八年（六三六）ごろから、朝政定刻制実施のために、時刻の観念および時刻制の導入が意図されたが、不完全な時計のために十分な実効性がなかった。斉明六年（六六〇）、日夜をわかたず、天候に左右されない、いわば「完全な時計」である漏刻が製作され、倭京における時刻報知が開始された。これは近江京にも引きつがれ、さらに朱鳥元年（六八六）十月大津皇子が自害する際に詠んだ「臨終」の詩に「鼓声催二短命一」の一句があって（『懐風藻』）、飛鳥浄御原宮の時代にも時刻報知の鼓があったことが知られ（注(2)岸俊男「漏刻余論」）、これらの制が大宝令に定着した。

斉明六年（六六〇）の漏刻設置の意義についてここでまとめておく。第一に、完全な時計である漏刻の製作と漏刻臺の建造によって、倭京という限定した地域であるが、時刻報知が行なわれ、ここに日本において本格的に時刻制が開始された。山田慶児氏が指摘するように、中国の儒教的な「政治理念によれば、人民に時を知らせるのは王者のもっとも大切な務め」であり、(a)斉明六年条「皇太子、初造二漏剋一。使レ民知レ時。」の文言にはそのような思想の反映が見られ、[13] 漏刻臺の建造はその思想の具現化の意味をもった。水落遺跡の漏刻臺は、建物そのものはもちろん、周囲から区画する溝と基壇の玉石化粧など威容を誇る施設であったが、それはこのような思想と深く関係している。

第二に史料(a)(b)にはふれないが、時刻制の導入が本来朝政定刻制の実施を目的としたことからみて、朝政定刻制が完全な形で実現されたであろう。鐘あるいは鼓によって登・退朝の時刻が報知されたであろう。こうして斉明六年（六六〇）に、令制の時刻報知と諸門開閉鼓という二つの時報の原型が始まったのである。

第三に、この報知が倭京全体を対象にして行なわれたことにも注目したい。大化三年制の退朝鐘は朝庭参向の官人を対象としたが、斉明六年の時刻報知は人民を対象とし、また登・退朝の報知も京に居住する官人を対象とした。倭京全体に鐘あるいは鼓の音を及ぼすためには、大規模な漏刻臺の建造が必要であった。毎日朝参制そのものはもちろん、倭京全体を対象とした報知は倭京への官人・庶人の集住を前提とする。漏刻臺の出現は斉明朝における官人・庶人の京への集住の一層の進展を示している。

おわりに

日本古代における漏刻と時刻制の成立についてまとめておく。

(1) 時刻制は、推古朝における暦法の定着をふまえて、舒明八年（六三六）ごろから導入が図られたが、時計の不完全さのために完全に実施できず、斉明六年（六六〇）の漏刻の製作と漏刻臺の建造によって始めて、本格的に実現された。

(2)　時刻制の導入は生活の便宜のためでなく、官僚制整備の一環としての朝政定刻制の実現のために意図された。また漏刻臺の建造による時刻報知は、思想的には、中国の儒教的な政治理念における天子が時間を管掌するという考え方に基づいてなされた。

(3)　京では定時法による時刻報知とともに、諸門開閉鼓という不定時法的な時報が行なわれ、これが官人と庶人の時間生活を大きく規制した。定時法による時刻制が導入されても、地方はもちろん京でも、前代と同じく、日の出、日の入に基づく自然時的生活が営まれたのであろう。(補一)

注

(1)　漏刻の表記については、史料によって漏刻、漏剋、漏尅などがある。後述のように、漏刻の刻は刻箭のことである。尅は剋の俗字で、剋はきざむの意があり、音通によって刻と通じて用いられる。本稿では史料の引用を除き、「漏刻」の表記で統一する。

(2)　日本の時刻制の概説としては、橋本万平『日本の時刻制度　増補版』(一九六六年)がある。また水落遺跡に関連して古代の漏刻臺や時刻制について、文献史料から検討したものに、岸俊男「倭京から平城京へ——生活空間としての『京』——」(『国文学』二七—五、一九八二年)、同「漏刻余論」(『古代宮都の探究』所収、一九八四年)がある。

(3)　飛鳥寺西の地域の須彌山の園池と槻、また同地域の倭京における位置づけについては、本書第一部第一章「飛鳥の須彌山と齋槻」に詳論した。

(4)　奈良国立文化財研究所『飛鳥・藤原宮発掘調査概報』三・一二・一六・一七(一九七三・八三・八六・八七年)。飛鳥資料館『飛鳥の水時計』(一九八三年)、木下正史「地中に眠る宮と寺」(『古代を考える　飛鳥』一九八七年)に遺跡についての適切なまとめがなされている。

(5)　天武天皇は自ら天文・遁甲に通じ、式占を行い(『書紀』天武即位前紀、天武元年六月甲申条)、この時代には、天武四年(六七五)正月丙午朔条に陰陽寮が初見し、そのほか陰陽師(天武十三年二月庚辰、朱鳥元年正月甲寅、同年六月庚午条)、天文観測の占星臺の建造(天武四年正月庚戌条)など陰陽寮関係の記事が多く、令制陰陽寮の前身官司が成立していたと思われる。

(6) 以下漏刻については、山田慶児「古代の水時計」(『自然』一九八三年三・四月号)による。

(7) 四段式漏刻が移入されたとすれば、それをもたらした遣唐使は白雉四年(六五三)出発・同五年帰国、同五年出発・斉明元年(六五五)帰国の二回のいずれかの可能性がある。

(8) 斎藤励『王朝時代の陰陽道』(一九一五年)。

(9) 注(2)橋本万平『日本の時刻制度 増補版』。

(10) 『続日本紀』宝亀五年十一月乙巳条、『延喜式』民部式上、『三代実録』貞観十三年八月二十三日丁酉条、『類聚三代格』元慶六年九月二十九日官符。

(11) 広瀬秀雄『暦』(日本史小百科5、一九七八年)、原秀三郎「静岡県城山遺跡出土の具注暦木簡について」(『木簡研究』三号、一九八一年)など参照。

(12) 以下、日時計についての記述は、注(6)山田慶児論文による。

(13) 注(6)山田慶児論文。天子が元号を制定し、暦を頒ち、漏刻によって時報するのは、天子が世界を空間的にだけでなく、時間的にも支配することを意味しよう。

(付記) 初出稿「日本古代における漏刻と時刻制の成立」渡部治雄編『文化における時間意識』(一九九三年二月、角川書店刊)掲載。改題し、若干の内容的な補訂を施し、第9図を差し替えた。

(補一) 水落遺跡の正報告書である奈良国立文化財研究所『飛鳥・藤原宮発掘調査報告VI——飛鳥水落遺跡の調査——』(一九九五年)には、今泉執筆の第VI章3「漏刻制と陰陽寮」、史料1「漏刻関係史料」も収められているので参照されたい。

第三章　「飛鳥浄御原宮」の宮号命名の意義

はじめに

天武元年（六七二）大海人皇子は近江朝廷を撃ち破って倭京に凱旋し、その九月十二日まず嶋宮に入り、次いで十五日斉明天皇の岡本宮に移った。そして岡本宮の南に宮室を営み、その冬遷居した。これが飛鳥浄御原宮で、これ以後持統八年（六九四）十二月に藤原宮に遷るまで、天武・持統二代二十二年間の宮室となるのである。

ところで、この飛鳥浄御原宮という宮号の命名について『日本書紀』は次の記事を掲げている。

(1)朱鳥元年（六八六）七月戊午（二十）条　改レ元曰二朱鳥元年一。朱鳥、此云二阿訶美苔利一。仍名レ宮曰二飛鳥浄御原宮一。

すなわち、朱鳥元年に至って、朱鳥建元とともに初めて飛鳥浄御原宮という宮号を命名したというのである。この宮号命名については次の二点の問題があるように思う。すなわち、(1)朱鳥元年は天武天皇の最後の年で、遷宮十四年後に当たり、後述の如く、他の諸宮の例にくらべて、この宮号命名が異例に遅い点。(2)飛鳥浄御原宮という宮号は、他の諸宮の宮号命名の仕方と異なるようで、そこに何らかの意味がありそうに思われる点の二点である。この宮号命名をめぐる問題については、管見の限りでは、喜田貞吉氏『帝都』をはじめとするこれまでの都城制研究において特に問題としたものはなく、ただ大井重二郎氏が天武十三年からの浄御原宮の拡張工事の竣工に関連して言及しているのと[1]、小野勝年氏の見解[2]があるにすぎない[補二]。小論は、この朱鳥元年の浄御原宮の宮号命名をめぐっていささかの考証をめぐらし、さらに一般的な宮号命名の意味についても論及することにしたい。

近年浄御原宮については、伝承飛鳥板蓋宮跡の上層遺構に比定する見解が提唱され[3]、また一方、喜田貞吉氏『帝都』以来同宮の有力な擬定地とされた飛鳥寺北方の石神遺跡の発掘では重層する宮殿遺構を検出しており[4]、考古学的に同宮について所在地を確定し解明するにはまだ時日を要する。もちろん同宮解明のためには考古学的研究とともに、文献史料による研究の進展が必要なことはいうまでもなく、すでに岸俊男・和田萃両氏[5]らの精細な研究が行なわれている。小論は、それらの驥尾に付して、所在論に特に関わるものではないが、同宮の理解を深めるための基礎作業の一つとして行なうものである。

一　朱鳥元年条の信憑性

朱鳥元年条の宮号命名の記事の信憑性を確認するために、これ以前にみえる飛鳥浄御原宮の宮号史料について検討することから始めたい。まず『日本書紀』には次の四史料がみえる。

(2)舒明二年（六三〇）正月戊寅条　大海人皇子について「浄御原宮御宇天皇」と注記する。

(3)天智七年（六六八）二月戊寅条　鸕野皇女（持統）に関して「居㆓于飛鳥浄御原宮㆒。後移㆓宮于藤原㆒。」と記す。

(4)天武元年（六七二）是歳条　浄御原宮の造営・遷宮について「営㆓宮室於岡本宮南㆒。即冬、遷以居焉。是謂㆓飛鳥浄御原宮㆒。」と記す。

(5)天武二年（六七三）二月癸未条　天武即位について「天皇命㆓有司㆒設㆓壇場㆒、即㆓帝位於飛鳥浄御原宮㆒。」と記す。

朱鳥元年条を含め以上の五史料が『日本書紀』の飛鳥浄御原宮の宮号史料のすべてである。(2)(3)は天武元年の浄御原宮遷宮以前であるから信憑性を確かめるためには問題外であるが、これら二つの記事は、『日本書紀』の中では、「飛鳥浄御原宮」の宮号が遷宮以前にさかのぼって用いられていることを示す点で興味深い。一般には、(4)遷宮記事が宮号命名を意味するとうけとめられているのではないかと思う。しかし、(1)朱鳥元年条の記載が、「名レ宮曰二飛鳥浄御原宮一。」と宮号命名を意味する表現になっているのにくらべて、(4)は「遷以居焉。是謂二飛鳥浄御原宮一。」という表現が、付加的な説明の文章であって、この時点における宮号命名を意味するものではなく、宮号の記載はさかのぼって記されたものと考えられる。(4)がそのようである以上、(5)の宮号記載もさかのぼって記されたものであって、独自の史料的価値を主張しうるものでない。結局、『日本書紀』は朱鳥元年条をこの宮についての、最初の、かつ唯一の宮号命名とする立場に立って、時期をさかのぼってその宮号を使用しているのである。

次に『日本書紀』以外では、金石文に飛鳥浄御原宮の宮号を記すものがあり、[6]そのうち朱鳥元年以前に作成された可能性のある小野毛人墓誌銘と長谷寺銅版法華説相図銘の二つが検討の対象となる。

まず小野毛人墓誌の銘文は次の通りである。[7]

(6)(表)飛鳥浄御原宮治天下天皇　御朝任二太政官兼刑部大卿一位大錦上

(裏)小野毛人朝臣之墓　営二造歳次丁丑年十二月上旬一即葬

墓の営造と埋葬の年次として記す丁丑年は天武六年（六七七）に当たるから、墓誌銘作成の年代がそれと同じならば、朱鳥元年以前の例となる。しかし、すでに指摘されているように、この墓誌銘は少なくとも持統朝以降に追納されたものと考えられる。[8]すなわち、(イ)小野臣の朝臣賜姓は天武十三年十一月の八色の姓の賜姓によること。(ロ)『続日本紀』和銅七年（七一四）四月辛未条の小野朝臣毛野の薨伝によれば、父毛人の極位を小錦中と記し、銘文の大錦上は贈位と考えられること。㈧「飛鳥浄御原宮治天下天皇」という宮号を以て天皇を称するのは、死後の追号であることの三点から、少なくとも持統朝以降に追納されたものであると考えられている。㈧について付け加えれば、当代の天皇や太上天皇は「今上」（孝謙天皇　天平勝宝八歳東大寺献物帳）[9]、「今皇帝」（桓武天皇　『続日本紀』巻三十七巻首）、「太上天皇」（嵯峨上皇　『日本後紀』巻二十巻首）などと普通名詞を以て称するのが普通で、和風諡号や宮号による呼称などの固有の呼称は死後の追号である。和風諡号は殯の儀礼において献呈され[10]、また問題となっている宮号による天皇や朝廷の号は、後述のように、宮号は後代にのこす天皇や朝廷の号のために命名するといわれているから、死後の追号なのである。墓誌銘追納の時期は、毛人の子の毛野の時代と考えられている。毛野は大宝二年（七〇二）五月朝政参議、慶雲二年（七〇五）十一月中務卿任、和銅元年（七〇八）三月中納言任、同二年正月従三位叙、同七年四月薨去するが、毛野の時代は小野氏が最も勢力を得た時期で、先考の顕彰のために墓誌銘を追納したと考えている[11]。従うべき見解で、したがってこれは朱鳥元年以前の例とはならない。

長谷寺法華説相図（千仏多宝塔）は、銅版に千仏多宝塔を鋳出または押出したもので、銅版の下部に発願の銘文があり、その末尾に次のように記す[12]。

(7)（上略）歳次㆓降婁㆒漆兎上旬、道明率㆓引捌拾許人㆒、奉㆓為飛鳥清御原大宮治天下天皇㆒敬造。

「降婁」は二十八宿のうちの圭・婁二宿のことであるが、十二支の戌の異称としても用い、また「兎」は「月」の意で、「漆兎」は七月であるから、この文章は、戌年の七月上旬に川原寺僧道明[13]が八十許人の知識を率いて飛鳥浄御原宮治天下天皇のおん為に敬造したの意味である。この銘文の作成年代については、「降婁」＝戌年をいつに当てるかによって、(A)朱鳥元年（六八六年　小林剛[14]）、(B)文武二年（六九八年　足立康、田村吉永[15]、福山敏男）、(C)文武二年または和銅三年（七一〇年　金森遵[16]）、(D)養老六年（七二二年　喜田貞吉[17]）、(E)宝亀元年（七七〇年　福山敏男[18]）などの諸説がある。現在では彫刻の様式や銘文の書風が白鳳期のものとみられることから、(A)(B)説が有力である[19]。(B)文武二年説が正しければ、当面の宮号についても問題はないが、(A)朱鳥元年とすれば、銘文の時期は朱鳥元年七月上旬で、宮号決定の同年七月二十日よりわずかに早くなり、微妙な問題が生ずる。しかし、(A)朱鳥元年説についてはすでに次の三点から批判されている。(イ)飛鳥浄御原宮の宮号命名は朱鳥元年七月二十日で、朱鳥元年説によれば銘文の宮号がそれより先行する。(ロ)「飛鳥清御原大宮治天下天皇」は天武あるいは持統天皇の追号であるから、天武朝以前にはさかのぼりえない[20]。(ハ)唐の則天武后は、大雲経によって弥勒の下生とされ、天授元年（持統四年　六九〇年）聖神皇帝、長寿二年（同七年）金輪聖神皇帝、同三年（同八年）越古金輪聖神皇帝、証聖元年（同九年）慈氏越古金輪聖神皇帝の尊号をそれぞれ加えているが、銘文において天皇を讃えるのに「聖帝超二金輪一同二逸多一」と記すのは武后の尊号に基づくから、銘文は持統九年をさかのぼり得ず、文武二年に当てるのが妥当である[21]、という三点である。(イ)は当面問題となっていることであるから除くとしても、(ロ)(ハ)から(A)朱鳥元年説は成立困難であり、法華説相図銘文も朱鳥元年以前の宮号の史料にはなりえない（補二）。以上から、金石文の史料にも朱鳥元年以前に浄御原宮の宮号が行なわれていたことを示すものはない。

『万葉集』にも飛鳥浄御原宮の宮号がみえるが、多くは題詞の天皇あるいは朝廷の号の中にみえるものであるから、後代の記載である。歌の中にみえるものとしては、持統三年四月に薨去した草壁皇子の殯宮の時に柿本人麻呂の作った長歌に「飛鳥之浄之宮」とあるもの（巻二―一六七）と、同七年九月九日の天武天皇の御斎会の夜に、持統天皇が夢の中に習い給うたと伝える長歌に「明日香能清御原乃宮」とみえるものであり（巻二―一六二）、いずれも持統朝の例である。結局、『日本書紀』以外で、最も早いのは『万葉集』の持統三年の草壁皇子の殯宮の長歌と、持統三年十二月の采女氏塋域碑の「飛鳥浄原大朝庭」(22)の二例で、朱鳥元年以前にさかのぼるものはない。したがってこれらの史料でも朱鳥元年条の宮号命名記事と矛盾するものはなく、同条は信拠できると考えられる。

二　宮号命名の時期

他の諸宮の宮号命名の時期について検討しておく。各宮都の造営・遷宮の経過を国史にたどってみると宮号命名について明記する例は少なく、(23)浄御原宮のほかには、聖武朝の恭仁宮、桓武朝の平安京の例があるにすぎない。

恭仁宮は、天平十二年（七四〇）十二月六日遷都が命じられ、十二月十五日には早くも行幸があって、造営が命じられ、翌十三年十一月二十一日に右大臣橘諸兄の奏言をうけて勅によって「大養徳恭仁大宮」の宮号を定めた。造営は十五年十二月二十六日まで続けられる。大養徳恭仁大宮の宮号は、同宮の営まれた山背国相楽郡恭仁郷の郷名によるが（天平十二年十二月戊午条）、山背国に所在するにも関わらず「大養徳」を冠している。(24)宮号命名以前の天平十三年二月境部宿禰老麿の作った長歌には、すでに「山背乃久邇能美夜古」とよまれているから（『万葉集』巻十七―三九〇七）、宮号命名以前から郷名によって恭仁宮と通称することが行なわれていたと思われる。また『万葉集』には、時期が明らかでないが、同宮を「布当乃宮」とよんだ例があるが、これは「布当乃原」「布当乃野辺」「布当山」などの地名に基づく宮号で（巻六―一〇五〇・一〇五一・一〇五三・一〇五五）、正式な宮号決定以前に行なわれたものであろう。このように正式な宮号命名以前には、恭仁宮・布当宮など地名によって通称することがある点は注目に値する。

平安京は、延暦十二年（七九三）正月十五日遷都のことが明らかになって造営を開始し（『日本紀略』）、二十四年十二月七日まで続行される（『日本後紀』）。この間十三年十月二十二日新京に遷幸し（『類聚国史』）、十一月八日に平安京の号を定め、それとともに山背国を山城国に、天智天皇ゆかりの近江国滋賀郡の古津を大津と改号した（『日本紀略』）。十三年十月二十二日新京遷幸以後には、同月二十五日造宮使・山背国の奉献、同月二十八日遷都の宣命の発布（『類聚国史』）、十一月二十一日造宮使の造京式の貢奏（『掌中歴』巻九百三十一）、十四年正月十六日新京を寿ぐ踏歌の奏上（『類聚国史』）など、遷都に関する諸行事が行なわれるが、十一月八日の京号命名はそれらの一環をなすものである（第三部第四章第35表参照、三七六頁）。「平安京」の京号は、都が万世に平安であることを祈念して付せられた嘉号である。(25)『日本紀略』『類聚国史』のいずれでも、京号命名以前には「新宮」「新京」「新都」と表記している。この恭仁宮・平安京の二例では遷都後に程なくして宮・京号命名がなされている。

このほかの諸宮では、造営あるいは遷宮・遷都の当初から宮号がみえるが、それらは編纂物である国史にみえるものであるから、その時点から宮号が定まっていたかは疑えば疑えないこともない。しかし、それらの中には、臨時の造営官司の名称に宮号を含むものがあり、これらはその時点で宮号が行なわれていたことを示すとみてよかろう。すなわち、平城宮は、和銅元年（七〇八）二月十五日遷都の詔によって造営を開始し、同九月三十日京城造営のための造平城京司が任命され、十月二日には平城宮が初見し、同三年三月十日遷都するから、遷都以前の造営開始直後から平城京あるいは平城宮の号が行なわれたとみることができる。由義宮は、神護景雲三年（七六九）十月三十日由義宮を西京となす詔が出され、翌宝亀元年四月一日に造由義大宮司が任命されるから、これも造営開始とともに宮号が行なわれた例である。長岡宮は、延暦三年（七八四）六月十日造長岡宮使任命によって造営を開始しているから、造営開始とともに宮号が定まっていたとみられる。

以上、平城・恭仁・由義・長岡・平安宮など八世紀の諸宮の例からみると、宮号は、造営開始当初、あるいは遷宮・遷都直後に命名するのが一般的で、やはり浄御原宮の遷宮から十四年後の命名は異例というべきであろう。この遅延の事情については後に考察することとする。

三　朱鳥元年宮号命名の意味

飛鳥浄御原宮の宮号の由来について、他の諸宮号と比較して考え、それを基に朱鳥元年の時点における宮号命名の意味について論ずることとする。

まず宮号一般の命名の仕方についてみておく。神武以来の歴代の諸宮の宮号をみると、その由来するところは多様であるが、飛鳥に宮室を営むようになった六世紀末の豊浦宮から八世紀末の平安宮に至る諸宮の宮号が何に由来して命名されているかを検討してみた（第3表）。三五例中、地名による宮号が二一例、地名によらない宮号が六例、不明が八例である。不明としたものは地名が確認できなかったからで、その多くも地名による宮号と思われ、地名によって命名するのが、この時期の一般的な命名法であったと思われる。地名によらないものについてみてみると、皇極朝の飛鳥板蓋宮は板葺屋根である建築構造からの命名で、おそらくこの宮から板葺屋根が宮殿建築に採用されたので宮号としたものであろう。孝徳朝の小郡宮・大郡宮は、外交使節の館舎である小郡・大郡を利用して宮としたので、もとの施設の名称を宮号としたものである。斉明朝の両槻宮は、『日本書紀』によれば両槻樹の傍に営んだので、それに基づいて命名したものであるという[26]（斉明二年是歳条）。平安京は、前述のように都が万代に平安であることを祈念して命名した嘉号である。

ところで浄御原宮であるが、――原宮とあるように一見地名による宮号のようにみえるが、実は浄御原宮の営まれた地は「飛鳥の真神の原」あるいは「飛鳥苫田」という地名でよばれたのである。持統十年（六九六）七月に薨じた

第3表　宮号の由来

天皇	宮号		備考
推古	豊浦宮		
	耳梨行宮	○	耳成山
	小墾田宮・小治田宮	○	小墾田屯倉（書紀安閑元・十・甲子）　小墾田家（書紀欽明十三・十　蘇我稲目ノ家）
舒明	岡本宮	○	飛鳥岡傍（書紀舒明二・十・癸卯）
	田中宮		
	百済宮	○	百済川（書紀舒明十一・七、十一・十二）
	厩坂宮	○	厩坂池（書紀応神十一・十）　厩坂（同応神十五・八・丁卯　地名起源）
皇極	飛鳥板蓋宮	△	建物構造
孝徳	子代離宮	○	子代屯倉（書紀大化二・正）
	蝦蟇行宮		
	小郡宮	△	施設名（書紀大化三）
	難波碕宮		
	味経宮	○	味経乃原（万葉六-九二八、神亀二・十）　摂津国東生郡味原郷（和名抄）
	大郡宮	△	施設名（書紀白雉二・十二・晦）
	難波長柄豊碕宮	○	難波長柄豊碕（書紀大化元・十二・癸卯）
	飛鳥河辺行宮		
斉明	飛鳥川原宮	○	飛鳥川原（書紀斉明七・十一・戊戌）
	後飛鳥岡本宮	○	飛鳥岡本（書紀斉明二）
	両槻宮（二槻宮）	△	於嶺上両槻樹辺起観、号為両槻宮（書紀斉明二）
	石湯行宮		（伊予国）
	磐瀬行宮→長津宮	○	筑前国石瀬駅（延喜兵部式）　那津（書紀宣化元・五・辛丑）（筑前国）
	朝倉橘広庭宮		
天智	近江宮	○	

	嶋宮	○	
	吉野宮	○	
天武	飛鳥浄御原宮	△	真神原（書紀崇峻元、万葉二—一九九）　苫田（書紀崇峻元）
持統	藤原宮	○	藤原（万葉一-五〇）　藤井我原（同一-五二）
元明	平城宮	○	乃楽（書紀天武元・六・庚寅など）　寧楽（万三-二六〇など）　奈羅（書紀欽明二十六・五）　那羅山（同崇神十・九・壬子など）　乃楽山（同天武元・七・壬辰）　平山（万葉一-二九）
聖武	難波宮	○	
	大養徳恭仁大宮	○	山背国相楽郡恭仁郷（続紀天平十二・十二・戊午）
	紫香楽宮	○	近江国甲賀郡紫香楽村（続紀天平十四・八・癸未）
孝謙	保良宮		
称徳	由義宮	○	弓削寺（続紀天平神護元・十・戊子）　河内国若江郡弓削郷（和名抄）
桓武	長岡宮	○	山背国乙訓郡長岡村（続紀延暦三・五・丙戌）
	平安宮	△	山背国葛野郡宇太村（紀略延暦十二・正・甲午）

（注）豊浦宮以降の諸宮の宮号の由来についての一覧表である。宮号の次の欄の略号は次の通り。○：地名に基づく宮号、△：地名に基づかざる宮号。空白：不明。備考には、由来となる地名や事項を記した。

高市皇子の殯の時の柿本人麻呂の挽歌に、天武天皇が「明日香乃真神之原」(27)に宮室を定めたとよんでいるのがそれである（『万葉集』巻二—一九九）。また『日本書紀』崇峻元年是歳条によれば、飛鳥寺の所在地も真神の原に含まれ、この地は別名「飛鳥苫田」ともよばれたとある。『万葉集』の壬申年の乱後の浄御原宮造営について歌った二首の歌に、「赤駒の匍匐ふ田井を」あるいは「水鳥の多集く水沼を」都となしたとあるが（巻十九—四二六〇・四二六一）、これはこの地が低湿地であったことを示し、「苫田」という地名は低湿で苫の生える地ということに由来するのであろう。以上のように、浄御原宮の所在地の地名は、飛鳥の真神の原、飛鳥苫田であるから、その宮号は一般的な宮号の命名法と異なって、地名によったものではないのであって、その命名には別の意味がこめられていたと考えることができる。

「飛鳥浄御原宮」が正式な宮号の表記と思われるが、史料によって種々の表記がみられる。「飛鳥」は「明日香」とも表記され、飛鳥地域に所在することを示す冠称であるが(28)、省略されることもあり、その含意の中心は「浄御原」にある。「浄」は「浄」字の例が多いが、「清」字の例もある(29)。「御」字は時に省略されることもある(30)。また一例だけであるが「原」字を省略した「浄之宮」の例がある（『万葉集』巻二―一六七）。「浄御原」は単語に分解すると「キヨ」＋「ミ」＋「ハラ」で、キヨは形容詞キヨシの語幹、ミは形容詞の語幹について名詞を作る接尾語で、「そのような状態をしている場所」という意味である。したがって「浄（清）御原」とは「清浄な（場所としての）原」の意であって、この宮号は一種の嘉号であろう。

ところで、宮号命名と同日に朱鳥建元が命じられている。史料(1)によれば、宮号命名が朱鳥建元の下に「仍」字で結ばれて記されている。この「仍」字は解釈がむずかしいが、あるいは「かさねて」と訓ずべきかもしれぬ。ともあれ、両者は一体的なものとして命じられたものである。朱鳥建元についてみても、白雉から三一年の空白期間をおいてこの時点で命じられていることは、この建元に特別な意図がこめられていることを示している。『扶桑略記』天武十五年条は、この建元は大倭国の赤雉貢献に基づくものとし、『帝王編年記』は「朱雀」の建元を信濃国の赤烏貢献の祥瑞に基づくものとするが、これらの記事は『日本書紀』にはない。あるいは天武朝には天武六年十一月己未朔に筑紫大宰の赤烏貢献、同九年七月癸未に南門への朱雀出現がみえるから、これらの祥瑞に基づくものかというが(31)、いずれにしろ祥瑞による建元であって、嘉号の宮号命名と一脈通ずるものが感じられる。

この嘉号の宮号命名と祥瑞による建元は、朱鳥元年の天武天皇の不予に当たり、その平癒のためになされたと考える(補三)。天皇は、朱鳥元年五月二十四日はじめて体不安となり、九月九日崩御するが、この三カ月と十余日の間には、平癒を祈願して、宮中や川原寺・飛鳥寺・大官大寺などの飛鳥の諸大寺における仏事、また諸神に対する神事、さらに大赦などの諸行事が、朝廷をあげて相次いで行なわれた。このような中で命じられた特別の意味をもつ宮号命名と建元は、これら諸行事と一連のものと位置づけるのが妥当である。天皇の不予という不祥を、嘉号の宮号と祥瑞建元によって祓おうとしたものであろう。朱鳥元年六月十日卜によって、天皇の病が三種の神器の一つの草薙の剣の祟によることが明らかになり、すぐに宮中にあった同剣は尾張国熱田社に返還され、続いて七月三日諸国の大解除、五日紀伊国国懸社、飛鳥四社、住吉大神への奉幣、八月九日神祇への祈願、十三日土左大神への奉幣の措置がなされた(32)。浄御原宮の宮号には、具体的にはこの草薙剣の祟を祓い浄めるという意味がこめられていると考える。朱鳥元年七月の時点において、飛鳥浄御原宮という特別な意味をもつ宮号が命名されたのは、このような事情によるのである。このような宮号命名の仕方は、他の諸宮にみられない非常に特異なものである。

四　宮号命名の遅延の事情

一般的に宮号命名ということがどのような目的と意味をもつのかということを、まず考えておきたい。このことを考える上で注目すべきは、天平十三年（七四一）の恭仁宮命名に関する次の史料である。

(8)『続日本紀』天平十三年（七四一）十一月戊辰条　右大臣橘宿禰諸兄奏。此間朝廷以何名号、伝於万代。天皇勅曰。号為大養徳恭仁大宮也。

すなわち、諸兄の奏言は「この宮にある間の朝廷をどのような名号で後世に伝えたらよいか」ということで、宮号命名を発議しているのである。これは具体的には、「飛鳥浄御原宮治天下天皇」（小野毛人墓誌銘）、「浄御原宮御宇天皇」（『続日本紀』養老六年十二月庚戌条）、あるいは「浄御原朝廷」（同大宝元年八月癸卯条）などの例のように、宮号をもってある天皇、あるいはその朝廷や治政の名号とすることに当たり、宮号に関する史料は、宮に直接関係するもの以外の大部分がこれらのものである。このような天皇あるいはその治政の呼称法は、天皇一代遷宮の慣習を前提に行なわれたもので、岸俊男氏の指摘するように(33)、都城の建造とともに歴代遷宮の慣習がやめられると、平城宮で元明・元正・聖武の三代の天皇を「平城宮御宇天皇」の呼称に前・中・後を付けて区別したのを最後として行なわれなくなり、孝謙天皇以降は、高野山陵を以て高野天皇と呼称するように、山陵名を以て天皇号とする呼称法が行なわれるようになる。したがってこの諸兄の奏言は、宮号による天皇呼称の行なわれた最終の段階に当たる。この諸兄の奏言によれば、宮号命名は、後代にのこす天皇や朝廷の号のためになされ、宮号はその当代よりも後代に対して意味があるものと考えられる。この考えを推し進めると、歴代遷宮の時代には宮号はその天皇の薨去までに命名されればよいことになる。しかし、前述の諸宮の宮号命名の時期が遷宮の前後であることから明らかなように、その宮の存続する時期にも意味があることはいうまでもない。前代の宮が存続し、複数の宮が併存することがあるから、互いに区別するためにそれぞれに固有の宮号がつけられた方が便宜であろう。ただ宮号というものが、当代よりも後代に対しての方が大きな意味をもつことを確認しておきたい。

さて、これまでの考察をふまえて、浄御原宮の宮号命名の遅延の事情について考えるが、それについては二つの立場を想定することができる。すなわち、(A)「飛鳥浄御原宮」がこの宮の最初で、唯一の宮号とする立場。(B)「飛鳥浄御原宮」の宮号以前に別の宮号が行なわれていたとする立場の二つである。『日本書紀』を始めとして現存の史料に、浄御原宮と別の宮号を確認できないから、まず(A)の立場にたって考察するのが順当であり、その場合には命名の遅延した理由を説明する必要がある。本稿でもそのことを試みるが、結局それは成功せず、そこに(B)の立場が浮かび上るのである。

まず(A)の立場からみていくが、宮号命名が後代のために大きな意味があるということを、宮号命名の遅延の条件としてあげることができよう。すなわちこのことからいえば、宮号は必ずしも遷宮当初から命名されなくともよいと考えられるからである。しかし、このことは諸宮にあてはまる一般的な条件であり、それにも関わらず諸宮では命名が遅延することはなかったわけであるから、浄御原宮の命名遅延の理由は、同宮独自の事情が別にもとめられねばならない。この点で注目すべきは、浄御原宮の工事の完成が遅れたという和田萃氏の見解である（注（5）和田論文）。すなわち、天武二年（六七三）二月の浄御原宮での天武の即位は造営開始から短期間すぎることから、同宮は当初嶋宮と岡本宮以外の旧来の宮や施設を利用した可能性があり、さらに天武七年四月己亥条「新宮西庁」、同十年三月甲午条「新宮井上」とみえる「新宮」は新しく完成した浄御原宮と考えられることから、このころ同宮が整備されたとみる。次いで天武十二～十三年に同宮の施設がみえず、同十四年九月壬子条に「旧宮安殿之庭」がみえ、こののち大安殿・内裏などが散見することから天武十二～十四年に大規模な改作がなされたと推定している。これまでは「新宮」＝浄御原宮、「旧宮」＝後岡本宮と理解していたのに対して、和田氏は、いずれも浄御原宮に関するもので、同宮の造営過程に関連して新・旧の表現を用いたと考えたのであり、『日本書紀』の浄御原宮の施設の記載法によれば妥当であり、この見解は蓋然性の高い推定説と考える。この見解に従って、宮号命名が遅れたのは、同宮の工事の完成が遅れたからであると考えることも可能である。しかし、前述した諸宮の例によれば、宮号命名を造営完成後に行なった例はなく、命名後にも造営工事を行なうのが一般的であるから、造営完成の遅れは命名遅延の決定的な理由になりえない。

こうして(A)の立場から宮号命名の遅延の理由を説明することは困難であり、ここに(B)の仮説が浮かびあがってくる。さらに前述のように、朱鳥元年の宮号命名が天武の不予に基づく特異な性格のものであることは、かえってそれ以前に他の諸宮と同じ仕方の命名が行なわれていたのではないかと考えさせるのである。(B)の立場によれば、宮号命名の遅延の理由を特に考える必要はなくなる。

この考えの問題点は、『日本書紀』および他の史料に、浄御原宮とは別の宮号の存在が確認できない点である。『日本書紀』以外の史料は、前述のように、朱鳥元年以降のものであるから、朱鳥元年命名の宮号に基づくのは当然である。ただ『日本書紀』は、朱鳥元年の命名の記事も、それ以前についても浄御原宮がこの宮の唯一の宮号であるという立場にたっており、この点を説明する必要がある。逆にこの事実は以前の宮号の性格を示唆していると考えられる。

私は、浄御原宮の以前の宮号は、正式に命名されたものでなく、地名に基づく通称的なものでないかと考える。そのような例として恭仁宮と長津宮の例をあげることができる。前述のように、恭仁宮は天平十三年十一月の大養徳恭仁大宮という正式な宮号命名の以前に、地名に基づく恭仁宮、布当宮の通称が行なわれていた。

長津宮は、斉明・天智朝の百済救援戦争の際に筑紫の娜大津（博多湾）沿岸に設けられた行宮である。『日本書紀』斉明七年（六六一）三月庚申条に「御船還至二于娜大津一。居二于磐瀬行宮一。天皇改レ此、名曰二長津一。」[35]とあり、初めの磐瀬行宮を長津宮と改めたのである。五月九日（或本によれば四月）さらに内陸部の朝倉橘広庭宮に遷宮するが、造営の際朝倉社の木を斬った祟によって怪異が生じ、ついに七月二十四日斉明天皇の崩御に至ったため、八月一日（あるいは七月中）に中大兄皇子は磐瀬宮に遷居し、その後百済救援戦争の本拠地となる。磐瀬行宮の宮号は、のちに石瀬駅があるように[36]（延喜兵部式）地名による命名であり、長津宮の宮号もやはり那珂津・那津の地名に基づき、それを好字に改めたものである。長津宮の命名は、『日本書紀』のかきぶりからみて、改号といったことごとしいことではなく、通称としての磐瀬行宮に、あらためて長津宮という正式な宮号を付したものであろう。この恭仁宮・長津宮の例からみて、浄御原宮においても、朱鳥元年の正式な宮号命名以前に、通称的な宮号が行なわれていたことが考えられ、それはおそらく地名に基づき命名されたものであろう。朱鳥元年以前の宮号は、このように正式なものでなく、通称であったために、『日本書紀』では朱鳥元年の命名記事はもちろん、それ以前においても無視することになったと考えられるのである。

朱鳥元年まで正式な宮号が命名されなかった事情についてまとめておく。まず宮号が後代にのこす天皇や朝廷の号のために命名されるという、宮号のもつ特性がこのことの前提条件としてあったであろう。そしてその上に、通称的な宮号が行なわれ、この宮が存続した時期にはそれで間にあったので、正式な宮号が命名されなかったと考える。朱鳥元年天武天皇の不予に当たり、病気の平癒を祈って正式な宮号が命名された。この命名はこのような特別な事情と意図において行なわれたもので、天武天皇の時代が終るという理由でなされたものではないのであるが、この浄御原宮の命名は、まさしく宮号というものが後代に対して意味のあるものであることを示す事例である。(補四)

おわりに

迂遠な考証を重ねてきたが、整理してむすびとする。

(1) 七、八世紀における一般的な宮号命名については次の三点が注意される。すなわち、(イ)命名の時期は遷宮の前後であること。(ロ)宮号の由来は多様ではあるが、地名によるものが多いこと。(ハ)宮号の命名は、その宮の存続する時期よりも、後代にのこす天皇や朝廷の号のためになされることの三点である。

(2)　このような一般的なあり方に対して、朱鳥元年の飛鳥浄御原宮の宮号命名は、(イ)遷宮十四年後になされ、異例に遅い。(ロ)宮号が地名によらず、一種の嘉号であるという二点において特徴的である。

(3)　宮号命名が遅れた理由を十分に説明できないので、飛鳥浄御原宮という正式な宮号を命名する以前に、地名による通称的な宮号が行なわれていたことを想定した。宮号というものが後代のために命名されることと、その上に通称的な宮号が行なわれていたので、朱鳥元年まで、正式な宮号命名がなされなかったと考えた。『日本書紀』が以前の宮号を無視しているのは、これが正式なものでなく通称的なものであったからである。

(4)　朱鳥元年の正式な宮号命名は、天武の不予に当たってその原因と考えられた草薙の剣の祟を祓い浄めるためになされたもので、特異な意味をもっていた。

宮号命名の遅延の事情については、私自身考えるまでは予想もしなかった、浄御原宮の宮号以前の通称的宮号の存在という考えにたどりついた。この考えは一つの仮説であって、もし命名遅延に関する説得的な理由が提示されれば動揺するものである。諸賢の御批正をお願いしたい。

注

（1）　大井重二郎『上代の帝都』一四七頁（一九四四年）。

（2）　小野勝年「飛鳥浄御原宮御宇天皇の『おくりな』についての疑問―長谷寺蔵千仏多宝塔銘文に関連して―」（『大和文化研究』三）。小野氏の見解は、浄御原宮の宮号は浄御原という地名に由来し、遷宮当初から行なわれていたが、天武朝末年に浄御原宮が整備されるに伴い、朱鳥元年に公式に宮号として確認されたというものである。私見と異なるが、以下の叙述を以てその批判にかえることとする。

（3）　奈良県立橿原考古学研究所編『飛鳥京跡二』（奈良県史跡名勝天然記念物調査報告第四十冊）一九八〇年。

（4）　近年の飛鳥の宮室に関する発掘調査の成果については、西口寿生「飛鳥諸宮―飛鳥浄御原宮跡推定地における最近の調査を中心として―」(『仏教芸術』一五四、特集・宮殿発掘、一九八四年)を参照。

(5) 岸俊男「万葉歌の歴史的背景」(『宮都と木簡―よみがえる古代史―』所収、一九七一年初出)。和田萃「飛鳥岡について」(『創立三十五周年記念　橿原考古学研究所論集』一九七六年)。

(6) 本文の二点以外に次の六点の金石文に浄御原宮の宮号がみえるが、いずれも朱鳥元年以降の作成である。采女氏塋域碑(持統三年)、那須国造碑(文武四年)、威奈大村墓誌銘(慶雲四年)、薬師寺東塔擦銘(文武朝か)、粟原寺塔鑪盤銘(和銅八年)、美努岡万墓誌銘(天平二年)。以上『寧楽遺文』下巻。

(7) 『寧楽遺文』下巻九六四頁。奈良国立文化財研究所飛鳥資料館『日本古代の墓誌』(一九七七年)。同『日本古代の墓誌　銘文篇』(一九七八年)。

(8) 前掲『日本古代の墓誌』七五頁同墓誌の解説(東野治之執筆)。

(9) 『寧楽遺文』中巻四三四頁。

(10) 和田萃「殯の基礎的考察」(『史林』五二―五、一九六九年)。

(11) 和銅元年七月元明新帝は穂積親王と同年三月新任の左・右大臣、大納言、中納言らを御前に召して勅し、治政がうまくいっているのは彼ら重臣らの働きによるものであり、今後も子々孫々ともに栄命を保って供奉することを命じた(『続日本紀』和銅元年七月乙巳条)。中納言小野毛野もこの中に入っていた。中納言は小野氏の得た最高の官職であり、この勅は毛野にとって名誉であったと思われる。この勅が父毛人の顕彰を思いたたせ、墓誌銘追納のきっかけとなったのではないか。

(12) 『寧楽遺文』下巻九六四頁。奈良国立文化財研究所飛鳥資料館『飛鳥・白鳳の在銘金銅仏』(一九七六年)。以下の法華説相図についての叙述の多くは本書の「銘文について」(東野治之執筆)と法華説相図解説(八〇頁、星山晋也執筆)に負っている。

(13) 『三代実録』貞観十八年五月二十八日甲辰条。

(14) 小林剛「白鳳彫刻史論」(『考古学雑誌』三〇―八、一九四〇年)。

(15) 足立康「白鳳彫刻に関する基礎的問題」(『考古学雑誌』三〇―一一、一九四〇年)、田村吉永「長谷寺千仏多宝仏塔の造立年代」(『史跡と美術』二七二、一九五七年)。

(16) 金森遵「長谷寺法華説相像の造立年代に就て」(『考古学雑誌』二七―一〇、一九三七年)。

(17) 喜田貞吉「長谷寺草創考」(『喜田貞吉著作集6』所収、一九一四年初出)。

(18) 福山敏男「長谷寺の千仏多宝仏塔銅版」(『日本建築史研究　続編』所収、一九三五年初出。) なお福山氏はのちに文武二年説に訂正した。

(19) 注(12)『飛鳥・白鳳の在銘金銅仏』所収「飛鳥・白鳳の金銅仏」(田中義恭執筆) および「銘文について」。

(20) (イ)(ロ)については、注(16)金森論文、(15)足立・田村論文。

(21) 注(18)福山論文の『日本建築史研究　続編』の追記、および『世界美術全集2』(角川書店刊、一九六一年) 二四一頁「法華説相図銅版」の解説 (福山敏男執筆)。ただし持統朝以降とすれば、日唐の交渉からみて、武后の尊号の知識が伝来するのは、早くとも大宝元年発遣、慶雲元年帰朝の遣唐使によることになるから文武二年に当てるわけにはいかなくなる。

(22) 『寧楽遺文』下巻九六五頁。

(23) 諸宮の宮号が国史にどのように現われるかを、六世紀末豊浦宮から八世紀末までについてみると、本文で述べた宮号命名を明記するもののほか、次の二類型がみられる。〈A〉遷宮や造営に伴って宮号について記すもの。例〈岡本宮〉舒明二年十月癸卯条　天皇遷二於飛鳥岡傍一。是謂二岡本宮一。〈難波長柄豊碕宮〉白雉二年十二月晦条　於レ是、天皇従二於大郡一、遷居二新宮一。号曰二難波長柄豊碕宮一。ほかに後飛鳥岡本宮、両槻宮 (斉明二年条) など。〈B〉何のことわりもなしに宮号が現われるもの。例〈小墾田宮〉推古十一年十月壬申条　遷二于小墾田宮一。〈藤原宮〉持統四年十月壬申条　高市皇子観二藤原宮地一。ほかに豊浦宮、皇極朝の小墾田宮、田中宮、廐坂宮、百済宮、板蓋宮、河辺行宮、近江宮、平城宮、紫香楽宮、保良宮、由義宮、長岡宮など多数。

例示のようにB類が多い。A類の中で、例えば難波長柄豊碕宮、後飛鳥岡本宮、両槻宮に関する記載はあるいは宮号命名を示す記事の可能性もあるが、前述の浄御原宮についての天武元年是歳条の如く、付加的な説明の文章ともみられるので、一応宮号命名の史料からは除いておく。

(24) 『万葉集』巻三―四七五の歌に「大日本久邇之京」とあるのは、この正式な宮号によるものである。「大養徳」の冠称は、あるいは大養徳国の意ではなく、公式令詔書式条に「明神御宇日本天皇」とあるのと同じく、日本の総称か。

(25) 延暦十四年正月乙酉の踏歌に奏上された歌に次の一首がある (『類聚国史』)。意訳を付して掲げる。「冲襟乃眷二八方中一 (天皇のこだわりのない心は全土をめぐみ)、不レ日爰開二億載宮一 (日ならずしてここに億年も続く宮を開いた)、壮麗裁レ規伝二不朽一

（その壮麗さはきまりをこえるほどで、それを不朽に伝える）、平安作レ号験二無窮一」最後の一句は「験」に「ききめ」の意があるから、「平安を京の号として、無窮＝万世に平安であらしめる」という意味であろう。

(26) 用明天皇の池辺双槻宮も同様の命名の仕方である（用明即位前紀九月戊午条）。飛鳥寺の西の槻木は樹神として尊崇され、その周囲の広場が諸行事に用いられたが、宮号の由来となった槻もそのような神聖な木であろう。本書第一部第一章「飛鳥の須彌山と齋槻」参照。

(27) 真神の原の「真神」については、『万葉集』で「大口の真神の原」と「大口の」の枕詞が冠せられることから（巻八―一六三六、巻十三―三二六八）、狼の意であるとされ（三省堂版『時代別国語大辞典　上代編』六六七頁）、『枕詞燭明抄　中』所引大和国風土記逸文では、真神の原の地名の起源について、明日香に老狼がいて人を喰ったので、この狼を「大口の神」とよび、その住処を「大口真神原」といったとある（日本古典文学大系『風土記』四二一頁）。

(28) 飛鳥の範囲については、岸俊男「飛鳥と方格地割」（『史林』五三―四、一九七〇年。岸『日本古代宮都の研究』再収、一九八八年）。

(29) 「清」字の例は次の通り。『書紀』持統七年九月丙申条「清御原天皇」、『古事記』序文「飛鳥清原大宮」、威奈大村墓誌銘「後清原聖朝」（『寧楽遺文』下巻、九六七頁）、薬師寺東塔擦銘「清原宮馭宇天皇」、『万葉集』巻一―二一の前の代名、巻二―一〇三・一五六の前の代名・一六二、巻八―一四六五題詞。『万葉集』では二例を除いて「清」字を用いている。

(30) 「御」字省略の例は次の通り。釆女氏塋域碑「飛鳥浄原大朝庭」（『寧楽遺文』下巻、九六五頁）。『古事記』序文。威奈大村墓誌銘。薬師寺東塔擦銘（以上注(29)）。『大日本古文書』四―一二三頁。

(31) 日本古典文学大系『日本書紀　下』四八〇頁頭注一。

(32) 草薙の剣は、天智七年（六六八）沙門道行が新羅に持ち逃げようとして盗んでから（天智七年是歳条）、宮中に保管されていたと考えられているが（日本古典文学大系『日本書紀　下』四七八頁頭注六）、大石良材氏は、草薙の剣は天武朝に記紀の日本武尊の伝説の成立に伴って宝剣として造作され、それにあてるために天武四年（六七五）三月に土左大神から神刀を徴したが、朱鳥元年に祟として問題になったために熱田社に送り、またこのために八月十三日に土左大神に奉幣したと考えている（『日本王権の成立』第八章、草薙剣の神祟）。

（33）岸俊男「『宮』談義」（『古代宮都の探究』所収、一九八四年）。
（34）日本古典文学大系『日本書紀　下』四三一頁頭注二〇。
（35）朝倉橘広庭宮の擬定地は、福岡県朝倉郡朝倉町大字宮野・須川。九州歴史資料館『朝倉橘広庭宮跡伝承地　第1次発掘調査報告』（一九七四年）参照。
（36）日本古典文学大系『日本書紀　下』三四八頁頭注一三。

（付記）初出稿「『飛鳥浄御原宮』の宮号について」『日本歴史』四四四号（一九八五年五月刊）掲載。改題し、引用論文の出典について補訂し、若干の字句の修訂を施した。

（補一）飛鳥浄御原宮の宮号について、別の観点から論じた吉永登氏の「トブトリノ明日香」（『万葉――その探究』一九八一年。一九七五年初出）、「飛鳥時代の金石文」（『関西大学東西学術研究所紀要』五、一九七二年）の二論文のあることを、東野治之氏の教示によって知った。吉永氏は、「トブトリノ」が「アスカ」の枕詞である理由を同宮の宮号の変化から説明しようとして、同宮の宮号が、天武元年＝アスカノキヨミハラノミヤと命名、天武十五年＝トブトリノキヨミハラノミヤと改称、持統四年＝アスカノキヨミハラノミヤと再改称と変化したとする。これらの論文によって、本稿の論旨は変わらない。

（補二）法華説相図銘文の作成年代については、現在は東野治之氏「『続日本紀』所載の漢文作品」（同『日本古代木簡の研究』所収、一九八三年。一九七九年初出）の見解に従うべきものと考えている。すなわち、一般に造像銘などの年紀は往々その像の発願ないし施工開始の時点をさし、必ずしも完成の年月を意味するとは限らないこと、本銘文には天武崩御後に撰文されたと考えられる句があることから、銘文の「降婁」は天武十五年（朱鳥元年）に当たるが、それは天武不予による発願の年であり、銅版の完成、銘文の撰文は持統朝のことと考えられるというのである。

（補三）福永光司氏は、日本古代文化における道教の思想信仰の存在を強調し、天武・持統とその皇子が道教と関係深く、天武の不予に当たって病気平癒を祈願して行なった大解除、奉幣、改元などは唐朝の皇帝の病気平癒のための宗教的行事と同類であり、道教の思想信仰と関係が深く、特に元号の「朱鳥」は道教において生命の充実もしくは復活を象徴する呪術宗教的な意味をもち、朱鳥建元が道教の呪術宗教的な延命の効験を強く意識した処置であったとされる（「古代信仰と道教」「古代日本と江南の道教」、福永『道教と古代日本』所収、一九八七年）。

（補四）　小沢毅氏「伝承板蓋宮跡の発掘と飛鳥の諸宮」（橿原考古学研究所『橿原考古学研究所論集　第九』所収、一九八八年）は、伝承板蓋宮跡の調査の成果によって浄御原宮の宮号の問題を解釈している。すなわち、同宮跡の遺構は、第Ⅰ期＝岡本宮、第Ⅱ期＝板蓋宮、第Ⅲ－A期＝後岡本宮、第Ⅲ－B期＝浄御原宮に比定できる。浄御原宮は、後岡本宮を継承した部分（Ⅲ－A期）と、天武朝に拡充付加された部分（B期）の複合体として成立したので、全体を新たに造営して宮号を命名するのと異なり、新しい宮号が命名されなかったと理解する。

第二部　平城京

第一章　平城宮大極殿朝堂考

はじめに

一九五五年、奈良国立文化財研究所によって本格的に開始された平城宮跡の発掘調査は、これまで多くの新しい事実を明らかにするとともに、また我々に新しい課題を提起してきた。それら平城宮跡研究の課題の一つとして、大極殿・朝堂の比定と変遷の問題がある。現在平城宮跡には大極殿・朝堂の推定地が二ヵ所ある。一つは、朱雀門を入った宮の中央の地区であり（以下「中央区」と称す。第11図のA・B地区）、もう一つは、その東の宮城南面東門を入った地区である（「東区」と称す。C・D地区）。これらのどちらの地区にも、朝堂の区画と思われる南北に長い大きな長方形の地割が遺存し、また両区画の中には基壇建物の跡と思われる土壇や地割が遺っている。小論は、この二つの朝堂区画をめぐって大極殿・朝堂の比定と変遷の問題を論じようとするものである。この課題の解明は、平城宮の構造を明らかにする上ではもちろん、近年進展している朝堂院研究のために欠くべからざるものであり、また大極殿・朝堂が律令政治体制と密接に関係するものであるので、奈良時代の政治構造の解明の手掛りをも与えてくれるであろう。

まずこの問題に関する先学の代表的な見解をみてみよう(1)。

はじめて平城宮諸宮殿の遺跡への比定を行なった関野貞氏『平城京及大内裏考(2)』は、大極殿・朝堂を東区のD地区に比定し、また中央区について、A地区を「中宮・中宮院」、B地区を「南苑」と考える。「中宮・中宮院」は内裏とし、その名称を宮の中央に位置するためであるとしてA地区に比定する。「南苑」は平安宮豊楽院に相当するものとする。関野氏の方法は、文献史料を整理し、平安宮の構造を参考としながら、遺存地割・地形・地名に着目して宮殿名を比定していくもので、平城宮の構造を固定的に考え、宮殿の歴史的変遷を考えるという視角に欠ける点があるが、未だ発掘調査が考えられもしなかった段階ではやむを得ないことであり、当時としては卓越した方法と成果であって、現在においても継承すべき点が多い。D地区にある時期から大極殿・朝堂が存したことは確かであり、B・D地区の二つの朝堂区画の併存を平安宮豊楽院・朝堂院の併存から理解する視角は継承すべきであろう。

次に、奈良国立文化財研究所『平城宮発掘調査報告II』(以下『平城宮報告II』のように略記する。一九六二年)で示された、第一次内裏・朝堂院、第二次内裏・朝堂院の見解である。すなわち、内裏・朝堂院をセットとしてとらえ、和銅創建の際に中央区に第一次の内裏・朝堂院を、のちに東区に第二次の内裏・朝堂院を造営したとするものである。第一次朝堂院から第二次への遷造の年代については、天平末年、天平勝宝年間、天平宝字年間の三つの可能性を考え、出土瓦の様式から天平宝字までは降らないとする。そして関野説をうけて、第二次朝堂院造営後B地区は平安宮豊楽院の前身的な性格のものとなったとする。また「中宮」についても関野説をうけ、奈良時代前半の内裏の名称とする。この見解は、D地区の大極殿回廊の調査の結果その出土軒瓦が様式から和銅創建までさかのぼり得ないという事実を基礎に考えられた

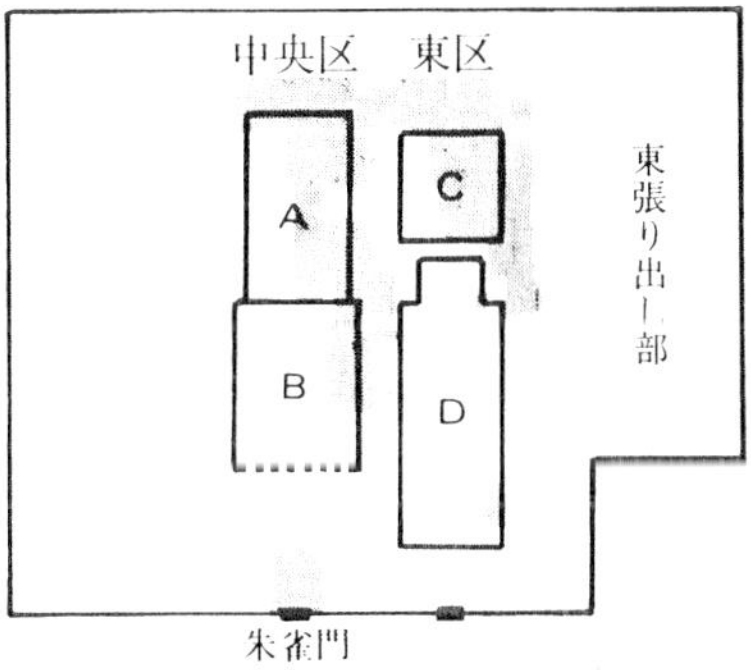

(注) 網目は関係地区の既発掘地域。参考のため，中央区はA期の外郭を，東区は上層遺構の外郭を示した。

第11図　平城宮の地区名称

ものので、関野説を一歩進めて、内裏・朝堂院の位置が固定したものでなく歴史的に変遷があったと考えた点が重要である。この見解は、その後の調査・研究の進展によって改めなければならない点が少なくないが、二つの朝堂区画について、第一次・第二次という変遷があったという基本的な考え方は継承すべきである。

以上が代表的な見解である。さらに小論ではあるが、示唆に富む岸俊男氏「日本歴史の焦点――平城京――」(3)を紹介しておこう。岸氏は、第一次、第二次内裏・朝堂院問題の解決のためには、皇太子の居住する東宮の存在を考慮しながら皇権の所在を具体的に考えることが必要であるとして、次のような試案を示している。すなわち、和銅創建の内裏・朝堂院は中央区に作られたが、同時に東区に首皇太子（聖武）の東宮が造られ、元正朝から聖武即位をめざして東宮が改造され聖武即位と共に内裏・朝堂院が東区に移り、東院が東に張り出したのも宮の中心が東区に移ったことに関連するという考えである。この見解は、内裏・朝堂院問題を皇権の所在という政治史的な観点から考え、第一次から第二次への変遷を聖武即位との関係からとらえている点が注目できる。また「中宮」についても、関野説以来の考えから離れ内裏とは別のものと考えて、東区造営以後の中央区に比定するという注目すべき見解を示している。私見は大枠でこの示唆的な岸説を発展的に継承しようとするものである。

このほか近年の調査成果を基に、内裏の比定を行なった阿部義平氏の研究があり(4)、また近年、大極殿・朝堂そのものに関する研究もいくつか出されており、これらも参照することにする(5)。

本稿では、まず近年進展している中央区・東区の発掘調査の成果をまとめ、次に文献史料を整理して大極殿・朝堂の比定と変遷について明らかにすることとする。

（なお六国史からの史料の引用は日を干支で記し、特に出典をことわらないこととする。）

一　発掘調査の成果

中央区・東区の調査は、『平城宮報告II』の段階に較べると大分進展してきており、新しい事実が明らかになっている。考察の基礎となるのは発掘調査による事実なので、中央区・東区にわけて整理しておきたい(6)。もちろん未調査の部分が多く、既発掘地区についてもまだ正式報告が作成されていない部分が多いので、以下の叙述は今後変わってくる可能性があることを含んでおかなければならない。

1　中央区の遺構

A地区は東半部の調査が終了して遺構の大要が明らかになり、B地区は東北部の調査を行なっている（第12図参照）。関連調査として朱雀門とその内側の調査を行なっている。遺構はA・B・C期の三期に分かれる(7)。

A期　A地区には、築地回廊による東西六〇〇尺（一七七㍍）、南北一〇八〇尺（三一八㍍）の長方形の外郭が造られる。外郭内は、北部三分の一を壇状に造成し、壇の前面に塼積みの擁壁を築く。壇高は推定三㍍。塼積擁壁は東西の両袖で前方に張り出す。壇下の南部三分の二は石敷の広場である。外郭南面中央には南門（SB七八〇一）が造られる。その基壇規模は東西二八・五㍍、南北一六・八㍍で、桁行五間、梁行二間（一五尺等間）の門が復原される。遅れて南門の東脇に築地回廊に接して、楼閣風建物（東楼、SB七八〇二）が付設される。壇上には、大規模な東西棟礎石建物（SB七二〇〇）が造られる。A期の壇上の遺構は遺存状況が極めてわるく、SB七二〇〇も基壇回りの凝灰岩地覆石の痕跡が溝状に残っていただけである。基壇規模が東西五四㍍、南北三二㍍で、桁行九間、梁行四間の建物が復原され

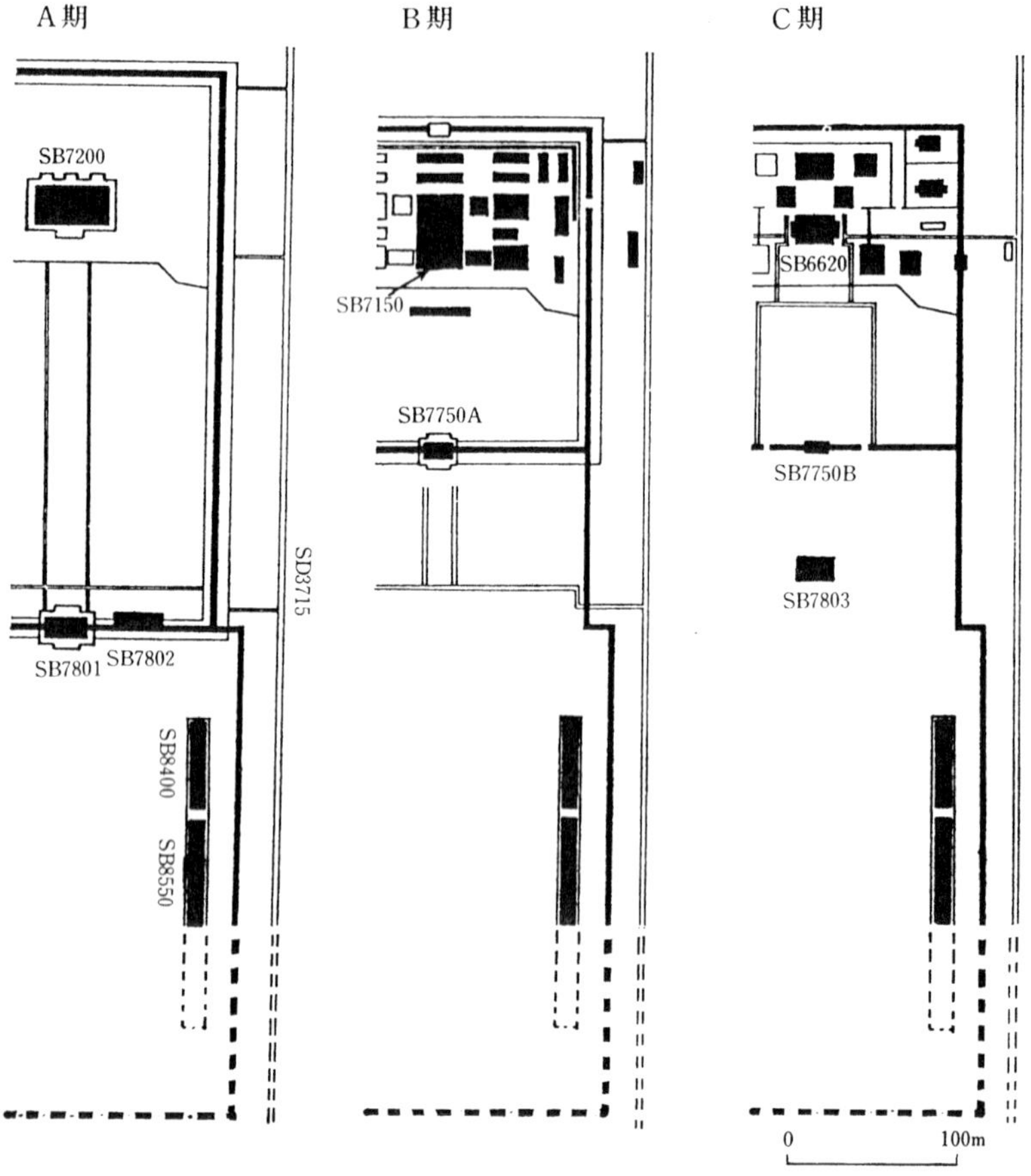

第12図　中央区の遺構の変遷

る。SB七二〇〇の前面の塼積擁壁には木階がつき、石敷広場の中央には、両側に溝をもつ道路が南北に通じていて木階と南門をつないでいる。

B地区では、和銅創建よりやや遅れて、(8)掘立柱塀による長方形の外郭とその内部に南北棟の朝堂建物が造られる。外郭の規模は東西幅七二〇尺(二一五㍍)で、南北長は南辺を確認していないので明らかでない。朱雀門内側の調査で応天門相当門推定地の位置まで調査しているが、門が検出されていないので外郭南辺はもう一つ北にある地割線に推定され、この線で計ると外郭南北長は九六〇尺(二八六㍍)である。朝堂は残存する土壇の調査で、外郭東部に北から東第一堂(SB八四〇〇)、第二堂(SB八五五〇)を検出している。いずれも基壇をもった南北棟礎石建物で、南北にならぶ。東第一堂は基壇規模が東西幅一九・六㍍、南北長五〇㍍、梁行四間、桁行一〇間、第二堂は南端まで確認していないが、基壇東西幅・梁行は第一堂と等しく、南北長五五㍍以上、桁行一二間以上である。朝堂の配置は、遺存する土壇・地割からみると、平安宮朝堂院のように十二堂の配置とは考えにくく、豊楽院(第14図)のように東西二堂ずつの四堂の配置と推定される。朝堂区画の南には宮城の南面正門の朱雀門が造られる。基壇規模が東西三三・二五㍍、南北一八・一㍍で、五間×二間の重層門が復原される。朱雀門の内側は広場になっていて、門から北へ両側に側溝をもつ道路がのびる。B地区外郭の掘立柱塀は、のちに同位置で同じく掘立柱塀に、さらに築地に変えられ、C期まで存続する。東第一・第二堂もB・C期を通じて存続する。A期の造営年代は、A地区外郭南門(SB七八〇一)付近で、(9)平城宮第I期の瓦の出土比率が高いことから和銅創建にさかのぼり、また廃絶年代は、南門東脇の東楼(SB七八〇二)の柱抜取穴から「勝宝五年」(七五三)、「天平勝宝」の年紀をもつ木簡が出土していることから、天平勝宝末年と考えられる。また東楼(SB七八〇二)は、付近から平城宮第II期の瓦が多く出土しているから神亀年間に付設されたものと思われる。

B期　A地区には、築地回廊による六〇〇尺四方の正方形の外郭を造る。東西面はA期を踏襲し、北面は南へ、南面は北へ移動し、A期より外郭が縮小される。外郭内部の壇は南へ拡張する。その南辺を確認していないが、現存する東西道路下に推定され、その推定によれば壇は外郭のほぼ南北二等分線上に位置する。壇下はA期と同じく石敷広場である。外郭南面に造られる南門（SB七七五〇A）はA期の南門より規模が縮小する（基壇規模東西二一㍍、南北一三㍍）。壇上には多くの掘立柱建物が整然と配される。一〇尺方眼を基準として柱をわりつけ、建物の妻・側を揃えている。中央前面の正殿（SB七一五〇）は桁行九間、梁行一四間の特異な構造の建物で、その北方・東方に多くの建物を配する。B期では、外郭が後述するC地区の内裏とほぼ同じ規模に縮小される点に注意しておきたい。B期の造営は、A期の廃絶年代からみて『続日本紀』にみえる天平宝字年間の改作に関わるものとみられる。天平宝字の改作は天平宝字元年（七五七）、同四・五年の二度みえるが（天平宝字元年五月辛亥、同五年十月己卯条、『平城宮報告Ⅱ』七頁）、一応前者に関わるものとみておく。廃絶は壇上正殿（SB七一五〇）の柱抜取穴から平城宮第Ⅴ型式（宝亀年間）の古い型式の土器が出土していることから、宝亀前半におさえられる（『年報一九七二』）。

C期　A地区の外郭は築地に変わるが、外郭の規模、その内部の壇、石敷広場はB期と同じである。外郭南門は礎石と掘立柱を混用したもの（SB七七五〇B）に建て替えられ、規模はB期の門より縮小する（桁行五間〈二一・四㍍〉、梁行二間〈五・六㍍〉）。壇上は掘立柱塀によって内部を区画してその中に掘立柱建物を配する。全体の配置はC地区の内裏に類似する。中央前面に正殿（SB六六二〇）、その前面東西に脇殿を造る。その後方は後殿区で、掘立柱塀で区画して正殿・東西脇殿を配する。外郭東北隅にも、掘立柱塀で二つの区画を造り各々に東西棟建物を配する。C期の壇上の建物群の特徴は広廂建物を多用すること、柱に礎石と掘立柱を混用するものがあることである。外郭南門の前面に礎石・掘立柱を混用する東西棟建物（SB七八〇三）が造られる（桁行七間、梁行四間）。B地区朝堂の正殿に当たる建物であろう。C期の造営は、B期の廃絶年代からみて一応宝亀年間におさえられ、また壇上の溝中より平城宮Ⅶ型式(平安時代初)の土器が出土していることから、一応平城上皇の還都後まで存続したとみられる。(補注1)

2 東区の遺構

C地区(第13図) 東半部の調査が終了し遺構の大要が明らかになっている。遺構は整地層によって上層・下層遺構に分けられ、上層遺構では一度改修が行なわれているので、大きくA(下層)、B・C期(上層)の三期に分けられ、さらに各期は小期に分かれる。(10)

A期には掘立柱塀の六〇〇尺四方の規模の外郭を造る。外郭内の遺構の密度は低く、ほぼ中央に正殿(SB四七〇〇)とその前殿、後方に付属殿舎群を造る。

B期には内裏としての構造をはっきりあらわしてくる。外郭は東西面はA期を踏襲するが、北面はA期より三〇尺、南面は六〇尺、それぞれ南へ移動し、東西六〇〇尺、南北六三〇尺の規模となる。外郭は初め掘立柱塀であるが、のち築地回廊に変えられC期まで存続する。外郭内は内裏正殿区、後宮区、その他の殿舎群の三つの区画から構成される。内裏正殿区は、外郭南部中央にコ字形に回廊をめぐらし、内部に正殿と東西脇殿を配する。後宮区はその後方に掘立柱塀をめぐらし、同じく正殿・東西脇殿を配置する。その他の殿舎群は、両区の東西または北方を掘立柱塀でいくつかのブロックに区画し各々建物を配する。B期の遺構の構造は平安宮内裏の構造に近く、内裏と考えられる。

C期には、外郭はB期を踏襲し内部の構造も基本的に変わらない。ただ内裏正殿の区画が掘立柱塀に変わりその規模が縮小する一方、後宮区の規模が拡大する。

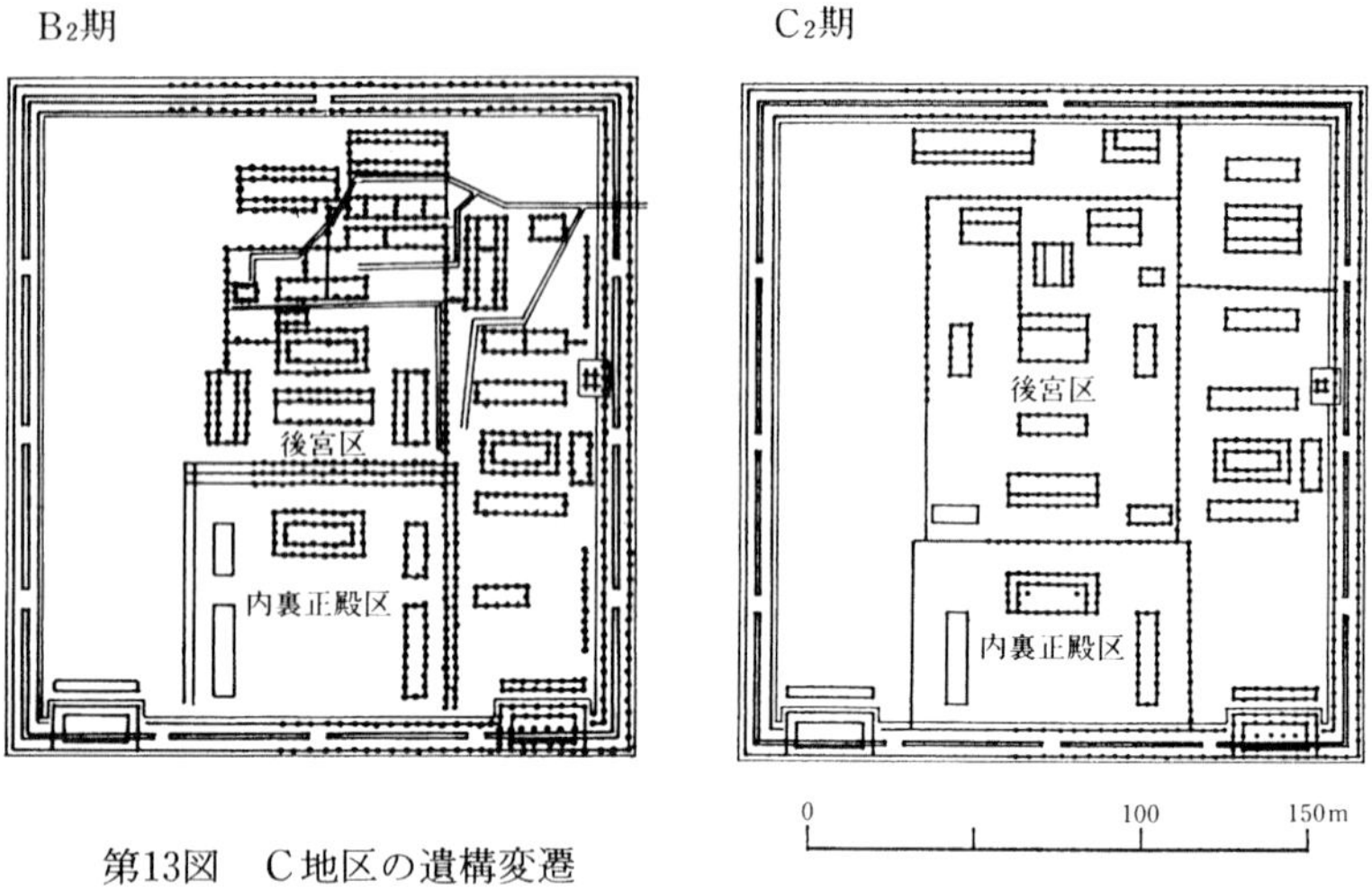

第13図　C地区の遺構変遷

B期の造営年代は、この造営に用いられた六三一一—六六六四型式軒瓦（内裏所用瓦）が平城宮第II期に属することから養老五年（七二一）に始まる造営と考えられる（後述）。A期は和銅創建までさかのぼり、C期は奈良時代後半と考えられる。

C地区の遺構については、和銅創建にさかのぼる遺構が確認されたことと、養老五年に始まる造営によって整備されてくることに注意しておきたい。和銅創建のA期の遺構の性格については十分に明らかにしがたいが、B・C期とほぼ同規模の外郭を形成していることからみて、官衙地区ではなくB・C期と同じく内裏的な性格が考えられる。

D地区　北から大極殿一郭、朝堂十二堂一郭、朝集殿一郭の三区画からなる。各区画には、大極殿・朝堂十二堂・朝集殿の基壇跡と思われる土壇が遺存しており、これらの建物の配置をほぼ復原できる。発掘調査は大極殿を囲む回廊の東南隅と東朝集殿の調査が行なわれているだけで、ほとんど進んでいない。内裏・大極殿院をさらに大きく囲む築地による外郭があり、その外郭内を内裏・大極殿外郭部と称しているが、関連調査として大極殿東・西外郭部の調査を行なっている。

A_1期

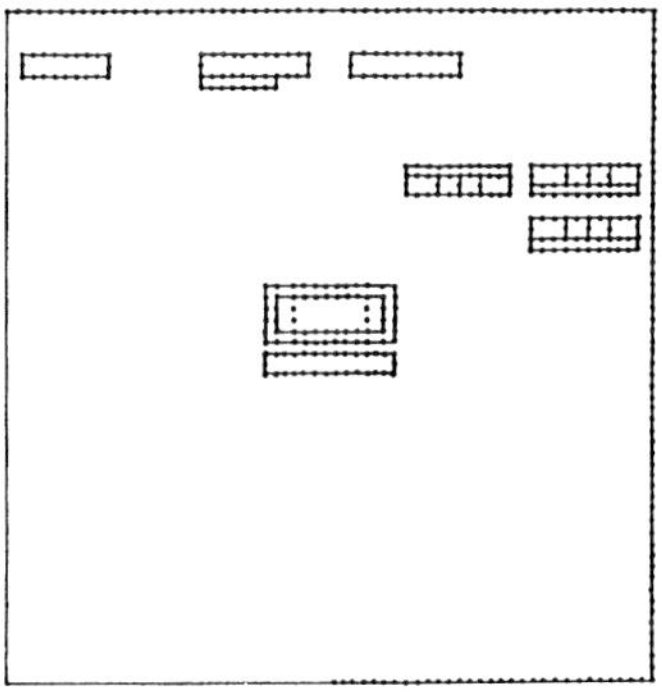

遺構は上層・下層遺構にわけられ、上層遺構が朝堂院の遺構である。大極殿院回廊東南隅の調査で築地回廊の東南隅を確認している。東朝集殿の調査で遺存する小土壇が朝集殿の基壇建物の跡であることを確かめ、また朝堂十二堂一郭の外郭東面の築地を検出した。大極殿東外郭部には二棟の楼閣風基壇建物（東楼、SB七五〇〇・七七〇〇）を、西外郭部にも一棟の楼閣風基壇建物（西楼、SB八一五〇）を検出している。上層遺構の造営は出土軒瓦六二二五—六六六三型式から養老五年に始まる造営と考えられている。六二二五—六六六三型式は大極殿回廊・大極殿外郭部東楼（SB七五〇〇）・東朝集殿のいずれでも出土比率が高く、朝堂院所用瓦と考えられる。この軒瓦の年代については、まだ木簡など年代の確実な資料との共伴の事例がなく問題が残るが、瓦当文様の様式などから平城宮第II期に位置づけられ、養老五年開始の改作に用いられたものと考えられている。[11] この上層遺構はC地区内裏のB期（上層遺構）と一体の造営と考えられる。

下層遺構については、東朝集殿の調査で朝堂外郭東面築地の下層から南北掘立柱塀、大極殿東外郭部の調査で東楼（SB七五〇〇）の下層から掘立柱南北棟建物一棟、また大極殿院東面築地回廊のやや東に南北掘立柱塀、大極殿西外郭部の調査で外郭南面築地の下層から東西掘立柱（SA八一六五）を検出している。これら下層遺構の年代については問題が残るが、C地区内裏の下層遺構（A期）と一体の造営で和銅創建にさかのぼるものとみられる。大極殿西外郭部の掘立柱塀（SA八一六五）は、和銅年間の年紀をもつ木簡を包含する第一期の整地土下に造られていることを確認している。

D地区では調査範囲が狭いのであまり多くのことが明らかでないが、C地区の内裏と一体的に、和銅創建時（下層遺構）、養老五年開始の造営（上層遺構）の二回の造営が行なわれ、後者の造営によって朝堂院として整備されたとみられる。前述の地割・土壇から推定・復原されている大極殿・朝堂十二堂・朝集殿・門などをもつ朝堂院は、その小土壇の一つが養老五年開始の造営による東朝集殿であることからみて、養老五年開始の造営によるものと一応考えることができる。和銅創建の下層遺構の性格については上層遺構の前身の区画と考えておく。（補注2）

以上の中央区・東区の遺構の変遷について、注目すべき点をまとめておく。

(1)中央区では、和銅創建時に、これまで考えられていた朝堂院とは異なる特異な構造の施設が造られた。A地区に、『平城宮報告II』で想定した内裏・大極殿院の両区画を含んだ極めて大規模な外郭を造り、その内部に壇上の正殿とその前面の石敷の前庭を造り、さらにその南に朝堂一郭を付設するという構造である。以後、A地区はB・C期と改修され、B地区はA期の施設がC期まで存続する。

(2)東区には養老五年開始の造営によって内裏・大極殿・朝堂が整備される。和銅創建時には両者の前身の施設が造られていた。

(3)東区の整備以降中央区と東区の朝堂が併存する。

二　大極殿・朝堂の変遷

第一節で明らかにした中央区・東区の遺構変遷を基礎に、文献史料を整理しながら大極殿・朝堂の変遷を明らかにする。

この問題に関して、私は『平城宮報告II』の第一次・第二次朝堂院の考え方を基本的に継承する。もちろんその後の調査・研究の進展による新しい事実によって、その見解はそのまま成立しなくなったが、中央区に和銅創建の大極殿・朝堂が造られ、東区の大極殿・朝堂は二次的なものであるという基本的な考え方は踏襲すべきものと思うのである。私見では、和銅創建の大極殿・朝堂は中央区のA期の遺構で、養老五年に始まる聖武天皇即位をめざした宮内改作によって東区に大極殿・朝堂が整備され遷されたと考える。

このように考えるのは、第一に、発掘調査によって、中央区の遺構が和銅創建をあまり降らない時期に成立してくるのに対して、東区のD地区では和銅年間にのちの朝堂区画の前身となる掘立柱塀による区画が造られているものの、大極殿・朝堂として整備されてくるのは養老五年開始の造営まで降ることが明らかになってきたからである。第二に、本来大極殿・朝堂は宮城の中央の朱雀門中軸線上に位置すべきものと考えられるからである。[12] 宮城における大極殿・朝堂の位置が確認できるのは藤原宮と平安宮である。藤原宮は発掘調査によって、平安宮は遺存するいくつかの宮城指図によって、大極殿・朝堂が宮城の中央の朱雀門中軸線上に位置することが明らかである。これは大極殿・朝堂が宮城において最も重要な施設であるためである。この点からみると平城宮でも創建当初の大極殿・朝堂は朱雀門中軸線上に造営され、そこからはずれる東区の大極殿・朝堂は二次的なものと考えるのが妥当であろう。以上の二点から、私は大極殿・朝堂の変遷に関して、第一次、第二次大極殿・朝堂の考え方に基づいて考察していくこととする。

1　和銅創建の大極殿・朝堂

平城宮大極殿の文献上の初見は『続日本紀』霊亀元年（七一五）正月甲申朔条の元日朝賀の記事、[13] 朝堂は『続日本紀』では霊亀二年正月戊寅朔条の元日饗宴の記事、また『三代実録』元慶八年（八八四）五月二十九日戊子条所引の和銅六年（七一三）十一月十六日官宣にもみえており、和銅元年三月に平城宮造営が始まって程なく完成していたことが知られる。私はこの和銅創建の大極殿・朝堂を中央区のA期の遺構に比定する。大極殿はA地区の壇上の基壇建物SB七二〇〇に、朝堂の区画はB地区の掘立柱塀に、朝堂をその内の二棟の基壇建物（SB八四〇〇・八五五〇、推定復原東西各二堂）に当てる。この比定の基本的な考え方については前述の通りであるが、文献的な徴証をあげておく。大極殿の初見記事である霊亀元年正月甲申朔条には、元日受朝の儀において天皇が大極殿に出御して朝を受けた際に、来朝の蝦夷と奄美・夜久等の南嶋人らが朱雀門外の東西に陣列した左右将軍・騎兵に率いられて、朱雀門から入って入朝し方物を貢じたとある。(14) この史料は、元日受朝において大極殿・朝堂と朱雀門が一体的に利用されていることを示し、大極殿・朝堂が朱雀門を入った部分に存することをうかがわせるのである（『平城宮報告II』一〇四頁）。

ところで、こうして比定された和銅創建の大極殿・朝堂は、他の諸宮の朝堂院にくらべてきわめて特異な構造をもつ。すなわち、第一に、他の諸宮では大極殿がすぐその南に朝堂一郭を設けているのに対して、この大極殿・朝堂では、大極殿院が異常に大規模でその内部に大極殿が広い前庭をもち、さらにその外に朝堂一郭を付設するという二重構造になっている点である。第二に、朝堂が十二朝堂（藤原・平安宮）や八朝堂（長岡宮）にならず、四朝堂になるらしい点も他の諸宮と異なる点である。この二点のうち、特に前者がこの大極殿・朝堂の特異性を特徴づける点であろう。狩野久・鬼頭清明両氏は、この大極殿院が構造において唐長安城大明宮含元殿に類似することから、唐の宮殿建築の強い影響下に成立したものと考えた。(15) この大極殿・朝堂は構造的に藤原宮のものと断絶して、その内的発展から成立したものとは考えられないから、その成立に当たって中国宮殿の強い影響を受けたことはたしかであろう。

次に、遺構に即しながらこの大極殿・朝堂の性格や用い方について検討する。その場合、近年狩野久・岸俊男両氏によって指摘されている、宮城全体の構造における大極殿・朝堂の位置づけに関する見解を参照する。(16) すなわち、唐の長安城はほぼ中央を東西に走る横街によって画然と分けられ、北半部に「宮城」(太極宮・東宮・掖庭宮)を、南半部に「皇城」(官衙)を配する構造となっている。日本の宮城の構造は、この中国都城の「宮城」と「皇城」の構造の影響をうけ、宮城の南北二等分線を境にして北半部と南半部は異なる性格を有していた。北半部は天皇の居住区である内裏を中心として宮内・中務省被官の内廷的官司が置かれ、天皇の私的空間(「宮城」相当)であるのに対して、南半部は二官八省の主要官衙が配され、公的空間(「皇城」相当)である。このような宮城の構造において、藤原宮では大極殿南門が南北二等分線上に位置しているので、本来大極殿は内裏とともに天皇の私的空間に、朝堂一郭は公的空間に属するものである。平城宮東区では、大極殿院は内裏とともにもう一つ大きな外郭で囲まれており、本来大極殿は内裏と密接な関係にあった。平城宮の例では、大極殿院南門が内裏の門と同じく「閤門」とよばれ、大極殿閤門は天皇の私的空間と公的空間をつなぐ重要な役割を果たした、という見解である。

この見解を基にして中央区の遺構をみると、すでに狩野氏が指摘するように、(17) A地区のA期の外郭の南面回廊が、やや北にずれるが、宮城の南北二等分線の近くに位置する点に注目する必要がある。この点からみると、朝堂一郭が公的空間であるのに対して、大極殿はもちろんその前庭も天皇の私的空間という性格をもっている。A地区外郭南門(SB七八〇二)は創建当初、大規模な門であるが、これが大極殿閤門である。天皇の空間である大極殿・前庭と、公的空間である朝堂一郭をつなぐ門であり、朝堂一郭に対して大極殿代としての機能も有した。後述のように、大極殿・朝堂が東区に遷移したのち中央区のA期の遺構は「中宮」と「朝堂」とよばれるようになるが、この門は「中宮閤門」とよばれるようになり、朝堂一郭で儀式のある場合、天皇出御の場として用いられているのである(天平十二年正月丁巳条)。

次にこの大極殿・朝堂の用い方についてみる。「中宮」「朝堂」の時代の史料を用いざるを得ないが、前述した、天皇が閤門に出御して朝堂一郭で儀式を行なう場合、また天皇が「中宮」に出御して侍臣を、「朝堂」に五位以上を宴するというように(後述)、「中宮」=大極殿院が天皇・侍臣の場、「朝堂」が五位以上の場というように使いわけられる場合などが史料から確認できる。天皇が閤門に出御して儀式を行なう使い方や、大極殿院=天皇・侍臣、朝堂=五位以上という使いわけは、大極殿・前庭=天皇の空間、朝堂=公的空間という性格を示すものであろう。また天皇が閤門に出御して儀式を行なう使い方は、発掘調査で検出した大極殿下の木階および木階と閤門をつなぐ前庭中央の南北道路の機能を考えさせる。

この大極殿・朝堂の構造の意味を明らかにするためには、実は、何故に大極殿が公的空間としての朝堂一郭のほかに、天皇の空間としての広い前庭を設けていたかを明らかにする必要がある。もちろん中国宮殿の強い影響をうけたわけであるが、それを受容し得る条件があったはずである。この構造の意味を当時の天皇制や政治体制と関連させて理解する必要を感ずるのであるが、私はまだ十分な解答を用意していないので、今後の課題としてのこさざるを得ない。

なお和銅創建の内裏は中央区に考えることができないから、検出遺構が少ないが、C地区のA期の遺構に比定せざるを得ない。

2　大極殿・朝堂の遷移と聖武即位

神亀元年(七二四)二月、首皇太子は元正天皇の禅を受けて即位し聖武天皇となる。元明・元正二代の女帝は文武から聖武へ皇位を継承するための中継ぎの天皇であり、聖武の即位はいわば待ち望まれた即位であった。一方養老五年

（七二一）から宮内の改作が開始され、天平初年まで続けられる。この改作によって東区の内裏が改造され、東区へ大極殿・朝堂が遷移される。この宮内改作は聖武即位をめざして開始されたもので、東区の内裏、大極殿・朝堂は聖武天皇のために整備されたものと考えられる。(18) ここでは、先ず宮内改作について、次いで宮内改作と聖武即位の関係について明らかにする（第4表参照）。

この宮内改作は、養老五年（七二一）九月から知造宮事藤原武智麻呂の指揮下に進められた。『家伝下（藤原武智麻呂伝）』（『寧楽遺文』下巻）に、

第4表　聖武天皇の即位と宮内改作

年次	事項
慶雲四(七〇七)	七　元明天皇即位。
和銅三(七一〇)	**三　平城遷都**。
七(七一四)	六　首皇子立太子（十四歳）。
霊亀元(七一五)	九　元正天皇即位。
養老三(七一九)	六　皇太子、朝政をきく（二十歳）。
四(七二〇)	八　右大臣藤原不比等死。舎人親王、知太政官事となる。
五(七二一)	正　長屋王、右大臣任。藤原武智麻呂、中納言任。
	五　元明太上天皇、病す。
	九　藤原武智麻呂、造宮卿任（～**神亀四**）。
	十　元明太上天皇、遺詔す。藤原房前、内臣となる。
	十二　元明太上天皇死。固関をする。
六(七二二)	正　多治比三宅麻呂・穂積老配流。
神亀元(七二四)	二　聖武天皇即位（二十四歳）。
天平元(七二九)	**三・四　この頃造営続行**（**造営木簡の年紀**）。

（注）事項の文頭の数字は月を示す。太字は造営関係の事項。

（養老）五年正月、叙㆓従三位㆒、遷㆓中納言㆒。其九月、兼㆓造宮卿㆒、時年卌二。（武智麻呂公）公将㆓工匠等㆒、案㆓行宮内㆒、仍㆑旧改作。由㆑是宮室厳麗、人知㆓帝尊㆒。神亀元年二月、叙㆓正三位㆒、知造宮事如㆑故。（下略）

とあり、また『公卿補任』には武智麻呂が神亀三・四年（七二六・七二七）にも「兼知造宮司事」であったことがみえる。(19) この宮内改作については、造宮省の上に知造宮事を置き、知造宮事——造宮省という重層的な体制がとられたこと、またその知造宮事に議政官の一員である中納言があてられていたことに注目すべきである。

『家伝下』では養老五年の任命の際には「造宮卿」とみえるが、『続日本紀』神亀元年四月丁未条に造宮卿県犬養宿禰筑紫の卒去の記事がみえ、武智麻呂のほかに造宮卿が任命されていたことが知られる。あるいは武智麻呂は始め造宮卿で、筑紫の造宮卿任命とともに知造宮事になったのかもしれないが、武智麻呂が中納言であることは、養老五年時点の造宮卿も一段高い立場から造営を指揮する「知造宮事」的な性格のものであったことをうかがわせる。(補二) この点は措くとしても、この宮内改作が、中納言を知造宮事として造宮省を監督させるという特別な体制によって進められたことからみて、大規模な造営であったことがうかがわれる。(20) またこの改作の総指揮者がほかならぬ藤原武智麻呂であったことの意味は後述しよう。

この文献史料にみえる宮内改作は、関係する造営木簡が出土し、また対応する遺構が検出されたことによって、その実態が明らかになってきた。

造営関係木簡は二カ所の遺構から出土している。一つは、東区の内裏に北接する内裏北外郭部中央区に検出した土壙ＳＫ二一〇二から出土した四点である。(21)

（表）北□所進挙鐙十六隻長三寸半／凵尻塞卅四枚　鐶□六隻長四寸／鐶二隻
（裏）位幷尻塞四枚／合卅二斤　本受鉄卅三斤十両　損十一斤十両／神亀六年三月十三日足嶋／「了」　（二〇八三号）

（表）泉進□〔上カ〕材十二条中桁一□〔条カ〕／又八条□
（裏）付宿奈麻呂　（二〇七四号）

前者は「北□所」からの「挙鐙」以下の鉄製扉金具の製作・進上に関する文書、後者は泉川の泉津からの木材進上に関する文書で、ほかに交易材木の進上に関する文書（二〇八二号）や扉構えの部材である「辺付」に関する文書断片

（二〇七五号）などがあり、いずれも造営に関する内容である。ＳＫ二一〇二は多量の檜皮や木材片も出土しており、この地域の造営に伴う塵芥処理用の土壙で、神亀六年（天平元年＝七二九、二〇八三号）のほか、神亀五年（七二八、二〇八一号）、天平元年（二〇七九・二〇八〇号）の年紀をもつ木簡が出土しており、天平元年ころに埋没されたと考えられ、そのころにこの地域で造営が行なわれていたことが明らかとなった。この北外郭地区の遺構は、南接する内裏と関係深い内膳司と推定され、内裏（Ｂ期の遺構）と一体的に造営されたと考えられている。ところで重要なのは、この土壙から内裏所用軒瓦（六三一一―六六六四、六三一三―六六八五型式）が木簡と共伴することによって、その年代を、またそれに基づいて、朝堂院所用軒瓦（六六二五―六六六三型式）の年代を決定することが可能となり(22)、それを根拠に東区の内裏（Ｂ期）と大極殿・朝堂（上層遺構）の遺構の年代を決めることができるということである。

次に、中央区と東区の間を南北に貫流する宮内の基幹排水路（ＳＤ三七一五）から二〇点ほどがまとまって出土している(23)。中央区東第一朝堂の東側の部分で、溝内に造られた堰状遺構（ＳＸ八四一一）に堆積していた。

（表）進上瓦三百七十枚 女瓦百六十枚 鐙瓦七十二枚 宇瓦百卅八枚 功卅七人 十六人各十枚 九人各八枚 廿三人各六枚

（裏）付葦屋石敷 神亀六年四月十日穴太□ 主典下道朝臣 向司家

□里工作高殿卌短牧（枚）桁二枝 □

前者は瓦進上に関する文書で、作瓦所から造営現場へ進上する瓦にそえられてきたものであろう。神亀六年の年紀をもち、造営年代の一端を示す。ほかに瓦運搬に関する文書断片が二点ある。後者は「高殿」造営のための部材の加工に関する文書断片で、造営建物の名称を示す。ほかに「東高殿」「西高殿」とある文書断片もある。このほかに、「木屋司」という造営官司名のみえる文書や「丸桁」「小斗」「柱」など用材の加工に関する文書、「小石」の進上に関するものや「雇工」の習書なども出土し、内容が豊富である。共伴の木簡の年紀は、神亀三年（七二六）～天平三年（七三一）であるが、造営関係木簡で年紀の明らかなのは神亀六年（七二九）であるから、一応神亀六年（天平元年）前後の造営に関するものとみられる。これらの木簡は、出土地点の上流（北方）に位置する造営現場で廃棄されたものと思われるが、SD三七一五は中央区・東区両区の溝の水流をうけているから、いずれの地区の造営に関わるものであるかは決められない。造営建物を示す「東・西高殿」の木簡も、高殿に相当する楼閣風建物がこの時期に中央区でも（SB七八〇二）、東区でも（SB七五〇〇・七七〇〇・八一五〇）造営されているから、決め手にはならない。以上、『家伝下』にみえる宮内改作が出土木簡から裏付けることができた。この宮内改作は『公卿補任』によって神亀四年まで続けられたことが知られたが、さらに出土木簡によって、少なくとも天平元年まで続行されたことが明らかになった。

この養老五年に始められた改作の範囲について遺構の方から整理しておく。前述したように、東区の内裏（B期）とその北外郭部、大極殿・朝堂（上層遺構）が整備されている。これらがこの改作の中心であるが、中央区のA地区にも一部手が加えられ、また東張り出し部も一部整備されたかもしれない。A地区では閤門脇の東楼（SB七八〇二）が付設されている。東張り出し部では、張り出し部西南隅に東一坊大路に面して開く宮城門（SB五〇〇〇）の造営が、関連する溝出土の木簡の年紀から神亀年間と考えられている。(24)

さてこの宮内改作は、聖武即位をめざして始められたものと考える。次に聖武即位の事情、さらに養老五年前後の中央政界の政治状況と改作との関係について検討することにする。

慶雲四年（七〇七）六月、文武天皇が崩じ、その母元明天皇が即位する。(25)文武の皇子の首皇子はまだ七歳の幼少で、元明の即位は首皇子の成長を待つ中継ぎ的性格のものであった。霊亀元年（七一五）九月、元明は女の氷高内親王に譲位し、元正天皇が即位する。元正の即位は元明より中継ぎ的性格が強かった。元明の譲位の詔に「因以二此神器一、欲レ譲二皇(首)太子一。而年歯幼稚、未レ離二深宮一。」と述べられている（霊亀元年九月庚辰条）。首皇子の最も有力な後楯は外祖父の右大臣藤原不比等（首の母の宮子の父）である。不比等と祖母元明と叔母元正の庇護の下に、首皇子は皇位への道を歩んでいく。和銅七年（七一四）六月、元服とともに立太子（十四歳、和銅七年六月庚辰・聖武即位前紀）、霊亀元年（七一五）正月の元日の朝賀の儀に初めて拝朝に加わり（十五歳、霊亀元年正月甲申朔・癸巳条）、養老三年（七一九）六月、始めて朝政を聴いた（二十歳、養老三年六月丁卯条）。ところが養老四年（七二〇）八月右大臣藤原不比等が病に薨じた。奈良朝前半の中央政界には、新興の藤原氏と天武天皇の諸皇子を中心とする皇親勢力の対立があった。不比等の死の直後の八月、皇親の長老舎人親王が知太政官事、新田部親王が知五衛及授刀舎人事の地位に就き、同五年（七二一）正月、大納言長屋王が右大臣に就任して長屋王政権が発足し、これまで不比等におさえられていた皇親勢力が勢力を挽回する。しかし一方同じ五年正月、藤原氏も武智麻呂・房前が従三位へ進み、武智麻呂は中納言に就任して、皇親勢力と藤原氏との対立が緊迫の度を深める。このような状況の中で、五年五月、元明太上天皇は重病に伏すこととなった。有力な後楯である不比等を失い、今また庇護者である元明を失わんとして、首皇太子の地位は危機を迎えることになる。そもそも七・八世紀の皇太子の地位は不安定なもので、先帝や太上天皇の死によって必ずといってよいほど皇位継承の紛争が起り、時には皇太子の地位が覆されることもあった。五年十月、病牀の元明は右大臣長屋王と参議房前を召し、遺詔して後事を託し、また元正は房前を内臣の地位に就けた。十二月、元明が崩じ、この時初めて固関が行なわれる。固関は、東国へ通じる鈴鹿・不破・愛発三関を閉じることであるが、京師で叛乱が起った際、叛乱者が東国に逃れ、東国を拠点として反撃してくることを未然に防ごうとするためのものである。元明崩御に当たって固関が行なわれたことは、叛乱につながるような不穏な動きが存したことを示し、実際養老六年（七二二）正月には、多治比真人三宅麻呂が謀反誣告の罪で、穂積朝臣老が乗輿を指斥した罪で配流される事件が起る。多治比氏も穂積氏も旧族に属する氏族で、皇親勢力に近い立場のものである。以上、養老四・五年の不比等と元明の死に伴う政治状況と皇位をめぐる不穏な動きについてみてきたが、このような状況の中で養老五年九月に始められた宮内改作は、これらの政治状況と必ず密接に関係するものであろう。すなわち、不比等の死によって藤原氏と皇親勢力の対立が緊迫し、さらに元明の病によって首皇太子の地位が不安定となる中で、退勢の挽回を図る藤原氏と、死後における首皇太子の将来に不安を抱く元明、それに元正の間で、首皇太子の近い将来における即位が画策され、それに伴って即位をめざした宮内改作が始められたと考えるのである。養老五年首皇太子はすでに二十二歳で条件も整っていた。このように考えた時、宮内改作の総指揮者がほかならぬ藤原武智麻呂であったことの意味は自ずから明らかであろう。武智麻呂は不比等の嫡子で、中納言として藤原氏の筆頭の議政官であり、不比等の後継者として次弟の内臣房前とともに、聖武即位を推し進めていくべき中心人物であった。また養老三年七月東宮傅となり、首皇太子と密接な関係にもあった(『家伝下』)。以上によって、不比等の死と元明の病を契機として、養老五年に首皇太子の即位をめざして、東区の大極殿・朝堂、内裏を中心とする宮内改作が開始されたと考える。この改作は結局聖武即位後まで継続されるが、その造営の進行状況を詳しく明らかにすることはできない。しかしこの改作によって大極殿・朝堂が中央区から東区へ遷移することになったのである。

ところでD地区の和銅創建にさかのぼる下層遺構についてはどう考えたらよいであろうか。この下層遺構については、調査範囲が狭いためにまだ十分明らかでないが、大極殿・朝堂の区画の前身の区画(掘立柱塀)が存することは確からしい。そしてのちにそれをうけて聖武のための大極殿・朝堂が造られるのである。この点からみると、この地区は和銅創建時にすでに聖武のために用意されたものではないかと憶測されるのである。区画の施設だけであるなら、聖武即位後のための大極殿・朝堂の建設予定地であろうし、内部に建物があるとすれば、首皇太子に関する何らかの施設が存したのではなかろうか。前述のように、慶雲四年の元明即位は首皇子への皇位継承のためのものであり、首皇子は和銅七年の立太子後、皇位への道を歩んでいた。そして平城遷都の主導者が、ほかならぬ首皇太子の最も有力な後楯である藤原不比等であることを想起するならば[26]、すでに和銅創建時に宮内に首皇子のための地区が設けられていても、そう唐突なことには思われない[27]。一つの憶説として提示しておく。

東区の大極殿・朝堂、内裏のその後についてふれておこう。

東区の大極殿・朝堂は、平城宮の終りまでその機能を果したと考える。天平神護二年（七六六）五月戊午条に、吉備真備の奏言によって、中壬生門の西に二柱をたて、官司に抑屈せられたる者また冤枉せらるる者の申訴をうけたとみえる。中壬生門については、平安宮美福門の前身で、東区正面の宮城門（『平城宮報告II』一〇五頁）、あるいは宮城門である壬生門の内側の朝堂南門と考えられているが[28]、いずれにしろ、二柱の制が中壬生門に設けられたのは、当時東区に大極殿・朝堂があったからと考えられるのである。唐の長安城には、この二柱の制に類似する肺石・登聞鼓の制があったが、それらは太極宮承天門や大明宮含元殿の朝堂に設けられており[29]、参考にすることができる。

東区の内裏はB期において「西宮」と称された。内裏に北接する内裏北外郭部東区に検出した塵芥処理用の土壙（SK八二〇）から、西宮を守衛する西宮兵衛に関する木簡四三点が出土し、この西宮が内裏の名称と考えられるに至ったのである[30]。これらの木簡は、SK八二〇の埋没年代から恭仁京から平城還都したのちの天平末年のものであるが、阿部義平氏は、恭仁遷都中の天平十六年（七四四）四月十六日付の正倉院文書にみえる「西宮」史料（『大日本古文書』八—四五八）を積極的に評価して、「西宮」の存在が天平十二年（七四〇）の恭仁遷都以前にさかのぼることを明らかにした。「西宮」の名称は、東張り出し部の「東院」に対する名称と考えられている（『平城宮木簡一』解説）。その後西宮は称徳朝にしばしば用いられ、称徳天皇は「西宮寝殿」に崩御した。[31] C地区のC期の遺構＝「西宮」は称徳朝の内裏に用いられたのであろう。

三　二つの「朝堂」

大極殿・朝堂が東区へ遷移したのちの中央区のA期の遺構について考えるのが次の課題である。私は中央区は、「中宮」（A地区）、「朝堂」（B地区）の名称でよばれ、平安

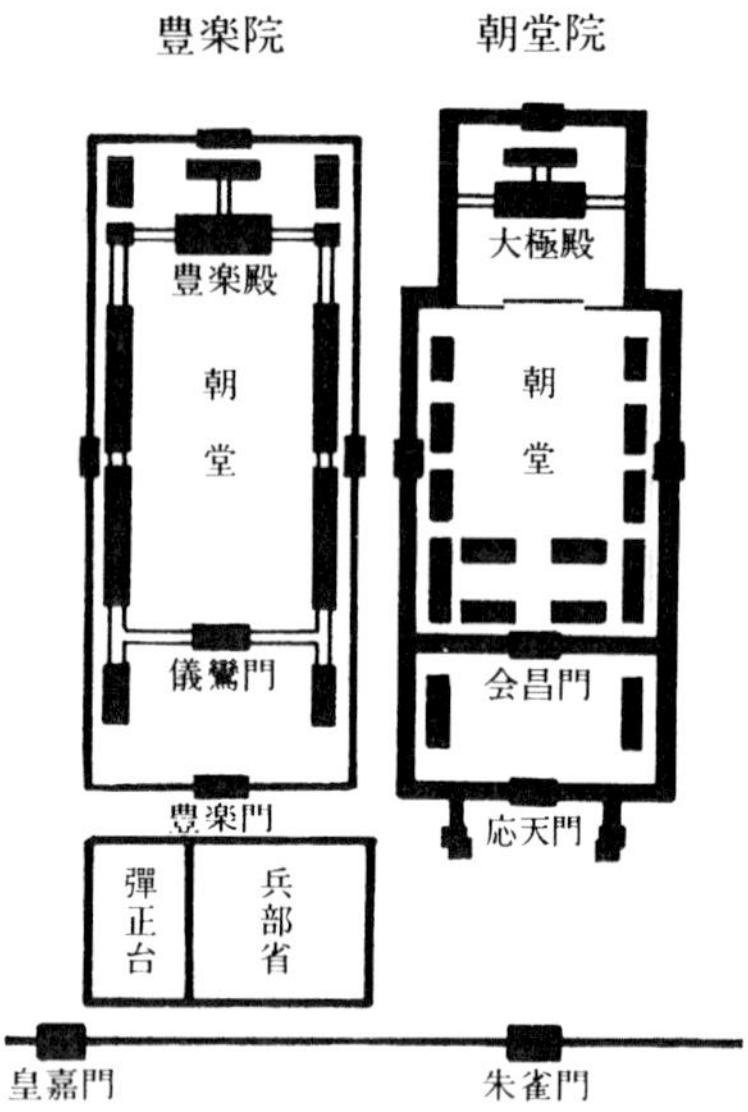

第14図　平安宮朝堂院・豊楽院図

宮豊楽院の原型となる饗宴の施設となったと考える。[32]

まず平安宮豊楽院について簡単に説明しておこう。豊楽院は延暦十八年（七九九）正月壬子条に初見するが、この時は未だ造営中で、遅くとも大同三年（八〇八）十一月壬辰までに完成する。豊楽院は饗宴のための施設で、[33]平安宮造営においてはじめからそのような性格の施設として造られたものである。[34]九世紀の使用事例では、元日、正月七日（白馬）、正月十六日（踏歌）、正月十七日（射礼）、正月十八日（賭弓）などの正月の節会の饗宴、新嘗祭・大嘗祭の饗宴、外国使者の饗宴などに用いられている。しかし九世紀を通じて、これらの饗宴には次第に紫宸殿が用いられるようになる。[35] 豊楽院は朝堂院の西にあり、朝堂院と、宮城南面西門の皇嘉門からのびる南北道の間に占地する。前面には兵部省・弾正台があって宮城門に直接面していない。豊楽院の構造は基本的に朝堂院と同じである（第14図）。外郭に築地をめぐらし、北部中央に天皇出御の殿舎の豊楽殿（大極殿相当）を、その前庭の東西に二堂ずつの長い南北棟の朝堂

を、豊楽殿の後には清暑堂（小安殿相当）を配し、これらの殿堂を回廊でつなぐ。四朝堂の前面は回廊で区画し、中央に儀鸞門（会昌門相当）をおく。儀鸞門の前面の東西に延英・招俊二堂（朝集殿相当）を配し、外郭南門を豊楽門（応天門相当）とよぶ。[36] 朝堂院とは、龍尾壇がなく豊楽殿と朝堂が同一平面にある点と、朝堂が四堂である点が異なるが、天皇の出御する豊楽殿、臣下着座の朝堂一郭、朝集殿院相当の一郭からなる構造は基本的に同じである。両院の間で、一方が造営中などのため使用できない時もう一方を利用することがあって、両院が通用されるが、[37] これは両院が基本的に同じ構造を有していたからである。

このように平安宮において同じ構造の朝堂院と豊楽院が東西に並び存する形態は、平城宮における東区と中央区の朝堂の並存の形態と類似し、後者は前者の原型であると考えるのである。もちろん、平城宮の中央区（豊楽院前身）が朱雀門に面するのに対して、豊楽院は宮城門に面していないという相違があって、両者が全く同じものであるとはいえないが、両宮における二つの区画の密接な関係は明らかであろう。私はこのような点から、中央区は豊楽院を参考として理解できると考える。

さて平城宮においては、遺構における二つの朝堂区画の存在に対応して、文献史料の上でも「大極殿」―「朝堂」に対する「中宮」―「朝堂」が存している。まずこの点を「朝堂」の語義から考えることにする。朝堂院関係の用語の「朝堂」「朝堂院」「八省院」について、六国史によって、藤原宮以降に関して整理すると、第5表の通りである。まず我々が普通に用いる「朝堂院」の語が平安宮に至ってはじめて用いられ、それ以前の藤原・平城・長岡の三宮については「朝堂」が用いられている点に注意したい。平安宮では「朝堂院」と「八省院」が時期によって使いわけられ、一方が他方の改号と考えられ、「朝堂院」「八省院」が同じものであることは明らかである。[38] これに対して、長岡宮以前から用いられた「朝堂」は平安宮においても「朝堂院・八省院」と併行して用いられ、[39]「朝堂院・八省院」とは異なったあり方を示す。ことに「八省院」と改号の後も、これとは別に「朝堂」が用いられていることは、「朝堂」が「八省院（朝堂院）」と全く同じものでないことを示している。

　これまで我々は「朝堂」すなわち「朝堂院・八省院」と考えてきたのであるが、「朝堂」は「朝堂院・八省院」と全く同じものではない点に注意しなければならない。すなわち、「朝堂院・八省院」は大極殿院・朝堂十二堂・朝集殿院のいわゆる朝堂院全体を指す語であるのに対して、「朝堂」は朝堂院に関してだけでなく、豊楽院に関しても用いられ、両院の天皇出御の場である大極殿・豊楽殿を除いた朝堂十二堂・朝集殿院、あるいは豊楽殿前庭の四堂を指す語なのである。これらの点を史料に即してみよう。

第５表　朝堂・朝堂院・八省院の用例

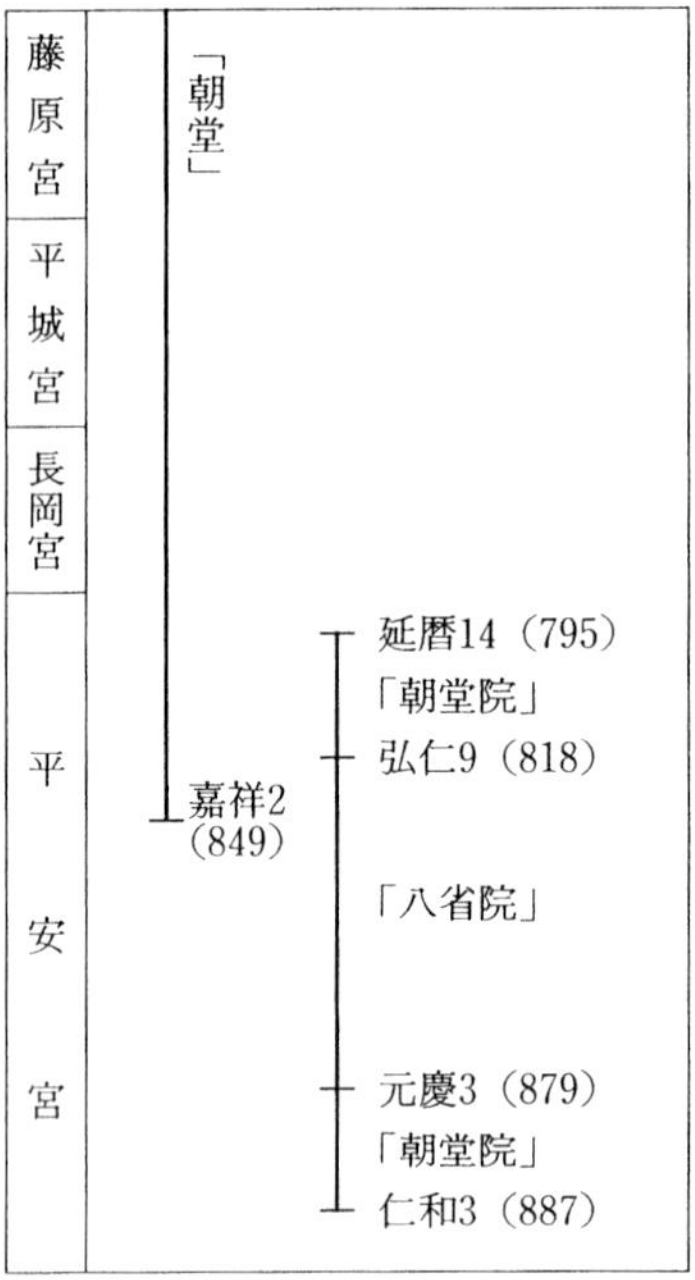

　まず「朝堂」が豊楽院に関しても用いられている史料は、承和二年（八三五）正月癸丑・同三年正月丁未条の二例である。[40]

　承和三年正月丁未条　天皇御二豊楽院一、宴二百官於朝堂一。（以下叙位略）

　承和二年条も同文で、いずれも正月七日恒例の白馬の節会の饗宴である。白馬節会は平安宮当初豊楽院で行なわれ、のちに紫宸殿が用いられるようになるが、承和二・三年はまだ豊楽院で行なわれていた時期である。[41] この点からもまた文意からみても、この「朝堂」が朝堂院に関するものではなく、豊楽殿前庭の四堂を指すものと考えざるを得ない。

次に、「朝堂院・八省院」が大極殿院・朝堂十二堂・朝集殿を含めた全体を指すのに対して、「朝堂」が大極殿（豊楽殿）を含まないことについてみてみよう。「朝堂院・八省院」に大極殿院が含まれる例として、「八省院乃大極殿」（貞観十八年十月五日戊申条）、「八省院乃大極殿幷東西楼廊等」（元慶元年四月八日己卯条）、「朝堂院白虎楼」（仁和三年八月十二日癸丑条、白虎楼は大極殿前方の西楼）、「朝堂院小安殿」（元慶八年二月十九日庚戌、同年四月十日庚子条）などがあげられる。また毎年九月十一日に行なわれる伊勢太神宮の例幣や臨時奉幣に関して天皇が「御二八省院一」して行なうという例があるが（『類聚国史』巻三、天長三年九月乙亥条、同巻十一、同九年七月壬子条）、この例幣・臨時奉幣は天皇が小安殿に出御して行なうのが例であるから(42)、小安殿が「八省院」に含まれる例となる。朝集殿院から応天門まで含んでいる例として「八省乃応天門幷左右楼」（貞観八年七月六日戊申条）があげられる。

これらに対して、「朝堂」は朝堂十二堂の殿堂、またその一郭、さらに朝集殿院を含んだ区画(43)をさし、天皇出御の場である大極殿（豊楽殿）に対して、いわば臣下の場である。「朝堂」の用例をみると、「朝堂院・八省院」のような「御二朝堂一」という用例はみられず、臣下の場としてのみあらわれる(44)。臣下が上表に当たって「詣二朝堂一(45)」し、また臣下が宣命をうけるため、あるいは意見を徴されるために「喚二集五位已上於朝堂一(46)」され、また饗宴に当たって臣下が着座するなどの例がみえるのである(47)。したがって「朝堂」は臣下の場であり、天皇出御の場である大極殿・豊楽殿を含まないのである。以上によって、「朝堂」と「朝堂院・八省院」の相違が明らかになった。

ところで平安宮に至って、大極殿院をも含む「朝堂院・八省院」の語が成立することには意味がある。周知のように、平城宮・藤原宮では大極殿前面が回廊と門で朝堂と区画されているのに対して、平安宮では大極殿前面が龍尾壇になって、朝堂一郭と一体的な構造になるのであり、このような構造に対応して大極殿と朝堂をあわせて示す「朝堂

院」の語が成立してくるのであろう。(48)

さてこの用語の問題で重要なのは、平安宮において「朝堂」が朝堂院だけでなく、豊楽院に関しても用いられていることである。前述のように豊楽院は朝堂院と基本的に同じ構造をしているから、天皇出御の場である豊楽殿に対して、臣下の場である四堂が「朝堂」と称されても不思議ではない。(49)このような平安宮「朝堂」の用例から平城宮の「朝堂」を大極殿の朝堂に限定せずに考えることができ、そこに二つの朝堂区画を理解する鍵があると思うのである。

私は、平城宮の「朝堂」の史料の中で「朝堂」が中宮と一体的に饗宴に利用されている例が多いことに注目したい。例えば、

天平五年（七三三）正月庚子朔条　天皇御二中宮一宴二侍臣一。自余五位已上者、賜二饗於朝堂一。

のように、元日の饗宴で天皇が中宮に出御して侍臣を宴し、朝堂に五位已上を饗するというような一体的な利用の仕方である。ここで、同じ行事に朝堂と同時に利用される殿舎を整理すると、

中宮（四例）　内裏・前殿（四例）　閤門（二例）　大極殿・南苑・東院・楊梅宮（各一例）(50)

となり、中宮と内裏（前殿も含む）の例数が多い。中宮―朝堂の例は、天平五・六・七・十年の四例で聖武朝に限られ、いずれも前掲史料のように、元日饗宴に天皇が中宮に出御して侍臣を宴し、朝堂に五位以上を饗するという画一的な利用の仕方をしている。内裏―朝堂の四例は、天平二十年（七四八）の一例のほかは、宝亀八年（七七七）～延暦三年（七八四）の光仁・桓武朝にみえ、正月一日・十六日の節宴に用いられている。同時に同じ行事に二つの施設が用いられているからといって、両者が必ずしも一体的な関係にあるとはいえないが、中宮―朝堂と内裏―朝堂は例数が他よりも多く、時期を限って画一的に利用されていることから、一体的な関係にあったと考えることができる。内裏―朝堂については後述するが、以上から、大極殿―朝堂のほかに、聖武朝に中宮―朝堂という組合せのもう一つの朝堂を

抽出することができる。

この中宮の朝堂は、東区が大極殿―朝堂であるから、中央区のB地区の遺構にあてるほかはなく、中宮は朝堂との一体的な関係から、A地区の旧大極殿院の遺構に比定することができる。これらの比定のうち、朝堂をB地区に比定することは問題ないであろう(51)。大極殿の朝堂の名称をそのまま踏襲したのである。中宮をA地区に比定するについては、中宮＝内裏説が根強くあって問題がある。旧大極殿院の施設が内裏（中宮）として利用されることは考えにくいからである。今しばらく中宮の性格について考えることとする。

中宮＝内裏説は早く関野貞氏が主張し、『平城宮報告II』もこれをうけて奈良時代前半の内裏の名称とする。中宮が太皇太后宮・皇太后宮・皇后宮を指すことから、元明・元正二女帝の内裏代の宮殿とする最近の阿部義平氏の見解も(52)、この系列に属する考え方であろう。このほかに聖武の母の皇太夫人藤原宮子の御在所とする大井重二郎氏の見解もあるが(53)、中宮では国家的な饗宴が行なわれているから宮子の御在所とは考えにくい。

史料に即して「中宮」の性格についてみてみよう。中宮は養老七年（七二三）正月丙子条に初見し、天平勝宝六年（七五四）七月壬子条まで二三例みえる。その中には、「中宮供養院」（天平九年十月甲子条）、「中宮閤門」（同十二年正月丁巳条）、「中宮安殿」（天平勝宝二年五月乙未条）などがみえる。このほか「中宮院」が天平十七年（七四五）五月戊辰条から天平宝字八年（七六四）十月壬申条まで六例みえるが(54)、中宮と関連するものであろう。

中宮の性格を考えるには、「御㆓中宮㆒」という用例が多い点に注目しなければならない(55)。養老七年（七二三）正月丙子条から天平十二年（七四〇）正月庚子条まで一三例がみえる。「御㆓中宮㆒」は、天皇が中宮に出御することを意味するから、天皇は別の宮殿を居所としていたと考えられる。したがって、中宮は天皇の居所である内裏ではありえない。内裏で行事を行なう際は、「喚㆓入五位及諸司長官于内裏㆒」（天平元年八月壬午条）、「引㆓入諸司主典已上於内裏㆒」（同三年八月辛巳条）、「召二五位已上幷六位已下官人惣卅五人于内裏一」（同九年二月己未・天平勝宝四年閏三月丙辰条）、「松尾山寺僧尊鏡（中略）、請二入内裏一」（延暦元年七月壬寅条）など、天皇の居所たる内裏を中心とする表現をしており、「御二中宮一」とは対照的な表現の仕方である。もちろん内裏に関しても「御二紫宸殿一」（天長十年三月壬寅条など）、「御二西宮前殿一」（天平神護元年正月癸巳朔条）などの用例があるが、これらはいずれも殿舎名であって、内裏内の別の殿舎を居所としてこれらの殿舎に出御するということである。これに対して、中宮は「中宮閤門」「中宮安殿」などの用例からみて、殿舎群の存するある一郭の区画名称であるから、これらの殿舎の例とは同じに扱えない。以上から中宮は内裏ではなく、天皇出御の場という性格を有していると考えられる。

ところで中宮・中宮院に関しては、天皇・太上天皇らが居所としていた史料もみえている。すなわち中宮院を聖武天皇が御在所とした例（天平十七年五月戊辰条）、淳仁天皇が御在所とした例（天平宝字六年五月辛丑条など）、また中宮西院が元正太上天皇の御在所である例（天平十八年正月、『万葉集』巻十七―三九二二題詞）、皇太夫人藤原宮子が中宮に崩じた例（天平勝宝六年七月壬子条）である。これらのうち、天平宝字六年（七六二）以降の淳仁天皇の中宮院は、年代からB期の遺構に関するものなので後述することとする。「御二中宮一」の用例が天平十二年（七四〇）の恭仁遷都以前にみえるのに対して、これらの史料が天平十七年（七四五）の平城還都以後にのみみられる点に注目したい。平城還都後の聖武・孝謙朝においては、一般に宮内復興の遅れのため殿舎の利用状況が不安定なのであるが（『平城宮報告Ⅱ』六頁）、還都後、中宮院・中宮が天皇らの居所として利用されたのは宮内復興の遅れから仮に利用されたものと考える。(56)天平十七年聖武が中宮院を御在所としたのは還都直後のことで、中宮院が居所として仮に利用されたという事情をうかがわせる。こうして、中宮は恭仁遷都・平城還都を境としてその性格に変化がみられるが、あるいは「中宮院」の語が還都後にみえ始めるのは、そのような性格の変化に対応しているのかもしれない（『平城宮報告Ⅱ』一〇八頁）。以上によって、天皇らの居所として用いているのは、中宮の本来の性格を示すものでないと考えられる。

以上、中宮は本来内裏ではなく、天皇の出御の場としての性格を有していた。これは大極殿院と共通する性格であって、このことから旧大極殿院のA地区の遺構に中宮を比定することが可能となった。

第6表　中宮・朝堂・大極殿の利用事例

行事	中宮	朝堂	大極殿
節宴　元日	6	7	
正月七日	1	5	
正月十六日	1	8	2
正月十七日	1	2	1
大嘗・新嘗祭饗宴	1	4	
外国使者饗宴		8	
その他の饗宴	2	3	
元日朝賀			19
即位儀			6
叙位	3		2
宣詔		1	2
上表	1	3	
外国使者の献物・奏楽	2		
隼人の奏楽			2
仏事	3	3	2
その他	2		

（注）数字は例数を示す。

次に中宮・朝堂の性格について利用事例によって考えることとする。中宮・朝堂の利用事例の例数を大極殿とあわせて第6表に整理した。(57) 中宮は節宴も含めて饗宴の利用事例が多い（一二例）。特に恭仁遷都以前が多く、還都後は一例のみである。この点から中宮が饗宴の場としての性格をもっていたといえよう。しかしそれだけではなく、叙位、上表、外国使者の入朝・献物などの政治関係のことにも用いられる。大極殿では元日朝賀と即位儀の例数が多く、これらは平安宮にもひきつがれる大極殿固有の利用の仕方である。また当然のことながら、叙位・宣詔など政治関係のことに用いられ、さらに例数は少ないが、節宴にも利用されている。朝堂は饗宴の例数が圧倒的に多い（三七例）。これまで朝堂＝朝堂院という考えにたって、平城宮では朝堂院で朝儀・饗宴の両方が行なわれていたのが、平安宮で朝儀は朝堂院、饗宴は豊楽院というように機能分化したと考えてきたのであるが、しかし二つの朝堂という観点からみると、饗宴の例数が多いのは、この朝堂の史料の中に中宮の朝堂が含まれているからであると解すべきであろう。中宮は饗宴の場としての性格が強く、中宮と朝堂が一体的に利用される事例の四例すべてが、饗宴に用いられているのである。以上から、中宮・朝堂が饗宴の場としての性格を強くもち、そこに豊楽院の原型をみることができる。しかし、それはあくまでも豊楽院の原型であって、豊楽院と同じものではない。中宮が政治関係のことにも用いられるように、饗宴の場としての性格だけを有していたわけでもないし、饗宴が中宮・朝堂に限定されて行なわれていたわけでもない。平城宮では饗宴の場は比較的多様で固定していない。豊楽院で行なわれた元日・正月七日・十六日・十七日の節宴に関してみても、内裏・南苑・東院などがしばしば用いられている。(58)中宮・朝堂が饗宴の場としての性格をもつといっても、それはこういう状況においてであって、平安宮における豊楽院とは異なる。このように中宮・朝堂がやや不明瞭な性格をもつのは、豊楽院のようにはじめから饗宴の場として計画されたものでなく、大極殿・朝堂を二次的に利用したことによるのであろう。

さて中宮・朝堂は、大極殿・朝堂の施設（A期の遺構）をひきついだものであるから、その基本構造は変わらない。中宮は天皇の空間であり、その中に天皇の出御する正殿と前庭があり、その外に臣下の場としての朝堂を付設するという構造である。天皇が中宮に出御して侍臣を宴し、朝堂に五位以上を饗するという用い方が、このような構造に対応するものであることは、すでに指摘した（第二節第一項）。

ところで中宮閤門の東の東楼（SB七八〇二）の柱抜取穴から、中宮に関係すると思われる木簡が出土しているので紹介しておこう。(59)柱抜取穴から出土しているから、A期遺構の廃絶時のもので、共伴する木簡の年紀は「勝宝五年」「天平勝宝」である。

（表）大殿守四人　右□
（裏）□〔大カ〕殿四人　右五人

授刀所　小竹七十

十八

（表）□御輿人□御輿□　部□　「　」　□□部　□石万呂

右四人□月□□日申時

（裏）

「大殿守」木簡は大殿の宿衛に関する文書断片で、ほかに「殿守」とある木簡も出土している。「大殿」とは普通名詞的な表現であるが、正殿というほどの意味で(60)、壇上の基壇建物（SB七二〇〇）の名称であろう。「中宮の大殿」とよばれたのではなかろうか。「授刀所」木簡は授刀所で用いる小竹の付札、「御輿人」木簡は文書断片（曲物側板に転用）である。授刀所は天皇近侍の授刀舎人に関するもの、「御輿人」は「御輿丁・駕輿丁」ともみえ（天平勝宝八歳十二月庚子、宝亀十一年三月辛巳条など）、「御輿」は天皇や皇后が用いるものであるから(61)、いずれも天皇との関係が深く、天皇の空間という中宮の性格に一致する。

最後に、中央区のその後と豊楽院の成立についてふれておく。

中央区のB期の遺構は天平宝字年間の造営で改作され、A地区の外郭が縮小し壇上に掘立柱建物が群立する。すでに阿部義平氏が指摘するように(62)、A地区の遺構は淳仁天皇が内裏とした「中宮院」に比定できる。天平宝字六年（七六二）五月、平城宮改作のため近江国保良宮へ遷御していた高野天皇（孝謙）と淳仁天皇は関係が悪化して、平城宮へもどり、孝謙は法華寺へ、淳仁は中宮院に入る。これ以後、淳仁は天平宝字八年（七六四）十月恵美押勝の乱によって廃帝となるまで中宮院に居した(63)。「中宮院」の名称は淳仁朝を最後に消滅する。

A地区のC期の遺構については比定すべき宮殿名について成案をもたない。A地区は宝亀前半に改造され、内裏的な構造をもっていることからいえば、あるいは光仁朝の内裏に比定できるかもしれない。もしそうならば、前述した、宝亀・延暦年間に節宴に内裏と一体的に利用されたことがみえる朝堂の史料は、B地区の朝堂をさしているのかもしれない。

C期の遺構においては、朝堂一郭が、その北に朝堂独自の正殿（SB七八〇三）を有することになる点に注目すべきである。この正殿の出現によって、一応B地区は正殿―朝堂という独立した一郭となり、A地区との関係が薄くなる。中央区の朝堂は、B・C期においても、饗宴の場としての性格をもっていったと考えるが、C期の正殿―四朝堂の構造は豊楽院とよく似ており、この遺構が豊楽院の直接の前身になったと考える。

平安宮豊楽院は平城宮中央宮殿を原型として、造営当初から饗宴の場として計画され造られる。前述のように、両者の間では宮城における占地において、平城宮中央区宮殿が宮城で最も重要である朱雀門中軸線上に位置したのに対して、豊楽院は朱雀門中軸線からはずれ宮城門にも面していなかった。この相違は、中央区宮殿が大極殿・朝堂の二次的な利用から出発したのに対して、豊楽院がはじめから饗宴の場として計画されたものであるからであろう。豊楽院は饗宴の場として、朝儀の場である朝堂院より重要度の低いものとして、そのような位置に造られたと考えられる。

このように平城宮から平安宮への流れを考えた場合、当然長岡宮の豊楽院相当宮殿が問題となる。長岡宮では朝堂院西側の豊楽院推定地の発掘調査を行なっているが、まだその存在を確認するに至っていない。しかし、右記のような平城宮から平安宮への流れからいえば、豊楽院相当宮殿の存在の可能性は十分あると考える。(64) 文献史料の上でも、正月七日・十六日の節宴に用いられる「南院」の存在が考慮に値しよう。(65) 今後の発掘調査に期待したい。

おわりに

平城宮大極殿・朝堂の問題に関して、聖武即位をめざした大極殿・朝堂の造営・遷移と遷移後の中央区の問題を中心として考察してきた。要約して結語とする。

二つの大極殿・朝堂に関して、基本的に第一次、第二次朝堂院の考え方から考察した。和銅創建の大極殿・朝堂は中央区に造られるが、それは特異な構造をもつものであった。その構造の特異性は一応中国宮殿の影響と考えたが、十分に解明できず課題として残った。養老五年（七二一）に始まる宮内改作によって、東区に大極殿・朝堂が造られ遷移する。聖武即位の事情、養老五年前後の政情を検討して、この造営が聖武即位をめざしたものと考えた。

平安宮の「朝堂」が朝堂院に限らない事実を基に、「中宮─朝堂」の存在を考え、大極殿・朝堂遷移後の中央区に比定した。中宮は天皇出御の場で、内裏ではなく、中宮─朝堂が饗宴の場としての性格をもち、平安宮豊楽院の原型となると考えた。

発掘調査は進行中である。未発掘地の調査、また既発掘地についても研究の進展によって、今後新しい事実が加えられ、また改められていくであろう。こういう意味で本論は現時点における一試論にすぎない。今後さらに考察を深めていくこととしたい。

注

（1）研究史については、すでに阿部義平「平城宮の内裏・中宮・西宮考」（奈良国立文化財研究所『研究論集Ⅱ』一九七四年）に詳しく整理されているので、参照されたい。

(2) 関野貞『平城京及大内裏考』東京帝国大学工科大学『東京帝国大学紀要』第参冊、一九〇七年。

(3) 岸俊男「日本歴史の焦点—平城京—」(一九六八年初出。『宮都と木簡』所収、一九七七年)。

(4) 前掲注(1)論文。

(5) 直木孝次郎　a「大極殿の門」(『飛鳥奈良時代の研究』所収、一九六七年) b「大極殿の起源についての一考察」(同上所収、一九七三年)、八木充『古代日本の都』(一九七四年)、狩野久「律令国家と都市」(『大系日本国家史1　古代』所収、一九七五年。『日本古代の国家と都城』再収、一九九〇年)、岸俊男　a「都城と律令国家」(『岩波講座日本歴史2　古代2』一九七五年) b「朝堂の初歩的考察」(『橿原考古学研究所論集　創立三十五周年記念』所収、一九七五年) c「日本の宮都と中国の都城」(『日本文化の探究　都城』所収、一九七六年) d「難波の都城・宮室」(『難波宮と日本古代国家』所収、一九七七年)、a〜d『日本古代宮都の研究』(一九八八年)再収。鬼頭清明「日本における大極殿の成立」(『古代史論叢　中巻』所収、一九七八年)、村井康彦『日本の宮都』(季刊論叢『日本文化9』一九七八年)。

(6) すでに前掲注(1)阿部論文に発掘調査の成果がまとめられているが、阿部論文以後調査された地区もあり、本稿の叙述に必要なので整理しておく。なお、以下の叙述は奈良国立文化財研究所『平城宮発掘調査報告』『奈良国立文化財研究所年報』(『年報』と略称)による。依拠した報告書は、第7表に各地区ごとにまとめて掲げた。また第11図に既発掘地区を示した。

(7) A・B・C期は、各地区ごとの遺構の順序を示すだけで、地区相互間では対応しない。

(8) B地区の造営が遅れることについては、中央区・東区の間を南北に流れる基幹排水路SD三七六五・SD三七一五との関係から知られる。SD三七六五はA地区外郭のすぐ東にあり、後埋めたてられて、その上にB地区外郭の掘立柱塀が造られる。SD三七一五はB地区外郭の外にあり、B地区外郭の造営に伴って、SD三七六五の後身として造られたと考えられている。SD三七六五から「和銅」、切り合い関係からみてSD三七一五より古い土壙から「霊亀元年」(七一五)の年紀の木簡が出土している。前掲注(1)阿部論文参照。

(9) 平城宮出土の軒瓦は、宮内の大規模な造営を基準にして五期にわけられ、次のように年代が設定されている。
第I期　和銅元年(七〇八)(創建)〜養老五年(七二一)

第II期　養老五年（聖武即位をめざした造営）～天平十七年（七四五）
第III期　天平十七年～天平勝宝年間（平城還都後の造営）
第IV期　天平宝字元年（七五七）～神護景雲年間（天平宝字元年・五年の宮内改作、神護景雲元年の東院造営）
第V期　宝亀元年（七七〇）～延暦三年（七八四）（宝亀四年の楊梅宮の造営）

奈良国立文化財研究所『奈良国立文化財研究所基準資料II　瓦編2　解説』（一九七五年）参照。

（10）『年報一九七五』ではA～D期の四期にわけているが、「年報」でC期とする遺構の構造はB期と基本的に変わらないので、B期の小期とし、「年報」のD期をC期にあげた。

（11）前掲注(9)『奈良国立文化財研究所基準資料II』。

（12）蛇足ながらここで宮城の中央部というのは、単に宮における位置的なものでなく、宮の構造上の中央の意味である。平城宮では東張り出し部が存在していて、中央区は位置的には宮の中央ではないが、宮城の正門の朱雀門中軸線上に位置するから、構造上の宮の中央といいうる。

第7表　発掘調査報告書一覧

地区		次数	報告書	備考
中央区	A地区	二七 四一 六九 七二 七五・七七 八七	年報 一九六六 年報 一九六八 年報 一九七一 年報 一九七二 年報 一九七三 年報 一九七六	
	B地区	九七 一〇二 一一一 一一六・一一七	年報 一九七七 年報 一九七八 年報 一九七九 報告 IX	朱雀門
東区	C地区	三・六・九 一〇・一一・一三・二〇 一二 三六 七三 七八 九一	報告 III 報告 VII 年報 一九六四・一九六六 年報 一九六七 年報 一九七二 年報 一九七四・一九七五 年報 一九七五	内裏北外郭
	D地区	一 四八	報告 I 年報 一九六九	大極殿回廊 東朝集殿

(13) 大極殿の初見については、和銅三年(七一〇)三月の遷都以前にみえる同年正月壬子朔条の大極殿を初見とみる見解があるが(大井重二郎『上代の帝都』一九四四年)、これには藤原宮大極殿説もあるので、霊亀元年を初見として掲げる。
(14) 霊亀元年正月条は文章が簡単でわかりにくい点もあるが、和銅三年正月壬子朔条を参考にして理解できる。
(15) 前掲注(5)論文。
(16) 前掲注(5)狩野論文・岸a論文。
(17) 前掲注(5)論文。
(18) 東区の整備と聖武即位の関係については、注(3)岸俊男「日本歴史の焦点——平城京——」にすでに指摘がある(「はじめに」参照)。
(19) 奈良時代には「知——事」がいくつかみえるが、これらは官職ではなく、一つの地位である。知太政官事(大宝三年~天平十七年)、知五衛及授刀舎人事(養老四年八月甲申条)、摂知近衛外衛左右兵衛事・知中衛左右衛士事(宝亀元年六月辛丑条)などは、時々の政治状況に対応しておかれた政治的意味の強いものである。知造宮事と類似のものとしては、聖武朝の難波宮改作に当たった知造難波宮事(神亀三年十月庚午条、藤原宇合)があり、また「知——国事」が参考になる。「知——国事」は、養老三年全国的に設置された按察使とともに、特に畿内諸国に置かれた「——国摂官」と同じもので、畿内諸国が重要地域であったことから、特に中納言・参議をあてて畿内諸国の行政を知らしめた(拙稿「按察使制度の一考察」『国史談話会雑誌』一三、一九六九年)。
(20) 岩本次郎「平城京の造営経過について——特に官司機構を中心として——」(『大和文化研究』八—一、一九六三年)。
(21) 奈良国立文化財研究所『平城宮木簡二』(一九七五年)、同『平城宮報告Ⅶ』(一九七六年)。
(22) 前掲注(9)報告。
(23) 奈良国立文化財研究所『平城宮発掘調査出土木簡概報十一』第九七次調査(一九七七年)、『年報一九七七』。
(24) 『年報一九六七』第三九次調査。東張り出し部については、その存在の理由、また付設の年代に関して問題があるが、一部には和銅年間にさかのぼる遺構も検出している(『年報一九七八』第一〇四次調査)。岸俊男氏の指摘のように(前掲注(3)論文「はじめに」参照)、東張り出し部が中央区以外に東区にも大極殿・朝堂が造営されたことに関係するならば、後述のように和銅年間にすでに東区の大極殿・朝堂が計画されていたとも考えられるから、その段階に東張り出し部が宮内に囲いこまれ、さらに養老五年開始の造営によって東区とともに整備されたという想定も可能であろう。門SB五〇〇〇の造営は、その整備事業の一環かもしれない。

(25) 以下の政治状況の叙述は、岸俊男「元明太上天皇の崩御」(一九六五年、『日本古代政治史研究』所収)、野村忠夫「奈良時代の政治過程」(『岩波講座日本歴史3　古代3』一九七六年)による。特に、養老五年前後の政情・固関については岸論文に基づく。

(26) 『平城宮報告II』五頁。

(27) 林陸朗「平城遷都の事情」(『国史学』八一、一九七〇年、『論集日本歴史2　律令国家』所収)は、平城遷都そのものが首皇子即位のためのものであるという見解を述べている。

(28) 前掲注(5)直木b論文。

(29) 前掲注(5)岸a論文。肺石は庶民が天子に告言する時に座る赤い石、登聞鼓は臣子が天子に諫言する際に撃つ鼓のことという。

(30) 奈良国立文化財研究所『平城宮木簡一』(解説)二七頁(一九六九年)。前掲注(1)阿部論文。

(31) 天平神護元年正月癸巳朔・神護景雲元年八月乙丑・同二年十一月壬辰・同三年正月壬申・宝亀元年八月癸巳条。

(32) このような見解は、すでに関野貞『平城京及大内裏考』、『平城宮報告II』、前掲注(5)狩野論文にみえる(「はじめに」参照)。なお以下の平城宮関係の文献史料については、『平城宮報告II』第VII章第2節、別表四　平城宮主要殿舎の文献記載度数表、別表五　平城宮殿舎の主な利用事例一覧表、『平城宮報告III』平城宮年表などを参照した。

(33) 『西宮記』『拾芥抄』は豊楽院を「天子宴会所」と説明する。また「豊楽」とは「豊明」ともかき「トヨノアカリ」とよみ、本来飲酒して顔の赤らむことを意味するが、そこから転じて宴会の意となる(『岩波古語辞典』)、天平神護元年十一月庚辰・神護景雲二年十一月壬辰条など参照)。

(34) 豊楽院の初見の延暦十八年(七九九)正月壬子条は、「豊楽院未ㇾ成ㇾ功」ために大極殿前に借殿を造って白馬の節宴を行なったことを記すが、これは豊楽院が造営の時から饗宴の場として計画されたものであることを示す。

(35) 『日本後紀』以下の五国史による。『日本後紀』の欠巻は『類聚国史』『日本紀略』で補う(以下同じ)。なお元日節宴については、弘仁十一(八二〇)・十三・十四年が豊楽院使用であるほかは、紫宸殿が利用されているが、『内裏式』『貞観儀式』も豊楽院使用とするので掲げた。

(36)「豊楽院図」(故実叢書三十八所収)、裏松固禅『大内裏図考証』第一(故実叢書二十六)。

(37)延暦十八年(七九九)正月壬子・同辛酉条、豊楽院未完成のため、白馬・踏歌の節宴を朝堂院で行なう。元慶元年(八七七)正月三日乙亥・同十一月十八日乙卯条、朝堂院建造中のため、即位儀・大嘗祭を豊楽院で行なう。『日本紀略』寛和元年(九八五)十一月二十日庚寅条、豊楽院破壊のため、大嘗祭の饗宴を大極殿で行なう。

(38)「朝堂院」「八省院」は次のようにみえる。(補二)

朝堂院……延暦十四年(七九五)八月癸未条(『日本紀略』)~弘仁六年(八一五)正月癸巳条

八省院……弘仁十四年(八二三)四月辛亥条「八省殿上」(『日本紀略』)、天長三年(八二六)九月乙亥条「八省院」(『類聚国史』)~元慶二年(八七八)二月二十四日庚寅条

朝堂院……元慶三年(八七九)十月八日甲子条~仁和三年(八八七)八月十七日戊午条

弘仁年間の朝堂院から八省院への変化は、弘仁九年(八一八)四月二十七日、宮殿院堂門閣の号を漢様に改号した際に改められたものであることはすでに指摘されている(前掲注(5)岸b論文)。元慶二・三年の変化は、貞観十八年(八七六)四月十日に炎上した大極殿の元慶三年十月八日に再建された最初の記事から「朝堂院」が再見するので、再建を機に桓武天皇時代の「朝堂院」に改号されたのであろう。貞観八年炎上の応天門が再建を機に改号のことが議せられたことが参考になろうし(貞観十三年十月二十一日癸亥条)、この元慶の大極殿再建に当たっては、創建者の桓武天皇のことが想起されている(貞観十八年五月八日甲申・元慶元年四月八日己卯条)。

(39)延暦十五年(七九六)三月乙卯条(『類聚国史』)~嘉祥二年(八四九)五月癸亥条に一三例所見。なお嘉祥二年で「朝堂」の用例が消えるのは、嘉祥三年三月と四月を境に『続日本後紀』から『文徳実録』に変わることによるのであろう。

(40)この二史料については、福山敏男「朝堂院概説」(『大極殿の研究』八一頁、一九五五年)、『平城宮報告II』(一一三頁)も注意している。

(41)正月七日白馬節会の利用殿舎の変遷は次の通りである。

弘仁四年(八一三)~承和五年(八三八)　豊楽院(一二例)

承和六年~貞観三年(八六一)　紫宸殿(八例)と豊楽院(六例)を併用

貞観四年～仁和三年（八八七）紫宸殿（二四例）
(42)『大極殿の研究』九五頁、弘仁十四年（八二三）九月壬戌条（『類聚国史』巻三）、元慶八年（八八四）九月十一日戊辰条、『貞観儀式』巻五　九月十一日奉伊勢大神宮幣儀。
(43)「朝堂」に朝集殿院も含む例として、嘉祥二年（八四九）五月癸亥条の渤海使を「朝堂」に饗した例があげられる。外国使者は入朝すると、朝堂院で表と信物を奉る儀、豊楽院の延英・招俊堂での饗宴、朝集殿での饗宴が行なわれるのが恒例である（『大極殿の研究』一〇六頁、朝集殿饗宴については、弘仁二年正月乙卯・同六年正月壬辰条など）。嘉祥二年五月癸亥条の「朝堂」饗宴は、これらのうち、朝集殿饗宴に当たる（嘉祥二年渤海使入朝については、同年五月乙卯・同年五月丙申条参照）。
(44)平安時代、大嘗祭は天皇が朝堂に出御して行なわれる。しかしこれは、朝堂の庭に大嘗宮を造営してそこに出御するので、特殊な例である。この場合にも「御二朝堂一」という例はない。
(45)天平宝字元年四月辛巳・同二年八月庚子朔・宝亀三年二月癸丑・大同元年二月甲寅・同三年五月甲申・弘仁三年九月丙子・承和十年五月丙申・同十五年六月乙未条。
(46)天平十六年閏正月乙丑朔・天平宝字六年六月庚戌条。
(47)霊亀二年正月戊寅朔・神亀元年十一月辛巳・承和二年正月癸丑条など。
(48)長岡宮大極殿は龍尾壇型式に復原されている。長岡宮の朝堂院関係の文献史料は、大極殿を除くと少なく、「朝堂」が一例しかなく（延暦四年六月辛巳条）、あるいはその構造からみると長岡宮で「朝堂院」の語が成立していた可能性が考えられる。（補注3）
(49)「朝堂」が大極殿の朝堂に限らないという点では、唐の長安城で、太極殿・含元殿の朝堂以外に、「東宮朝堂」「命婦朝堂」があることが参考になるかもしれない。佐藤武敏「唐の朝堂について」（『難波宮と日本古代国家』所収、一九七七年）参照。
(50)中宮（天平五年正月庚子朔・同六年正月癸亥朔・同七年正月戊午朔・同十年正月庚午朔条）内裏・前殿（天平二十年正月壬申朔・宝亀八年正月己巳・同九年正月戊申朔・延暦三年正月戊子条）　閤門（天平宝字七年正月庚申・延暦二年正月乙巳条）　大極殿（天平宝字二年八月庚子朔条）　南苑（天平十二年正月癸卯条）　東院（神護景雲三年正月丙戌条）　楊梅宮（宝亀五年正月丙辰条）。
(51)B地区については、関野貞『平城京及大内裏考』の「南苑」（豊楽院前身）比定説がある。南苑は神亀三年（七二六）から天平十九年（七四七）までみえ、「苑」といい樹木が茂り（神亀四年五月辛卯・天平三年十一月庚戌条）、また三月三日の上巳の曲水宴に利用されているから池があったらしく（神亀三年三月辛巳条、他の三月三日の節会の例では、鳥池宮・保良宮池亭など池畔で行なわれている）、苑池であって、B地区の朝堂型式の遺構にはそぐわない。『平城宮報告II』一一〇頁参照。

(52) 前掲注(1)論文。

(53) 大井重二郎「平城宮の中宮・皇后宮と西宮について」（『大和文化研究』四—四、一九五九年）。

(54) 『万葉集』巻十七—三九二二題詞の天平十八年正月の「中宮西院」も含む。

(55) 狩野久氏の教示による。すでに前掲注(3)岸論文に「中宮」が内裏でないという考えがみえる（「はじめに」参照）。

(56) 天皇らの居所として仮に利用するとしても、A期の壇上には礎石建物（SB七二〇〇）一棟しかない。しかし、この広い壇上に建物一棟というのは考えにくく、壇上のA期の遺構の遺存状況がきわめて悪い点を考慮すべきかもしれない。

(57) 第6表は史料にあらわれたものだけであり、例えば朝堂で日々行なわれる朝参・朝政、毎月の告朔など、史料にあらわれにくいものがおちていることは考慮しておかなければならない。前掲注(5)岸b論文参照。

(58) 『平城宮報告II』別表五参照。

(59) 奈良国立文化財研究所『平城宮発掘調査出土木簡概報九』（一九七三　第七七次調査）、『年報一九七三』。

(60) 奈良時代の大殿の例として、中宮西院の大殿と南細殿（『万葉集』巻十七—三九二二題詞）、東常宮（東院）の南大殿（同巻二十—四三〇一題詞）、田村宮の大炊皇太子の居所である大殿（天平宝字元年七月庚戌・同戊午条）などがある。

(61) 古代において、輿は一部の特例はあるが、上皇・天皇・皇后や伊勢斎宮・賀茂斎王などのみが使用し、また『延喜式』では天皇・皇后については「御輿」、伊勢斎宮・賀茂斎王については「輿」と区別している。『年報一九七三』参照。

(62) 前掲注(1)論文。

(63) 天平宝字六年五月辛丑・同八月丁巳、同八年九月乙巳・同月壬子・同十月壬申条。

(64) 延喜十四年（九一四）「三善清行意見封事十二箇条」に「至二于桓武天皇一、遷二都長岡一、製作既畢。再営二上都一、再造二大極殿一、新構二豊楽院一」とあり（『群書類従』二十七輯）、長岡宮における豊楽院の存在を否定するようにも思われる。しかしこの史料は「豊楽院」という名称の宮殿の成立が平安宮にあることを示すが、その前身宮殿の存在までも否定するものではないであろう。

(65) 延暦八年正月己酉条、延暦十一年正月壬戌条（『類聚国史』巻七十一）、同月壬申条（同巻七十二）。

本稿脱稿後に行なわれた関連する発掘調査について略記しておく。

（補注1）中央区朝堂南門（平城宮第一一九次調査）。本文で推定した朝堂南辺の中央部を調査した結果、推定通り朝堂南門と朝堂南辺を限る掘立柱塀などを検出した。朝堂南門は二時期あるが、いずれも遺存状況が悪かった。最初の門は基壇の掘込み地業を検出し（東西二六・五㍍、南北一六・二㍍）、桁行五間・梁行二間（一五尺等間）の門が復原される。造り替えられた門は基壇が東西二三㍍、南北一二・五㍍と推定され、最初の門より規模を縮小する。前者はA地区のA期の外郭南門（SB七八〇一）、後者は同じくB期の南門（SB七七五〇）とほぼ同一規模とみられる。朝堂外郭南辺は掘立柱塀で、のちに築地に造りかえられる。朝堂外郭の南北長は二八五㍍である。なお、第一一七次調査でA地区東辺の未発掘地の調査がなされている。

『昭和五四年度平城宮跡発掘調査部発掘調査概報』（一九八〇年四月）。

（補注2）東区大極殿（平城宮第一一三次調査）。東区に遺る大極殿土壇跡を、周辺地域も含めて全面的に発掘し、大極殿の構造を明らかにするとともに、その下層に大規模な掘立柱建物を検出した。大極殿（SB九一五〇）は桁行九間・梁行四間の四面庇付き東西棟の礎石建物である（柱間寸法は身舎一五尺等間、庇の出一二尺）。基壇は凝灰岩壇正積基壇で、階段が南・北面に各三ヵ所、東・西面に各一ヵ所設けられ、北面の中央階段には大極殿後殿に連なる軒廊がとりつく。出土軒瓦は大極殿回廊や東朝集殿の調査と同じく、六二二五―六六六三型式が過半を占め、それらの遺構と一体的に造営されたことが明らかになった。大極殿基壇下層から、桁行七間・梁行四間（一五尺等間）の東西棟掘立柱建物（SB九一四〇）を検出した。大極殿身舎部分と同規模で、建物位置は大極殿より北に寄るが、南北中軸線は大極殿と一致する。時期を決める遺物が出土していないが、本文にのべたD地区の下層遺構と同時期である可能性があろう。この下層建物を大極殿と考えることはできないが、この発見によって、養老五年の造営以前にD地区に何らかの施設があったことが一層明らかになった。

『年報一九七九』、『昭和五三年度平城宮跡発掘調査部発掘調査概報』。

（補注3）長岡宮大極殿院南面回廊（長岡宮跡第八八次調査）。大極殿東南方で大極殿院南面を画する回廊を検出した。梁行二間（八尺等間）、桁行の柱間寸法一二尺。これまで長岡宮大極殿は平安宮と同じく、龍尾壇形式で朝堂一郭と一体的な構造であると考えられていたが、この回廊の発見によって、長岡宮大極殿は平城宮の東区と同じく大極殿と朝堂一郭が門と回廊によって区画される構造であることが明らかになった。この結果、「朝堂院」の語の成立に関して、注(48)にのべたような無理な解釈をする必要がなくなり、平安宮においてはじめて大極殿・朝堂が一体的な構造の龍尾壇形式が成立し、それに伴って「朝堂院」の語が成立すると考えることができるようになった。

「長岡宮跡第88次（7AN9G地区）発掘調査概要」（『向日市埋蔵文化財調査報告書第五集』一九七九）。

（付記）初出稿　関晃教授還暦記念会編『関晃先生還暦記念　日本古代史研究』（一九八〇年十月　吉川弘文館刊）掲載。年号に西暦を付記するなど形式的な改訂を施しただけで、内容は改めていない。

（補一）本書第三部第二章「八世紀造宮官司考」において、藤原武智麻呂は一貫して造宮卿で、『家伝下』の「知造宮事」は官職ではなく、造宮卿の職務であると改め、さらに神亀元年設置の催造司について考察している。

（補二）本書第三部第一章「律令制都城の成立と展開」四、第二部第二章「平城宮大極殿朝堂再論」注(28)に記したように、「朝堂院」の語の初見は、『類聚国史』巻百九十　延暦十一年（七九二）十一月甲寅条であり、すでに長岡宮において「朝堂院」の語が成立していた。注(48)、補注(3)に関連して、「朝堂院」の語の成立と長岡宮・平安宮の朝堂院の構造との関係について、第三部第一章に略説したが、詳論すると次の通りである。すなわち、延暦三年（七八四）遷都当初の長岡宮では、内裏、大極殿・朝堂の関係は、平城宮東区のそれとほぼ同じで、内裏（第一次内裏。西宮と称す）が大極殿院のすぐ北に位置し、両者はより大きな外郭によって囲まれていたと推測される。大極殿院の南面に回廊があって朝堂と区画されているのはこのような構造に関係がある。延暦八年（七八九）第二次内裏の東宮（発掘によって確認されたもの）が大極殿の東方に離れて設けられ、大極殿は内裏との密接な関係を喪失し、朝堂の正殿としての意味しかもたなくなり、ここに大極殿・朝堂を一体的に把握する「朝堂院」の語が成立する。平安宮では、はじめから内裏は大極殿から離れて設けられ、大極殿と朝堂の一体化の結果、構造的にも両者を区画する回廊がとり払われ、解放的な龍尾壇が設けられた。

第二章　平城宮大極殿朝堂再論

はじめに

古代宮都の研究は、考古学による諸宮都跡の発掘調査の成果を基にして、文献史学・歴史地理学・建築史学などからの研究もあわせて進展してきた。宮都研究の課題を、宮都の構造という面に限定して、私の関心に従って整理すると次の三分野になる。⑴宮室の中枢部の内裏、大極殿・朝堂の構造と変遷。⑵中央官衙の構造。⑶都城の構造の三つである。これらのうち、⑴の大極殿・朝堂は、天皇と臣下が会集して政務・儀式・饗宴などを行なう宮室の中枢部であるから、この問題は、古代国家の政治形態・権力形態などを究明するうえで重要な課題であり、また発掘調査、研究が最も進展している。ここ十年ほどの間でも、岸俊男、狩野久、鬼頭清明各氏の研究が公けにされ[1]、私も七世紀はじめから九世紀はじめまでの変遷の素描を試みたことがある[2]。これらの研究によって、大極殿・朝堂の用途、その構造の変遷とその意味、中国の都城との関係などが考察された。構造の変遷については、七世紀初めの小墾田宮の内裏——朝庭（朝堂）の構造から、藤原宮において大極殿が成立し、内裏、大極殿・朝堂の構造が出来上ったことが明らかになってきたが、次の平城宮の大極殿・朝堂については多くの問題が残されてきた。

平城宮跡には、大極殿・朝堂に想定される遺構が、朱雀門に面する宮城の中央部（中央区）と、その東の壬生門に面

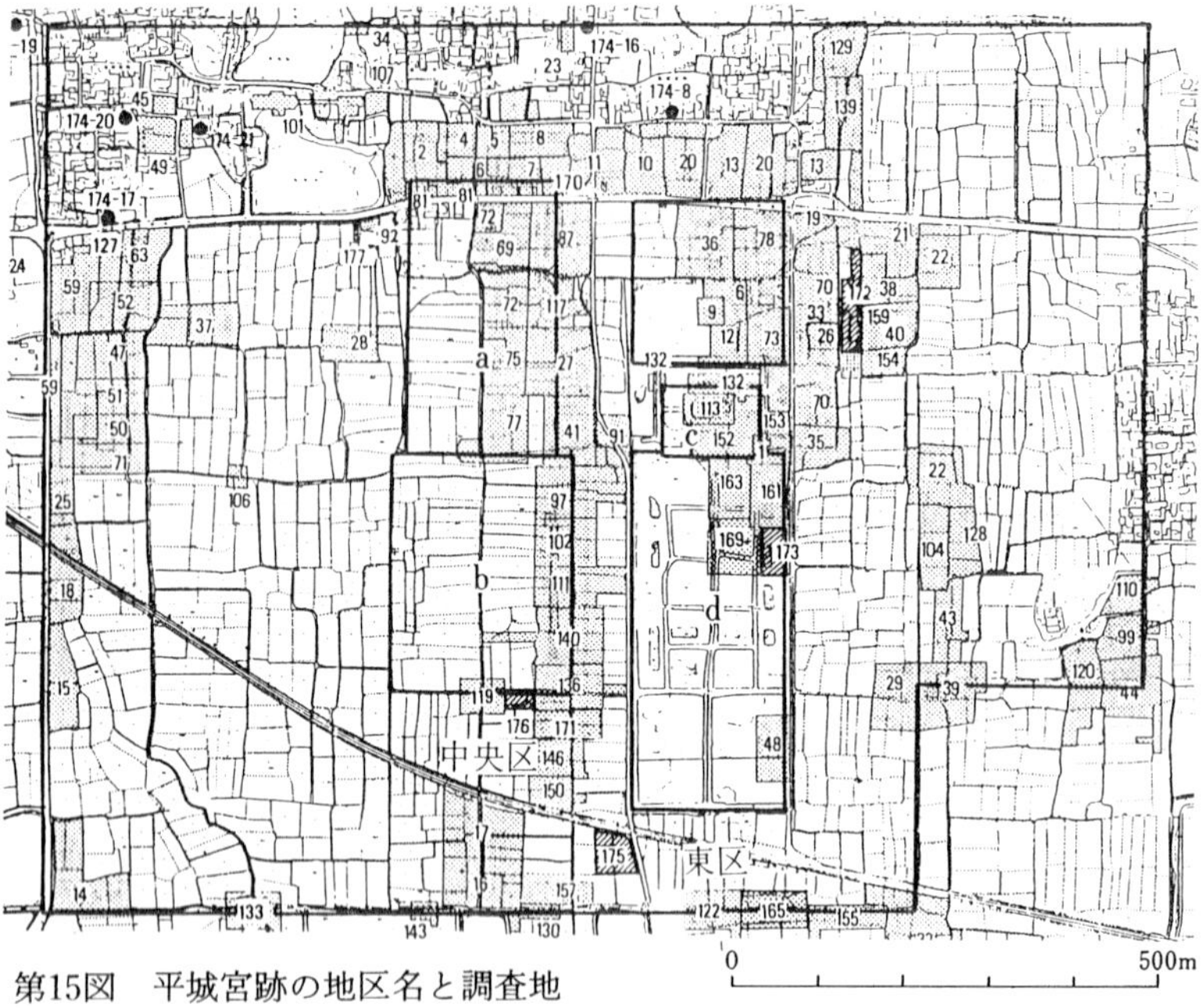

第15図　平城宮跡の地区名と調査地

（注）　網目は調査地，数字は調査次数。中央区はB期，東区は上層遺構の区画をかきこんだ。原図は『概報61』より。

する地区（東区）との二ヵ所に存する（第15図）[3]。この両区の遺構について、平城宮跡の発掘を担当する奈良国立文化財研究所は、すでに早く『平城宮発掘調査報告Ⅰ』[4]（一九六一年）、『同Ⅱ』（一九六二年）において、和銅創建時に中央区に第一次内裏・朝堂院、のちに東区に第二次内裏・朝堂院が建造されたという見解を提唱し、その後この見解は、中央区に内裏が無いことが明らかになったので、内裏を除いて中央区の「第一次朝堂院」から東区の「第二次朝堂院」へという見解に修正して、近年の正式報告書『報告XI』（一九八二年）にも踏襲されている。私も「平城宮大極殿朝堂考」[5]において、この「第一次・第二次朝堂院」説に基本的に依拠して考察したことがある。そこでは、大極殿・朝堂の中央区から東区への遷移を、それまでの見解より早く、聖武即位の神亀元年（七二四）にもとめ、遷移後は、東区の大極殿・朝堂、中央区の中宮・朝堂が併存し、前者が儀式・政務、後者が饗宴の場となって、平安宮における朝堂院と豊楽院の併存の原型となったことを論じた。近年の阿部義平氏「古代宮都中枢部の変遷について」(6)も独自の見解を含むが、基本的に「第一次・第二次朝堂院」説に基づく。これらの見解は、宮城に大極殿・朝堂は唯一つであるという考えを前提にそれらの中央区から東区への遷移を考える点で共通している。

しかし前稿1公表後、一つには、中央区・東区の発掘調査が進展して新しい事実が明らかにされ、また中央区a区に関する正式報告書『報告XI』が刊行された。二つには、大極殿・朝堂で行なった政務・儀式・饗宴などに関する研究が、橋本義則、古瀬奈津子、田島公各氏ら(7)によって進められた。このような発掘調査と研究の進展にかんがみ、この平城宮の大極殿・朝堂について新しい視角から再考することが必要となった。

本稿では、検出された遺構の構造と、政務・儀式・饗宴における大極殿・朝堂の使い方や朝堂の着座の原理などを比較するという方法によって、平城宮の二つの地区の性格と用途を明らかにするとともに、その歴史的意義について考察することとする。なお本稿の要旨は、前稿3に述べたことがあるが、紙幅の都合で十分な論証ができず、また検討すべき課題もあるので、本稿を草した次第である。

一 発掘調査の成果

1 中央区の遺構

中央区に関しては、a区についての正式報告書『報告XI』が刊行され、b区についてはその東半部の発掘調査が完

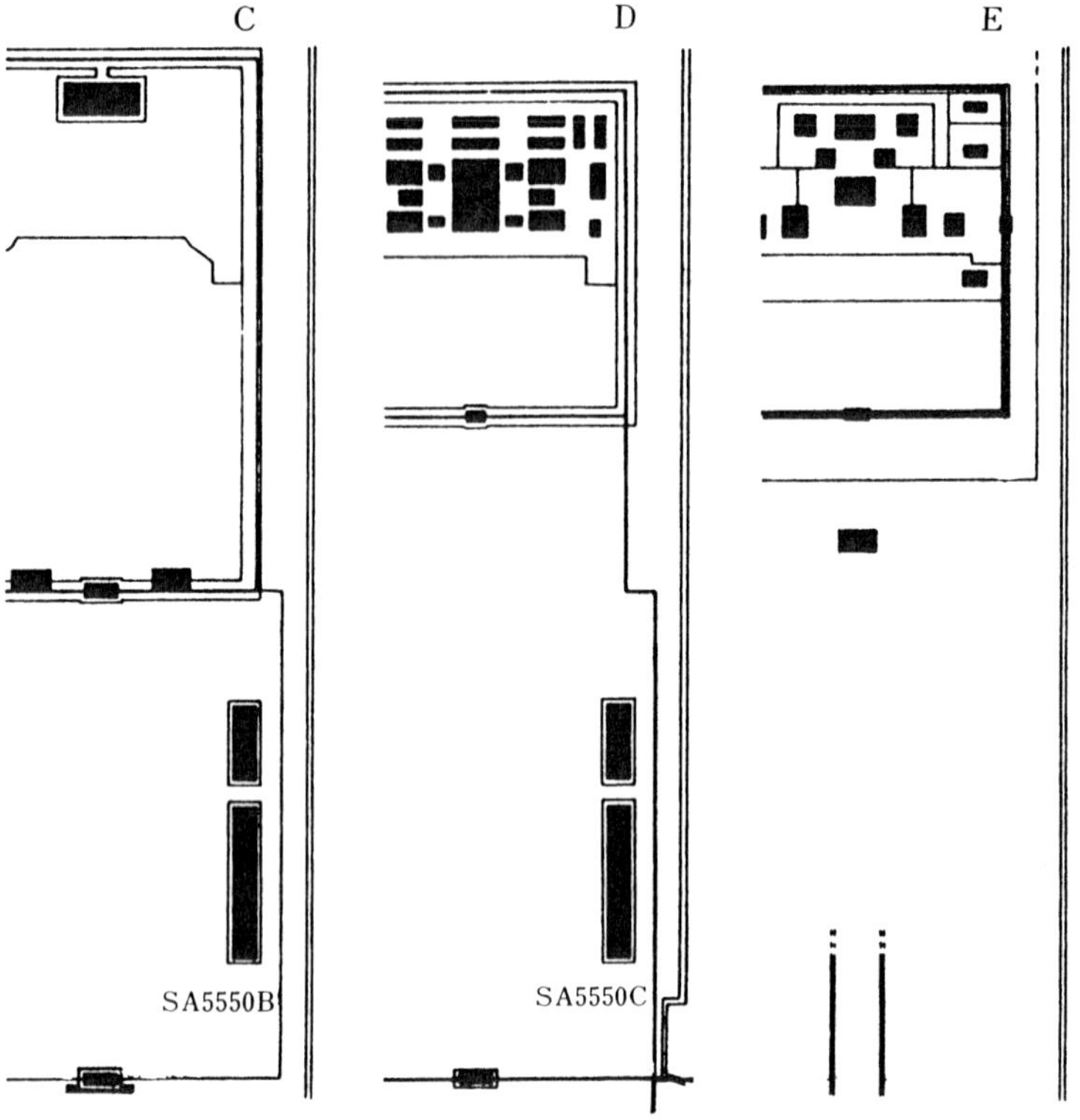

の 遺 構

(原図は『概報57』より)

了した。[8] a区の遺構については、『報告XI』で大きく第I期~第III期の変遷がたどられているが、ここではb区の遺構を含めた『概報五七』の第一四〇次調査報告と『同六一』の第一七六次調査報告の試案をもとに、若干修正して、大きくA~E期の五時期に分けて記述する[9](第16図)。

A期(和銅元年〈七〇八〉~) 和銅創建の遺構で、a区に築地回廊を外郭施設とする東西一七六・六㍍(五〇〇令大尺)・南北三二七・七㍍(九〇〇令大尺)の長方形の区画を設ける。この区画は東区の内裏(e区)・大極殿院(c区)をあわせた内裏外郭よりも大規模である。南辺築地回廊の中央に南門SB七八〇一(五間×二間)を開く。区画内の北の三分の一には、推定高二㍍以上の壇を

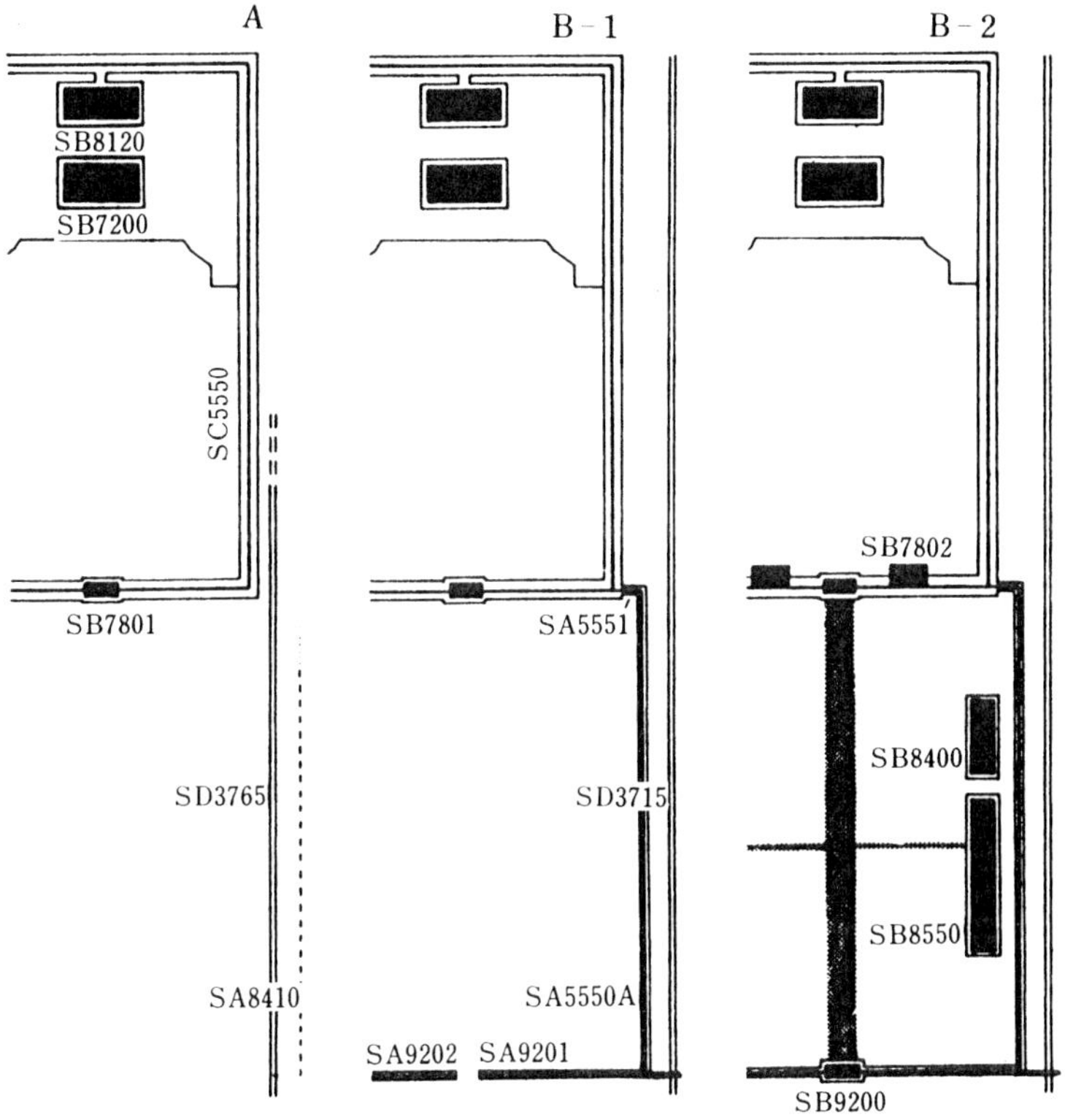

第16図　中　央　区

築き、南二分の一は礫敷の広場である。壇の前面は塼積の擁壁を築き、東・西端には広場へ下りる斜道を設ける。壇上中央には、大規模な二棟の東西棟礎石建物ＳＢ七二〇〇とＳＢ八一二〇を南北に配置する。南の正殿ＳＢ七二〇〇は桁行九間（四五・一尺）・梁行四間（二〇・七尺）の規模で、後殿ＳＢ八一二〇も同規模と推定される。正殿前の壇には木階、広場には南門へ向かって南北に幅四〇尺の道を設ける。正殿・後殿・築地回廊・南門などは基本的にＢ―２期まで存続する。

　ｂ区には東側に南北溝ＳＤ三七六五、掘立柱の南北一本柱列ＳＡ八四一〇が掘られる。ＳＡ八四一〇は掘形を掘ったが柱を立てなかったもので、結局Ａ期はｂ区には朝堂の区画は設けられなかった。

B期（神亀前後～天平十二年〈七四〇〉）　B―1期・B―2期の二小期に分けられる。B―1期には、b区に掘立柱一本柱列を心とする塀に囲まれた長方形の区画ができる（北辺塀SA五五五一、東辺SA五五五〇A、南辺SA九二〇一・九二〇二）。区画の規模は、東西二一三・六㍍（六〇〇令大尺）、南北二八四・二㍍（八〇〇令大尺）。東辺塀SA五五五〇Aは南辺塀SA九二〇一との交点より南へのびず、朝集院に当たる区画はない。南辺の中央を開けているが、門は造られず、区画の内部には建物は設けられない。この塀の設定に伴い、区画内に入るA期の南北溝SD三七六五は埋められ、その代りに区画の東外側に南北溝SD三七一五が掘られる。この溝は中央区・東区の排水を受ける基幹排水路で、改修を重ねながらE期まで存続する。

B―2期に、区画内の東側に長大な南北棟礎石建物二棟が造られる。北の東第一堂SB八四〇〇が桁行一〇間（四四㍍）、南の第二堂SD八五五〇が同じく二一間（九二・四㍍）で、梁行は両堂とも四間（一二・九㍍）で、両堂は南北に柱筋をそろえて配置される。区画内に東西二堂ずつの計四堂が配置されたと推定できる。区画南辺の中央に南門SB九二〇〇（五間×二間）が造られる。

a区の区画の南門SB七八〇一の東の築地回廊上に、東楼SB七八〇二を設ける。b区の区画の中央には、a区南門とb区南門を結ぶ道を設ける。

B―2期、すなわちSB八四〇〇・八五五〇の建造時期については、聖武天皇即位の神亀元年（七二四）前後の時期が考えられる。この両堂は基壇の構築に当たって複雑な掘りこみ地業を行なっているが、第一四〇次調査では、SB八五五〇で工事中に掘り込み地業から排水するための溝SD一〇七九〇・一〇八〇〇を検出し、前者から平城宮I（大宝～和銅）ないし同II（霊亀～天平初）の土器[10]が出土したからである（『概報五七』）。この時の造営は、養老五年（七二一）から聖武の即位をめざして開始され、神亀元年（七二四）の即位後も天平六年（七三四）ごろまで続行されたものに当たる（前稿2）。以下この時期の造営を神亀前後の造営と称することとする。

B―1期の開始時期については、『報告XI』（同報告ではI―2期）は『続日本紀』（以下『続紀』と略記する）霊亀元年（七一五）正月の中門（朝堂院南門）、南闈（大極殿南門）の記事に基づき、和銅末年としている。しかしまた、b区の区画建設に伴って掘られた溝SD三七一五の年代が、同溝によって破壊された土壙SK五五三五から「霊亀元年九月」と記した木簡が出土したことから、霊亀元年をさかのぼらず、したがってb区の区画の年代も同年を上限とするという見解もある。(11)

B―1期とB―2期の遺構は層位的に区別できる。すなわち、第二次整地層面にB―1期のSA五五五〇AやSD三七一五が、SA五五五〇Aの内（西）側にのみある第三次整地層面にB―2期の東第一堂SB八五五〇などが造られている。しかし第一四〇次調査報告がいうように、B―1期と2期の層位の差は同一工事期間中の工程差と考えうる可能性があり、B―1期の遺構が区画の塀のみ設ける中途半端な構造であることから、B―1期は独立した時期でなく、B―2期へ至る工程の一時期と解釈できる。

このようにb区の施設はa区にくらべて遅れて完成したのであるが、その計画はa区と同じく和銅創建時に行なわれた可能性が指摘されている（『概報五七』第一四〇次調査報告）。すなわち、b区の塀の区画の規模や東第一・二堂の配置が令大尺に基づいていると推測されるからである。周知のように、雑令には尺度として大尺と小尺を定め、一大尺＝一・二小尺で、土地測量には大尺を用いることを定める。令大尺はいわゆる高麗尺で実長が三五・五㌢前後、令小尺は唐大尺に由来し、二九・六㌢前後である。和銅六年（七一三）二月尺度改定が行なわれ、令大尺が廃止され土地測量も令小尺で行なうことになった。近年の井上和人氏の研究によって、和銅元年（七〇八）に造営を開始する平城宮・京においては京の条坊、宮城の大規模な地割計画は令大尺によることが明らかにされた。[12]和銅六年の尺度改定によれば、令大尺によって完数値になる遺構は、これ以前に造営あるいは計画されたものであることになる。以上、a区には和銅創建のA期に施設が造られ、b区にはA期において計画されたが、実際には神亀前後に施設が完成した。

C期（天平十二年〈七四〇〉～天平勝宝末年）　C―1期とC―2期に分けられる。C―1期は天平十二年の恭仁京遷都から同十七年（七四五）の平城京還都まで、C―2期は還都後から天平勝宝末年までである。このような時期区分をするのは、『続紀』に、天平十二年十二月の恭仁京遷都に際して、平城宮から恭仁宮へ移建したと記す「大極殿幷歩廊」（天平十五年十二月辛卯条）が、中央区a区のSB七二〇〇および築地回廊の一部であることが明らかになったからである。

平城宮跡には大極殿に比定しうる遺構として、中央区のSB七二〇〇と、後述する東区のSB九一四〇があるが、両者を恭仁宮跡で発掘調査した大極殿と比較すると、いずれも九間・四間であるが、大きい方から、中央区SB七二〇〇、恭仁宮大極殿、東区SB九一四〇の順となり、SB七二〇〇を恭仁宮大極殿として移建することはできるが、SB九一四〇を移建することはできない。したがって、SB七二〇〇が天平十二年に恭仁宮に移建された大極殿である。このことは重要な点で、SB七二〇〇が天平十二年まで大極殿であったことが確定したのである（『報告XI』）。後述のように、『続紀』霊亀元年（七一五）正月甲申朔条の朝賀の記事の解釈によって、SB七二〇〇が大極殿であることは和銅創建時までさかのぼることが明らかである。

C―1期には、a区ではSB七二〇〇、東辺築地回廊SC五五〇〇を撤去し、SC五五〇〇の代りに掘立柱一本柱列の塀SA三七七七を造る。b区では東第一・二堂は残ったが、周囲の掘立柱塀は撤去され、仮設的な掘立柱一本柱列の塀SA五五五〇B（東辺）に変えられる。

C—2期は天平十七年の平城京への還都で、a区で東辺築地回廊SC五五〇〇が再建される。

D期（天平宝字～延暦三年〈七八四〉）『報告XI』はC期とD期の境について、C期の東楼SB七八〇二の柱抜取穴から天平勝宝五年（七五三）の木簡が出土していることから、同年を目安として考えているが、D期は大改造であるから、『続紀』に記す天平宝字元年（七五七）、あるいは同四年（七六〇）～同六年の改作にあてるべきであろう（前稿2）。終末は長岡京遷都の延暦三年（七八四）である。

この時期に大改造され、a区では築地回廊の北・南辺が内側に移動し、区画は南北一八六・一m（六二〇令小尺）、東西一七六・六m（五九〇令小尺）の規模となる。区画内では壇が区画の南北二等分線の位置まで広げられ、前面に石積の擁壁を築く。壇下は広場である。南辺築地回廊の中央に南門SB七七五〇（三間・二間）を開く。壇上には全部で二七棟の掘立柱建物が林立すると推定される。中央部前面に桁行九間の東西棟建物三棟を南北に配し、これらを中心に周囲に建物を配置する。建物は計画的に壇上を一〇尺方眼に割って配されている。これらの建物群は居住性をもち、また前庭の存在から公的儀場としての機能をもったと考えられている。

b区では区画施設が築地塀に変えられる。東辺築地塀SA五五五〇Cは南辺築地塀との交点より南へのびているから、朝集院相当の区画がある可能性がある。

E期（大同四年〈八〇九〉以降）E—1期は平城上皇が還ってきて住んだ大同四年から天長元年（八二四）まで、E—2期はそれ以降の時期である。

E—1期には、a区では区画の施設が築地塀に変えられるが、その規模や内部の壇は変わらない。南門が建て替えられる。壇上は全面的に掘立柱建物によって建て替えられる。その配置は、基本的に平安宮の内裏に類似し、これは平城上皇の内裏の「西宮」に比定されている。b区の施設はD期末になくなり、復興されなかった。

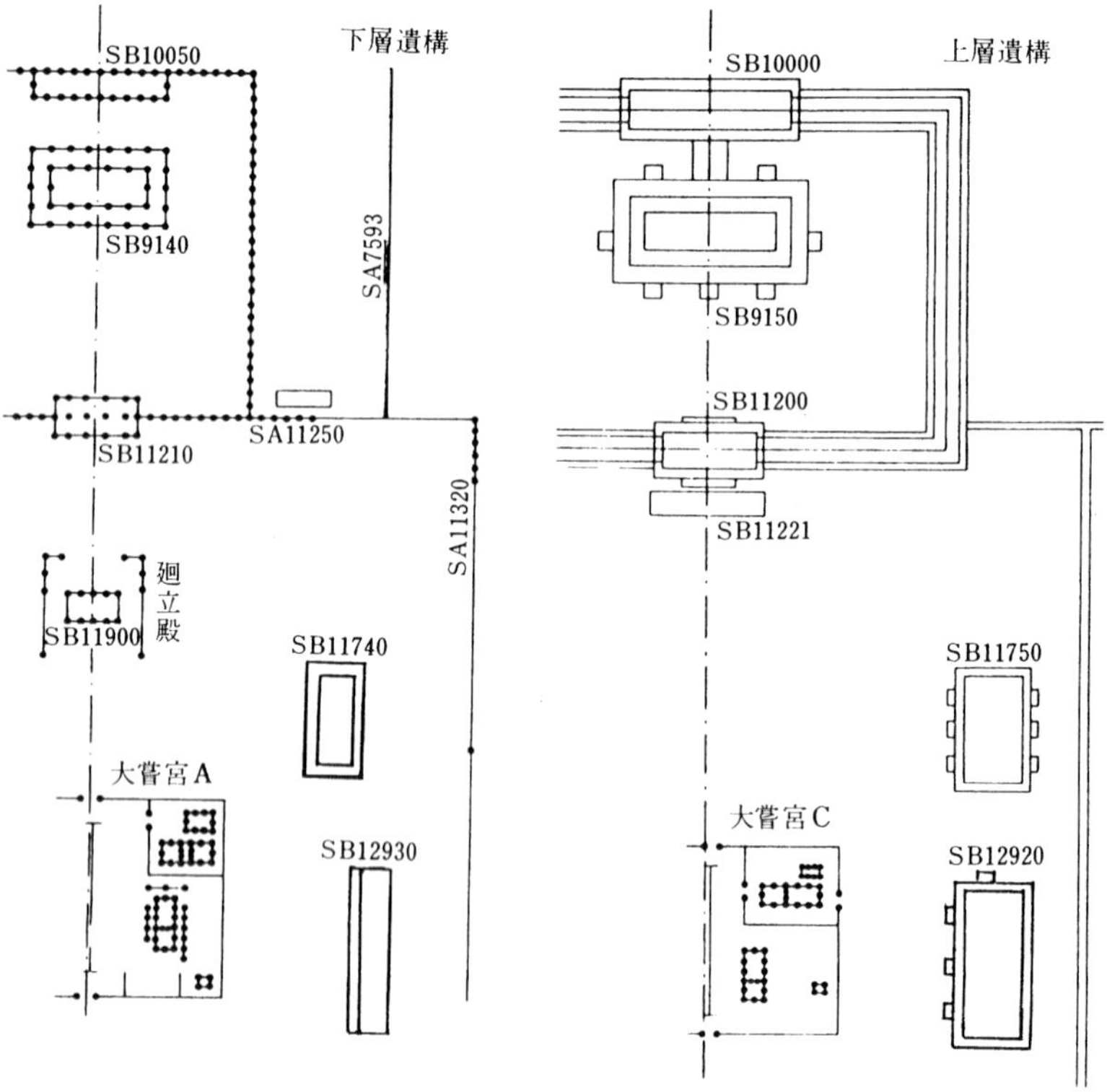

第17図　東区の遺構

（『概報60』の原図に加筆）

2　東区の遺構

東区では、c区で大極殿より東の部分、d区で東北部（東第一・二堂）、東南部（東朝集堂）の発掘を行なった。東区では基壇跡と推定される土壇が多く存在し、これまでそれらによって、大極殿・十二朝堂・朝集堂が推定復原されていたが、発掘調査によってそれらの一部が上層遺構として確認された。それとともに重要なのは、上層遺構の下層にそれらとほぼ同じ配置をとる掘立柱建物群を確認したこと（下層遺構）と、d区の中央北部に、天皇即位の大嘗祭を行なう大嘗宮の遺構を三時期にわたって検出したことである。時代の新しい上層遺構から説明する（第17図）。

上層遺構　c区に複廊の回廊に囲まれた大極殿院がある。規模は東西約一一八㍍・南北約八五㍍。大極殿SB九一五〇は桁行九間（三八・四㍍）・梁行四間（一六・〇㍍）の四面廂付建物で、基壇は凝灰岩壇正積。南辺回廊の中央に閤門SB一一二〇〇（五間〈二二・五㍍〉・二間〈九・〇㍍〉）を開く。北辺回廊の中央に、後殿SB一〇〇〇〇（九間〈三七・九㍍〉・二間〈九・五㍍〉）を配する。大極殿と後殿の間を軒廊が連結する。以上はすべて基壇をもつ礎石建物である。大極殿前庭には、儀式の時などに臨時的に造った廊、渡廊、舞台や、即位儀・朝賀の時に立てる宝幢などが四時期にわたって検出された。これらはいずれも掘立柱によるものである。

d区には朝堂十二堂と朝集堂二堂の存在が想定されていた。朝堂の区画施設は築地塀で、区画の規模は東西一七六・六㍍（六〇〇令小尺、五〇〇令大尺）、南辺が未調査のために南北は未確認であるが、遺存地割によれば、朝堂南門（平安宮会昌門相当）までで約二八五㍍、朝集院南門（同応天門相当）までで約四一〇㍍である。東第一堂SB一一七五〇、第二堂SB一二九二〇は礎石建四面廂建物で、第一堂が桁行七間（二五㍍）、第二堂が九間（三三㍍）で、梁行はいずれも四間（一三・五㍍）である。両堂の棟心は中心線の東六七㍍に位置し、両堂は柱筋を揃えて南北に並ぶ。東朝集堂SB六〇〇〇は礎石建切妻造建物で、桁行九間（三四・七㍍）・梁行四間（一三・六㍍）である。

上層遺構の調査は部分的なものであるが、遺存する土壇が建物基壇跡であることを確認したので、これまで土壇の配置から推定していたように、大極殿・十二朝堂・二朝集堂があると推定でき、ある時期の大極殿・朝堂に当たると考えられる（第18図）。なお上層遺構の年代については下層遺構とともに後にまとめて論ずることとする。

下層遺構　下層遺構はいずれも掘立柱建物で、遺構全体の中心線は上層遺構と共通である。大極殿SB九一五〇の下層に、東西棟建物・正殿SB九一四〇がある。桁行七間（三〇・五㍍）・梁行四間（一七・七㍍）で、位置は上層SB九一五〇から棟心で北へ二・六㍍ずれる。建物規模は上層SB九一五〇とくらべて、桁行は間数が二間少なく、全長がSB九一五〇の身舎部分と同じであるが、梁行はSB九一五〇より長い。これを囲んで一本柱列を心とする塀が長方形にめぐる。東西七一㍍（二〇〇令大尺＝二四〇令小尺）・南北八〇㍍（二二五令大尺＝二七〇令小尺）の南北に長い長方形の区画になる。南辺塀は上層の南辺回廊心の北六㍍、朝堂の北辺築地塀と心をそろえる。南辺塀中央に南門SB一一二一〇（五間〈一九・五㍍〉・二間〈九㍍〉）を開く。位置は、棟心で上層閤門の北六㍍にずれる。掘立柱建物であるが、凝灰岩で外装した基壇をもつ。北辺塀中央に後殿SB一〇〇五〇がある。桁行一〇間（三〇・九㍍）・梁行二間（五・九㍍）の切妻造建物で、北側柱列を北辺塀と共有する。区画の東側、中心線から東へ六七・四㍍の位置に、南北塀SA七五九三A・Bがある。北はe区のA期の内裏の南辺塀SA七五九二、南はd区の北辺塀SA一一二五〇に接続する。

d区では一本柱列を心とする塀による大きな区画がある。北辺はc区南辺塀SA一一二五〇がそのまま東へ延長し、南へ折れて東辺塀SA一一三二〇となる。いずれも上層の朝堂区画の築地塀と同位置である。上層の東朝集堂の東の東辺築地塀の下層からも掘立柱一本柱列の塀を検出しているから、下層のd区の掘立柱の塀は、上層の朝堂の築地塀と同位置で、区画の規模も同じになると推定できる。

上層の東第一・二堂の下層にも、対応する二堂を検出した。下層の東第一堂SB一一七四〇は九間（二六・三㍍）・五間（一三・七㍍）の四面廂建物、東第二堂SB一二九三〇は一二間（三六㍍）・三間（九㍍）の西廂付建物である。後者は掘立柱建物ではあるが基壇をもつことを確認している。二堂の位置関係は、東第一堂は棟心で第二堂の西一〇㍍に位置する。ただし、第一堂の東側柱が第二堂の西入側柱と柱筋をそろえるという配置になっている。上・下層の位置関係では、第一堂・第二堂それぞれで、上層・下層が南妻を揃える。また、下層の東第二堂は上層の第一堂・第二堂と棟心を同じくする（中心線から六七㍍の位置）。第一堂は第二堂以下と配置や建物構造で違っていたようである。上層東朝集堂の下層には建物を確認していないが、朝集院の東辺塀が下層にも存するから、朝集堂が存する可能性がある。

以上、下層では上層の大極殿院の区画、朝堂の区画、大極殿、閤門、後殿、東第一・二堂に対応する遺構を検出した。下層・上層遺構はその配置についても密接な関係にあった。両者の遺構はまず中心線を共通にし、c区では建物配置に若干のずれがあったが、d区では区画の塀は同位置、東第一・二堂も関係のある位置にある。したがって、上層遺構は下層遺構を継承して建造されたものであることは明らかである。このような両者の密接な関係からみて、下層遺構も上層と同じく、十二堂（さらに二朝集堂）の配置になると推定できる。

上層遺構が瓦葺で基壇をもつ礎石建物であるのに対して、下層遺構は掘立柱建物である。しかしここで注意したいのは、下層の南門SB一一二一〇は凝灰岩で外装した基壇をもち、東第二堂SB一二九二〇も基壇をもっていることである。下層遺構は上層遺構の保存のために完掘できない場合もあるが、これらの例からみると、下層遺構は掘立柱でありながら、凝灰岩によって外装した基壇をもっていたと推定できる。(13)

大　嘗　宮　大極殿閤門前のd区の中心線上、東・西第一・二堂の間の「朝庭」に、三期にわたる掘立柱建物の大嘗宮の遺構を検出した。

いうまでもなく、大嘗祭は天皇の即位に関わる重要な祭祀で、即位の年あるいはその翌年の十一月の下卯日から四日間にわたって行なわれた。大嘗宮は第一日目の卯日の夜から翌朝にかけて、天皇が神と共食の秘儀を行なう殿舎で、平安時代には一般的に朝堂院の朝庭に臨時的に建造し、終れば撤去した。『儀式』などによれば、大嘗宮は東の悠紀院と西の主基院からなり、さらに両院はそれぞれ北の臼屋・膳屋、南の正殿・御厠の二区画に分かれる。大嘗宮の北に廻立殿が設けられた。

今回検出の大嘗宮は、A期は廻立殿と悠紀院、B、C期は廻立殿は未確認であるが、悠紀院を検出した。これらの遺構は、『儀式』などによって復原できる大嘗宮と規模・構造が近似することから、大嘗宮と推定された（『概報六〇』

第一六九次調査)。

B・C期大嘗宮の区画はほぼ同一であるが、A期は大嘗宮北門でくらべると、B・C期より北へ約九㍍ずれている。大嘗宮の三期と下層・上層遺構との関係は、前者の区画と後者の施設との配置関係から、A期が下層、B・C期が上層遺構に伴うものと考定されている(14)。

e区・内裏　c区北のe区は内裏に当たり、東半部の発掘が終って遺構変遷が明らかになり、また北に接する内裏北外郭地区の正式報告書『報告Ⅻ』が刊行された。『年報一九七五』第七八次北調査報告に、e区の概要が報告されており、それによれば大きく四期に分けているが、私はA~C期の三期に分けるのが妥当と考える(15)。

このe区・内裏については次の四点を指摘しておく。(1)A期は、外郭の施設が掘立柱塀で、一辺五〇〇令大尺(六〇〇令小尺)四方であるが、その南辺塀SA六五五の南五〇令大尺(六〇令小尺)に東西掘立柱塀SA七五九二があって、南辺の区画施設は二重になっていた。B・C期の外郭施設は、東西辺はA期のそれを、南辺はSA七五九二の位置を踏襲し、北辺はA期北辺より南三〇令小尺に位置する(『年報一九七二』第七三次調査)。(2)B期の開始は、平城宮Ⅱの瓦や土器の出土からみて、神亀前後の造営によるものと考えられる(『報告Ⅻ』『年報一九七五』)。(3)B・C期は建物の配置からみて内裏であることが確実であり、A期は遺構が少ないが、B期の区画や建物に先行する部分があるので、やはり内裏と考えられる。(4)中央区に和銅創建時に内裏に当たる遺構がなく、天皇の居住する内裏は遷都当初から不可欠であるから、A期は和銅創建の内裏と推定される。

3　東区遺構の年代

報告書の見解　東区の下層・上層遺構の年代については、奈良国立文化財研究所の報告書でも確定的なことはいわれていない。可能性のある造営として、和銅創建時、神亀前後、天平十七年（七四五）還都後の造営が考えられている。

上層遺構については天平十七年の還都後とする考え方がある。次の二点が根拠として指摘されている。(1)上層遺構の所用瓦は軒丸瓦六二二五――軒平瓦六六六三の組み合わせであるが、『報告Ⅺ』はこの瓦を平城宮Ⅲ（天平十七年～天平勝宝）と考定する。(2)大極殿院東辺回廊SC〇一〇二の基壇土から平城宮Ⅲ（天平末年～天平勝宝）の須恵器が出土した（『概報五八』第一五二・一五三次調査）。

(1)の軒瓦六二二五――六六六三の時期については、『奈良国立文化財研究所基準資料Ⅱ瓦編2解説』（一九七五年）ではⅡ期としていたものを、『報告Ⅺ』でⅢ期に変更した。その理由は、a区のSB七二〇〇が天平十二年まで大極殿であることが明らかになったので、東区に大極殿・朝堂を設けるようになったのは天平十七年の還都後であるから、その所用瓦はⅢ期に下さざるを得ないというもので、「第一次・第二次朝堂院」説に基づく一つの解釈にすぎない。六二二五――六六六三の時期については、文様や技法からⅡ期の中で遅れる時期の天平初年ごろとする見解もある（阿部義平氏注(6)論文）。上層遺構の中でも大極殿閤門・南辺回廊の所用瓦は、軒丸瓦六二九六――軒平瓦六六九一Aであるが、六六九一Aの時期について、『概報五八』第一五二・一五三次調査報告は、Ⅱ期後半の天平十年代初頭の可能性を考えている。所用瓦の問題からはまだ確定的なことがいえない。

下層遺構については、『概報五八』第一五二・一五三次調査報告は、c区の東辺塀SA一〇〇四八の柱穴掘形から平城宮Ⅱの軒丸瓦六三一一が出土したことから[16]、SA一〇〇四八の年代の上限を養老・神亀と考えた。しかしそのようにいいながら、同報告は、c区の南門・南辺塀を壇上に築造する仕方が、a区の塼積擁壁の壇と類似することから、正殿や南門の造営が養老よりさかのぼる可能性を示唆した。

第8表　平城宮時代の大嘗宮

天皇	年代	大嘗宮
元正	霊亀二（七一八）	記載なし
聖武	神亀元（七二四）	記載なし
孝謙	天平勝宝元（七四九）	南薬園新宮
淳仁	天平宝字二（七五八）	乾政官院
称徳	天平神護元（七六五）	記載なし
光仁	宝亀二（七七一）	太政官院
桓武	天応元（七八一）	太政官院

大嘗宮の年代　大嘗宮のA、B・C期はそれぞれ下層、上層遺構に伴うから、三期の大嘗宮がいずれの天皇の即位大嘗祭に関するものであるかが明らかになれば、下層・上層遺構の年代は自ずと決定する。

『続紀』によれば、平城宮時代には元正から桓武まで七代の天皇が大嘗を行ない、その大嘗の場所は第8表の通りである。『概報六〇』第一六九次調査報告は、この文献史料の事実をふまえて、三期の大嘗宮遺構が朝堂の朝庭に設けられ、場所を明記する四代の大嘗に当たらないことから、場所無記載の元正・聖武・称徳三代の大嘗宮に当たる可能性を示唆しながらも、B期の膳屋の柱穴掘形から平城宮Ⅳ～Ⅴ（天平宝字～延暦）の高坏脚部が出土したことから、B期は神亀元年（七二四）聖武即位の大嘗宮には当てられないとして、結論として、A期は元正か聖武、B・C期は『続紀』に太政官院（＝乾政官院）と明記する天皇も含めて淳仁以降の四代の天皇のいずれかに関するものと考えた。[17]しかしこの比定によれば、『続紀』に太政官院で大嘗を行なったと記す淳仁・光仁・桓武三代の記録のいずれかが誤っていることになる。私は、一片の出土土器によって『続紀』の記事を否定することには慎重にならざるを得ず、この比定には従えない。

私は、『概報六〇』の示唆に従って、東区の遺構が太政官院であることはあり得ないから、やはり朝堂の朝庭に検出したこれら三期の大嘗宮は、場所無記載の元正・聖武・称徳三代の大嘗に比定するのが最も妥当と考える。この比定によれば次のようになる。

下層遺構――大嘗宮A期＝霊亀二年（七一六）元正の大嘗

上層遺構＜大嘗宮B期＝神亀元年（七二四）聖武の大嘗
　　　　　大嘗宮C期＝天平神護元年（七六五）称徳の大嘗

したがって、下層遺構は霊亀二年以前の和銅創建、上層遺構は神亀元年以前となるから養老五年に始まる造営によるものということになる。私は基本的にこの考えが妥当と考えるが、以下発掘成果と文献史料の検討によって補強することとする。

下層遺構の年代　下層遺構＝和銅創建説を補強する事実として、発掘調査の方から四点、文献史料の検討から一点が上げられる。

(1)第九一次調査（『概報四九』）。東区c・e区上層遺構では大極殿院と内裏を包みこんでさらに築地塀がめぐり、これを内裏外郭といっている（第18図）。第九一次調査はこの内裏西外郭西南隅で行なった。平城宮造営以前の地形は、北の奈良山から中央区・東区へ支丘がはり出し、両区の間は谷筋の低湿地で、第九一次、また次に述べる第九七次調査区は、この低湿地に位置する。第九一次調査区では、低湿地に堆積した黒色粘土（地山）の上に、造営工事によって出た用材の削屑、檜皮、また木簡を廃棄し、その上に第一次整地（厚さ約五〇㌢）、さらに第二次整地を行なっている（第一・二次整地をあわせた厚さは厚い部分で一・六㍍）。第二次整地面には内裏西外郭の西南隅の築地塀SA八一七〇や礎石建物を、第一次整地面には、SA八一七〇の下層に掘立柱東西塀SA八一六五や掘立柱建物五棟を検出した。第二次整地層はSA八一七〇の北に積んでいるので、第一次整地面の遺構は完全に把握されていない。第二次整地面の築地塀SA八一七〇は、想定できる上層朝堂北辺の西築地塀の西延長線上にあり、また内裏東外郭東南隅で検出した、上層の築地塀SA七〇五（『年報一九七〇』第二次大極殿東外郭の調査）と対称の位置に当たるものであること、および第一次整地面の掘立柱東西塀SA八一六五は下層遺構のd区北辺塀SA一一二五一の西延長上に位置し一体のものとみられることから、[18] 第二次・第一次整地面の遺構はそれぞれ上層・下層遺構に対応すると考えられる。

ところで第一次整地層の下の木屑、檜皮層からは二四二点の木簡が出土した。[19] 米の荷札が多いがすべて和銅年間の木簡と考えられる。その根拠は、(イ)記された年紀は、和銅二年（七〇九）一点、同三年二点、和銅一点である。(ロ)荷札のすべては霊亀元年（七一五）以前の郡里制による表記である。(ハ)国・郡・里名に和銅六年（七一三）制の好字による表記より古い表記法がみられる。(ニ)「某里人」という藤原宮出土の荷札に特徴的な記載がみられる、[20] などの四点である。これらの木簡は用材の加工木片や檜皮と共伴しているから、ともに造営工事の現場から廃棄されたものであろう。木簡の内容からみても、庸米の荷札一点、庸米と推定される六斗、五斗八升の斗量を記す荷札三点があり、[21] これらは造営の雇役民に支給した庸米の荷札と解釈できる。以上から、これらの用材の加工木片、檜皮、木簡は和銅造営に伴う遺物群と考えられる。その造営では木工作が行なわれたことも明らかである。

これらの遺物群と第一次整地面の下層遺構との関係については、いくつかの解釈が可能であるが、私は、整地は当然その上での何らかの建造のために行なわれたと考えられるので、『平城宮発掘調査出土木簡概報十』（注19）が指摘するように、これらの遺物群は第一次整地面の下層遺構の造営に関わるもので、造営工事の進行中に低湿地に工事で出た廃棄物を捨てながら埋めたてていったと考える。したがって、このことは下層遺構＝和銅創建説の根拠の一つになる。

(2)次に第九一次調査区と、その西南方に隣接する第九七次調査の層位を比較する。第九七次調査区は、b区の東第一堂の北部を中心とするが、調査区を東区西端までのばした（『概報五一』）。この地区も第九一次調査と同じく谷筋に当たり、低湿地に堆積した黒色粘土が地山である。この黒色粘土面に東へ広がる浅い土壙ＳＫ八四一八があり、その中に第九一次調査区と同じく、造営工事に伴う檜皮や加工木片が廃棄されていた。この上に第一次整地をして、中央区のA期の遺構（SD三七六五、SA八四一〇など）、次は第二次整地をしてB―1期の遺構（SA五五五〇A、SD三七一五など）、さらにSA五五五〇Aの内（西）側に第三次整地をしてB―2期の遺構（東第一堂SB八四〇〇など）を建造している。(22) 第九一次・九七次調査区の層位を対応させることは簡単ではないが、地山の黒色粘土層と木片・檜皮層を鍵層として対応させることができるから、両区の第一次整地層が対応するのは確かであろう。したがって、東区（第九一次調査区）の下層遺構は中央区（第九七次調査区）のA期（和銅創建）に対応し、B―1期に先行する。このことは下層遺構＝和銅創建説の根拠になしうる。また両区の第二次整地層が対応するならば、中央区の第二・三次整地層＝B―1・2期が神亀前後の造営にあてられているから、この対応は上層遺構＝神亀前後造営説の根拠になしうるかもしれない。

第九一・九七次調査と同様の層位関係は、第一一一次調査でも報告されている。同調査区はb区の東第二堂を中心とするものであるが、調査区を東区西端までのばしている。『概報五三』の同調査報告は、中央区のA期の遺構が営まれている第一次整地層が東区の整地層の上にのっていると記している。(23)

中央区・東区の前後関係を解明するには両者の層位関係を明らかにするのも一つの方法である。両区とも東半部の調査を行なっているので、うまく層位をつなげられる調査区は少なく、前述の第九一・九七次調査区は隣接し、両区で遺構を検出しているので、層位の検討を行なうのに適当な調査区である。

(3) e区の内裏との関係では、前述のように、c区の下層遺構の南北掘立柱塀SA七五九三A・Bが、北では和銅創建と推定した内裏A期の南辺塀SA七五九二に、南ではd区区画の北辺塀SA一一二五〇に接続し、下層遺構が内裏A期と一体のものであることを示す（『年報一九七二』第七三次調査、『概報五八』第一五二・三次調査）。

(4) 第一三六次調査区は中央区b区の区画の東南隅に当たる。(24) B―1期のb区区画南辺塀SA九二〇一が東辺塀SA

五五五〇Aとの交点より東へ延びてSA〇二となり、またD期の南辺築地塀も東辺築地塀SA五五五〇との交点より東へ延びることが明らかになった。SA〇二はSA九二〇一と一体のものである。これらの延長する塀はいずれも東区の下層の掘立柱塀、上層の築地塀の西辺につながり、両区の間を閉塞する施設と推定される。この事実は、東区の区画が中央区の区画と同時期、あるいはそれより早く造営され、少なくとも両区が併存する時期のあることを示す。

(5)文献史料の上では、『三代実録』元慶八年（八八四）五月二十九日条所引の和銅六年（七一三）十一月十六日官宣にみえる、平城宮の「朝堂」に関する最古の記載が注目される。後に詳論するように、この官宣の内容が朝政に関するものであることから、この「朝堂」は朝政を行ないうる十二堂型の東区の朝堂にしかあてられず、したがって東区の下層遺構は和銅六年までさかのぼることになる。

以上の五点が、下層遺構＝和銅創建説を補強する論拠である。

上層遺構の年代　上層遺構の年代については、前稿2で検討した造宮官司の面から神亀前後と還都後の造営についてみてみる(25)。

平城京の時代（七一〇〜七八四）は複都制の時代で、造宮省（七〇八設置・七八二廃止）が主都の平城宮、恭仁宮・京の建造と改作に当たって、中核的な造宮官司であり、一方副都の造営にはその都度臨時的な造宮官司が設置された。この造宮官司、すなわち造宮省の面からみると、養老五年（七二一）から天平六年（七三四）ごろの改造が大規模なものであったのに対して、平城還都の天平十七年（七四五）から天平勝宝年間には顕著な造営の事実が見いだせない。

前者の造営は神亀元年（七二四）を境に前半・後半に分けられるが、前半では従三位中納言藤原武智麻呂と県犬養筑紫を造宮卿に併任し、二卿体制を採った。このように造宮官司の長官を複数にし、一人に公卿を任ずるというやり方は、天平十二年（七四〇）恭仁宮・京造営の造宮省、延暦三年（七八四）長岡宮・京造営の造長岡宮使などにも例があり、大規模な主都の造営の際に採られた体制である。公卿の長官が公卿会議を代表して造営を統轄し、もう一人の長官が実務に当たるのであろう。「家伝下（武智麻呂伝）」は、この時の造営を「仍レ旧改作、由レ是宮室厳麗、人知二帝尊一」と記し（『寧楽遺文』下巻）、この時の改造によって平城宮が面目を一新したことを示す。また「旧ニ仍《シタガ》ヒテ改作ス」も、東区で上層遺構が下層遺構を踏襲して建造されていることとの関係で興味深い。聖武即位の神亀元年以後の後半には、造宮省の上に催造司という官司を置いて造営を督励させた。

　これに対して天平十七年から天平勝宝年間にかけては、顕著な造宮官司の活動、あるいは造営の事実がみられない。造宮卿は全時期を通じて九人が任命されているが、そのうち造宮省廃止の前年の天応元年（七八一）任命の藤原鷹取を除く八人の任命は、主都である平城宮・恭仁京の造営あるいは大改造に対応している（第三部第二章第30表）。すなわち、平城宮・恭仁京の造営あるいは大改造のたびに新たに卿を任命したのである。ところが天平十七年から天平勝宝年間には造宮卿が新たに任命されていない。天平勝宝五年（七五三）三月まで巨勢奈氏麻呂が造宮卿に在任しているが、彼は天平十三年（七四一）九月恭仁京造営のために智努王とともに任命されたもので、恭仁京造営停止後も惰性で薨去まで卿に在任したとしか見られない。ちなみに彼は天平十七年に七十六歳の高齢であった。このようにこの時期の造宮卿の人事を他の大改造の時期と比較してみると、とてもこの時期に東区の上層遺構の建造のような大改造があったとは考えられない。したがって、大嘗宮の年代の検討からみたように、上層遺構の建造は神亀前後であって、天平十七年以降ではないと考える。

　以上の検討から、私は下層遺構は和銅創建、上層遺構は神亀前後の造営によるものと考えるのが妥当と思う。こう考えると、c・d区はe区内裏のA・B期と同時に建造・改造されたことになる。これら両遺構の年代のうち、下層遺構については確実性が高いのに対して、上層遺構については今後の調査・研究によって変わってくる可能性もあるが、一応この結論に基づいて以下の論述を進める。

4　中央区・東区の構造と変遷

東区・中央区の構造の特徴とその変遷を整理しておこう。

東区には、和銅創建時に掘立柱建物群（下層遺構）が建造され、神亀前後に礎石建物群（上層遺構）に建て替えられ、平城宮の終末まで存続した。後者は、中央区の大極殿が天平十二年の恭仁宮移建でなくなるから、少なくとも同十七年平城京還都以降、大極殿・朝堂であったことは確かである。その構造は、北から大極殿院・十二朝堂・朝集院があり、大極殿の北には内裏があって、両者はさらに築地塀で囲まれていた（第18図）。いうまでもなく、大極殿は天皇出御の殿、十二朝堂は臣下着座の堂、十二朝堂に囲まれた庭が「朝庭」で、臣下が列立したり種々の行事を行なう場である。朝集堂は参集した臣下らが刻限まで待機する堂である。下層遺構の構造は、基本的に上層遺構と同じであると推定され、ただ朝集堂相当の建物が未確認であるが、朝集院相当の塀を検出しているから、存在する可能性を考えておく。いうまでもなく、順序としては下層遺構が先で、その構造を踏襲して上層遺構が建造されたのであり、両者は建物の配置などにおいて密接な関係にあった。

下層・上層遺構の構造は、藤原宮、長岡宮、平安宮の大極殿・朝堂と基本的に同じで、藤原宮──→東区下層遺構──→同上層遺構──→長岡宮──→平安宮という流れの中に位置づけることができる。両遺構は藤原宮とは内裏の位置に関しても同じである。下層遺構は、関係の深い上層遺構、また諸宮の大極殿・朝堂と、基本的に構造が同じであることからみて、大極殿・朝堂と同様の機能・用途をもっていたと考えることができる。構造の同一は、機能・用途が同じことを示すと考えられるからである。もちろん中央区の大極殿と併存するから、機能・用途に関して他の宮の大極殿・朝堂と全部が同じであるというわけにはいかないが。

中央区では、a区に和銅創建から天平十二年まで大極殿院が存続し、神亀前後にb区に四堂が付設された。この中央区（B期）は、従来考えられた大極殿・朝堂の構造と大きく異なる特異なものである。すなわち、(イ)a区の大極殿院はすこぶる大規模なもので、壇上の大極殿に対して、壇下に広い庭がある。(ロ)b区は十二堂でなくて東西二堂ずつの四堂であるという二点である。大極殿は天皇出御の殿、四堂は臣下着座の堂であろう。b区の四堂の間の庭は、「朝庭」とよぶべきものであろう。またa区の大極殿前の庭も「朝庭」とよんでいいであろう。いずれも臣下が列立したりいろいろの行事を行なう場であろう。一般の大極殿・朝堂では大極殿のすぐ南に朝堂・朝庭が接続するが、中央区ではその間にもう一つの朝庭が割りこむのである。a区の朝庭に対する天皇出御の場が大極殿であることはいうまでもないが、b区の朝堂・朝庭に対しては大極殿院南門すなわち閤門が出御の場になるのであろう。b・d区の朝庭が堂を伴うのに対して、a区のそれが伴わない点も注意すべきである。

先にあげた二点の中央区の特異な構造は、平城宮においてはじめて出現したもので、七世紀はじめの小墾田宮以来の内裏・朝堂の構造をひきついで成立した藤原宮の大極殿・朝堂の構造と断絶している。狩野久・鬼頭清明両氏、(26)『報告XI』は、a区の大極殿院の構造は、唐都長安の大明宮含元殿と類似することから、その模倣によって成立したことを指摘したが、妥当な見解であ

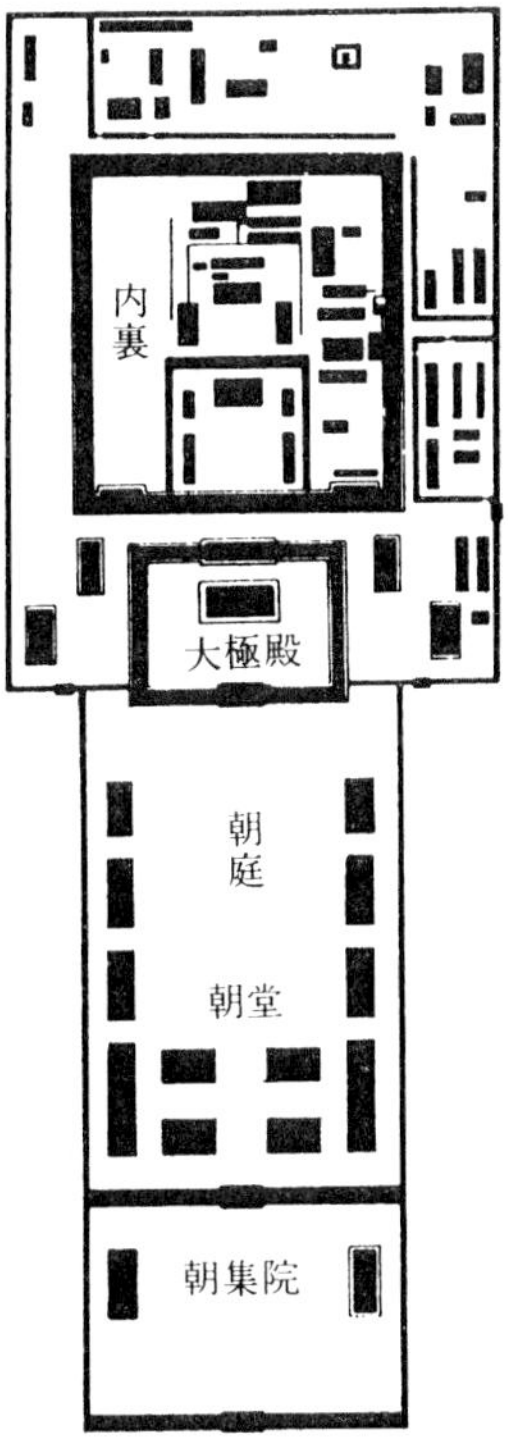

第18図　東区の大極殿・朝堂（上層）・内裏（B期）
（飛鳥資料館『藤原宮』より）

る。大宝二年（七〇二）出発、慶雲元年（七〇四）帰朝の遣唐使のもたらした大明宮に関する知識によるのであろう。天平十七年還都後、a区には大極殿は再建されず、天平宝字年間の造営で建造されたD期は、内裏の機能をもつものであった。b区の四堂は平城宮の終末まで存続した。（補一）

以上のように、平城宮では和銅創建から天平十二年までは、中央区に特異な構造の大極殿・朝庭（a区）と四堂・朝庭（b区　神亀前後以降）の施設があるとともに、東区にも伝統的な大極殿・朝堂の構造をもつ施設（下層・上層遺構）があって、両者が併存した。このような状況は従来の「第一次・第二次朝堂院」説では解釈できないであろう。そもそもこの説は、「朝堂院」遷移後の中央区については豊楽院前身施設の存在を考えたが、遷移前の東区については考慮することがなかった。そしてそこに下層遺構が検出されたのである。

私はひとまず「第一次・第二次朝堂院」説から離れて、第三節で次のような方法によって天平十二年以前に併存する両区の施設の用途・機能について考察する。すなわち、平城宮の両区の併存が平安宮の朝堂院・豊楽院の併存にひきつがれたと考えられることから、朝堂院・豊楽院で行なわれた政務・儀式・饗宴における施設の使い方を明らかにし、それらと本節で明らかにした平城宮の両区の施設の構造の特徴を対応させて、両区の用途と機能を明らかにする。

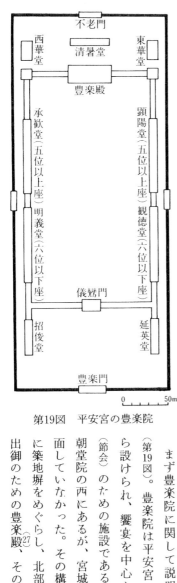

二　中央区・東区の構造と用途

1　平安宮の朝堂院と豊楽院

朝堂院と豊楽院の朝堂　平城宮において東区の十二堂と中央区の四堂が併存する形態け、平安宮において宮城中央に十二堂の朝堂院、その西に四堂の豊楽院が併存する形態とよく似ている。もちろん両宮の間では、宮城においてそれぞれの施設の占める位置が異なるなどの違いもあるが、基本的に十二堂と四堂の施設を東西に併存させる点で同じであり、このような形態は平城宮から平安宮へひきつがれたものと考えられる。したがって、平城宮の中央区・東区の理解のために、平安宮の朝堂院・豊楽院のあり方から考えることは有効である。

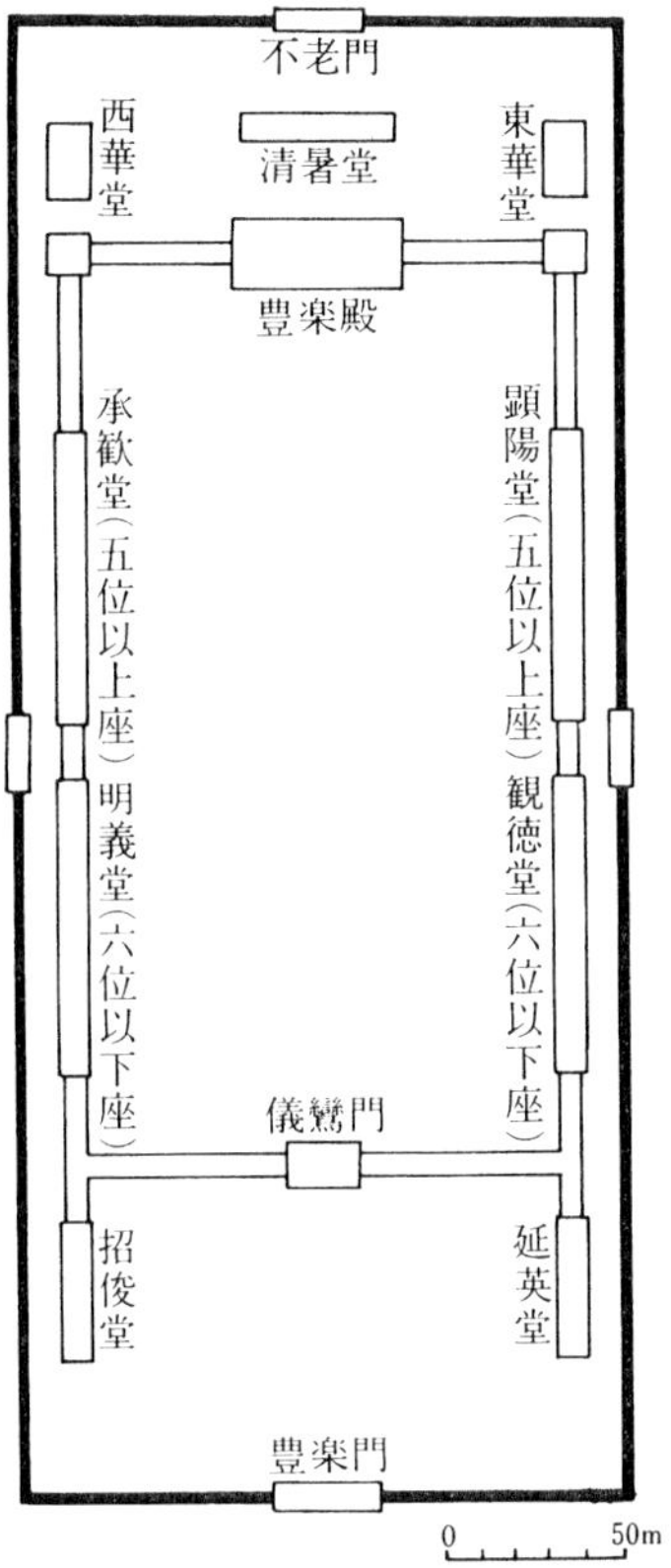

第19図　平安宮の豊楽院

まず豊楽院に関して説明しておく（第19図）。豊楽院は平安宮の創建時から設けられ、饗宴を中心とする行事（節会）のための施設である。豊楽院は朝堂院の西にあるが、宮城門には直接面していなかった。その構造は、外郭に築地塀をめぐらし、北部中央に天皇出御のための豊楽殿[27]、その後に清暑堂を配し、豊楽殿前方の東西に、臣下の着座する四堂を置く。東の二堂を北から顕陽・観徳堂、西の二堂を同じく承歓・明義堂と称する。これらの殿堂を回廊でつなぎ、その中の庭が朝庭である。四堂の前方を回廊で区画し、その中央に儀鸞門を開き、その前方の東西に延英・招俊堂を置く。外郭南門が豊楽門である。このような豊楽院の構造は、天皇出御の殿と後殿、臣下着座の堂と朝庭、朝集堂相当の二堂があるという点で、基本的に朝堂院と同じである。しかし、豊楽殿と臣下着座の堂が同一平面にあって龍尾道（龍尾壇）がない点と、堂が四堂である点で、朝堂院と異なる。

ところで前稿1で論証したように、六国史の史料の上で、「朝堂」と「朝堂院・八省院」とは別な概念である。「朝堂院」の語は『類聚国史』（巻百九十）延暦十一年（七九二）十一月甲寅条に長岡宮に関して初見し、その後「八省院」に改称されるが、(28)この両者はいわゆる朝堂院の十二朝堂のみをさすのではなく、大極殿・小安殿・十二朝堂・朝集堂の全体をさす概念なのである。平城宮以前の「大極殿」「朝堂」という部分呼称から長岡宮における「朝堂院」という包括呼称の成立の意味については前稿3で論じた。

これに対して「朝堂」の語は、飛鳥浄御原宮以降の歴代の宮室で用いられ、『続日本後紀』嘉祥二年（八四九）五月癸亥条までみえている。そして平安宮では、「朝堂」の語は朝堂院の十二堂・朝集殿とともに、豊楽院の四堂をもさすのである。(29)すなわち、「朝堂」とは、朝堂院・豊楽院において、天皇の出御する大極殿・豊楽殿のそれぞれに対して、臣下の着座する十二堂・朝集堂、四堂をさす概念なのである。以上によって、平安宮においては、朝堂院の十二朝堂と豊楽院の四朝堂という構造の異なる朝堂が併存することが明らかになった。このような平安宮における朝堂の併存からみて、平城宮において併存する、東区の下層・上層遺構の十二堂と中央区の四堂のいずれをも、朝堂と呼称してもよいと考える。

これについては後に詳論するが、歴代の宮室の朝堂には十二堂型と四堂型の二型式があったと考えられる。前者は、前期難波宮[30]、藤原宮、平城宮東区下層・上層遺構、長岡宮（八堂）、平安宮朝堂院、後者は平城宮中央区、平安宮豊楽院である。この両型式の構造の相違は、それぞれの用途と、それに基づく官人の着座の原理の相違によるものと考えられる。この点を平安宮の朝堂院と豊楽院の朝堂の使い方の違いから考えてみよう。

朝堂院十二堂と朝政　平安宮朝堂院で行なう主な行事は、即位儀、元正朝賀、御斎会、伊勢大神宮例幣使の発遣、出雲国造神賀辞奏上、外国使節の拝朝などの儀式、また朝政、告朔など政務に関わるものなどであるが[31]、朝堂・朝庭における臣下の動きに注目してみると、即位儀、朝賀、告朔などの儀式は主に朝庭を用いて行ない、朝政は群臣が朝堂に着座して行なう。そして十二朝堂の構造は、この朝政における群臣着座の原理に基づいている。

朝政については岸俊男氏の研究やそれを深められた橋本義則氏の研究[32]があるので、それらを参照して述べることとする。朝政はすでに推古朝には始められ、律令国家においては政務処理の根幹となった。その具体的なやり方は、『延喜式』（太政官式・式部省式上）、『儀式』（巻第九　朝堂儀）によって平安前期のあり方が知られる（以下注（32）橋本論文による）。朝政は、元来毎日朝堂で行なうのが原則であったが、『延喜式』では朝堂で毎日行なうのは四月～九月の間で、三月、十月は旬日に限られ、寒気の厳しい十一月、十二月、正月、二月は朝堂の朝政は行なわず、各曹司において執務した。

朝政は次のような順序で進められる。(イ)諸官司の官人らが、第20図の如く官司ごとに定められた朝堂の朝座に着いて、官司ごとに日常の政務を処理する（常政）。政務の内容によって弁官の決裁を得る必要のあるものについては、諸官司が暉章堂の弁官のもとに行って報告し（申政）、決裁を受ける。弁官は、諸官司の政務報告と太政官内の庶務を整理して、上申するものとそうでないものとに区別する。諸官司は、大臣に直接上申することがある時は弁官と外記に

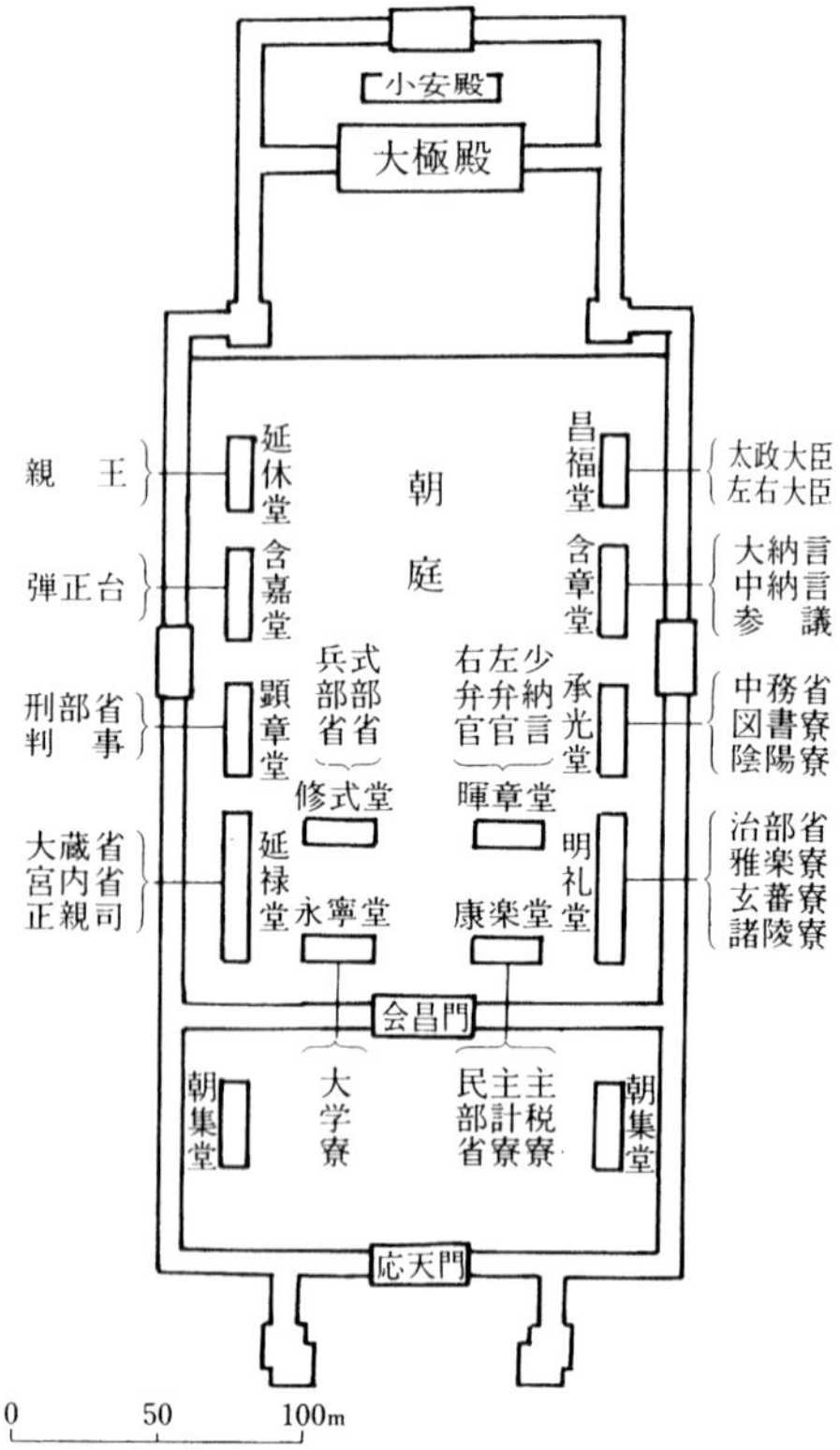

第20図　平安宮朝堂院の朝座

告げておく。(ロ)その間大納言以下の公卿が含章堂に着座し、次いで大臣が昌福堂に着座し、その後大納言以下の公卿も昌福堂に移る。(ハ)諸官司（中務・式部・兵部省）が直接大臣に申政することがある時は、弁官が諸官司を率いて昌福堂に行き、官司が直接大臣に上申し決裁を受ける（諸司〈三省〉申政）。(ニ)弁官が諸官司の上申してきた政を大臣に上申して決裁を受ける（弁官申政）。

これらを簡単にいえば、朝政とは諸官司の日常的な政務処理（常政）と大臣への報告、それに対する大臣の決裁ということになる。このように朝政は、官司を単位に行なわれるものであるので、官人らは朝堂に官司ごとに朝座をもった。このために朝政を行なう朝堂院は、十二堂という多数の堂をもつ構造をとるのである。前述のように、十二堂型の朝堂は、少なくとも前期難波宮までさかのぼる伝統的な型式であった。中国ではこのように多数の朝堂を配することはなく、十二堂型の朝堂は日本独自のものであり、この構造は日本の朝堂が朝政の場であることによって成立したのである。岸俊男氏のいうように、本来朝堂は官司ごとに政務を行なう「庁」であり、そこから後に「曹司」が分かれていくのである。

豊楽院四堂と饗宴　豊楽院では、元日、正月七日（青馬）、正月十六日（踏歌）、正月十七日（大射）、正月十八日（賭

射)、十一月の新嘗祭、大嘗祭の節会など饗宴を中心とする行事を行なった。天皇が豊楽殿に出御し、群臣が朝堂に着座して饗宴を行なうとともに、朝庭でくり広げられる行事をみるのである。煩瑣になるので行事のそれぞれについ

第9表　豊楽院の殿堂の着座

節会	参列する官人	豊楽殿	北二堂 顕陽堂(東)	北二堂 承歓堂(西)	南二堂 観徳堂(東)	南二堂 明義堂(西)
元正節会	次侍従(五位)以上	天皇・皇后・皇太子・大臣・親王以下参議以上	次侍従(五位)以上			
正月七日青馬節会	五位以上 六位以下主典以上	天皇・皇太子・大臣・親王以下参議以上	五位以上		六位以下	
蕃客ある時	同右	同右	四〔五カ〕位以上	蕃客	六位以下	
正月十六日踏歌節会	五位以上	天皇・皇太子・大臣〔親王以下参議以上〕	五位以上			
蕃客ある時	五位以上 六位以下	同右	〔五位以上〕	〔蕃客〕	〔六位以下〕	
正月十七日大射	五位以上 六位以下無位以上	天皇・皇太子・大臣〔親王以下参議以上〕	五位以上		六位以下	
蕃客ある時	同右	同右	五位以上	〔蕃客〕	六位以下	

(注)『儀式』による。『延喜式』掃部寮式にも簡略な記述がある。〔 〕内は推定。

ては述べないが、豊楽院での饗宴における参列者の着座の殿堂を『儀式』『延喜式』（掃部寮式）によって示すと第9表の通りである。これらの饗宴のうち、臣下についてみると、元日、正月十六日は次侍従（五位）以上、正月七日、十七日、新嘗祭・大嘗祭の節会は、五位以上とともに六位以下も参加した。そして前者の場合は五位以上が北の顕陽・承歓堂に着座し、後者の場合には五位以上が同じく北の二堂、六位以下が南の観徳・明義堂に着座した。ただし後者の内で、正月十七日の大射は東から西へ向けて弓を射たので、西二堂は使わず、東二堂に五位以上、六位以下が分かれて着座した。また蕃客（渤海使）が節会に参列する場合は、正月十六日にも六位以下が参列することになり、その他の節会も含めて、西の北堂の承歓堂が蕃客着座の堂となり、五位以上は顕陽堂、六位以下は観徳・明義堂に着座した。節会参列以外の場合の蕃客への豊楽院賜饗でも、これと同じであった（『三代実録』元慶七年〈八八三〉五月三日戊辰条）。

以上から、蕃客参列の場合は少し変わるが、豊楽院における着座の原理は、五位以上――北二堂、六位以下――南二堂というもので、位階に基づくものであることが明らかである。豊楽院での行事は饗宴を中心とするもので政務とは関係ないので、その着座の原理は律令制における官人序列の基本である位階に基づき、五位以上のいわゆる貴族と六位以下を分けて着座させた。このために北二堂・南二堂の四朝堂の構造が採用されたのである。また豊楽殿については、天皇のみの独占的な殿でなく、皇后（元正節会の時）、皇太子、大臣、親王以下参議以上も着座することは注目すべきである。後述の如く、これは豊楽院の行事が天皇と臣下の一体感を作り出すためのものであることと関係する。

以上によって、朝堂院と豊楽院は、朝政と饗宴の節会という用途の相違に基づく、官司の論理と位階の論理という着座の原理の相違によって、それぞれ十二堂と四堂という構造をとることが明らかになった。ここでは、このような宮殿の構造が、その用途に基づく使い方によって決定されること、いいかえれば構造と用途は対応することを強調しておきたい。

ところで橋本義則氏は、豊楽院の成立を論ずる中で、平城宮の大極殿・朝堂で行なう儀式を、天皇の出御する場の相違によって、天皇が大極殿に出御する型（即位儀、朝賀、任官、叙位、改元の宣詔、告朔）と、大極殿閤門に出御する型（正月七日・十六日・十七日節会、新嘗祭豊明節会、外国使節・化外民への賜饗）の二類に分類し、平安宮では前者が朝堂院における儀式（即位儀、朝賀、告朔、出雲国造神賀辞奏上、外国使節の上表）、後者が豊楽院における儀式（正月元日・七日・十六日・十七日節会、豊明節会）として引きつがれ、大極殿出御型＝朝堂院型の儀式は、大極殿に着座する天皇と朝庭に列立する臣下が対面して行なう朝拝を中心とする儀式、閤門出御型＝豊楽院型の儀式は、閤門・豊楽殿に着座する天皇と朝堂に着座する臣下が、朝庭をとり囲んでそこでの行事や芸能を見て饗宴を行なう儀式であることを明らかにした（注(7)「平安宮草創期の豊楽院」）。この見解は、臣下の場である朝堂を基準とした私の分類と視点が異なるが、橋本氏のいう閤門出御型＝豊楽院型の儀式が、私のいう豊楽院（四堂型）で行なうものと同じであることは明らかである。

2　中央区・東区の用途

二つの朝堂の用途　平安宮における朝堂院・豊楽院の朝堂からみて、平城宮でも中央区の四堂と東区の下層・上層遺構の十二堂が、いずれも朝堂と称されて併存した可能性がでてきた。中央区の四堂は大極殿の前にあるのだから、朝堂とよばれたことは確かであり、東区については後に詳論する。そして、四堂と十二堂という構造からみて、中央区の朝堂の用途は饗宴を中心とする行事であり、東区の下層・上層遺構の朝堂の用途は朝政であり、両者は用途を別にしたと考えられる。藤原宮の十二朝堂では朝政も饗宴も行なったから、東区の十二朝堂で饗宴を行なうことができ

第10表　平城宮大極殿・朝堂の利用事例

行事	朝堂	大極殿
節宴　元日	7	
正月七日	5	
正月十六日	8	2
正月十七日	2	1
大嘗・新嘗祭饗宴	4	
外国使者饗宴	8	
その他の饗宴	3	
元日朝賀		19
即位儀		6
叙位		2
宣詔	1	2
上表	3	
隼人の奏楽		2
仏事	3	2

（注）数字は例数を示す。

ないわけではなく、事実中央区の四朝堂が建造される神亀前後までは饗宴を東区で行なったであろう。しかし、四朝堂と十二朝堂が併存する段階では、平安宮の朝堂院と豊楽院の用途の分担をさかのぼらせて考えるのが妥当であろう。

　四朝堂における饗宴は、橋本氏のいう閤門出御型であるから、中央区四朝堂で臣下に饗宴を賜う時は、天皇はa区大極殿南門（SB七八〇一）すなわち閤門に出御したであろう。大極殿前の壇の木階から閤門までのa区朝庭中央の道は、天皇が閤門へ出御するための道――いわゆる馳道か――であろう。文献史料にみえる平城宮の「朝堂」は、中央区・東区の両者を含んでいるわけで、史料のそれぞれについてどちらに属するかを区別することはむずかしい。第10表に朝堂の用途を整理したが、これらのうち、正月元日・七日・十六日・十七日の饗宴、大嘗・新嘗祭の饗宴、外国使者の饗宴、その他の饗宴（基皇子誕生、隼人入朝）などは中央区で行なわれたものであろう。

和銅六年の「朝堂」　ここで東区下層遺構が和銅六年（七一三）までさかのぼり、朝堂とよばれて朝政が行なわれていたことを示す史料を掲げる。

(1)和銅六年（七一三）十一月十六日官宣（『三代実録』元慶八年〈八八四〉五月二十九日戊子条所引）

　和銅六年十一月十六日官宣偁、親王太政大臣出㆓入朝堂㆒者、式部告㆓知下座之事㆒、其左右大臣動㆑座、五位以上降㆓立床下㆒、余跪㆓座下㆒、就㆑座及出㆑門訖、倶復㆑座、

史料(1)は平城宮朝堂に関する初見史料であるが、この朝堂を東区下層遺構の十二堂に当てる根拠は、第一に中央区

の四朝堂の建造が神亀前後で、和銅六年にはないので、東区下層遺構に当てるほかないことである。『報告XI』はa区の壇上の大極殿の左右に朝堂が存した可能性を指摘している。壇上のA期の遺構は遺存状況が悪いから、大極殿・後殿のほかに建物が存した可能性は大いにありうると考えられるので、史料(1)の朝堂がこれに当たる可能性は皆無ではない。

しかし第二に、史料(1)和銅六年制が朝政における拝礼を規定したものであるから、この朝堂は朝政を行ないうる十二堂型のものでなければならないことがあげられる。朝堂における拝礼については、儀制令12庁座上条に、庁(朝堂)の座上にある群臣が親王・太政大臣に下座の拝礼を、左右大臣・当司長官に動座の拝礼をすることを定める。史料(1)和銅六年官宣は、この儀制令の規定のうち、親王・太政大臣に対する拝礼の仕方を拝礼する群臣の身分によって分けたものである。この朝堂における拝礼に関しては関連史料も多く、岸俊男・橋本義則両氏の研究(注(32))があるので、詳細はそれらに譲るとして、最終的に次の弘仁十年(八一九)六月の制が定められ、これが『儀式』『延喜式』に引きつがれる。

(2)『日本紀略』弘仁十年六月庚戌条

制、諸司於二朝堂一見二親王大臣一、以二磬折一代二跪伏一、以二起立一代二動座一、太政官少弁已上初就レ位者、外記左右史已下皆起、若大弁一人先就レ位者、見二後来大弁已下一不レ起、中弁已下先就レ位者、見二後来大弁一即起、省台長官初就レ位者、輔弼已下及所管寮司長官已下皆起、刑部大判事効レ之、輔弼初就レ位者、省台寮司主典已下皆起、判事属効レ之、若長官先在レ座者不レ起、寮司長官就レ位者、主典已下不レ起、但於二本司庁一起也、[33]

この制では、拝礼の仕方を、これまでの跪伏を磬折、動座を起立に変え、儀制令の当司長官に対する拝礼について、「太政官少弁已上」以下で詳しく定める。そして朝政について定める『儀式』朝堂儀には、前述の朝政の進行過程の

(ロ)の大臣の朝堂参入の部分に、この弘仁十年制を記載している。また『延喜式』式部式上でも、弘仁十年制を引きついだ朝座礼儀条を朝堂儀、諸司申政の規定の次に置いていて、これらから史料(2)弘仁十年制、またその前身となる(1)和銅六年制が朝政における朝堂での拝礼の規定であることは明らかである。前述のように、朝政では、まず諸官人らが着座して常政を行ない、そこに大臣が参入し、その際と退出する際に、朝座の官人らが拝礼をしたのである。(34)

これに対して、四堂型の豊楽院で行なう正月元日・七日・十六日・十七日の節会の際の着座の順序を『儀式』によってみると、まず天皇が豊楽殿に出御し、次に大臣・皇太子が豊楽殿に着座し、最後に親王・群臣が朝庭に入って謝座・謝酒の拝礼をして、着座するのである。群臣は親王とともに、また大臣よりも後に着座するから、これらの豊楽院における節会には、史料(1)(2)の朝堂での拝礼の規定は適用できない。これによって、史料(1)が朝政に限る拝礼の規定であることが明らかになった。したがって、史料(1)にみえる朝堂は、朝政を行ないうる十二堂型のものでなければならないから、未だ建造されていない中央区の四堂はもちろん、大極殿の左右に想定されるような朝堂ではあり得ず、東区の下層遺構の十二堂に当てるほかはない。ここに、東区下層遺構の十二堂が、和銅六年には存在し、「朝堂」とよばれて、朝政が行なわれていたことが明らかになった。中央区には和銅から天平十二年まで大極殿、神亀前後以降、朝堂がある一方、東区にも和銅から朝堂があって、神亀前後以降二つの朝堂が用途を異にして併存したのである。

中央区a区と即位儀・朝賀　a区は、壇上の大極殿に対して、壇下に朝庭が広がる構造であることからみて、橋本氏のいう大極殿出御型の儀式に用いられた可能性がある。この型の儀式は、大極殿に出御した天皇に朝庭に列立した臣下が向かいあって朝拝するのが基本的なあり方であるから、a区の構造にふさわしい。しかし、朝庭はb・d区にもあるからこの型の儀式がすべてa区で行なわれたとも決められない。ただb区の朝庭は、大極殿との間にa区の朝庭があるから、この型の儀式を行なうのには相応しくなく、饗宴に伴う行事の場であったとみるべきである。東区の下層・上層遺構は、正殿・大極殿――朝庭の構造をとるから、この型の儀式を行なうことができる。事実平安宮ではこの型の儀式のすべてを十二堂型の朝堂院で行ない、また平城宮でも、中央区大極殿がなくなり還都した天平十七年以降は、この型の儀式のすべては東区で行なったと考える。

私は、中央区大極殿が存した天平十二年以前は、大極殿出御型の行事のうち、即位儀、元正朝賀は中央区a区で、告朔、成選叙位などの際の宣命宣布など政務に関する行事は東区で行なったと考える。それは、d区朝庭が朝堂をもつのに対してa区朝庭はもたないという構造上の違いがあり、また即位儀・朝賀と告朔、成選叙位の宣命宣布の間では、同じく朝庭で行なうといっても、朝堂も使うか否か、また群臣列立の仕方などの点で違いがみられるからである。

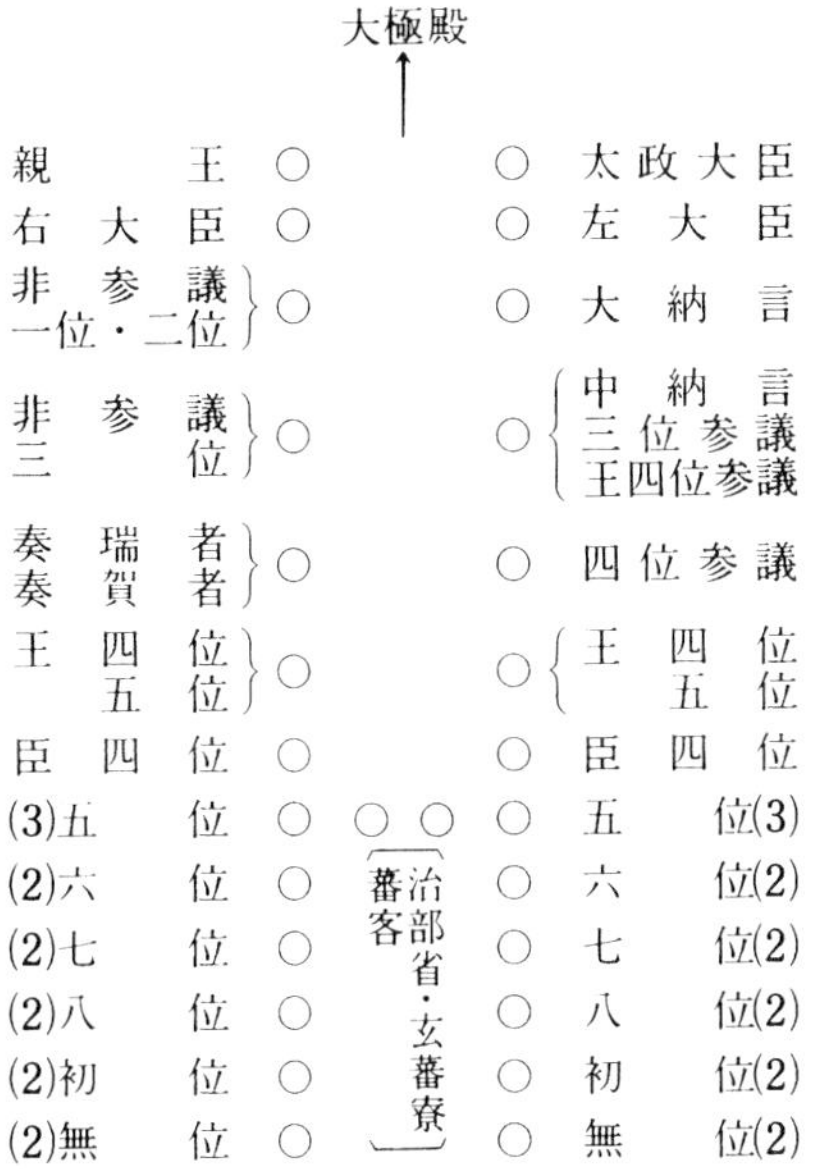

(注) 『儀式』元正朝賀儀による。( ) 内の数字は版位の数。無記載は版位1。〔 〕は蕃客拝朝の場合。

第21図 朝賀の朝庭列立

即位儀と朝賀の儀式は基本的に同じ構造をもち、大極殿に出御した天皇に朝庭に列立した群臣が拝礼するのである。[35]『儀式』によって両儀式の詳細をみると、基本的に群臣は朝庭に列立するだけで、朝堂に着座することはない。[36]その朝庭列立の仕方は、『儀式』元正朝賀儀の版位の設置の記述によれば第21図の如くで、公卿・親王を別にして位階順に並ぶのである。この列立は朝参の列立を定めた公式令55文武職事条によるもので、令制当初にさかのぼる。

『儀式』によれば、両儀式では群臣は朝庭に列立するだけで朝堂に着座することはないが、実例ではどうなのかを、『日本書紀』の藤原宮から『三代実録』の終りまでの間で検討してみよう。即位儀は文武から清和まで十五代のうち、文武・称徳・淳和の三代を除く十二代の即位儀に関して、「受レ禅即二位於大極殿一」（聖武即位『続紀』神亀元年二月甲午条）などのように大極殿における即位を記すのみで、臣下については朝堂着座はもちろん、記載そのものがない。ただ弘仁十四年（八二三）四月の淳和即位については次のように朝堂列立がみえる。

(3)『日本紀略』弘仁十四年四月辛亥条

皇帝即位、（宣命略）此日、零レ雨庭湿、群臣百官皆悉陣二列八省殿上一、行二拝礼事一、

また『日本紀略』天長二年（八二五）閏七月丁亥条や「淳和天皇御即位記」（『続群書類従』第十輯下）にもこの即位儀で朝堂を用いたことが見える（註(31)福山敏男「朝堂院概説」）。しかし、史料(3)と「淳和天皇御即位記」に記すように、これは雨天の場合の特例で、かえって普通の場合は朝堂を用いることがなかったことを示すものである。『文徳実録』嘉祥三年（八五〇）四月甲子条に文徳即位儀の時に朝に雨が降ったので「雨天儀」を以て行なったと記すが、雨天の即位儀に朝堂で使うことが「雨天儀」とよばれるように定着していたのであろう。

朝賀についても同じ期間の例によれば、天皇が「御二大極殿一」することを記すだけで、臣下に関する記述はない。風雨など悪天候の場合は廃朝となるのが例である[37]。以上のように、雨天儀のあり方や悪天候の際の廃朝、実例で特に『儀式』と矛盾する記載のないことから、早い時期から『儀式』に記すように、両儀式では雨天以外では群臣は朝庭に列立し、朝堂に着座することがなかったと推定される。したがって、両儀式には朝堂は必要ないのである。このような即位儀・朝賀は、もちろん朝堂のある朝庭でも執行できるが、大極殿と朝庭のみのａ区の構造に最もふさわしいものであろう。

そしてａ区で朝賀を行なった例を一例だけであるが指摘できる。

(4)『続紀』霊亀元年（七一五）正月甲申朔条

天皇御二大極殿一受レ朝、皇太子始加二礼服一拝レ朝、陸奥出羽蝦夷幷南嶋奄美・夜久・度感・信覚・球美等来朝、各貢二方物一、其儀、朱雀門左右、陣二列鼓吹騎兵一、元会之日、用二鉦皷一自レ是始矣、

前稿1で指摘したように、史料(4)は『続紀』和銅三年（七一〇）正月壬子朔条の藤原宮における朝賀の記事を参照して解釈すると、この日の朝賀では、天皇が大極殿に出御して群臣の朝賀を受けるとともに蝦夷・南嶋人ら夷狄が方物を貢献したが、彼ら夷狄は朱雀門外の左右に陣列した鼓吹騎兵に率いられて同門から入って朝庭に参入したと考えられる。朱雀門から参入したのは、この大極殿が中央区ａ区のものであったからにほかならない。この時の朝賀と夷狄の方物貢献は、ａ区の大極殿・朝庭で行なわれたのである。

史料(4)は、平城宮大極殿の初見史料であるが、前述のように、これによってａ区のＳＢ七二〇〇が平城宮創建当初から大極殿と称されたこともわかるのである。

即位儀と朝賀は、天皇の代替りごとにあるいは年頭ごとに、臣下の天皇への服従を確認するための、律令国家にとって重要な意義をもった儀式であった。宮城の中で最も重要な中央部の、そして新しい構造をもったａ区は、そのような重要な儀式を営むのに最もふさわしい場であると考える。塼積擁壁に外装された二㍍以上の高さの壇は、朝庭からその上の大極殿を仰ぎみる臣下らに、天皇への服従の観念をうえつけるのに有効な道具立てであったに違いない。

東区と宣命・告朔　東区で行なったと考える成選叙位などの際の宣命宣布については次の史料がある。

(5)『延喜式』式部式上宣命条

凡於二朝廷一宣命者、群官降レ座立二堂前庭一、（謂下成選授位幷任二郡司一及臨時宣レ詔之類上事見二儀式一、）

(6)『続紀』神亀五年（七二八）三月丁未条

制、選叙之日、宣命以前、諸宰相等、出立二庁前一、宣竟就レ座、自レ今以後永為二恒例一、

史料(5)は、成選叙位、郡司任官、その他の臨時の宣命宣布の際に、群官が朝堂の座から降りてその前庭に列立すると記すから、朝堂のある朝庭で行なわれたことが明らかである。史料(6)はそのうちの選叙の日の宣命宣布に関するもので、同じ内容ではないが、やはり宰相らが「庁前」すなわち朝堂（東第一堂・昌福堂相当）前に列立することを記すから、朝堂のある朝庭で行なったことは明らかである。史料(5)のうち郡司任官と臨時の宣命宣布のこのようなやり方が奈良時代にさかのぼるかは不明であるが、少なくとも成選叙位の宣命宣布が朝堂のある朝庭で行なわれたのは奈良時代初期にさかのぼるから、このことは、朝堂のないａ区の朝庭でなく、十二朝堂のある東区で行なわれたと考えられる。

告朔は、毎月朔日に大極殿の天皇に対して、群臣が朝庭に列立して前月の公文を奏上する儀式である（儀制令5文武官条）。その列立については『延喜式』に次のように定める。

(7)『延喜式』弾正台式

凡進二告朔函一時者、弁官、式部、兵部、弾正五位已上者、立二本司庁前一、他司五位已上者、立二東西庁前一、諸六位已下立二弁官式部庁後一、

史料(7)によれば、告朔の際の列立は、弁官、式部・兵部省、弾正台の五位以上の官人は、自らの官司の朝座のある朝堂の前、その他の官司の五位以上は東西庁、すなわち朝庭の東西の南北棟の朝堂の前に、六位以下は東西棟の弁官庁（暉章堂）と式部庁（修式堂）の後に列立することになっていた。五位以上が朝堂の前に列立するのは、儀制令5文

武官条に定めるように彼らが官司ごとに公文を朝庭の案の上へ進める役割をもっていたからである。このように告朔は十二朝堂のある朝庭で行なわれたことは明らかである。史料(7)の規定は、『令集解』儀制令5文武官条所引の令釈に在ったという注記をもつ或説、また『弘仁式』弾正台式逸文(「式逸」『続々群書類従』第六法制部所収、虎尾俊哉編『弘仁式貞観式逸文集成』)に、ほぼ同内容で見えているから、令釈の成立年代である延暦六年(七八七)~十二年ごろの長岡宮の時代までさかのぼるが、(38)奈良時代前半にまでさかのぼる史料は見出しがたい。

しかし『令集解』儀制令5文武官条の師説がいうように、告朔は「常朝参」すなわち朝政の延長としての「朔日儀式」であることからみて、(39)奈良時代前半から朝政と同じく十二朝堂の朝庭で行なわれたと考える。このように選叙の日の宣命宣布、告朔が、東区の十二朝堂の朝庭で行なわれたのは、これらが朝政と同じく政務に関わるものであったからと考えられる。

中央区・東区の用途　平城宮大極殿・朝堂で行なった政務・儀式・饗宴を、橋本氏による天皇の出御の場による分類と、私が試みた臣下の朝堂の着座と朝庭の使い方とによる分類を組みあわせると、次の四類型に分類できる。

(イ)大極殿――朝庭型　即位儀、朝賀
(ロ)大極殿――十二朝堂の朝庭型　告朔、選叙などの宣命宣布
(ハ)大極殿――十二朝堂型　朝政
(ニ)閤　門――四朝堂型　正月元日・七日・十六日の饗宴、大嘗・新嘗祭の饗宴、その他の饗宴

(イ)(ロ)が橋本氏のいう大極殿出御型、(ニ)が閤門出御型の儀式である。橋本氏は(ハ)朝政については天皇が出御しなかったと考えているので、ふれられていない。

これら四類型を、中央区a・b区、東区下層・上層遺構の構造の特徴と相違に注目して、それぞれに対応させると

次のようになる。

中央区a区（大極殿――朝庭）――(イ)

中央区b区（閤門――四朝堂）――(ニ)

東区（正殿・大極殿――十二朝堂・朝庭）――(ロ)(ハ)

これらをまとめれば、中央区（a・b区）は儀式・饗宴の特定の日に用いる非日常的な場、東区は政務の場で、毎日の朝政が中心となるから日常的な場ということになる。いいかえれば、中央区は「ハレ」の場、東区は「ケ」の場ともいえよう。このように考えると、両区と内裏との位置関係や、両区の朝集堂の存否に関しても一つの解釈が可能である。

内裏の位置と朝集堂の存否　内裏（e区）は和銅創建から、c区の正殿（下層）・大極殿（上層）の北にあって、上層遺構では内裏・大極殿院がもう一つ外側の内裏外郭の築地塀によって囲まれていた。この内裏、正殿・大極殿、十二朝堂の配置は藤原宮のそれをそのまま引きついだものであった。朝堂での行事に参集した官人が刻限まで待機する朝集堂は、中央区ではD期には朝集院の区画があるから存在の可能性があるが、B期には朝集堂は未確認で、朝集院の区画もなかった。東区では上層遺構では朝集堂があり、下層遺構では朝集院の区画の存在から朝集堂の存在の可能性がある。朝集堂については未確定の部分があるが一応右のように考えて解釈しておこう。

奈良時代前半において、内裏が中央区大極殿から遠く、東区正殿・大極殿と一体であるのは、毎日朝政を行なう日常的な場である後者が、特定の日のみ儀式・饗宴を行なう非日常的な場である前者よりも、天皇の出御する頻度が高いからと解釈できる。朝集堂に関しても、東区では群臣が朝政に毎日早朝から参集するから不可欠であるが、中央区ではそれほど必要性がなかったと考えられる。

もっとも、内裏に関連して述べた、朝政における天皇の出御については見解が分かれている。古瀬奈津子氏は、平城宮時代に天皇が朝政の際に大極殿に出御して聴政したと考え（注(7)「宮の構造と政務運営法」）、橋本義則氏はこれを否定する（注(7)「朝政・朝儀の展開」）。両氏が認めるように、『儀式』『延喜式』からみて、平安前期には朝政の際に天皇は大極殿に出御せず内裏で聴政し、そのようなあり方が桓武朝までさかのぼることは明らかである。一方、大化三年（六四七）の小郡宮における礼法によれば、この当時毎日の朝政に、天皇が朝堂の北の内裏の大殿に出御したことが明らかで、問題は後者から前者への転換がいつ起こったかということである。

橋本氏は、(イ)養老四年（七二〇）八月詔で、文書への内印の押捺を請う場合、作成した文書一通を内裏の天皇に奏進していること、(ロ)奈良時代には官人に政治に関する意見を求める場合や、国政の重大事について議政官が詔勅を宣する場合に官人を内裏に召喚していることを根拠に、奈良時代はじめから天皇は日常的に内裏で執務したと考えた。しかし、(イ)の文書の請印については、橋本氏が自ら明らかにしたように、朝政は口頭伝達を主とする政務であるから、請印のような文書行政の行なわれる場とは違うのではないかと考える。(ロ)の重要事に関する意見の聴取や詔勅の宣布のための官人の内裏召喚も、重要事だからこその特例で、日常的な政務処理の朝政とは次元が違うのではないかと考える。したがって橋本氏の論拠によって、天皇の朝政出御を一概に否定できないと考える。

私は古瀬氏が指摘されたように、(イ)七世紀中ごろ天皇の朝政への出御が行なわれ、その時期の内裏——朝堂の構造を引きついで、藤原宮の大極殿——朝堂、平城宮東区の正殿・大極殿——朝堂の構造が成立していること、(ロ)大宝令宮衛令4諸門開閉鼓条によれば、朝政の際の諸門の開閉に当たって大極殿閤門も開かれるが、それは天皇の大極殿出御を前提としていることの二点、さらに(ハ)『続紀』養老三年（七一九）六月丁卯条「皇太子始聴。朝政。焉」が首皇太子の朝政出御を示し、そこから元正天皇の朝政出御がうかがえること、また前稿3で指摘した同天平五年（七三三）

八月辛亥条「天皇臨レ朝始聴二庶政一」が聖武天皇が朝堂に臨んで朝政を聴いたことを示すことなどのあわせて三点を根拠にして、少なくとも天平五年ごろの平城宮時代初期までは天皇の朝政出御が行なわれたと考える。橋本氏は(八)の天平五年の史料について、天皇の朝政出御が異例であったので特に『続紀』に記録されたと考えたが、この記事は聖武が天皇として初めて朝政に出御したことを記録するために残されたので、特例視するに当たるまい。『続紀』は聖武に関しては、皇太子時代からその個人の成長に関わるような記事を収める方針のようで(40)、この記事もそのような一つであろう。

東区下層遺構正殿の呼称　東区下層遺構のd区の推定十二堂を朝堂と呼称することは明らかになったが、それではその正殿SB九一四〇は何と呼称されたのであろうか。このことは天平十二年以前の上層遺構SB九一五〇についても問題となる。

SB九一四〇の呼称については、近年寺崎保広氏が「大安殿」に当てる説を出された(41)。平城宮大安殿は、『続紀』神亀二年（七二五）十一月己丑条に初見し(42)、天平勝宝六年（七五四）正月壬子条まで見える。大安殿については大極殿との異同に関して問題があったが、関野貞氏『平城京及大内裏考』（一九〇七年）の内裏正殿（平安宮紫宸殿相当）に当てる考えが通説化していた。これに対して、寺崎氏は、上層遺構の年代を天平十七年以降とする立場に立ち、同一宮城内に大極殿は唯一つであると考え、かつ『報告Ⅲ』の大安殿に関する見解を踏襲し、大安殿が正月七日・十六日饗宴、元正朝賀、読経斎会、出雲国造神賀辞奏上、冬至賀など、大極殿と共通する行事を行なっていることから、朝庭・朝堂をもった施設であるとして、SB九一四〇の宮殿名に当てたのである。

この大安殿説に対して疑問なのは、第一に平城宮大安殿が天平十七年還都以降、同年に一回（『続紀』同年八月庚子条）、天平勝宝二年に二回（同年正月庚寅・二月癸亥条）、同六年に一回（同年正月壬子条）見えているのに対して、同元年七月甲午条に孝謙即位の場として大極殿が見えていることである。寺崎氏は天平勝宝六年の記事は、下層遺構の年代がそこまで下るのは考えにくいことから、『日本紀略』同日条に「大極殿南院」と記されているのを採用して、大安殿の史料から除いたが、この史料操作はいささか便宜的であろう。それ以上に問題なのは天平勝宝元年における大極殿の存在である。中央区SB七二〇〇はすでにないから、寺崎氏の遺構の年代観によれば、この大極殿は下層のSB九一四〇に当てざるを得ない。そうするとSB九一四〇は大極殿と呼称された後に再び大安殿とよばれたことになる。私の遺構の年代観では、この大極殿は上層のSB九一五〇である。第二に、大安殿は、平城宮と併存した恭仁宮(『続紀』天平十四年正月壬戌条、同十五年正月丁未条)、紫香楽宮(同十七年正月乙丑条)にも存し、また難波宮にもあったかもしれない(注(42))。これらの諸宮にも大極殿・朝堂と、平城宮下層遺構のような施設が併存したのであろうか。考えにくいことである。第三に、大安殿の行事のうち、正月七日・十六日の饗宴は、私見によれば中央区の閤門――四朝堂で行なわれたのであって、東区の十二朝堂で行なわれたとは考えにくい。以上の三点から、大安殿はやはり通説の如く内裏の正殿であって、SB九一四〇の宮殿名とするのは困難であると考える。

私は前稿3で論証なしにSB九一四〇を大極殿と考え、和銅当初から平城宮では二つの大極殿が併存したと記した。そのように考えた論拠を改めて示せば、第一に構造の点で、下層遺構は、藤原宮大極殿・朝堂――→下層遺構――→上層遺構――→長岡宮・平安宮朝堂院という十二朝堂型の大極殿・朝堂の系列の中に位置づけられることである。ことに少なくとも天平十七年以降大極殿・朝堂と呼称される上層遺構は、この下層遺構と配置のうえで密接な関連をもって建造されていた。第二に、下層遺構の十二堂は、朝堂と呼称され、そこでは大極殿・朝堂で行なう朝政が行なわれた。このような用途をもつ朝堂に対する天皇出御の正殿は、大極殿と呼称しうるということである。

しかしひるがえって考えてみると、この議論は構造・用途論であって、呼称の問題は別とも考えうる。すなわち、下層遺構が大極殿・朝堂と同じ構造と用途をもっていても、SB九一四〇が大極殿と呼称されたとは限らないとも考えられる。

SB九一四〇の殿名を大極殿とするうえで障害となるのは、やはり大極殿と呼称する殿が同一宮城内に二つあり得るかということであろう。この疑問は、大極殿の殿名の基となる「大極（太極）」が『易経』に基づき、宇宙万物の根源という意味であることからも発する。この問題に関連して、近年高御座に関する興味深い研究が進められているので、これについて検討することにする。

高御座　いうまでもなく大極殿や豊楽殿の天皇出御の御座が高御座であるが、近年和田萃氏が高御座に関する新しい見解を公けにした(43)。論点は多岐にわたるが、本論の関心から整理すると次の如くである。すなわち、即位宣命などに見られるように、高御座は天皇位を象徴するものである。その構造は、方形の漆塗の木製の壇の上に、八角形の蓋（屋根）をのせた八角形の屋形を設置したもので、高御座そのものは蓋と屋形の部分を指す。『延喜式』内匠寮式によれば、高御座は大極殿・豊楽殿に常置されず、行事のある時に臨時に敷設され、壇や屋形を組みたて蓋上などに装飾を施した。天武朝以前には、聖性を身に付けるために天皇が神聖な壇に登って即位する登壇即位が行なわれたが、高御座はこの神聖な壇を踏襲したものである、というのである。さらに橋本義則氏はこの見解をうけ、『続紀』天平十六年二月甲寅条の難波京遷都の際に恭仁宮の高御座と大楯を難波宮に運んだ記事などに注目し、高御座は唯一の存在であって解体して運搬できるものであり、また天皇位を象徴するのは大極殿よりも高御座であり、これらのことは複都制や平城宮の両区の遺構を理解するために有効であるという示唆深い考えを述べられた（注(7)「朝政・朝儀の展開」）。橋本氏は明言してはいないが、氏の考え方を敷衍すると、高御座を設置した殿こそが大極殿と呼称されたということになるのではなかろうか。この考え、また高御座は移動されるものであるという考えは、大極殿併存説にとってすこぶる魅力的なものである。すなわち、両区の正殿と大極殿の間で行事あるごとに高御座が移動され、両殿ともに大極殿と呼称されたとも考えられるからである。しかしながら、両氏の高御座に関する考えには疑問があり、若干の修正を要する。

第一に、高御座が大極殿・豊楽殿に常設されず、臨時に構立されるという点である。和田氏があげた『延喜式』内匠寮式大極殿飾条は、元正朝賀のためにその前日に「装二飾大極殿高御座一」することを定め、その装飾の内容として蓋上の鳳像九隻、屋形の鏡、八角蓋の玉幡について記し、それらの「元日高御座飾物収二内蔵寮一、当レ時出用」と定める。この規定では高御座の種々の装飾について記すのみで、壇の敷設、屋形の構立については一切ふれていない。ことに「飾物」の保管官司や収納については記すが、壇・屋形についてはそのことを記していない点に注意すべきである。したがって、この規定からは高御座の壇と屋形が臨時に構立されるものであるとはいえないし、かえって壇と屋形の保管官司と収納について記さないことから、それらが大極殿に常設されていたと考えるのが自然である。さらに玄蕃寮式に即位の一代一度、宮内諸殿・諸官司・諸国分寺に百高座を設けて行なう仁王般若経講説（仁王会）の規定があり、その中で大極殿では「仏台便用二高御座一」と定める。仏台は釈迦牟尼仏幷菩薩羅漢像一鋪（絵像か）を設けるもので、百高座それぞれに設けられ、大極殿では便宜高御座を仏台に用いるというのである。和田氏は、この規定を壇から屋形を撤去して仏台を設けると解釈しているが、「仏台便用二高御座一」とは屋形も壇もそのままに仏台として用いるとも解せるのであって、この規定によって、高御座が壇と屋形を分離できる構造であるとは必ずしもいえない。和田氏のように解すると、高御座が蓋と屋形をさすという自説とも矛盾してくる。なお付け加えれば、内匠寮式に、正月御斎会（正月八日〜十四日　最勝王経講説）に「従二図書寮一運二高座具一構二立大極殿一」する規定があるが、この「高座具」は、掃部寮式にみえる最勝王斎会の際に高御座の丑寅角と小安殿に設ける御座、また図書寮式正月最勝王経斎会堂装束にみえる高座二具に当たり、高御座とは別のものである。

第二に、高御座が唯一つであるということに関して、平安宮に限れば高御座は大極殿と豊楽殿に二つ存したと考えられる。『儀式』によれば、元日には朝堂院の朝賀に引き続き、豊楽院で元正節会があり、天皇は朝賀が終ると豊楽殿清暑堂に遷御し、少時して豊楽殿に出御した。前述のように、『延喜式』によれば、朝賀に備えてその前日に大極殿高御座の装飾が行なわれ、このことについては『儀式』にも「前一日、装㆓飾於大極殿㆒、敷㆓高御座㆒以㆑錦」と簡略に記す。一方『儀式』によれば、豊楽殿でも元正節会に備えて、その前日に内匠寮が「構㆓立御斗帳於豊楽殿高御座上㆒」し、当日昧旦に掃部寮が「敷㆓御座於高御座㆒」くことになっていた。このように同日に大極殿・豊楽殿の高御座の準備を行なうことからみて、平安宮では両殿それぞれに高御座が存したことは確かである。このことは、前述した、高御座が臨時に構立されるものではなく、大極殿・豊楽殿に常設されていたことと関係していよう。

豊楽殿の高御座に構立される「御斗帳」については、内匠寮式に製作に関する規定があって、高さ八尺一寸、方一丈二尺二寸の大きさであることがわかるが、この豊楽殿の高御座と御斗帳の構造については、「文政元年悠紀主基御帳継壇御装束類之事(44)」なる記録から推測できる。この記録は『壬生家記』に収められ、文政元年（一八一八）の仁孝天皇の大嘗祭の節会の高御座に関するものである。大嘗祭では卯日夜からの朝堂院大嘗宮での祭儀に続いて、三日間豊楽院で節会（饗宴）が行なわれ、そのうち辰・巳日には天皇は悠紀・主基国が豊楽殿高御座の東西に設けた悠紀帳・主基帳に出御するが、午日の豊明節会には高御座に出御した。文政元年には豊楽院は存在しないが、先の記録の高御座に関する記載は午日豊明節会に関するものと考えられるから(45)、豊楽殿の高御座を踏襲したものと考えることができる。

同記録によれば、高御座の壇は東西一丈九尺余、南北一丈七尺余、高さ三尺余で、その上に「御帳」が設けられる。

御帳は中の広さが東西一丈一尺余、南北九尺余、柱の高さが九尺余で、その上に八角屋根がのる。屋根は八角形であるが、御帳の本体は平面が長方形と考えられる[46]。この記録は時代の降ったものであるが、その御帳の大きさが『延喜式』の御斗帳に近いことからみて、荒唐無稽なものではなく、豊楽殿高御座を考えるための史料となし得よう。『延喜式』の御斗帳には八角屋根はないから、この御帳の八角屋根は紫宸殿などの高御座の影響によって後代に付け加えられたものであろう。

文政元年の記録によって、『儀式』の「構二立御斗帳於豊楽殿高御座上一」を解釈すれば、高御座とは壇そのもののことで、その上にこれこそ臨時に御斗帳を構立して御座としたと考えられる。和田氏のいうように、高御座は蓋・屋形のみをさすのではなく、壇をも含むのである。そう理解した方が、高御座が神聖な壇を踏襲したものであるという、和田氏の見解に適合するであろう。

以上によって、平安宮では、大極殿に八角形の蓋・屋形と壇の高御座、豊楽殿に壇のみの高御座が常置され、両者が併存したと考える。構造からみて、前者が基本的なもの、後者が後次的なものと考えられる。

しかし、平安宮で高御座が併存するからといって、それがそのまま平城宮へさかのぼるわけではない。用途からみて、豊楽殿高御座の前身は中央区閤門の御座であり、そこに高御座が常置されたとは思われない。豊楽殿が造られてはじめて、壇の高御座が設けられるようになったのであろう。この高御座が後次的であるというのはそういう意味である。

そもそも高御座の使用は限定されたものであったと考えられる。『延喜式』『儀式』によって平安宮で高御座の着座が確認できるのは、大極殿では元正朝賀と即位儀[47]、豊楽殿では元正節会[48]、大嘗祭豊明節会だけであって、限定された行事に使っている。高御座は登壇即位の神聖な壇を踏襲したもので、本来宗教的性格をもつものであるゆえに、その使用は限定されたものであったのであろう。このようにみると、朝政を行なった平城宮東区下層遺構の正殿には何らかの形の御座は設けられたが、高御座は設けられなかったと考えられる。したがって、平城宮ではやはり高御座は中央区大極殿に一つだけあったことになる。そして高御座が天皇位を象徴し、それが設けられた殿のみが大極殿と呼称されたという前提にたてば、平城宮では大極殿と呼称される殿も一つであったことになる。平安宮で、豊楽殿が高御座を備えながら、大極殿ではなく豊楽殿と呼称されたことは、大極殿と呼称されるものが宮城内に一つであることを示していよう。ここにSB九一四〇を大極殿と呼称すること、また平城宮で大極殿が併存したという考えを放棄せざるを得ない。平城宮の史料にSB九一四〇に比定できる宮殿名を見出しがたいので、現在のところその宮殿名は不明とし、前述と同じく正殿とよんでおく。しかしこのようにいったからといって、東区下層遺構d区を朝堂と称することと、また構造論に基づく用途論を否定することにはならない。両区の遺構を理解するためには、殿堂名称よりも、用途の問題が重要であるとも考える。(49)

中　宮　中央区a区の呼称については「中宮」の問題があるが、紙幅の都合で簡単にふれておく。前稿1では、養老七年（七二三）～天平十二年（七四〇）の間の中宮の史料に、天皇が中宮に出御するものが多いことから、『報告II』の中宮＝内裏説を否定し、「第一次・第二次朝堂院」説の立場から、大極殿が東区へ移ったのちにa区が中宮と呼称されたと考えた。しかし、中宮がすでに養老七年からみえ、大極殿が殿名であるのに対して中宮はある区画の名称と考えられるから、a区は和銅当初から中に大極殿＝SB七二〇〇を置きながら、築地回廊に囲まれた全体が中宮と呼称された可能性がある。(補二)同様の見解は阿部義平氏もとられているが、氏の場合、a区は大極殿を置きながら内裏としての機能ももち、それを中宮とみている（注(6)論文）。しかし、中宮に天皇・太上天皇が居住したという史料がみえるのは天平十七年以後であるから、本来の中宮には内裏的な性格はなかったとみるべきであろう。

三　平城宮大極殿・朝堂の歴史的意義

以上の検討をふまえて、平城宮の大極殿・朝堂の変遷と歴史的意義について考察する。

和銅創建に、中央区a区の築地回廊で囲まれた一郭に、壇上の大極殿・後殿と壇下の朝庭が造られ、一方東区には、藤原宮を踏襲して内裏、正殿・十二朝堂（あるいは朝集堂も）が掘立柱建物によって建造された。前者は即位儀、朝賀などの儀式を、後者は朝政、告朔、選叙などの宣命宣布などの政務を行なう場であった。また饗宴も中央区四堂が造られるまでは、藤原宮と同じく東区で行なわれたと思われる。神亀元年（七二四）の聖武即位の前後の養老五年（七二一）から天平六年（七三四）ころまでの大改造によって、中央区b区の四朝堂の付設、東区の内裏の改作、正殿・朝堂の礎石建物への建て替えがなされた。b地区の四朝堂は和銅当初から計画された可能性があり、正月元日・七日・十六日・十七日の饗宴、大嘗・新嘗の饗宴などの饗宴を中心とする行事の場として設けられたものである。ここに中央区の儀式・饗宴、東区の政務という用途・機能の分担が成立する。東区の施設をはじめ掘立柱によって造ったのは、律令政治の根幹となる毎日の朝政の場が遷都当初から早急に備えられる必要があったからであろう。神亀前後という早い時期に礎石建物に建て替えられたことからみて、下層遺構の掘立柱建物群は暫定的な施設と考えられる。

中央区の施設は宮城の最も重要な位置を占め、造営過程においてははじめから瓦葺・礎石建ちの本格的な建物によって建造したのに対して、東区ははじめ掘立柱建物で、のち礎石建物に建て替え、また構造上は、東区が内裏を含めて藤原宮を踏襲した伝統的な構造であるのに対して、中央区はa区が唐長安の大明宮含元殿を模倣し、b区も饗宴に即した四朝堂で、いずれも新しい構造であった。このような宮城における位置、造営過程、構造の新旧などの点からみて、平城宮創建の全体計画の中で、中央区が東区よりも重要視されたことは明らかで、当時の律令国家における儀式と饗宴の重視を示す。即位儀・朝賀の儀式は、臣下の天皇への服従を確認するための、律令国家における天皇支配の根幹に関わる重大な行事であり、饗宴は儀式に付随して、支配階級としての天皇と臣下の一体感を作り出すための行事であった。平城宮創建においては、当初から造られた儀式の場が特に重視された。

律令体制は大宝律令の施行によって完成し、平城京の建造は、それを受けてその新しい支配体制の根拠地の設定を意味した。大宝元年（七〇一）元正の朝賀で、閤門に七本の幢・幡を立て、ここに「文物之儀」が備わったと伝えるように（『続紀』大宝元年正月乙亥朔条）、七世紀後半を通じて整備が進められた儀式は、大宝令において一応完成した。平城宮創建から奈良時代初期にかけて、中央区に儀式と饗宴のための大極殿・朝堂を新しい構造で荘厳して設けたのは、大宝令における儀式の完成を、宮城造営に具現化したものである。

儀式と関係深い服制に関しても、大宝令において、はじめて朝服のほかに礼服が制定された。[50] 朝服が「朝庭公事」に服するものであるのに対して、礼服は「大祀（大宝令では「大祭祀」）、大嘗、元日」に服するものである（衣服令4諸臣礼服条）。「大祀」は散斎（物忌）一月を要する祭祀で（神祇令12月斎条）、令条では「天皇即位、惣祭㆓天神地祇㆒、散斎一月」の規定があり（同令10即位条）、これは大嘗祭の際の全国の天神地祇への班幣に当たる。[51]「大嘗」は令条では、一代一度の大嘗祭と毎年の新嘗祭の両者をさすが、ここでは「大祀」が大嘗祭に関わるものとすれば新嘗祭をさすのであろう。官人が新嘗祭に参加するのは祭儀ののちの辰日の饗宴である。「元日」は元正朝賀であろう。これら三つのうち朝賀はa区の大極殿・朝庭で、新嘗祭の饗宴はb区の四朝堂で行なわれた。旧構造の東区のほかに新構造の中央区を創出したことは、大宝衣服令において朝服に加えて礼服を新設したことと対応しているというべきであろう。

藤原宮から平城宮への変遷を、儀式・饗宴・政務を行なった一つの大極殿・朝堂が、用途・機能によって中央区と東区とに分化したと理解しただけでは、ことの本質をとらえたことにはならない。この分化の原因は、儀式と饗宴の重視に基づく、それに適合する新しい構造の大極殿・朝堂の創設にこそあった。新構造の採用の一方、朝政などの政務のために伝統的な構造の施設も必要であったので、両者が併存することになったのである。

天平十二年（七四〇）中央区の大極殿は恭仁宮へ移建され、天平十七年（七四五）五月の平城京還都後にa区に再建されず、その儀式の機能は東区へ移った。ここに東区上層遺構は名実ともに大極殿・朝堂と呼称されるようになる。a区には、天平宝字年間の改作で掘立柱建物群が建造された（D期）。前稿1で述べたように、これは淳仁天皇の内裏である「中宮院」であろう。b区は四朝堂が残って、やはり饗宴の場としての機能を維持したと考える。こうして東区が儀式と政務の場、中央区b区が饗宴の場という分担になり、これが長岡京遷都まで続いたと考える。饗宴の機能を四朝堂に残しているが、東区の十二朝堂型の大極殿・朝堂が儀式と政務という中枢の機能を担うようになったのは、藤原宮時代への復帰ととらえられる。

平城京還都に際してa区に大極殿が再建されず、その儀式の機能が東区へ移ったのは何故なのであろうか。和銅三年（七一〇）の平城京遷都から天平十七年（七四五）まで三五年、この間に政務や儀式に関して大きな変化があったとは思われない。天平元年（七二九）四月に朝政の際の舎人親王に対する群臣の拝礼に関する命令が出され（『続紀』天平元年四月癸亥条）、前述のように同五年（七三三）八月聖武天皇が朝政に出御したことなどからみて、朝政は変わらず行なわれており[52]、同期間に毎年記載があるわけではないが、朝賀も毎年行なわれていたであろう。そうだとすれば、この儀式の機能の東区への移動は、恭仁京遷都・平城京還都という偶然的な要素によって引きおこされたことと考えざるを得ない。すなわち、平城京還都に際して、中央区大極殿が恭仁宮へ移建されて存在しなかったために、東区上層遺構で儀式も行なうようになり、それが固定したと。このことはある面では藤原宮への復帰だったから大きな抵抗はなかったはずである。

そして東区の儀式と政務、中央区b区の饗宴というあり方を引きついで、長岡宮については不明であるが[53]、平安宮で朝堂院と豊楽院が成立した。儀式と政務のための十二堂型の朝堂院を宮城中央にもどし、饗宴のための四堂型の豊楽院を、重要度が低いものとしてその西へ移した。

最後に、以上の変遷を大極殿・朝堂の歴史の中に位置づけよう。藤原宮は大極殿の成立という点で大きな画期であった。そして平城京遷都に始まる奈良時代初期は、儀式・饗宴の重視による大極殿・朝堂の新構造の創出、それに伴う中央区と東区の併存という点で展開期であったということができる。大極殿の構造が唐の含元殿の模倣であることからみて、その展開は唐の宮城の大きな影響の下に実現されたのである。それは大宝律令体制が唐制の輸入によって成立したことと関係する。還都後の奈良時代中期は、平安宮の朝堂院と豊楽院の併存の原型が成立したという点で、転換期と位置づけられる。大極殿・朝堂に限ってみれば、伝統的な十二堂型の大極殿・朝堂が中枢になった点からみて、これは中国的なものから日本的なものへの回帰であったといえよう。

注

（1）岸俊男「朝堂の初歩的考察」（『橿原考古学研究所論集　創立三十五周年記念』所収、一九七五年）、「都城と律令国家」（『岩波講座日本歴史2　古代2』所収、一九七五年）、「日本の宮都と中国の都城」（『日本文化の探究　都城』所収、一九七六年）など。三論文とも『日本古代宮都の研究』（一九八八年）再収。狩野久「律令国家と都市」（『大系日本国家史1　古代』所収、一九七五年。『日本古代の国家と都城』再収、一九九〇年）。鬼頭清明「日本における大極殿の成立」（『古代史論叢』中巻所収、一九七八年）、「日本における朝堂院の成立」（『日本古代の都城と国家』所収、一九八四年）。

（2）本書第三部第一章「律令制都城の成立と展開」。

（3）第15図の通り、中央区、東区のそれぞれにa・b区、c・d・e区の小区名を付す。奈良国立文化財研究所の報告書では、中央区を「第一次朝堂院」、東区c・d区を「第二次朝堂院」と称しているが、この呼称法は一定の解釈に基づくので、本稿では位置関係による呼称法を採用する。
（4）以下、奈良国立文化財研究所の刊行の報告書は、第11表に示した略称を用いる。
（5）本書第二部第一章「平城宮大極殿朝堂考」。以下、この論文を前稿1と略称する。次の拙稿も以下の論述で参照することがあるので略称を付けておく。第三部第二章「八世紀造宮官司考」（前稿2とする）。第三部第一章「律令制都城の成立と展開」。前稿3とする）。
（6）阿部義平「古代宮都中枢部の変遷について」（『国立歴史民俗博物館研究報告』第三集所収、一九八四年）。
（7）橋本義則「平安宮草創期の豊楽院」（『日本政治社会史研究』中所収、一九八四年）、「朝政・朝儀の展開」（『日本の古代7 まつりごとの展開』所収、一九八六年）、古瀬奈津子「宮の構造と政務運営法」（『史学雑誌』九三－七、一九八四年）、「平安時代の『儀式』と天皇」（『歴史学研究』五六〇、一九八六年）、「昇殿制の成立」（『日本古代の政治と文化』所収、一九八七年）。田島公「日本の律令国家の『賓礼』」（『史林』六八－三、一九八五年）、「外交と儀礼」（『日本の古代7 まつりごとの展開』所収）。
（8）以下、発掘調査の成果については、第11表に掲げた奈良国立文化財研究所刊行の報告書によった。以下の記述では特別な場合を除き、報告書名をいちいち記さないので、第11表と第15図の調査次数を対応させて依拠した報告書を検索されたい。
（9）遺構の時期区分に関する私案と、『報告XI』、第一四〇次・第一七六次調査の時期名の対応は第12表の通りである。
（10）以下、土器・瓦の時期についてふれることがあるので、平城宮の土器・瓦の編年表（第13表・第14表）を掲げておく。
（11）阿部義平「平城宮の内裏・中宮・西宮考」（奈良国立文化財研究所『研究論集II』、一九七四年）、『年報一九六八』第四一次調査報告。『平城宮発掘調査出土木簡概報五』（一九六八年）。
（12）井上和人「古代都城制地割再考」（奈良国立文化財研究所『研究論集VII』一九八四年）。
（13）下層遺構が瓦葺か否かについては報告書は明言していないが、この地区では古い瓦の出土が少なく、また下層からの瓦出土が少ないことからみて、瓦葺でなかった可能性が高い。
（14）『概報六〇』第一六九次調査。この結論は妥当と考えるが、その論証には問題があるように思う。前記報告では、A期と下層遺

第11表 中央区・東区の発掘報告書一覧

地区		調査次数	報告書		備考
中央区	a区	(省略)	報告XI		
	b区	一六・一七	報告IX		朱雀門とその内側
		九七	概報五一	年報一九七七	東第一堂
		一〇二	〃五二	〃一九七八	東第一・二堂
		一一一	〃五三	〃一九七九	東第二堂
		一一九	〃五四	〃一九八〇	朝堂南門
		一三六	〃五六	〃一九八二	朝堂東南隅
		一四〇 一四六	〃五七	〃一九八三	東第二堂
		一五〇	〃五八	〃一九八四	東朝集堂推定地
		一七一	〃六〇	〃一九八六	
		一七六	〃六一		朝堂南辺塀
東区	c区	一	報告I		大極殿院東南隅
		三五		年報一九七〇	内裏東外郭
		七〇	六九・七〇次概報	〃一九七一	
		九一	概報四九	〃一九七五	内裏西外郭西南隅
		一一三	〃五三	〃一九七九	大極殿
		一三二	〃五六	〃一九八二	後殿、大極殿院北辺
		一五二・一五三	〃五八	〃一九八四	閤門、大極殿院東南部

d　区	四八	四七・四八・四九次概報	年報　一九六九	東朝集堂
	一六一・一六三	概報　五九	〃　一九八五	東第一堂、大嘗宮
	一六九	〃　六〇	〃　一九八六	大嘗宮
	一七三	〃　六一	〃　一九八七	東第二堂
e　区	三		年報　一九六一	
	六		〃　一九六二	
	九		〃　一九六三	
	一二		〃　一九六四	
	三六	三六・三八・三九次概報	〃　一九六七	
	七三	七一・七二・七三次概報	〃　一九七二	
	七八	概報　四八・四九	〃　一九七四・七五	
	（省略）	報　告　VII		内裏北外郭

（注）1　平城宮跡の発掘調査の成果は奈良国立文化財研究所が刊行する次の三種の報告書に報告されている。本稿ではそれぞれ次の略称を用いる。

(イ)『昭和○年度平城宮跡発掘調査部発掘調査概報』→『概報』○

(ロ)『奈良国立文化財研究所年報』一九五八〜一九八六→『年報』一九五八〜一九八六

(ハ)『平城宮発掘調査報告』I〜XII→『報告』I〜XII

(イ)(ロ)は原則として毎年報告される略報告で、(イ)の初期のものには、いくつかの調査次数を集めて、『○次概報』とするものがある。(ハ)は正式報告書である。

2　本稿では『報告』の刊行されているものについてはこれにより、未刊行の部分は(イ)(ロ)によった。(イ)は『概報』四九以降、記述が詳しくなるので、それ以降では(イ)によることが多い。各調査次数の調査地域は、第15図を参照されたい。

第12表　時期区分対照表

私案	報告XI	概報 五七（一四〇次）	〃 六一（一七六次）
A	I—1	B	A
B-1・2	I—2	C・D_1	B_1・B_2
C-1・2	I—3・4	D_2	C
D	II	D_3	D
E-1・2	III—1・2	E	

第13表　平城宮土器の編年

平城宮土器	略年代の一点
I	七一〇
II	七二五
III	七五〇
IV	七六五
V	七八〇
VI	八〇〇
VII	八二五

第14表　平城宮瓦の編年

平城宮瓦	
I	和銅元（七〇八）～養老五
II	養老五（七二一）～天平十七
III	天平十七（七四五）～天平勝宝
IV	天平宝字元（七五七）～神護景雲
V	宝亀元（七七〇）～延暦三（七八四）

（注）　第13表・第14表は『報告XI』による。

構の対応について、A期大嘗宮北門が、下層の南門SB一一二一〇の棟心すなわちC区の南辺塀SA一一二五〇・一一二五一から南へ三〇〇令小尺（八八・八㍍）に位置すること、B・C期と上層遺構の対応については、B・C期大嘗宮南門が、上層の朝堂北辺築地塀SA一〇三から南へ四八〇令小尺に位置することを論拠としている。A期については妥当であるが、B・C期には問題がある。この論証では基点をA期は北門、B・C期は南門としている点に便宜的な感じがするし、また下層・上層の朝堂北辺塀は同位置であるから、この論法によれば、B・C期は下層に伴うともいえるのである。私は、B・C期の大嘗宮北門は上層の大極殿院南面築地回廊の南側柱列から三〇〇尺に設定されたと考える。B・C期北門はA期北門の南九㍍に位置し、また上層の南辺回廊の南側柱は下層の南辺塀の南約九㍍に位置する（『概報五八』一五二・一五三次調査）。このように考えれば、下層のC区南辺の塀、上層の回廊南側柱を基線として、A、B・C期はそれぞれ南三〇〇尺に大嘗宮の北辺を位置させたことになり、整合的に説明できる。

(15)『年報一九七五』報告のA～D期のうち、C期はB期の小期のB_3期とし、D期をC期に上げる。なお遺構図は第13図参照。

(16)『概報五八』ではSA一〇〇四八出土の瓦について、七頁では六三一一B、一九頁では六三一一Aと記述し、くい違いがある。

(17)A期の膳屋の柱穴掘形からは平城宮II(霊亀～天平初)の坏B蓋が出土した。

(18)対称の位置の内裏東外郭では、SA八一六五に対応する塀は未検出である。SA八一六五も第二次整地のない部分で二間分を検出しただけで、東外郭部では上層遺構に伴う整地の遺存状況がよいのではないかと思われる。

(19)奈良国立文化財研究所『平城宮発掘調査出土木簡概報十』(一九七五年)。

(20)同『藤原宮木簡一(解説)』「藤原宮木簡の記載形式について」(一九七八年)。

(21)狩野久「庸米付札について」(『木簡研究』三号、一九八一年。『日本古代の国家と都城』再収)。

(22)『概報五七』第一四〇次調査でも同様の所見を得ている。『概報五七』一三頁第六図参照。

(23)注(6)阿部義平論文でもこのことを注意している。

(24)『概報五六』第一三六次調査報告。なおb区南辺の変遷については、『概報六〇』第一七一次、『同六一』第一七六次調査報告も参照。

(25)同じ視角からの検討は、注(6)阿部義平論文も行なっている。

(26)注(1)狩野久「律令国家と都市」、鬼頭清明「日本における大極殿の成立」。

(27)『大内裏図考證』巻四上(新訂増補故実叢書26)では、豊楽殿は桁行一一間・梁行四間に復原されているが、一九八七年京都市埋蔵文化財研究所の発掘調査によって、豊楽殿北西部と清暑堂へのびる回廊を検出し、規模が九間・四間であることが明らかになった(京都市埋蔵文化財研究所「平安宮　豊楽院正殿跡」発掘調査現地説明会資料、一九八七年)。

(28)前稿1で「朝堂院」の初見を『日本紀略』延暦十四年八月癸未条としたのは失考で、前稿3で訂正したように延暦十一年が初見である。このののち弘仁九年(八一八)四月二十七日に「八省院」と改称され、さらに元慶三年(八七九)十月八日から再び「朝堂院」にもどされる。第二部第一章(補二)参照。

(29)「朝堂」が豊楽院の四堂をさす用例は、『続日本後紀』承和二年（八三五）正月癸丑・同三年正月丁未条である。なお「朝堂」は朝集堂をもさすから、豊楽院の延英・招俊堂も「朝堂」の概念に含まれるかもしれない。

(30)前期難波宮では、従来検出されていた南北棟四堂のほかに、一九八六年に東西棟二堂を検出して、十二朝堂になることが確認された（植木久「難波宮朝堂院の発掘調査」『日本歴史』四七二、一九八七年）。（補三）

(31)福山敏男「朝堂院概説」（『大極殿の研究』所収、一九五五年）。

(32)注(1)岸俊男「朝堂の初歩的考察」、注(7)橋本義則「朝政・朝儀の展開」。

(33)史料(2)で「就レ位」とある部分は、『延喜式』式部式上では「就レ座」とあり、朝座に着座することである。

(34)平安時代前期には、親王は朝座を有したが、朝政において実質的な意味をもたなくなる。注(32)橋本論文参照。

(35)『儀式』による朝賀の次第は次の通りである。(イ)群臣の朝庭への参入と列立。(ロ)天皇の高御座への出御。(ハ)天皇が姿を見せる宸儀初見と、それに対する群臣の磬折による拝礼。(ニ)大極殿前の火炉の焚香。(ホ)皇太子の新年賀詞奏上と、それに対する新年賀詞の宣詔。(ヘ)奏賀者の賀詞奏上と奏瑞者の奏瑞。(ト)賀詞の宣命。(チ)天皇の退出、群臣の退出。即位儀では(ホ)(ヘ)がなく、(ト)が即位宣命となり、その後に叙位がなされる点が異なる。

(36)即位儀では、儀式の始まる前の群臣が待機している間、公卿と親王以下三位以上が東・西朝集堂に着座するが、これは儀式の始まる前のことである。

(37)『続紀』霊亀二年（七一六）、養老三年（七一九）の廃朝など例多数。

(38)令釈はその成立年代からみて長岡宮時代（延暦三年～十三年）のもので、その宮室に関連する注釈は長岡宮について考える史料となることに注意すべきである。

(39)『令集解』儀制令5文武官条に「或云、問、毎二朔日一朝、未レ知、除二朔日一外无二朝参日一哉、答、師云、有二常朝参一、但為レ示二朔日儀式一別立参顕耳」とある。

(40)『続紀』和銅七年（七一四）六月庚辰条　元服、霊亀元年（七一五）正月甲申朔条　元日朝賀での皇太子としての拝朝、養老三年（七一九）六月丁卯条　皇太子として朝政を聴く。

(41)寺崎保広「平城宮大極殿」（『仏教芸術』一五四、一九八四年）。

(42) 神亀二年十一月己丑条の大安殿は、一月前の十月庚申に難波宮へ行幸して帰還の記事がないので、難波宮のものである可能性がある（注(31)福山敏男「朝堂院概説」）。そうだとすれば平城宮大安殿の初見は天平二年正月辛丑条。
(43) 和田萃「タカミクラ――朝賀・即位式をめぐって」（『日本政治社会史研究』上所収、一九八四年）。
(44) 原史料に当たれなかったので、いま『古事類苑　神祇部一』（一四四七頁）所収のものによる。
(45) 同記録には悠紀帳・主基帳に関する記載もある。
(46) 同記録によれば、八角屋根の軒の出が、南・北が八尺余で、他の六方の六尺余より長いが、これは、御帳本体の平面が東西に長い長方形であるからであろう。
(47) 『延喜式』掃部寮式に「天皇即位設二御座於大極殿一、同二元日儀一」とある。
(48) 『延喜式』掃部寮式に正月七日・十六日節会について「設レ座与二元日一同」とあり、この座に臣下の座のほか天皇の御座も含まれるなら、両節会でも高御座を用いたことになる。
(49) 高山寺本『倭名類聚抄』巻十居宅類第百三十六（京都大学文学部国語学国文学研究室編『諸本集成倭名類聚抄　本文篇』六六五・八四一頁）や『拾芥抄』中　宮城部第十九（新訂増補故実叢書22）の豊楽殿の項によれば、豊楽殿の本の名は「乾臨閣」で、のちにこの名は神泉苑の正殿名となったと伝え、『三代実録』貞観十三年（八七一）十一月二十二日甲午条に神泉苑乾臨殿がみえる。乾は天子の意で、乾臨殿（閣）とは天子が出御する殿の意である。
(50) 広瀬圭「古代服制の基礎的考察」（『日本歴史』三五六、一九七八年）、武田佐知子『古代国家の形成と衣服制』第二編第四章「日本衣服令の成立」第五章「日本衣服令の特質」（一九八四年）。
(51) 加藤優「律令制祭祀と天神地祇の惣祭」（奈良国立文化財研究所『研究論集Ⅳ』一九七八年）。「大祀」＝大嘗祭の天神地祇への班幣に、官人がどのような形で参加するのかについては明らかでない。
(52) 『続紀』には廃朝の記事がみえるが、それらの中には元正朝賀・告朔・朝政の廃朝が含まれ、それぞれは日付によって区別できる。養老・神亀年間には朝政の廃朝記事がみられ、これらは逆に朝政が行なわれていたことを示す（養老元年三月癸卯〈三日〉、同四年八月癸未〈三日〉、神亀五年九月壬子〈十九日〉条）。
(53) 長岡宮の豊楽院相当の殿堂については、発掘調査によって確認されてはいないが、想定位置における次のような遺構の存在によって、その存在の可能性が指摘されている。長岡宮朝堂院は東西四〇〇㍍の台地の東半に位置し、その西には豊楽院相当の殿堂を入れうる余地がある。これまでこの地区では数カ所の調査を行なっているが、大極殿院西面回廊の西約八〇㍍に、桁行八間（二四㍍）・梁行四間（一二㍍）の南北棟礎石建物SB六二〇二を検出した（長岡宮第六二次調査　7AN14F区。「長岡宮跡昭和五〇年度発掘調査概要」京都府教育委員会『埋蔵文化財発掘調査概報　一九七六年』）。また朝堂南門（会昌門相当）の西方で礎石建ちの東西棟の門あるいは建物を検出した（長岡宮第一五・二八次調査）。前者は豊楽殿の東北方に位置する東華堂、後者は豊楽院中門の儀鸞門に相当する遺構である可能性が指摘されている。長岡宮の豊楽院相当の殿堂の考古学的調査は今後の課題であるが、SB六二〇二＝東華堂と仮定し、これを定点として想定地区に豊楽院復原図をかぶせて、今後の調査に備えることも行なわれている（「長岡宮跡第一〇四次（7AN14L地区）発掘調査概要」向日市教育委員会『向日市埋蔵文化財調査報告書　第七集』一九八一年）。

第15表　発掘調査報告書一覧（一九八七～九一年）

地区	調査次数	報告書	備考
中央区			
a区	一九二 二一七	六三 一九九〇	大極殿院西面築地回廊 大極殿前方の擁壁
東区			
d区	一八八 二〇三 二一三	六三 一九八九 一九九一	東三堂内側の庭 東三堂 東四堂
e区		報告XIII	内裏全域
d区前面	一七五・二〇五 二〇六・二二四 一六五・二二〇 二二二 二一六・二二四	六二・一九九〇 一九八九・一九九〇 六〇・一九九〇 一九九一 一九九〇・一九九一	兵部省 式部省 壬生門内側

（注）報告書は報告XIII のほかは『〇年度平城宮発掘調査部発掘調査概報』の年度を示した。

（付記）　初出稿「再び平城宮の大極殿・朝堂について」関晃先生古稀記念会編『律令国家の構造』（一九八九年一月、吉川弘文館刊）掲載。改題し、引用論文の出典に関して補訂を加えたのみで、内容は改めていない。

（補一）　平城宮跡の関連する地区に関して、初出稿発表時から一九九二年までの間に、行なわれた発掘調査の概要と、刊行された正式報告についてふれておく。調査次数と収載報告書については、第15表に整理する。

中央区ａ区の大極殿院では、道路があったため未調査であった大極殿前面の擁壁が全面的に調査された。東区ｄ区の朝堂区では東第三・四堂と、第三堂内側の調査を行ない、これまでと同じく上層・下層遺構の朝堂を検出した。『概報』一九九一にこれまでの大極殿・朝堂区の上層・下層遺構の建物配置のまとめがなされている。東区ｅ区の内裏の正式報告書『平城宮発掘調査報告XIII』（一九九一年）が刊行され、遺構の変遷が最終的に整理され、その構造の変遷の意義について、文献史料と遺構の構造から明らかにされ、内裏の調査と研究の水準が一新されている。遺構の変遷についてのみ記すと、ｅ区の遺構は八期の変遷をたどるが、そのうち第Ⅰ期～第Ⅵ期が奈良時代の内裏で、各期の時期と天皇は次のように比定される。第Ⅰ期＝元明・元正。第Ⅱ期＝天平十七年（七四五）平城還都以前の聖武朝。第Ⅲ期＝天平十七年以降、天平宝字四年（七六〇）の宮内改作まで。聖武の末期、孝謙、淳仁の前半期。第Ⅳ期＝天平宝字四年の改作以降。称徳の西宮。第Ⅴ期＝光仁。第Ⅵ期＝桓武である。本稿で述べたＡ～Ｃ期は次のように対応する。Ａ期＝第Ⅰ期、Ｂ期＝第Ⅱ～Ⅳ期。Ｃ期＝第Ⅴ・Ⅵ期である。ｄ区朝堂区の前面に奈良時代後期の兵部省・式部省跡を検出し、朝堂と関係が深いと考えられる。

（補二）　『平城宮発掘調査報告XIII』第五章２Ａ（一八四頁、橋本義則氏執筆）は、中宮に関する私見を踏襲し、さらに展開しているので参照されたい。

（補三）　前期難波宮は、さらに最近、南北棟が東西各五堂、中央部南部の東西棟が四堂で、これまで類例のない計十四堂であることが明らかになった（植木久「大和への玄関――難波津」、町田章・鬼頭清明編『新版　古代の日本６　近畿Ⅱ』一九九一年）。しかし、基本的には、十二堂型朝堂に属するものと考える。

（補記）　東区の大極殿の正報告である奈良国立文化財研究所『平城宮発掘調査報告XIV』（一九九三年）が刊行された。

第三章 「平城京市指図」と東西市の位置

はじめに

京都知恩院所蔵の「写経所紙筆授受日記」[(1)]と題する一巻の文書は、奈良時代の写経所関係文書、特に十一通におよぶ経師の試字を収めることで著名であるが、それとともに、裏に描かれた市指図が、これまで平城京の東・西市の復原研究のうえで注目されてきた。現在、平城京東市の位置復原の定説となっている福山敏男氏の論考[(2)]においても、本市指図は、東市の広さ・坪付復原の唯一の根拠となっており、この意味できわめて重要なものである。しかし、これまで本市指図についての詳しい報告もなく、その年代についても福山敏男・皆川完一両氏[(3)]が簡単に言及したほかみられない。筆者は、この「写経所紙筆授受日記」の調査の機会を得、さらに写真を入手することができたので[(4)(補二)]、ここに同巻ならびに、市指図についての調査結果を報告するとともに、それらに基づいて、同巻の成り立ち、市指図の年代について考え、さらに進んで、これまでとは異なった市の坪付復原案を提示したい。

一　本巻の成り立ち

市指図について考える前提として、まず本巻全体の成り立ちについて考えておきたい。結論をいえば、本巻は、古経蒐集家として著名な知恩院の鵜飼徹定が、幕末慶応ころ、蒐集した奈良時代の古文書を整理して一巻の巻子本に仕立てたものである。この点を、本巻の外状、文書の内容・接続から検討してみよう。

本巻の外状と成立　まず外状についてみると、装釘は巻子装で、表紙・軸は新補、料紙は斐紙・楮紙などで、文書によってまちまちである。紙数は二一紙、全長二七三㌢（本紙。各紙寸法は第16表参照）。巻首に一紙、巻末に五紙の新しい補紙があり、また全巻を通じて天地に幅一㌢前後の紙を表面から貼って補修し、裏面の文字のない部分には、裏打がなされている。巻首・巻末補紙、天地補紙、裏打紙は同一の奉書紙で、すべて同時期の補修と考えられる。また紙継の大部分は、古いものではなく、これらの補修と同一時期の新しいものと考えられる。すなわち、原本の紙継部分の観察によれば、天地の補紙の大部分は本紙一紙ごとになされ、紙継は天地の補紙の上からなされており(5)、また裏打のある部分では、裏打紙の上から紙継がなされている。したがって、本巻の紙継は、前記の補修の時期をさかのぼり得ず、補修の際に一緒になされたと考えるのが妥当であろう。巻首補紙には「写経所紙筆授受日記付写経生試検書十八枚」なる内題が墨書され、巻末補紙第一紙、第二紙には、内題と同筆で、二つの跋文が記されている(6)。また見返、巻首・巻末補紙には「徹定／珍蔵」の単廓朱印など十顆の朱印が捺されている。

以上述べた装釘・補修・紙継および内題・跋文は同一時期の同人の手になるものと考えるのが妥当で、これらは跋文・印記から慶応二年（一八六六）ごろ鵜飼徹定によってなされたものと考えられる。二つの跋文の末尾には、「丙寅

嘉平月　古経堂主人題」、「癸未夏五　松翁又識」と跋文年時・筆者を記すが、古経堂主人、松翁とは、印記に見える鵜飼徹定の号である。徹定は文化十一年（一八一四）筑後の生れ、明治二十四年（一八九一）没。浄土宗の僧で、浄土宗管長（明治五年）、知恩院第七十五世住職（同七年）になった人である。宗教家として活躍するとともに、古経に造詣が深く、「古経題跋」「訳場列位」（いずれも文久三年序）、「読古経題跋」（明治十六年序）などを著わし、自らも古経の蒐集に努めた。「古経題跋」序によれば、徹定は、関東に住していた嘉永五年（一八五二）秋、古経捜訪のため西遊し、現在知恩院に所蔵される国宝「菩薩処胎経」五帖や「大樓炭経」巻第三などの優品をみつけたという。(7)後述の如く、本巻所収の文書は写経所関係文書であり、徹定は、このような古経への関心から、これらの文書を入手したものであろう。徹定は、後述のように、これらの文書を接続し、補修・装釘を加え、内題・跋文を記して、現在みるような一巻の巻子本に仕立て上げたのである。彼の生没年からすると、巻末補紙第一紙の跋文の丙寅年は慶応二年（一八六六）に当たり、本巻の成立はこの時と考えられる。

所収文書の内容と接続　次に文書の内容を中心にして、本巻の文書の接続について検討する。本巻の文書の接続は、最終的には徹定の整理によって成立したものであるが、各部分の接続を検討すると、なかなか複雑であって、次の三つに分類できる。一つは、奈良時代以来の本来の接続、二つは、徹定以前に某人によってなされた新しい接続、三つは、徹定による新しい接続である。ここでは、これらの三つの接続をみきわめ、本巻の接続がどのようにして成立したのかを考えることにする。

まず本巻所収文書の内容を紹介しておこう（第16表参照）。表面に十八通の文書（A～R）、裏面に七通の文書（S～V、X～Z）と問題の市指図（W）を収める。表面のうち、A～C、E～Gの六通は経師手実、Dは、後述の如く、経師等手実案帳に付せられた経師等の一ヵ月分の仕事量の総計を記したもの、Hは経師への筆支給帳簿断簡、I～R

第16表　所収文書内容一覧

表面の文書				裏面の文書		
文書番号	文書の内容	大日本古文書収載巻・頁	紙数 紙寸法 縦×横(mm)	文書番号	文書の内容	大日本古文書収載巻・頁
A	天平十四年三月　経師手実　民屯麻呂	二ノ309	二紙 286×23＋139			
B	宝亀三年四月　経師手実　石川宮衣	六ノ315	一紙 229×215			
C	天平十四年三月　経師手実　戸令貴	二ノ309	二紙 290×119＋115			
D	(天平十四年)四月　経師等手実案帳　出来高総計	二ノ310	二紙 270×79＋18			
E	(天平十四年)四月　経師手実　呉原生人	二ノ310	一紙 270×117			
F	宝亀五年八月　経師手実　大坂広川	六ノ571	一紙 293×100			
G	宝亀五年十月　経師手実　大坂広川	六ノ574	一紙 277×133	Z	写六十華厳経校正注文	二二ノ180
H	充筆帳断簡	六ノ574	一紙 286×162	Y	試字　錦部行広様	二五ノ197
I	試字　丹比連広国	一一ノ107	一紙 294×133			
J	試字　秦人成	一一ノ108	一紙 294×126	X	経師上日帳(天平感宝元年)	一一ノ106～107
K	試字　刑部諸国	一一ノ108	一紙 292×127			
L	試字　狛枚人	一一ノ109	一紙 290×102	W	市指図	一一ノ106
M	試字　多治比真人諸羽	一一ノ109	一紙 296×106	V	写経校紙并上紙帳	一一ノ105
N	試字　三村部友足	一一ノ109	一紙 297×110	U	写経校紙并上紙帳	一一ノ105
O	試字　大倭毛人	一一ノ110	一紙 296×160	T	充墨帳	一一ノ104
P	試字　金月足	一一ノ110	一紙 297×115	S	写経校紙并上紙帳	一一ノ102～104
Q	試字　六人部田人・中臣部人万呂	一一ノ111	一紙 293×268			
R	試字　日置佐爾比等	一一ノ112	一紙 185×215			

(注)　紙の表裏を用いている場合は，対応する文書を対応させた。たとえば文書Sは文書P・Q・Rの裏面にかかれていることを示す。内容の項の年紀に(　)を付したものは推定によるもの。

の十通は、経文二～四行を書写し、人名（試字筆者）を記したもので、いわゆる試字である。このうちIには「貢秦姓乙安」、またK・M・N・O・Pには「未定」あるいは「不定」と、いずれも本文と異筆の墨書がある。前者は、試字筆者を経師として貢進した人、後者は、試字筆者の経師採用の未定を示す注記と解され、これらの点から、これらの試字とは、経師に出身しようとするものが、経師採用の手跡考試に提出したものと考えられる。(8) 裏面は、Wが市指図、YがI～Rと同じ試字で、このほかはいずれも帳簿断簡である。S・U・Vは、いずれも校生の校紙数あるいは充紙数をかきあげた帳簿、Xは経師の用紙・上日数をかきあげた帳簿、Zはわずか二行の断簡で性格が不明であるが、校経に関するものである。裏面のS～Zは表面のR～Gの裏にかかれ、両者は第16表に示したような表裏対応関係にあるが、このうち、経師手実、試字の性格から考えて、経師手実G、試字I～R・Yが第一次文書、その他面のS～X、H、Zが第二次文書と考えられる。

以上の如く、本巻所収の文書は、市指図Wを除いてすべて写経所関係文書であり、経師手実関係、試字、写経所帳簿類の三つからなっている。さらに詳しくみると、これらのうち、A・C～E、S～X、その表面のI～Rの各々が、本来内容的に関連の深いものである。

A、C～Eについては、すでに皆川完一氏によって、これらが、内容的に密接な関係をもち、本来接続して、天平十四年（七四二）写一切経経生校生等手実案帳（『大日本古文書』巻八ノ一～一八頁）の中に貼りつがれていたものであることが指摘されている。同帳は、光明皇后願経五月一日経書写に関する天平十四年二・三・四月分の経師等の手実を貼りついだもので、A・Cは三月分の末尾の手実、Dは四月分の首部の同月の出来高総計を記したもの、EはDに接続する四月分の手実の最初のものであって、A、C～Eは本来接続して、同帳の茨田久治万呂と戸令貴の手実（同巻八ノ一二頁）との間に貼りつがれていたと推定されている。(9)

次にS〜Xについては、Wを除いたS〜V、Xが天平感宝元年（七四九）六月五日写経検定帳（『大日本古文書』巻三ノ二四九〜二五九頁）と密接な関係をもち、内容的に関係の深い文書と考えられる。まずこれらの文書の間の関連性についてみると、S、U、Vはいずれも校生の人名を列記した下に、各人の校紙数あるいは允紙数と考えられる数字をかきあげた同形式の帳簿であり、とりわけUはSの一三名の人名のうちを五名をかきあげ、その下の数字もSの数字の途中までをかいたもので特に関係が深い。また原本によると、S、U、V、Xの筆跡は同筆であって、[10]これらが密接な関係にあることは明らかである。次に写経検定帳との関係であるが、同帳は、ある写経に関する経師、校生、装潢各人の用紙数、上日数、校紙数、造紙数、さらに布施支給額をまとめた帳簿である。同帳との最も密接な関係が指摘できるのはXである。Xは、同帳の冒頭部分の経師の念林老人から安子石勝までの十一名に関する記載[11]（『大日本古文書』巻三ノ二四九頁）と、人名記載の順序、用紙数、上日数、その他の注記で一致し、[12]ただ同帳にある布施支給額の記載がない点だけが異なっている。この点から、Xは、写経検定帳作成の過程で作られた帳簿の冒頭部分の断簡と考えられる。後述のように、この両者の関係は重要であって、この点からXの年代が検定帳と同じ天平感宝元年と考えられ、またこの年代が市指図の年代の下限となるのである。S、U、Vは、Xほど検定帳との密接な関係が指摘できないが、これらの人名記載順序は、検定帳の校生の部分の人名記載順序（同巻三ノ二五五〜二五六頁）とほぼ一致しており、この点と、前述した同筆関係によるXとの一体性から、やはり検定帳と何らかの関係をもつものと考えられる。Tは、他のものと同筆関係にもなく、検定帳との関係もあまり明確でないが、Tにみえる秦真藤、物部人万呂は検定帳の経師の部分（同巻三ノ二五一頁）にみえ、茨城、呉原は、この二人に当たると考えられる茨城角万呂、呉原生人がやはり同部分にみえていて、一応両者の関係が指摘でき、さらに、TはS、U、V、Xと同じく試字の裏を利用しているという共通性があって、これらの点から一応Tも他のものと一括して検定帳と関係のあるものと考えることができよう。市指図Wはこれらの文書と内容上関係がないが、後述の如くXと接続していたと考えられるから、S～Xはまとまった一群の文書と考えられる。

さらに試字I～Rも、同一時の経師採用考試の試字として一括できる。これらは、その裏面を写経検定帳関係文書S～Xに利用されており、またこれら試字の書風は同一時期のものと考えてよく、さらに「未定」「不定」の注記は同筆ではないかと考えられるのである。K・M・O・Rに「未定」、Nに「不定」の注記が、各試字の左上にある。「未」と「定」、「不」と「定」は、文字の大きさ・墨色が異なり、別筆とはいいきれないが、「定」が先にかかれ、「未」「不」が後にかきこまれたらしいが、各試字の「未」「定」の文字はよく類似し、同筆と判断された（口絵図版4）。後述の如く、私は、この同位置・同筆の注記に注目して、試字I～Rは、試字の段階で整理のために接続され、のちその試字帳の裏面を利用して、写経検定帳関係文書S～Xがかかれたと考えている。(13)

以上の如く、本巻は大部分写経所関係文書で、その中には密接な関係をもつものもあるが、全体としてみた場合、性格の異なる文書から成っており、本巻の接続全体が、奈良時代以来の接続を保っているとは考えられない。

本来の接続　さて次に、さらに詳しく各接続を検討していこう。まず本来の接続を踏襲している部分と、新しい接続の部分についてみてみよう。C―D―E、W―X（J―K―L）の接続、また文書間の接続ではないが、二紙以上からなるS三紙（P―Q―R）、X二紙の各文書内の紙継が、本来の接続を踏襲し、他の接続は、某人あるいは徹定による新しい接続と考えられる。

C―D―Eの接続については、先に皆川完一氏の見解によって、A―C―D―Eが本来接続して、天平十四年写一切経経生校生等手実案帳の中に貼りつがれていたことを指摘した。これによれば、逆にA―B―C、E―Fの接続は新しいものであることになる。

次に、W—Xの接続については、原本の紙継部分の観察によって、古い本来の接続を踏襲していることが明らかになる（口絵図版1・第22図参照）。市指図Wは、縦・横線によって区画を作っているが、これらの横線のうち、Xとの紙継目付近にある短い五本の横線(d_1)~(h_1)（第22図線番号）に注目したい。現在、W—Xの紙継は、XがWの左にあって、Wの上に貼られている。(d_1)~(h_1)の左端は、その紙継目までのび、さらに原文書を透かしてみると、(f_1)~(h_1)の三本は、Wの紙の左端までのびて切られている。一方Xの紙の右端には、Wの(f_1)~(h_1)と対応して、各々の数ミリ下にずれて三本の墨痕が認められ、これらの三墨痕は、市指図Wの三線の延長の墨痕と判断された。すなわち、市指図Wの三線の間隔は、それらに対応するXの三墨痕の間隔と一致し、また両者の線の太さ・墨色も同一である。したがって、現在の市指図WとXの紙継は、本来の古い紙継、すなわち市指図の描かれる以前の紙継を踏襲していると考えられる。両者の墨痕が数ミリずれているのは、慶応補修の際、天地の補修のため一度紙継がはがされ、ずれて貼り直された結果と考えられ、実際現在の紙継では、Xの紙の

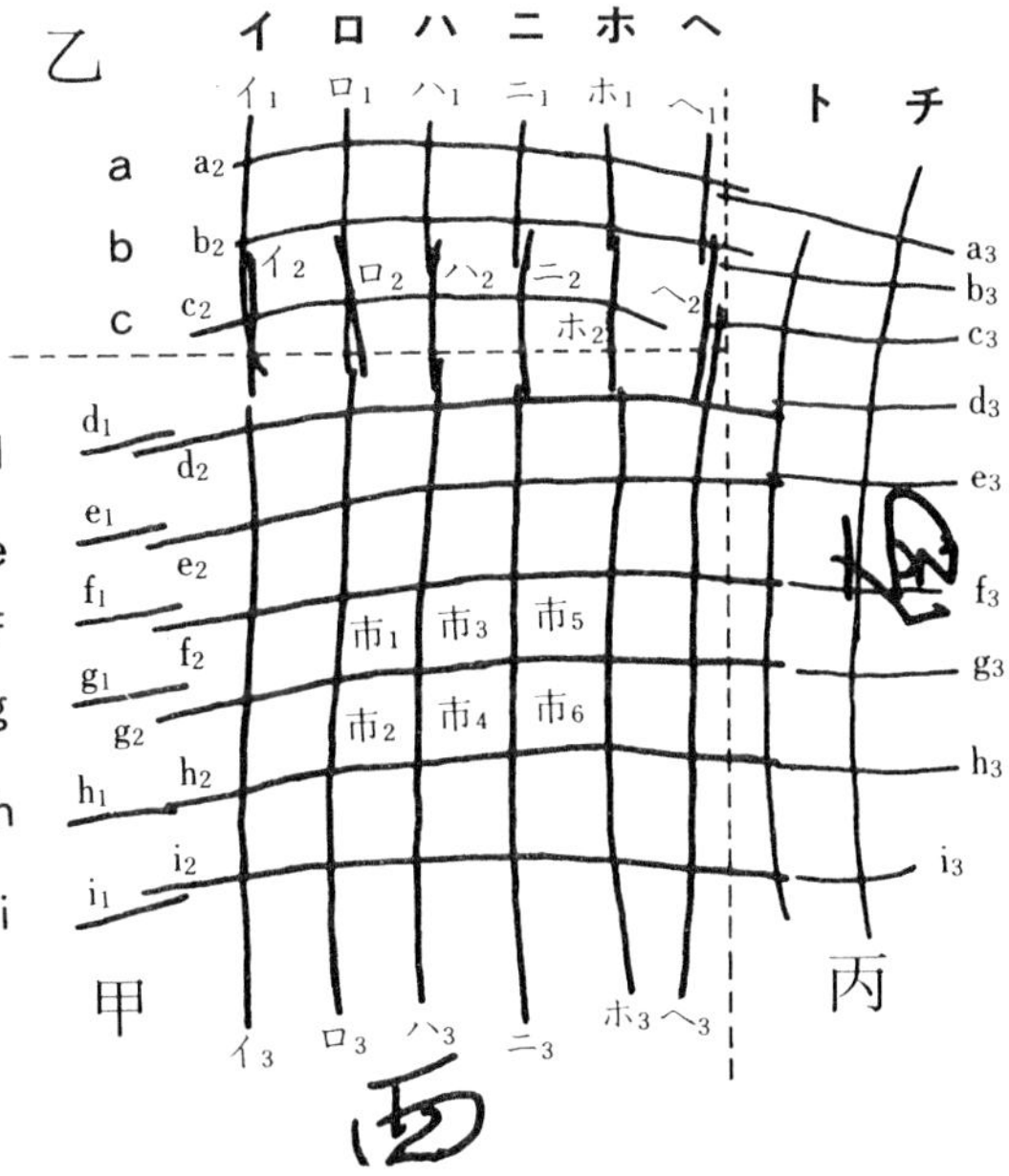

第22図　市指図対照図

（注）口絵図版一と対照するため、線・文字に番号を付した。番号は機械的に付したもので、その順序は筆順を示さない。

上・下端は、Wの紙のそれよりやや下って貼られている。[14] 後述の如く、このW—Xの接続は、市指図の年代決定の唯一の手掛りになるのである。

次に、S三紙、X二紙の紙継についても若干ふれておこう。[15] S三紙、X二紙の各々の各紙の間では、内容的に連続しているとみて矛盾はなく、また筆跡も連続しているのであるが、前述の如く、これらの紙継は慶応頃の新しいものであるから、これらの接続についても慎重にならざるを得ない。しかし、前述のように、S三紙、X二紙に記載される人名の順序が、両者と深い関係にある写経検定帳の対応部分の人名記載順序とほぼ一致しており、この点から、S三紙、X二紙の紙継が、古い本来の紙継、すなわちS、Xがかかれる以前の紙継を踏襲していることが保障されるのである。ところでここで注意しておきたいのは、前述したように、これらの本来の接続の部分も、紙継自体は慶応二年ごろの新しいものであることである。すなわち、W—Xの接続について述べたように、慶応補修の際、徹定は、これら本来の接続を保っていた部分も補修のために一度はがして、その上で元の接続を踏襲して貼り直しているのである。[16] 私が、前述の中で、「本来の接続を踏襲している」といういい方をしているのも、この故である。

新しい接続　さて次に、新しい接続について検討しよう。A—B—C、E—Fについては前述した。F—Gは、両者とも宝亀五年の大坂広川の手実で何か関連がありそうであるが、両者の接続が本来のものであるという確証はないので、一応新しい接続と考えておく。G—Hの接続は、その裏面Z—Yの接続とともに、両者の間で内容上の関係がないから、新しい接続である。試字L〜Pおよびその裏のS〜Wの接続については、第二次文書S—T—U—V—Wの接続について検討すればよい。これらS〜Wはすべて帳簿断簡であって、各々の間で内容的に連続していないから、これらの接続はやはり新しい接続と考えられる。

ところで前述したように、これらの新しい接続の中には、徹定による接続と、徹定以前に某人によってなされた接続があるのである。次には、この二つをみきわめ、さらに徹定による本巻の接続の成立について考えよう。

私は、本巻所収の文書のうち、A~GとH~R(S~Y)は、徹定が入手した時の状態も、さらに徹定の整理の仕方も異なっていたと考える。すなわち、A~Gは、徹定が入手した時、本来の接続を保っていたC—D—E以外は、一紙ごとのばらばらの断簡であり、これらの接続は、C—D—E以外は徹定がなしたものであるのに対して、H~R(S~Y)は、徹定が入手した時、すでに某人による接続がなされており、徹定は、接続の一部を変更したにすぎないと考えられるのである。

第17表　小杉本による接続復原

表面	Ⓙ	K	L	M	Y	O	P	Q	R		Ⓝ
裏面	X		W	V	Ⓗ	T	S				U

(注)　文書番号に○を付したものは，小杉本に写されていないもの。N，U は接続不明。

まずH~R(S~Y)についてみよう。これらが徹定以前に某人によって接続されていたということに関しては、小杉榲邨影写本「東大寺正倉院文書(詔勅・宣命・雑一)」[17](文部省史料館蔵)に写された、これらの文書の接続が注目される。同影写本け紙継目を写している部分があり、これらの文書は次のような順序・接続で、写されている(紙継を示す部分は——で示す)。K—L—M—Y—O—P—Q—R、W、X、U、V、S—T。この影写は、H~R(S~Y)全部を写したものではなく、選択的に写しているが、それらからこの影写本の元の本の接続を復原することができ、それは第17表のようになる。これを本巻の接続と比較すると、本巻にあるIがおちていること、本巻のN(U)の部分に、Y(H)が入っている点が異なっている。前者については、影写の省略と考えられるが、後者については、本巻と小杉本の接続が一部異なっていることが明らかである。この相違から、小杉本が本巻を写したものでないことは明らかで、私は、小杉本の接続は、本巻成立の慶応二年より以前のH~R(S~Y)の接続を示すものと考える。ところで、小杉影写本は、小杉榲邨が明治八年十二月~九年十月の間に浅草文庫で写したものと考えられており、(18) 右述と矛盾するようにみえるが、この点については、この部分の影写が原本からではなく、慶応二年以前に写された影写本の転写と考えれば説明がつく。しかし、このように小杉本が本巻成立以前の接続を示すからといって、この接続が奈良時代以来の本来の接続とは考えられない。S―T、V―Wの接続が新しいことは、前に内容から検討したし、さらに、T―H―Vの接続は、前述の如く、Hが宝亀年間の文書で、T、Vと内容的に関係ないから、やはり新しい接続である。私は、この小杉本の接続は、徹定の整理以前の幕末に行なわれた文書の整理によるものと考える。あるいは、この整理・接続は、天保四～七年（一八三三～三六）に正集正倉院文書の整理に当たった穂井田忠友に何らかの関係があるのではないかと考えられるが、今は不明として某人による接続としておこう。その某人の接続について述べれば、彼がこれらの文書を整理しようとした時には、J―K―L（W―X）、P―Q―R（S三紙）が本来の接続を保ち、他は一紙ごとのばらばらであったのであろう。彼は、J―K―L、P―Q―Rの接続はそのままにして、両者の間に、M―Y―O（V―H―T）を接続していれた。前述の如く、Yは他の試字と一括できないものであるが、同じ試字であること、さらに、裏面のHが充筆帳で、充墨帳断簡T（Oの裏面）と同じ記載形式であることからT―H（O―Y）を接続したのであろう。

さて、これらの文書の接続について、本巻と小杉本との間で一部しか相違していない点から考えると、徹定がこれらの文書を入手した時に、これらの文書は、某人による接続の状態であったのであろう。徹定は、このうちH（Y）をこれらの接続からはずして、A～Gの末尾に接続し、その部分にU（N）を入れるという接続の変更をしたが、その他は某人の接続をそのまま踏襲したと考えられる。Yが試字でありながら、他の試字からはずされ、その他面のHを表面として、Gの次に接続したのは、Hの中にF・Gの大坂広川の名がみえているからである。徹定は、この関係を重視して、あえて試字YをI～Rから離して、裏面にまわしたのである。こうして、現在のG～R（S～Y）の接続が成立した。

次に、A〜Gの接続の成立については、徹定がこれらを入手した時、C—D—Eは本来の接続を保っていたが、他は一紙ごとの断簡であったのであろう。彼は、C—D—Eの接続はそのまま踏襲し、他は同じ経師手実ということで接続した。Aは本来C—D—Eと接続していたものであるが、入手した時にはすでに糊離れしていたのであろう。このため両者の間に関係のないBが入ることになった。F—Gは、同年同人の手実ということで、接続されたものであろう。

以上から各部分の接続を三つにわけると、本来の接続を踏襲している部分は、C—D—E、X—W（J—K—L）、S三紙（P—Q—R）、徹定以前の某人による新しい接続は、L—M（W—V）、O—P（S—T）、徹定による新しい接続は、A—B—C、E—F—G—H（Y—Z）、M—N—O（T—U—V）ということになる。

小　結

以上の外状・接続の検討から、徹定による本巻の成立についてまとめておこう。本巻所収の文書は、本来正倉院に蔵されていたもので、幕末に庫外に流出したものであろう。(19) これらの文書は、経師手実関係、試字、写経所帳簿類を内容とし、写経所関係文書ということから、当時古経に関心を抱いていた鵜飼徹定の眼にとまり、彼の入手するところとなった。入手経路は不明であるが、少なくともH〜R（S〜Y）は一括して入手したのであろう。彼の許に入手された時、A〜Gは、一部に本来の接続を残していたが（C—D—E）、他は一紙ごとの断簡であり、H〜R（S〜Y）は、すでに某人によって接続された状態であった。某人による接続の中にも、一部本来の接続が保たれていた（W—X、S三紙）。徹定は、慶応二年ごろこれらの文書を整理・接続して、一巻の巻子本にまとめることにした。彼は、これらのうち、経師手実が内容的にまとまっていること、試字がまとまって接続されていることに注目して、これらの各々をまとめることにした。試字については、某人による接続をほぼ踏襲することにし、ただY

（H）をN（U）と入れかえた。経師手実は、本来の接続C―D―Eを踏襲し、それを核として他の手実を接続した。これらの接続に先だって、天地の補紙、一部の裏打などの補修を行なったが、天地の補紙は、大部分本紙ごとに行なったため、紙継されている部分も一度はがされた。このため本来の紙継を保っていた部分も、新しい紙継となったのである。最後に、表紙・軸を加えて一巻の巻子本に仕立て、内題・跋文を記し、かくして本巻は成立した。本巻は、以上のようにして成立したものであり、本来的な接続は一部に残っているだけであるから、本巻所収の文書を利用するに当たっては、安易に文書の接続関係を利用することは慎まなければならない。

二　市指図の年代

市指図の年代については、これまで福山敏男・皆川完一両氏の、天平感宝元年（天平勝宝元年＝七四九）ころとする見解がある（注(2)(3)論文）。皆川説の論拠は、市指図Wが天平感宝元年と推定される文書Xと接続しているところにあり、福山説は論拠を明示していないが、皆川説と同様の論拠によるものと推測される。市指図の年代決定の手掛りは、この市指図W―文書Xの接続だけであり、私見も両説を大きくこえるものではないが、このW―Xの接続を利用するためには、前項の如き本巻の接続の検討が必要であったし、またこの接続を利用するに当たっても、もう少し厳密に考えてみなければならない点もあるので、以下私見を述べることとする。

市指図と試字・文書Xの記載順序　さて、前項で明らかにしたように、本巻の接続が基本的に新しいものである中で、幸いにも、市指図Wに関しては、W（一紙）―X（二紙）の三紙の接続が奈良時代以来の本来の接続を踏襲していた。市指図の年代決定の手掛りは、このW―Xの接続、ならびに他面の試字J～Kしか与えられていない。ここではこれらを手掛りとして、次の手続で考察をすすめることとする。まず、W・X三紙の紙利用の過程を考え、市指図W、試字J〜L、文書Xの前後関係を明らかにし、市指図年代の上限・下限を定めること、次にその上限・下限の実年代を定めることである。

まずこれら三紙の紙利用の過程について、私は次の三段階を考える（口絵図版3・4）。(イ)経師に出身しようとする三人によって、三通の試字J・K・Lがかかれて写経所に提出され、これら三通は、他に提出された試字とともに整理のため貼りつがれた。(ロ)反故にされた試字文書の裏の一部に、市指図が描かれた。(ハ)試字文書の裏の余白に、文書Xがかかれた。紙利用の過程をこのように考えれば、市指図の年代は、試字以後、文書X以前になる。この三段階のうち、試字が第一次文書で、市指図と文書X以前であること、また三紙の紙継が市指図と文書Xがかかれる以前であることはすでに前項で明らかになっているから、ここで問題となるのは、市指図と文書Xの前後関係と、三紙の紙継が市指図・文書X以前の何時なのかという点である。まず市指図とXの前後関係についてけ、文書Xが接続せる三紙のうちの第二紙目からかき始められていることに注目したい[20]。前述の如く、文書Xは、写経検定帳との関係から、もとの完全な文書の冒頭部分の断簡と考えられるが、文書Xがこのように第二紙目からかき始められているのは、先に第一紙目に市指図が描かれていたからと考えられるのである。これとは逆に、文書Xが市指図より先にかかれたと考えると、文書Xは第一紙目を余白として第二紙目からかき始められたことになり、何故第一紙目を余白としたのかの説明がしにくい。市指図がすでにかかれている紙を、文書Xのような帳簿に利用するのは不自然であるという考え方があるかもしれないが、このような疑問は、前述の如く、文書Xが写経検定帳の作成過程に作られた草案で、すぐに反故にされるものであることを考えれば解消しよう。以上によって、市指図年代の下限は文書Xの年代に定められる。

次に、三紙の紙継の時期については、これらの紙継が市指図・文書Xのかかれる以前で、同時になされたものと考えられるから、可能性として次の二時点が考えられる。一つは文書X作成の際の紙継、二つは、前述した試字の整理の際の紙継という考え方である。この二つの考え方のうちどちらをとるか決定的な決め手はないが、次の二点から後者が妥当と考える。一つは、前者によれば、文書Xをかくために紙継をしながら、文書をかかずに市指図をかいたことになり、この想定はやや不自然で考えにくいこと、二つは、試字J〜Kだけでなく、本巻所収の試字I〜R全体を考えると、これらの試字は試字の段階で整理のために接続されていたと考えられることである。前述した如く、試字I〜Rは、同一時の経師採用考試のための試字と考えられ、その一部には同位置に同筆で「『未』定」「『不』定」の注記があった。このように同位置に同筆の注記があることは、これらの試字が、試字の段階で整理のために接続されていたことを示すと考えられるのである(21)。以上から、三紙の紙継は試字の整理の際と考えられ、したがって、市指図年代の上限は試字の整理の時期、すなわち試字の年代に定められる。

文書Xと試字の年代　さて次には、市指図年代の上限・下限である試字・文書Xの年代を定めなければならない。下限の文書Xの年代は、前述の如く、写経検定帳との関係から、同帳と同時期の天平感宝元年（七四九）と考えられる。試字の年代については、試字I〜R全体から考えてみなければならないが、年代を確定するに足る十分な材料が得られない。これらの試字は書風からみると、奈良朝写経を三期に分けた場合(22)の第二期すなわち天平・天平勝宝年間のものに属すると判断され、どのようにさかのぼったとしても天平初年をさかのぼらないと考えられる（口絵図版4参照）。さらに、試字が経師採用の際の手跡考試であることに注目すると、試字の年代は、試字提出者が経師として初見する時点より下らないと考えられる。試字I〜Rの試字提出者のうち、最も早く経師としてみえるのは試字Jの秦人成で、彼は天平九年（七四七）十月皇后宮職写経所経師であったことが知られる（『大日本古文書』巻七ノ一二一頁）。したがって試字I〜Rの年代は、天平九年ころを下限とする、天平年間前半期と考えられよう。

以上から結論すると、市指図の年代は、試字年代の上限天平初年から文書Xの年代天平感宝元年までの間に定められる。この結論は年代の幅が広すぎるきらいがないでもないが、結論の安全性を考えるならばこれで満足すべきであろう。ただ憶測を加えることが許されるならば、紙の利用の仕方を考えると、市指図がかかれたのは、右記の年代の幅の中でも文書Xに近い時期ではないかと考えていることを付け加えておきたい。

三　市の坪付復原

平城京の市の位置復原については、関野貞氏『平城京及大内裏考』以来の長い研究史があるが、[23] その中で、福山敏男氏の東市の復原に関する見解（注(2)論文）が定説的な位置を占めている。しかし、この福山説においても、市指図については問題があるので、以下、福山説の問題点を指摘し、さらに市指図を詳しく検討して、福山説とは異なった市の坪付復原案を提示したい。なお以下の叙述においては、口絵写真ならびに市指図の各線・文字に番号を付した第22図を参照されたい。

福山説の問題点　まず福山説についてみておこう（第23図参照）。福山氏は、まず造東大寺司と相模国司との間でなさ

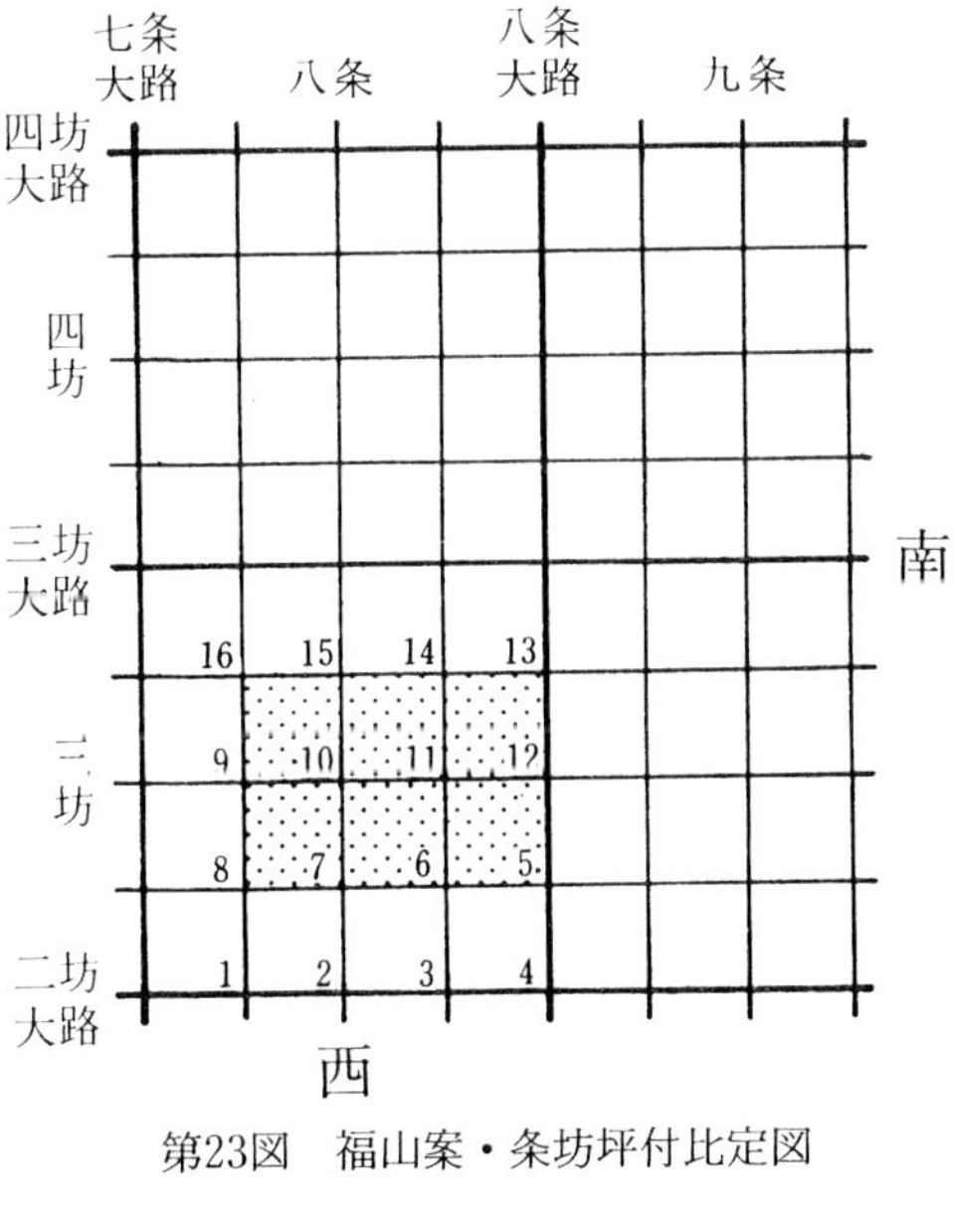

第23図　福山案・条坊坪付比定図

れた、東市西辺所在の相模国調邸の地の売買に関する薬師院文書を検討して、東市が左京八条三坊にあることを定め、次いでこれを前提として、市指図によってさらに詳しく東市の坪付の復原を行なっている。氏は、市指図の区画の条坊坪付への比定を試み、東端の南北線（第22図線(a)）を東京極（東四坊大路）、「市」字をかきこんだ六区画の南の四町の区画を九条に比定して、東市の坪付を左京八条三坊五・六・七・一〇・一一・一二坪と復原した。この福山説のうち、前半の薬師院文書による部分は、氏一流の綿密な考証であって、以下の私見もこれを前提としているが、後半の市指図に関する部分には問題がある。実は福山氏の論文においては、市指図に関する部分の叙述は断定を避け慎重な表現となっており、これを批判するのはいささか的はずれの嫌いがないでもないが、福山説はこの市指図による坪付復原を含めて定説化しているので、あえて問題とすることにする。

さて、福山説の問題点の第一は、市指図の区画の条坊坪付の比定についてである。後述の如く、市指図筆者は、市の位置を示すのにいずれかの線を基線として大路にあてて、区画をかいていると考えられる。福山説は、東端の線(a)を東京極（東四坊大路）、北端の線(イ)を七条大路に比定した区画の坪付比定と理解されるが、実はもう一つ、南端の線(チ)を九条大路に比定する坪付比定の考え方ができるのである。市指図の区画は、東西は八町＝二坊分の区画があるから、東、西端どちらの線を基線と考えても坪付比定に違いはないが、南北は七町分の区画しかなく、二条分＝八町に一町足りないから、南・北端いずれの線を基線とするかによって、区画の坪付比定には一町のずれが出てくるのであり、当然それとともに市の坪付復原も変わってくるのである。福山氏は、市の南の四町を九条に当てるといっており、南北の区画も八町あるとみているが、これは誤りである。後述の如く、私見では線(チ)を九条大路にあてる坪付比定を妥当と考えている。

ところで、このような条坊坪付比定を行なうのに注意しておかなければならないのは、本市指図が、東・西市のどちらの図にも考えることができ、どちらの市の図と限定できないことである。前述の如く、福山氏は、東端の線(a)を東四坊大路に比定し、本市指図を東市の図と考えた。また氏は、西市を東市と対称の位置の右京八条三坊に考えたが、西市の位置は、遺存地名「市田」(小字名)の存在から右京八条二坊に考えるべきである。(24) 西市をこのように考えれば、市指図は、線(a)を朱雀大路に比定して西市の図と考えることもできる。市指図筆者は、東・西市どちらかの図として描いたのであろうが、遺憾ながら、本市指図にはどちらの図と限定するに足る手掛りがないのである。

問題の第二は、市指図の「市」の六文字のうち南端の二字(第22図「市」字⑤⑥)は墨抹されていて、市の占地は、福山説の如く六坪ではなく四坪と考えられることである(口絵図版2参照)。この点はこれまで多くの研究者が見逃してきたことだけに、微妙な問題である。原文書によると、「市」字⑤は他の市字と同じくやや淡墨でかかれ、その上に濃墨で二つの点が施されており、この二点は墨抹の印と判断された。「市」字⑥は、一見すると濃墨の二点とやや斜めになった縦棒が眼につくが、これらは筆順を追えないし「市」字として形をなさない。しかし、よくみると第一点の左右、第二点の下に淡墨がみえ、これらと斜めの縦棒で「市」字が構成され、濃墨の二点はやはり墨抹の印ではないかと判断された。したがって、市の区画は「市」字①~④のある四区画で、市の占地は四坪と考えられる。この考え方の傍証として、図の方位を示す文字「西」が、「市」字①③、②④の中間の下にかかれていることがあげられる。このことは、「西」字が「市」字①~④を意識してかかれていること、すなわち、市指図筆者が市の区画を「市」字①~④のある四区画としていたことを示している。(25)

市の坪付の私案　さて次に、これらの問題点を念頭において、市指図のかき方について検討しよう。(26) 市指図の坪付比定はどの線を基線と考えたらよいのか、また「市」字の墨抹はどのような理由で行なわれたのか。それらの中で市の坪付復原を考えてみよう。ただ、前述の如く、本市指図は東・西市のどちらの市の図とも考えられるから、ここでは仮に東市の図として叙述をすすめることにしよう。私見の復原案を示しておくと、線(a)が東四坊大路、線(チ)が九条大路に比定でき、東市は左京八条三坊五・六・一一・一二坪に復原される（第24図参照）。

市指図の筆者　さて、市指図は試字Lの裏の上部に淡墨で描かれている（口絵図版1・3・4）。縦・横線によって区画を作って条坊・坪割を示し、右に「南」字、下に「西」字を記して図の方位を、図の中央やや下の区画に「市」字を記して市の占地を示している。全体の調子はきちんとしたものではなく、ややなぐり書き風の粗末なもので、何らかの心覚えか、誰人かに市の位置を示すためにかいたものであろう。筆者は、他面の試字・接続文書Xが写経所関係のものであることから、写経所――市指図年代を文書Xに近いものと考えれば造東大寺司写経所――に関係する人物と考えられよう。

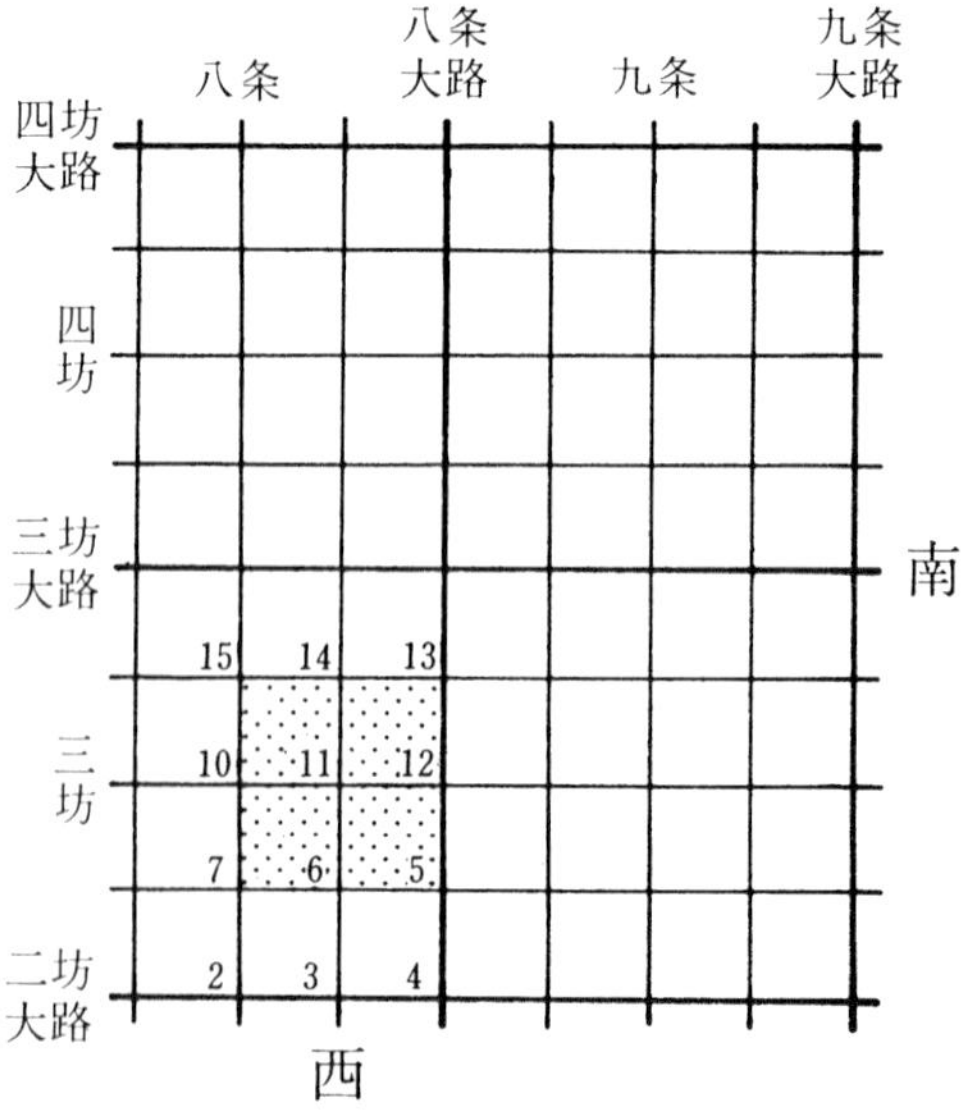

第24図　今泉案・条坊坪付比定図

区画のかき方　さて市指図のかき方の検討に入るが、まず区画のかき方、次に「市」「西」「南」の文字について検討しよう。先ず区画は、縦線八本(イ)～(チ)、横線九本(a)～(i)によって、五六の区画が作られているが、これらの区画は、各線を検討することによって(甲)(乙)(丙)の三部分にわけられる（第22図）。すなわち、第一に、各線は一筆で引かれたものもあるが、多くは二筆あるいは三筆で引かれており、各線は筆毎に分解でき、(甲)(乙)(丙)の三部分で筆が異なっているのである。第22図では、各線を筆ごとに分解し、各筆ごとに小番号を付した。ところで(甲)(乙)の縦線(イ$_3$)～(ヘ$_3$)、(イ$_1$)～(ヘ$_1$)に重複してある短線(イ$_2$)～(ヘ$_2$)は写真では見にくいが、原本によって確認できる。これらの短線の性格は、(甲)の六本の短線(d_1)～(i_1)とともに、(甲)の縦横線と関連深いもので、(甲)の(イ$_3$)～(ヘ$_3$)、(d_2)～(i_2)を等間隔に引くために、その前に引いた目安のための線と考えられ、したがって、これらの短線は(甲)の部分に入れられる。第二に、平行する線においても、(甲)(乙)(丙)の三部分の間で線の性格に相違がみられる。(乙)の(a_2)～(c_2)と(甲)の(d_2)～(i_2)との間では、前者が後者にくらべて細く、弓なりが強い。(甲)・(乙)の(イ)～(ヘ)と(丙)の(ト)(チ)との間では、前者が三筆で引かれているのに対して、後者は一筆で、かつ線がかすれている。ところで、(甲)(乙)と(丙)とでは、線を引く場合の紙の位置が異なっているのである。すなわち、入筆部分の相違や、横引の線が弓なりになることに注意すれば、各線を縦引き、横引きの線に分けられるが、(甲)(乙)では、(イ$_1$)～(ヘ$_1$)、(イ$_2$)～(ヘ$_2$)、(イ$_3$)～(ヘ$_3$)が上から下へ引いた縦引きの線、(a_2)～(i_2)、(d_1)～(i_1)が左から右に引いた横引きの線であり、これらの線は「西」字が下になる位置(本巻の通常の位置)に紙をおいて引いた線である。これに対して、(丙)では(ト)(チ)が左から右に引いた横引の線、(a_3)～(i_3)が上から下へ引いた縦引きの線であり、これらの線は「南」字が下になる位置(前者の紙の位置を時計廻りに九〇度廻した位置)に紙をおいて引いた線である。(丙)の場合の紙の位置の方向は「南」字の方向と一致しており、このことは、これらの線と「南」字が一連の手順でかかれたことを示している。以上によって、市指図の区画が(甲)(乙)(丙)の三部分に分けてかかれたことが明らかになった。そして、これらの三部分の区画は、(甲)→(乙)→(丙)の順序でかかれたと考えられる。すなわち、これらの区画の主体部分であり、またその線を引くのに目安の線を入れた(甲)の区画が、最初にかかれたことはまちがいあるまい。次いで(乙)の区画を追加し、最後に紙の位置を回転させて、(甲)(乙)を合わせた区画の下に、(丙)の区画を追加したと考えられるのである。これを条坊坪割に即して言うと、まず東西南北五町四方の(甲)の区画をかき、次にその東に東西三町・南北五町の(乙)の区画を追加・拡張し、最後に(甲)(乙)の南に南北二町・東西八町の(丙)の区画を追加・拡張したということになろう。以上のように、区画は三つの手順でかかれているが、大きくみれば、区画のかき方は(甲)の区画──→(乙)(丙)の区画の追加・拡張という二段階にまとめることができよう。またここでは、東への(乙)の拡張が三町であったのに対して、南への(丙)の拡張が二町分しかできなかったことに注意しておこう。これは、(丙)の区画と「南」字が重複していることから知られるように、(甲)の南には二町分を追加する紙幅しかなかったためと考えられる。

文字の検討　次に文字の検討に移ろう。まず「市」字については、「市」字⑤⑥の墨抹を考える上で、「市」字①②が他の「市」字よりやや大きいことに注目したい。私は、この点から、「市」字①②と③～⑥は一連の手順でかかれたのではなく、両者の間に時間差があったと考える。そして、この点と「市」字⑤⑥の墨抹を関連させて、「市」字をかいた手順を、「市」字③～⑥──→⑤⑥の墨抹と①②の追加という二段階に考える。すなわち、先ず「市」字③～⑥をかいたが、後に何らかの理由で⑤⑥を墨抹し、それとともに①②をかき加えたと。このように考えれば、「市」字⑤⑥の墨抹は、全区画の中で市の区画を北へ一町ずらすためになされた処置ということになろう。次に「西」字については、前述したように、「市」字①③、②④の中間の下にかかれていることに注目しよう。このことは、「西」字が、「市」字⑤⑥の墨抹、①②の追加の後にこれらと一連の手順でかかれたことを示していよう。さらに「南」字については(甲)(乙)の区画をあわせたほぼ中央の下にかかれていること、また、先に指摘した、「南」字の方向が(丙)の区画をかいた際の紙の位置の方向と一致していることに注目したい。前者は「南」字が(乙)の区画の追加がなされた後にかかれたことを、後者は(丙)の拡張と「南」字をかくのが一連の手順であったことを示している。

市指図のかき方と坪付復原　さて、以上の区画のかき方、文字に関する所見を綜合して、区画の追加・拡張、「市」

字の墨抹・追加の意味を考えてみよう。私は、区画および「市」字のかき方の二段階は各々対応しており、市指図のかき方は二段階に理解するのがよいと考える。すなわち、第一段階として、(甲)の区画がかかれ、それに伴って市の位置を示すために、「市」字③~⑥がかきこまれた。この段階では、(甲)の区画が五町四方であることから知られるように、筆者には市の位置を条坊との関連で示そうとする意識が稀薄であったようであり、このために、この図では市の位置を示すのに十分でなかった。第二段階は、(乙)(丙)の区画の追加・拡張、および「市」字⑤⑥の墨抹と①②の追加である。(乙)(丙)の区画の追加・拡張は、第一段階の図の不十分さを補うためになされたもので、市の位置を条坊との関連で示そうとしたものである。すなわち、(乙)の拡張は東京極(東四坊大路)、(丙)の拡張は南京極(九条大路)までの区画を拡張しようとしたものであり、筆者は両大路を基線として市の位置をより明らかにしようとしたと考えられる。ただしかし、(丙)の拡張は、筆者の意図通りの拡張ができず、ここに「市」字の墨抹と追加がなされる理由があった。すなわち、東への(乙)の拡張は東西三町が追加でき、市の区画の東に東四坊大路までの五町分の区画(三坊の一町+四坊の四町)を作ることができたが、南への(丙)の拡張は南北二町分を追加する紙幅しかなく、市の区画の南に、九条の一条分=四町には一町足りない三町分の区画しか作ることができなかった。このために、「市」字⑤⑥の墨抹と①②の追加、すなわち市の区画の北への一町の移動がなされる必要があった。すなわち、筆者は、九条の一条分=四町の区画を作るのに、市の区画の南に四町の区画を作ることができなかったため、かえって市の区画を北へ一町ずらしたと考えられるのである。

さて以上の考え方によれば、本市指図のかき方の順序は次のようになる。〔A〕(甲)の区画をかき、「市」字③~⑥をかきこんだ。〔B〕(乙)の区画を追加した。〔C〕「市」字⑤⑥を墨抹し①②を追加し、さらに「西」字をかいた。〔D〕「南」字をかき、(丙)の区画を追加した。このうち、先述の考え方によれば、〔C〕→〔D〕は〔D〕→〔C〕の順序と考えた方が通りがよいようにも思われるが、ここでは一応、次の二点から〔C〕→〔D〕の順序に考えておきたい。第一は、(丙)の区画の線はかすれていて、本図をかく最終の筆と考えられること、第二に、〔D〕→〔C〕の順序に考えると、〔D〕のために一度紙の位置を九〇度回転させ、さらに〔C〕のために紙の位置をもどさなければならず、このような小さな図面をかくのに手数がかかりすぎるように思われることである。〔C〕→〔D〕の順序に考えれば、(乙)の区画をかいた段階で、南へは二町分の区画を作る紙幅しかないのを見越して、先に市の区画の北への一町の移動をしたと考えられよう。

以上のように本市指図のかき方を考えれば、当然、線(a)が東四坊大路、線(チ)が九条大路に比定され、東市の坪付は、これらを基線として左京八条三坊五・六・一一・一二坪と復原される（第24図）。また仮りに本市指図を西市の図と考えれば、線(a)が朱雀大路に比定されることになり、西市は右京八条二坊五・六・一一・一二坪と復原される。

以上市指図のかき方から、市の復原を考えてきたが、最後に別の観点から補足しておこう。

平安京の市　まず、市の占地を四坪と考えることについては、平安京の市の占地との関係から、その妥当性が考えられる。平安京の市は、古図や『拾芥抄』などから第25図のように復原されている。このうち中央の四坪を内町、四方の各二坪の計八坪を外町という。内町・外町の性格についてはあまり明らかでないが、内町四坪が市の本体をなしていたと考えられ、私見の平城京の市の四坪説との関連が考えられよう。（補二）

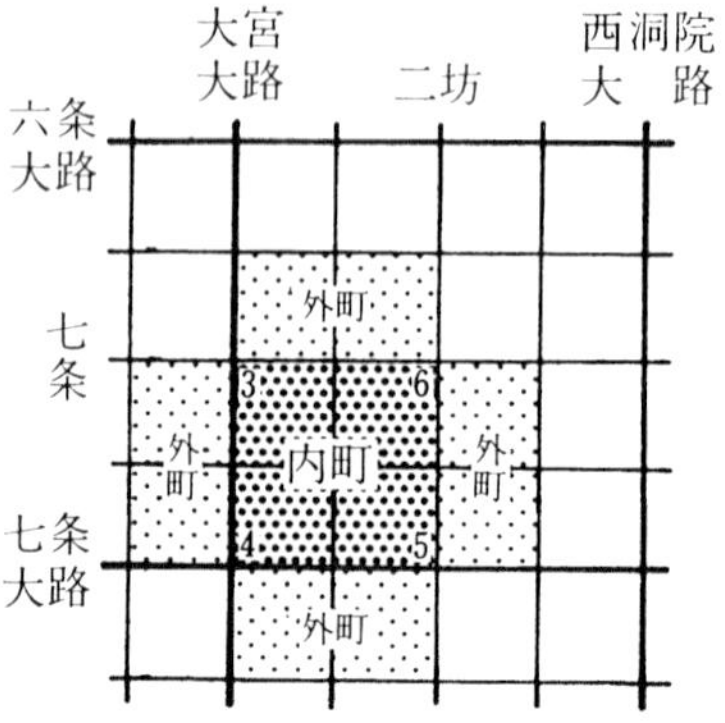

第25図　平安京東市復原図

次に、坪付比定の基線の問題については、前述の如く、もう一つの可能性として、線(イ)を基線として七条大路に比定することも考えられるが、この比定によれば、市の坪付は六・七・一〇・一一坪となり、市は大路に面さなくなる。市のような官の施設が、大路に門を開かないのは考えにくいことであり、事実平安京の市の内町は、二面が大路に面しており、この点から線(イ)を基線とする復原案は考えにくい。

なお、第三項は、その多くを岸俊男氏に負っている。「市」字の墨抹は岸氏のご指摘によるものであり、また本巻の調査にも、狩野久氏とともに同道していただき、墨抹について確認するとともに、市指図のかき方についても検討していただき、多くの有益なご教示をいただいた。

おわりに

以上の考察を要約してむすびにかえよう。

まず本巻は慶応二年（一八六六）ごろ鵜飼徹定の手によって成立したものであり、文書の接続は複雑であるが、基本的には新しいものである。しかし幸いにも、一部に古い本来の接続が踏襲されており、市指図が天平感宝元年（七四九）の文書と接続していたことが明らかになった。

次に、この接続関係と紙背文書を手掛りとして、市指図の年代は、天平初年から天平感宝元年の間と考えた。結論の安全性を考えれば、この結論で満足すべきであるが、筆者は、この年代の幅の中でも天平感宝元年に近い時期と憶測していることを付け加えておこう。

さらに、市指図のかき方を検討し、市の坪付は、東市なら左京八条三坊、西市なら右京八条二坊の五・六・一一・一二坪の四坪に復原した。この復原案は、市指図の解釈を唯一の根拠としている。市指図に関する解釈は、私見でほぼ尽くされていると思うが、さらに当該地の発掘調査によって、この復原案が裏づけられ、市の構造が明らかにされることが望まれる(補三)。

注

(1) 重要文化財指定。指定名称「天平年間写経生日記」。

(2) 福山敏男「奈良時代に於ける法華寺の造営」付記一「平城京東西市の位置に就いて」（一九三二年初出。『日本建築史の研究』所収、一九四三年）。

(3) 福山前掲論文。皆川完一「平城京東市図」解説（『書の日本史』第一巻（飛鳥・奈良）所収、一九七五年）。

(4) 同巻は、昭和四十九年四月京都国立博物館で行なわれた「知恩院名宝展」に出陳された。また同巻の写真は、同展図録『知恩院』（図版番号三十）ならびに注(3)『書の日本史』第一巻（平城京東市図、写経生試字）に一部掲載されている。

(5) ただし、A・B（第16表文書番号）の三紙、Cの二紙、D・Eの三紙の各々においては、天地の補紙が通っている。すなわち、紙継の上から補紙がなされている。

(6) 第二紙跋文は、『大日本史』巻第十六からの大学寮大学生等への時服・食料支給に関する天平二年三月二十七日官奏の引用が、大部分を占めるので、省略に従う。第一紙跋文は次の通り。

桂林遺芳抄曰進士及第寮省試事／肇于　平城之朝其式甚厳如唐／状元例今検此巻写経生試書評定／判断諸例以至給紙筆墨等歴々可見就中如馬養広継人丸諸子載／在史策獲一紙猶足珍況於在数／紙乎其他姓氏人名可以補史之闕矣／丙寅嘉平月　古経堂主人題

(7) 三著とも『解題叢書』所収。なお『続古経題跋』には、京都東山知恩院蔵として本巻を紹介している。

(8) 石田茂作『写経より見たる奈良朝仏教の研究』第三篇第二章（一九三〇年）、井上薫『奈良朝仏教史の研究』第六章第二節（一九六六年）。これらの試字のほか数通の試字が『大日本古文書』に収められている（巻一九ノ一三三～一四〇頁）。

(9) 皆川完一「光明皇后願経五月一日経の書写について」（『日本古代史論集』上巻所収、一九六二年）。

(10) s、u、v、xの間では、たとえば「人」「万呂」「マ（部）」「小」などの文字が酷似している。

(11) 皆川完一氏は、この写経を天平感宝元年閏五月開始の十部八十花厳経書写としている（注(3)「平城京東市図」解説）。

(12)『大日本古文書』では、念林老人から八人目の人物を写経検定帳は「度津乎以志」、文書Ｘは「度津小竹志」とする。「乎」と「小」は音通し、「以」と「竹」は写真でみると同字であり、文書Ｘの「竹」は『大日本古文書』の読み誤りで、写経検定帳と同じく「以」とすべきである。

(13)試字Ｙについては、書風からみてＩ～Ｒと同一時期と考えてよく、また後述の如く、Ｉ～Ｒと一括して徹定の許に入手されたと考えられるが、その裏面のＨが、そこにみえる経師からみて宝亀年間の文書と考えられ、写経検定帳と関係のないことから、ここでは、一応Ｉ～Ｒから除外しておく。

(14)慶応の紙継の際、糊代部分を含めていずれかの紙端が断ち落とされたと考えられる。なぜなら、現在、文書Ｘ、市指図Ｗの各々の墨線は各々の紙端までのびていて糊代部分がなく、また文書Ｘの「念林老人」の下の「初」字は紙端で切られているが、市指図の紙には「初」字の墨痕が認められないからである。

(15)Ｓ三紙の紙継は、列記された人名のうち村山首万呂と調呰万呂との間、および田辺博多と犬甘木積万呂との間にあり、Ｘ二紙の紙継は、山辺千足と倭薬田万呂との間にある。

(16)ただし、Ｄ—Ｅ(三紙)の紙継は、本来の紙継を保っている可能性がある。注(5)に記したように、この部分は天地の補紙が通っており、補修の際はがされなかったかもしれない。

(17)同影写本は、奈良国立文化財研究所架蔵の写真版によって閲覧した。

(18)皆川完一「正倉院文書の整理とその写本」(『続日本古代史論集』中巻所収、一九七二年)。

(19)注(18)皆川論文は、正倉院から流出した文書を調査しており、本巻もあげられている。

(20)私見は、市指図・文書Ｘの三紙の二つの紙継が同時になされたことを前提に論証を進めている。市指図と文書Ｘ第一紙の紙継が市指図以前、文書Ｘ第一紙・第二紙の紙継が文書Ｘ以前であることは、すでに明らかになっているが、両者が同時であることは未だ論証していない。私は、市指図と文書Ｘの前後関係がどうであろうとも、この二つの紙継が別時点になされたと想定することは困難であると考える。すなわち、文書Ｘをかいた二紙に紙継をして市指図をかいたとする想定も、市指図と文書Ｘ第一紙を紙継し市指図をかいた後、文書Ｘ第二紙を紙継して文書Ｘをかいたとする想定も、市指図と文書Ｘが内容的に無関係であるから、成立しにくいと考える。

(21)　一紙に二名の者が試字した例もあるので（Q）、この想定とは逆に、継紙した紙に数人の者が試字をしたということも考えられるが、本来の接続を保っているJ―K―L、P―Q―Rについてみると、J、Lは墨界線があるが、Kはなく、P、Q、Rは墨界線があるが界高が異なっており、右述のような考え方はできない。
(22)　田中塊堂「写経所と写経生の書風」（『書道全集9　日本1』所収、一九六五年）。
(23)　研究史については、大井重二郎『平城京と条坊制度の研究』条坊制度第五章参照（一九六六年）。
(24)　奈良国立文化財研究所編『平城京朱雀大路発掘調査報告』Ⅲおよび付図（一九七四年）。
(25)　最初に市指図をとりあげたと考えられる関野貞『平城京及大内裏考』（一九〇七年）も、福山説と同じ二点の誤りを犯しており、福山説の誤りは関野説に影響されたのではないかと考えられる。また関野説が市の占地を六坪に誤ったのは、市指図の原本によらず写本によったためである。『平城京及大内裏考』に掲げられた市指図は、小杉本に写された市指図によく似ており、この図では「市」字⑤⑥を明瞭な「市」字にかいている。またその後の研究者が、二字の墨抹に気づかなかったのは、関野説からの先入観とともに、『大日本古文書』（巻一一ノ一〇六頁）所収の凸版の市指図に災いされたのであろう。この図では、墨抹の微妙な感じが表現されていない。
(26)　市指図のかき方については、これまで大井重二郎『上代の帝都』（一九四四年）の中で若干検討が行なわれている。

（付記）　初出稿「所謂『平城京市指図』について」『史林』五九巻二号（一九七六年三月）掲載。改題し、小見出を入れ、元号に西暦を付記した。内容は改訂していない。

（補一）「写経所紙筆授受日記」の文書と市指図についての写真と解説は、国立歴史民俗博物館発行『正倉院文書拾遺』（一九九二年）に収載された。
（補二）　岸俊男氏は、平城京の東市が四坪であるのは、藤原京の市の占地が一坊＝四坪であることを踏襲したものであり、市の占地は藤原京の一坊＝四坪が平城京、平安京（市の内町）と踏襲されたと指摘する（「日本の宮都と中国の都城」「難波宮の系譜」、『日本古代宮都の研究』所収、一九八八年）。

（補三） 平城京東市・西市推定地の発掘調査について述べておく。報告書は末尾にまとめて掲げる。東市跡（左京八条三坊五・六・十一・十二坪）では、市の西北坪の六坪で、市の北辺に当たると推定される東西築地塀と北門の脇定に当たる四脚門を検出し、発掘調査の面から四坪説の根拠を得ることができた（報告(3)）。東市に関連して東堀河を、市の内外二ヵ所の地点で検出した（報告(1)(2)(4)）。東市東半部の十一・十二坪の東西二等分線上に位置し、幅一一㍍の堀で、遺存地割から五条付近から南流し、東市を経て京外へ流れ下る。その他に東市北半部の六・十一坪で調査を行なっているが、市であることを立証する成果はあげられていない（報告(5)〜(10)）。

西市跡では西南坪の十二坪で発掘調査を行なったが、顕著な成果があがらなかった。ただし、遺存地割から市の南北二等分線上に、東西堀河が想定された。西市の東外側を流れる秋篠川が堀河と考えられているが、それに連絡する堀河と考えられている（報告(11)）。

市関係報告書一覧

〈東市跡〉

(1)奈良国立文化財研究所『平城京左京八条三坊発掘調査概報　東市周辺東北地域の調査』（一九七六年）。

(2)同『平城京東堀河　左京九条三坊の発掘調査』（一九八三年）。

(3)〜(10)奈良市教育委員会『平城京東市跡推定地の調査』Ⅰ〜Ⅷ（一九八三〜九〇年）。

〈西市跡〉

(11)奈良国立文化財研究所『平城京西市跡　右京八条二坊十二坪の発掘調査』（一九八二年）。

第四章　平城京の朱雀大路

はじめに

朱雀大路は、京城正門の羅城門から宮城正門の朱雀門まで、都城を南北に貫く正面大路である。平城京の朱雀大路は総延長約三・八キロあり、これまで四地点の発掘調査によって規模や状況が明らかになっている。本論は、主に文献史料によって[1]、平城京の朱雀大路について、その景観、維持・管理、性格などを考え、それらを通して古代都城の政治的な性格にも論及する。平城京朱雀大路に関する史料は少ないので、平安京の史料を参考にし、両京の朱雀大路についても考察することになろう。

一　朱雀大路の景観

朱雀大路の広さ　平安京の朱雀大路は、路面幅が二三丈四尺（約七〇㍍）、その両外側に幅五尺（約一・五㍍）の溝を設け、さらにその外に幅一丈五尺（約四・五㍍）の犬行を隔てて、基底幅六尺（約一・八㍍）の築垣（築地塀）を築いていた（『延喜式』左右京職式京程条）。幅は両側溝心々間距離で二三丈九尺（約七一・七㍍）、築垣心々間距離で二八丈（約八四

㍍）である。築垣の高さは、基底幅から一丈三尺（約三・九㍍）に復原できる（同木工寮式築垣条）。平城京の朱雀大路については、これまで朱雀門前、三条、六条、九条の四地点で発掘調査を行ない[2]、路の幅や状況が明らかになり、路幅などが復原されている。平城京の条坊、道路の復原について、これまで令小尺を基準尺として行なわれ、前掲の朱雀大路の報告書もそうであるが、令大尺を基準尺とすべきであるという井上和人氏の見解が妥当と考えるので、以下、平城京の道路の復原については同氏の見解による[3]。なおいうまでもないことながら、一令大尺＝一・二令小尺で、前記の平安京の基準尺は令小尺である。井上氏は、六条の調査成果によって、路幅は両溝心々間で七二・八㍍または七一・七㍍と計測し、これを二〇〇令大尺（復原値七一・〇六㍍）[4]とし、九条において検出した西築垣の結果によって、両築垣心々間で二五〇令大尺（復原値八八・八三㍍）と復原した。両側溝幅は岸の崩壊などで確定しないが、注（2）E報告は四㍍と推定する。

第18表　平城京大路の路幅

大路名	溝心々間	築垣心々間
朱雀大路	200	250
二条大路	105	150
西一坊大路	70	(120)
西三坊大路	60	80

（注）井上和人氏の復原案による。単位は令大尺。（　）は遺構が未検出で，遺存地割による。

第19表　平安京大路の路幅

大路名	溝心々間	築垣心々間
朱雀大路	239	280
二条大路	126	170
東西一坊大路	76	120
大路（A）	80	100
大路（B）	60	80

（注）『延喜式』左右京職式京程条による。単位は令小尺。

第18表・第19表に示したように、平城京でも平安京でも朱雀大路の幅は他の大路にくらべて格段の広さである。二条大路、東・西一坊大路は宮城の南面、東・西面の大路であるので広く作られており、平城京では西三坊大路が一般大路の例となるが、朱雀大路は溝心々間でも築垣心々間でも、一般大路の三倍以上であり、平安京では一般大路にはA・B二種の広さのものがあるが、朱雀大路はこれらの三倍以上の広さであった。路幅における朱雀大路の卓越性は、この大路が京の正面大路であることによる。朱雀大路の景観の特徴として、まず大空閑地帯とでもいうべき、この路幅の広さがあげられる。後述のように、この路幅の広さにこの大路の性格が端的に示されている。

坊城垣　広い路面の両側に側溝を設ける。平城京朱雀大路の調査結果によれば、路面は石敷などの舗装はなく、中央を高くして両側にゆるやかに傾斜するように作られていた（報告E）。雨水などを両側溝に流すための工夫である。両側溝の外側には犬行を隔てて築垣が走る。前記のように平安京朱雀大路の築垣は、基底幅六尺、高さ一丈三尺であるが、平城京では九条で大路西側築垣を検出した（報告A）。二時期あり、古い時期のものに関しては瓦の堆積と垂木、新しい時期については基壇の掘込地業（幅四・三㍍）を検出した。また築垣の内側では転落したままの瓦が出土し、両時期とも瓦葺きの築垣と考えられる。築垣の復原については、出土した垂木、遺構、文献史料によって、基底幅二・一㍍（七令小尺）、築地本体高さ三㍍（一〇尺）、屋根までの高さ四・六㍍の案と、基底幅二・四㍍（八尺）、築地本体高さ三・六㍍（一二尺）、屋根までの高さ五・二㍍の案が示されている。

朱雀大路の景観の二番目の特徴は、大路両側に延々と続く築垣である。岸俊男氏によると、衛禁律越垣及城条に「坊垣」が定められ、京の各坊は坊垣をめぐらすのが原則であるが、平安京では朱雀大路の両側の二坪分をめぐる築垣は「坊城垣」または「坊城」とよばれ、特別に政府の手で整備し景観を保持した。後述のように坊城垣の修理は官によって行なわれ、それを専門に担当する修理左右坊城使が設けられたこともあった。この東西二坪分の地は「坊城地」とよばれ、朱雀大路の東西の最初の小路は坊城小路・西坊城小路と称された。また朱雀大路に面する坊城垣の条間小路との交叉点に坊門が開かれていた。坊門は京内の各坊にあったのではなく、朱雀大路の坊城垣の条間小路の交叉点にのみあったらしい(5)。

一方、朱雀大路の坊城垣には諸家の家門の建造が禁ぜられ、宮外の諸司の門を開くことも規制されていたと考えられる。諸家の家門建造の禁止については次の史料がある。

(1)『続日本紀』天平三年（七三一）九月戊申条

左右京職言。三位已上宅門。建㆓於大路㆒先已聴許。未審身薨。宅門若為㆓処分㆒。勅。亡者宅門不㆑在㆓建例㆒。

(2)『日本三代実録』貞観十二年（八七〇）十二月二十五日壬寅条

又三位已上及四位参議家門。聴㆑建㆓大路㆒。薨卒之後。子孫居住者亦聴㆑之。

(3)『延喜式』左右京職式大路門屋条

凡大路建㆓門屋㆒者。三位已上。及参議聴之。雖㆓身薨卒㆒。子孫居住之間亦聴。自余除㆑非㆓門屋㆒不㆑在㆓制限㆒。其城坊《（マヽ）》垣不㆑聴㆑開。

(4)同弾正台式

凡三位以上。聴㆑建㆓門屋於大路㆒。四位参議准㆑此。其聴㆑建之人。雖㆓身薨卒㆒。子孫居住之間亦聴。自余除㆑非㆓門屋㆒。不㆑在㆓制限㆒。其坊城垣不㆑聴㆑開。

(1)天平三年格によれば、これ以前から大路一般に家門を建造することは禁ぜられ、ただ三位以上には許されていた。(2)貞観十二年格では、大路の家門建造が四位参議にも許され、天平三年に禁ぜられた本人死亡後に子孫がその家門を受け継ぐことが許されることになった。『延喜式』ではこれらを引きついだ上で、「坊城垣」ではすべての家門建造を禁じている。岸氏のいうように、この坊城垣は朱雀大路両側の坊城の築垣と考えられる（注(5)論文）。すなわち、大路に面して家門の建造を禁止する大原則があり、三位以上、四位参議などの一部特権階層には許されたが、朱雀大路の坊城垣ではそれらも含めて禁止されていたのである。

朱雀大路の家門禁止に関連して、平安京で朱雀大路に面して所在する公的な施設がこの大路に正門を開いていなかったことが注目される。すなわち、朱雀大路の東の左京三条一坊一・二・七・八坪に所在した大学寮は、東・西門があったが、釈奠の際に皇太子・官人らは東門から入ることになっており、[6]東門が正門であったと考えられる。[7]同じく大路の東の左京三条一坊四坪に所在した源氏の学館の奨学院は東門を開き、東の五坪の勧学院に対していた。[8]また左・右京七条一坊三坪にそれぞれ所在した東・西鴻臚館は、大路の東の東館は東門を、西の西館は南門をそれぞれ正門としていたらしい。[9]これらの公的施設の門の例は、朱雀大路の家門建造禁止と同じ考えによる規制であろう。このような朱雀大路の坊城垣の門の建造の禁止と規制は、前記の坊城垣の整備とあいまって、朱雀大路の両側の坊城垣の景観を優先させようとするものである。後掲史料(8)の貞観四年（八六二）官符に「朱雀者両京之通道也。左右帯レ垣、人居相隔。」と記すのはこのような景観を念頭においた文言である。

平城京でも、朱雀大路の両側の東西一坊の坊城垣が特に整備されていた。岸俊男氏によれば、遺存地割による平城京の復原によると、朱雀大路両側の東西一坊の道路・街区の痕跡の遺存が他の地域にくらべて格段によく、これは平安京と同様に、東西一坊分の坊城垣を特別に整備したからと考えられる。[10]家門の建造禁止については、坊城垣における全面的禁止は平安京からであるが、天平三年以前に大路一般の建造は原則的に禁止されていたから、朱雀大路の坊城垣も一応規制されていたと考えられる。平城京でも平安京でも朱雀大路に面して門の建造を規制し、坊城垣を整備したのは、都城の威容を示すためである。

街路樹　平安京の朱雀大路には街路樹として柳が植えられ、[11]催馬楽にも次のように歌われている。[12]

(5)大路に　沿ひて上れる　青柳が花や　青柳が花や　青柳が　撓《しな》ひを見れば　今盛りなりや　今盛りなりや（催馬楽15）

(6)浅緑　濃《こ》い縹　染めかけたりとも　見るまでに　玉光る　下光る　新京朱雀のしだり柳　またはた井となる　前

栽秋萩　撫子《なでしこ》蜀葵《からほひ》　しだり柳　（催馬楽49）

朱雀大路の柳は史料に明確であるが、それ以外の大路にも植えられていたと思われる。『延喜式』左右京職式に街路樹の管理に関して、朱雀大路には「守朱雀樹」の雇使の設置を定めるとともに（雇使員数条）、「道路辺樹、当司当家栽之」と定めるが（道路樹数条）、後者は一般大路の樹に関する規定と思われる。

平城京では街路樹として柳と槐《えんじゅ》が植えられていた。柳については『万葉集』の次の大伴家持の歌から明らかである。

(7)『万葉集』巻十九―四一四二

（天平勝宝二年〈七五〇〉三月）二日、柳黛を攀ぢて京師を思ふ歌一首

春の日に張れる柳を取り持ちて見れば京の大路念ほゆ

家持が守として赴任していた越中国から、遠く京の大路の柳をしのんで作った歌である。

槐については、東野治之氏が、二条大路木簡の中の左・右京職の槐花の進上の木簡から推測している。(13) 槐花は染料や薬物に用いられるので、この木簡の槐花はそれらの用途のために進上されたものである。左・右京職が進上していることから京内の槐樹から採取されたと考えられること、唐都の長安では柳とともに槐も街路樹として植えられることから、平城京の街路樹として槐が植えられたと推測された。朱雀大路や大路の街路樹は、緑陰を作り道路の景観に一つの風趣を添えるものであったが、それとともに槐花の採取の如き実用性ももっていたのである。

登り勾配の路面　平城京朱雀大路の景観を考えるうえで、羅城門から朱雀門へ北進する大路がゆるい登り勾配になっていた点は見落とせない。両門間の距離が三七七八㍍、羅城門と朱雀門の高度差が　三・八㍍、羅城門と宮城内の中央区大極殿の高度差が二一㍍である。(14) これは、朱雀大路を北進する人に、荘大な朱雀門とその奥の大極殿が、い

や高く、威圧するようにみえる仕掛けであり、平城京が北高南低の地勢を利用して造営された結果である。

小　結　朱雀大路の景観の第一の特徴は、大空閑地帯とでもいうべき広すぎる路幅であり、第二に両側に延々と続く坊城垣である。交叉する大路の間の一条間、約五〇〇㍍前後続き、諸司や諸家の門は規制され、一条の間の中央の条間小路の坊門のみが設けられていた。大路両側の柳や槐の街路樹が彩りを添えた。緩い登り勾配のために、宮城の建造物が威圧するように聳えたってみえた。

二　朱雀大路の維持・管理

京内の道路の維持・管理とその中での朱雀大路の特別な扱いについて明らかにする。京内の道路の維持・管理は、原則として左・右京職が最終的な責任を負ったが、実際の修営は官が行なう場合と、「当司・当家」すなわち道路に面する宮外の官司と家が行なう場合があった。

橋の修営　橋の修営は官が行なった。営膳令11京内大橋条は、京内の大橋と宮城十二門前の橋は木工寮が修営し、その他の橋は京内の人夫すなわち雑徭によって修営すると定め、『令集解』同条の朱記は京職が行なうとする。天長五年（八二八）十二月十六日官符によれば、平安京中の橋は三百七十余あり、その修営は京職の責任であった（『類聚三代格』）。

道路の清掃　道路の清掃や、後述する溝の掘削などの負担の軽いことは、道路に面して所在する当司・当家が行なった。京中の諸司・諸家が溝から水を引くために、垣に穴を穿ったり、溝をせきとめて道路に水を溢れさせて汚穢を流出させたりしたので、弘仁六年（八一五）二月九日官符によって、樋を設けて導水することと、道路に水や汚穢を溢れさせないようにすることが命じられ[15]、さらに同十年（八一九）十一月五日官符によって、道路の清掃は当司・当家が行なうこととされ、怠った場合の罰則も定められた（『類聚三代格』）。天長四年（八二七）九月二十一日格によって、諸司・諸家が清掃を怠った場合は京職の官人の責任とされ（『類聚三代格』天長五年十二月十六日官符所引）、京職は清掃を怠った諸司・諸家から過状を責うていた[16]。弾正台と京職が京内を巡検して清掃を取り締まり、貞観七年（八六五）十一月四日官符によって、京職は十日毎に、弾正台は隔月一度巡検するように定められた（『類聚三代格』）。これらを受けて『延喜式』では、京路は毎月当司・当家が清掃し、京職の条令（坊令）・坊長が十日毎に巡検して清掃を催促し、また毎月弾正台の弼以下が巡検し、京職の官人・史生、坊令・坊長がこれに従う定めであった[17]。

溝渠の掘削　道路の溝渠は通水を維持するために定期的に掘削しなければならないが、斉衡二年（八五五）九月十九日官符によって、溝渠の掘削は当司・当家が行ない、ただし大路の堤堀は功が多いので左・右京職と諸家が共に当たり、家がない場合は左・右京職だけで行ない、さらに朱雀大路辺の溝は当家が修作すべきものでないと定められた。『延喜式』によれば、宮城辺と朱雀大路辺の溝の掃除は、左・右京職の雇夫が行なうことになっているから（左右京職式宮城朱雀等掃除条）、斉衡二年の制でも朱雀大路辺の溝の掘削は左・右京職が行なうべきものであったのであろう。

街　路　樹　京路の街路樹の管理は、『延喜式』によれば、一般京路は当司・当家が栽培に当たり（左右京職式道路樹条）、朱雀大路については、特に左・右京職に「守朱雀樹」の雇使が各四員設けられて管理に当たった（左右京職式雇使員数条）。

坊城垣の修営と修理左右坊城使　朱雀大路の両側の坊城垣の修営は官が行ない、このことのために特に修理左右坊城使が設けられた時期もある[18]。同使は確実には天長八年（八三一）十二月九日官符に初見するが（『類聚三代格』）、天長四年（八二七）六月二十三日官符[19]にみえる坊城の修営に当たる「使司」が同使に当たるので、同年ころに設置されたと考えられる。この後、承和六年（八三九）三月十五日に左右坊城使の使員を各二員から各一員に減員し（『続日本後紀』承和六年三月丙申条）、仁寿二年（八五二）三月二十日官符によって、停廃されて木工寮に隷し（『類聚三代格』斉衡二年九月十九日官符所引）、貞観十五年（八七三）十月十日に再置され、寛平二年（八九〇）十月十六日に停廃されてこの時設置された修理職に併合された[20]。天長四年六月二十三日官符によると、これより少し前に坊城の検破損使を派遣して破損を調査して修理が行なわれ、それ以後は、「理損」すなわち自然的な損壊の部分は修理左右坊城使、「非理濫損」の部分は左右京職がそれぞれ修営することが定められた。仁寿二年（八五二）の坊城使の廃止以後は、同使担当の「理損」修理は木工寮が担当することにされたが、斉衡二年（八五五）九月十九日官符によれば、当時理損も非理濫損も木工寮が修理に当たっていたので、この時に、理損は木工寮、非理濫損については築垣の外側は京職、内側は当家が修理することに改められた（『類聚三代格』）。本来官が行なうべき修理の一部を当家に負担させることにしたのである。坊城使が停廃された期間の同使担当の修理は、仁寿二年～貞観十五年の間は木工寮が行ない、寛平二年以降はこの時設置された修理職が当たったと思われる。以上の如く、坊城垣の修営は斉衡二年以降一部が当家負担となるが、原則として、理損は修理左右坊城使、木工寮、修理職、非理濫損は左右京職が行ない、官が当たることになっていた。

以上、京路の維持・管理について一般京路が当司・当家負担であったのにくらべて、朱雀大路は、坊城の修営、街路樹の管理、溝の掃除・掘削などを官の手で行なうことになっており、特別の管理体制がとられた。

三　都城と朱雀大路

朱雀大路の本質　朱雀大路は京城正門の羅城門と宮城正門の朱雀門を結ぶ最も重要な大路であり、最大の広さをもっていた。前述したように、平城京・平安京の朱雀大路の約七一㍍という幅（溝心々距離）は、他の大路にくらべて格段の広さであった。唐都の長安でも、京城正門の明徳門と皇城正門の朱雀門を結ぶ朱雀街は、幅一五〇〜一五五㍍の最大の大街であり[21]、日本都城における朱雀大路の設定はこの中国の都城の模倣である。

朱雀大路のもつ本質はこの道路の広さに端的に示されている。朱雀大路の広さは、道路の本来有する通行という機能からかけ離れたものであり、朱雀大路の本質は道路の実用性を超えたところにあると考えられる。すなわち、朱雀大路は京城の正面大路として、都城の威容を誇示するために設定されたものである。このためにこの広さが必要であり、また前述したように、特別な管理体制によって坊城垣、溝、街路樹を整備して景観を維持する必要もあった。

朱雀大路の入口の羅城門も、この大路と同様な非実用性、いいかえれば形式性を有する存在であった。羅城門は唯一の京城門であり、平城京では東西三三㍍、南北一八㍍の基壇に建つ桁行五間、梁行二間の重層門と推定され（注(2)報告A）、朱雀門とともに京内最大級の門の一つである。門号の羅城とは京城の四周にめぐらされた城壁で、中国の都城では高い城壁をめぐらして各面に京城門を開いたが、平城京では京城垣は京城の四周にめぐらされず、ただ羅城門の左右に築いただけであった。羅城門は、城壁をめぐらさない京城の唯一の京城門であり、この意味で形式的な存在であった。そしてこの門は都城の威容を示すために設けられ、それゆえに規模雄大に造られなければならなかった。

都城の中の朱雀大路・羅城門　朱雀大路や羅城門のこのような性格は、都城が律令国家の国家としての威容を整えるために造られた政治的都市であることによっている[22]。都城は、天皇が居住し中央諸官衙が所在する中央集権的律令国家の支配の拠点であり、そのうえ天皇と国家が、国内的かつ対外的な支配を行なうために威厳を誇示する舞台として設けられたものであった。国内的には、天皇と臣下、国家と公民また蝦夷・隼人などの夷狄、対外的には新羅・渤

第20表 朱雀大路の利用事例

内容	史料
朱雀門前の朱雀路を将軍が騎兵・隼人・蝦夷を率いて行進する（元日朝賀）。	『続日本紀』和銅三年正月壬子朔、霊亀元年正月甲申朔条
新羅使・唐使らの外国使節、鑑真ら来朝僧を羅城門外の三橋に迎接する。	『延喜式』左右衛門府式大儀条 『続日本紀』和銅七年十二月己卯、宝亀十年四月庚子条 『唐大和上東征伝』
朱雀門前で歌垣をする。	『続日本紀』天平六年二月癸巳朔条
羅城門で雨乞いをする。	同天平十九年六月己未条
朱雀門前で新型式の弩を試射する。	『続日本後紀』承和二年九月乙卯条
東西市人が朱雀路に臨みて雨乞いをする。	『日本紀略』承和六年六月乙卯条
災疫を防ぐために神泉苑、七条大路衢、朱雀道の東西で般若心経を読誦する。	『三代実録』貞観七年五月十三日癸巳条
朱雀門前で京邑の貧人に物を賜う。	同貞観十年十二月七日丙寅条
太皇大后の六十の賀に朱雀大路で京中の貧窮者に物を賜う。	同貞観十年十二月二十二日辛巳条

海などの諸蕃との間の、支配と服属の関係において、都城は服属者を威圧する舞台であり、そのための種々の装置が設けられていた。羅城門と朱雀大路はそのような装置の一つであり、京城の正面門、正面大路として、都城の威容を示し、服属する者たちを威圧するためのものであった。

朱雀大路がどのようなことに用いられたのかを、関係する羅城門、朱雀門も含めて第20表に整理した。この表によれば、まず朱雀大路が種々の儀式、祭事、仏事などの行事に利用されたことが知られる。これは朱雀大路が一種の広場として利用されたのである。道路本来の機能と関係のないことに利用されたわけで、朱雀大路の非実用性との関係で注目される。

羅城門・朱雀大路と外国使節　羅城門、朱雀大路の本質との関係で注目すべきは、新羅使・唐使などの外国使節、鑑真ら来朝僧が平城京羅城門で迎接を受けていることである。[23] 羅城門から入京すれば当然朱雀大路を通行したであろう。[24] これらは、平城京の羅城門と朱雀大路が外国使節に対して大きな意義をもっていたことを示す。

平安京では、入京する外国使節は渤海使だけであったが、羅城門での迎接は行なわれず、それに代わって山城国に入った地点の乙訓郡山崎や宇治郡山科において郊労の儀を受け、朱雀大路に面する左・右京七条一坊三坪に所在した東・西鴻臚館に安置された。[25] 入京の際羅城門・朱雀大路を通行したとする史料はないが、足利健亮氏の歴史地理学的な研究[26]によれば、平安京の時代には、西海道を除く六道の駅路が羅城門に連絡していたと推定されるから、渤海使は郊労の儀を受けた後、羅城門から入京し朱雀大路を通って東・西鴻臚館に到着したと考えられる。渤海使の三度の郊労の史料のうち、[27] 承和七年（八四〇）は渤海使は長門国に来着し河陽（山崎）で郊労を受け、貞観十四年（八七二）と元慶七年（八八三）は加賀国に来着し山科（山階）で郊労を受けた。前者は山陽道、後者は北陸道を経由して京に向かったが、山崎は山陽道、山科は北陸・東海・東山道の上に位置する（注(26)足利論文）。

平安京でも朱雀大路が外国使節を十分意識していたことは、坊城の修理の事実から指摘できる。前述のように、天長四年（八二七）六月官符によれば、それより少し前に坊城の検破損使が派遣されて修営がなされ、さらに貞観十五年（八七三）十月に修理左右坊城使が再置されたが、この二つのことはそれぞれそれより少し前の渤海使の入京を契機としてなされたと考えられる。前者については、天長二年十二月来着、同三年五月入京・帰国、[28] 後者は貞観十三年十二月来着、十四年五月入京・帰国の渤海使が関係していると推測される。[29] この両度の渤海使の入京によって朱雀大路の坊城垣の破損が問題となり、天長三年の際は検破損使を派遣し坊城使に修理させ、貞観十四年には木工寮が太政官候庁（外記候庁）の修営のため繁忙であったこともあって（『三代実録』貞観十五年十一月三日甲子条）、修理左右坊城使を再置して修理に当たらせたのであろう。平城京において、養老七年（七二三）八月の新羅使の入京を契機として、路次の山陽道の駅館とともに、神亀元年（七二四）十一月京内の住宅への中国建築様式の導入が意図されたことが想起される。[30]渤海使の入京と坊城垣の修理の関係は、坊城垣を含め朱雀大路の景観の維持が外国使節を意識したものであり、朱雀大路と羅城門の存在そのものが対外関係において大きな意義をもつものであることを示す。

朱雀大路を狼走る　通常の日の朱雀大路の状況は次の史料から知られる。

(8)『類聚三代格』貞観四年（八六二）三月八日官符

太政官符

応下毎二坊門一置二兵士十二人一令レ守二朱雀道一并夜行兵衛巡中検兵士直否上事

右得二左京職解一偁。朱雀者両京之通道也。左右帯レ垣。人居相隔。東西分レ坊。門衛无レ置。因レ茲昼為二馬牛之闌闠一。夜為二盗賊之淵府一。望請。毎二坊門一置二兵士十二人一。上下分番互加二掌護一。即便令三夜行之兵衛毎夜巡二検兵士之直否一。然則柳樹之条自无二摧折一。行道之人方免二侵奪一者。右大臣宣。依レ請。右京職准レ此。

貞観四年三月八日

すなわち朱雀大路は、左右に築垣が走り人家が遠く隔たっているために、昼は馬牛の放飼いする所となり柳の枝が折られ、夜は盗賊の集まる所となって往来する人が侵奪されることがあるので、朱雀大路に面する坊門ごとに兵士一二人を置き警衛させるというのである。また延暦二十一年（八〇二）七月には、朱雀大路を狼が走り、捕えられて殺されるという事件もおきた。[31]これらのことから知られる通常の朱雀大路は、人影もまばらで、両側に築垣を帯して延々と続く大空閑地帯とでもいうべきものであり、儀式、祭事、仏事、外国使節の往来などで賑わうハレの日の状況と大きな落差があった。このような状況は、具体的にいえば、道路の幅が広すぎて人家が東西で離れていること、また坊門以外の諸家・諸司の門を開くことを禁止、規制したことによっておこり、結局は朱雀大路の道路の機能とかけ離れた非実用性から生じたことである。

おわりに

都城は、律令国家の国家としての威容を誇示するために造営された政治的都市であり、羅城門と朱雀大路は京の正面門と正面大路であるゆえに、そのような都城の性格を端的に示す存在であった。朱雀大路は一般大路にくらべて格段に大規模で、その景観を維持するために特別の管理体制がとられた。都城は国内支配の拠点であるとともに、対外的に国家の威容を示す面があり、羅城門と朱雀大路はその対外的な意義が大きかったと考えられ、いわば外国使節の迎賓門であり、迎える大路であった。

注

(1) 朱雀大路に関する文献史料については、今泉隆雄「朱雀大路史料集成」(奈良国立文化財研究所『平城京朱雀大路発掘調査報告一九八二』付編2　一九八三年)を参照。

(2) 平城京朱雀大路の発掘調査の報告は次の通りである。

○九条大路との交叉点　A奈良国立文化財研究所編『平城京羅城門跡発掘調査報告』(一九七二年、大和郡山市刊)。

○六条条間小路の北　B奈良国立文化財研究所編『平城京朱雀大路発掘調査報告』(一九七四年、奈良市刊)。

○朱雀門前　C奈良国立文化財研究所「南面大垣—朱雀門東—の調査(平城宮第一三〇次)」(『昭和五六年度平城宮跡発掘調査部発掘調査概報』一九八二年)。

D　同「南面大垣—朱雀門西—の調査(平城宮第一四三次)」(『昭和五七年度平城宮跡発掘調査部発掘調査概報』一九八三年)。

○三条条間小路の北　E奈良国立文化財研究所『平城京朱雀大路発掘調査報告　一九八二』(一九八三年)。

なお報告Eには報告A～Dの概要を抄録している。

(3) 井上和人「古代都城制地割再考」(奈良国立文化財研究所『研究論集Ⅶ』一九八四年)。

(4) 一令大尺の復原値は〇・三五五三二㍍とする。

(5) 岸俊男「難波宮の系譜」「平安京と洛陽・長安」(『日本古代宮都の研究』所収、一九八八年)。

(6) 『儀式』巻七、釈奠講論儀。『延喜式』春宮坊式釈奠、大学寮式。『西宮記』巻五　八月釈奠、従官向大学寮儀。

(7) 新訂増補故実叢書三八『中古京師内外地図・中昔京師地図・大内裏図』のうち「大学寮図」(一九五五年)。

(8) 『本朝文枠』巻第五　奏状上　建学館　為二在納言一建三立奨学院一状。

(9) 『延喜式』左右京職式蕃客条。

(10) 注(5)岸俊男「難波宮の系譜」、「遺存地割・地名による平城京の復原調査」(注(2)B報告所収、『日本古代宮都の研究』再収)。

(11) 『続日本後紀』承和三年(八三六)七月戊子条、後掲史料(8)『類聚三代格』貞観四年(八六二)三月八日官符、『延喜式』左右京職式道路樹条、雇使員数条。

(12) 日本古典文学全集25『神楽歌　催馬楽　梁塵秘抄　閑吟集』。

(13) 東野治之「二条大路木簡の槐花」(『長岡京古文化論叢Ⅱ』一九九二年)。

(14) 注(2)B報告付図。

(15) 弘仁六年二月九日官符、『類聚三代格』弘仁十年十一月五日・貞観七年十一月四日官符所引。斉衡二年九月十九日官符参看。

(16) 天長九年十一月二十八日格、『類聚三代格』貞観七年十一月四日官符所引。

(17) 『延喜式』左右京職式京路掃除条、弾正台式。

(18) 修理左右坊城使については、松原弘宣「修理職についての一研究」(『ヒストリア』七八、一九七八年)参照。松原氏は同使の設置時期を弘仁末年と推測するが、その積極的な根拠はない。後述のように、天長四年ごろの坊城修営、貞観十五年の坊城使の再置がいずれもその前年の渤海使の入京を契機としていることからみて、天長四年にみえる坊城使は、前年の渤海使入京によって天長四年に行なわれた坊城修営に伴って設置されたものであろう。

(19) 『類聚三代格』斉衡二年九月十九日官符所引。

(20)『狩野文庫本　類聚三代格』寛平二年十月十六日官符。『日本紀略』は停廃を寛平二年十月三十日とする。
(21)佐藤武敏『長安』Ⅲ唐の長安(一九七一年)。
(22)本書第三部第一章「律令制都城の成立と展開」。
(23)『続日本紀』和銅七年十二月己卯、宝亀十年四月庚子条、『唐大和上東征伝』(『寧楽遺文』下巻)。
(24)後述のように、平安京では外国使節は入京するとまず鴻臚館に安置されていた。平城京にも客館が設けられ、入京した外国使節は客館に安置されていた(『続日本紀』天平十二年正月丙辰条)。平安京の東・西鴻臚館は朱雀大路の対称位置である左・右京七条一坊三坪に所在したが、平城京の客館の所在地は不詳である。平城京の遺存地割の調査において、朱雀大路に対称の位置にある左・右京六条一坊五・六坪の地割が特殊で、京職や鴻臚館のような東西対称に所在する施設の遺跡であることが示唆されており(注(10)岸俊男「遺存地割・地名による平城京の復原調査」)、客館の候補地としてあげられる。
(25)『続日本後紀』承和九年三月壬戌条、『日本三代実録』貞観十四年五月十五日甲申、元慶七年四月二十八日甲子条。郊労の儀については、瀧川政次郎「羅城・羅城門を中心とした我が国都城制の研究」(『京制並に都城制の研究』法制史論叢第二冊、一九六七年)、田島公「日本の律令国家の『賓礼』」(『史林』六八、一九八五年)を参照。
(26)足利健亮「平安京計画に関する一試考」「都市としての山崎の復原」(『日本古代地理研究』第四章の第一・四節、一九八五年)。
(27)注(25)の三史料。
(28)『類聚国史』天長二年十二月辛丑、三年五月甲戌・庚辰条。
(29)『日本三代実録』貞観十三年十二月十一日壬子、十四年五月十五日甲申・二十五日甲午条。
(30)『続日本紀』養老七年八月庚子・辛丑・丁巳条、神亀元年十一月甲子、天平元年四月癸亥条、『日本後紀』大同元年五月丁丑条、『家伝下』(『寧楽遺文』下巻)。本書第三部第一章「律令制都城の成立と展開」。
(31)『日本紀略』延暦二十一年七月丙寅条。

(付記)新稿。平城京の朱雀大路については先に「文献からみた朱雀大路」(奈良国立文化財研究所編『平城京朱雀大路発掘調査報告』Ⅰの5のC。一九七四年三月、奈良市刊)で論じたことがある。本稿は、同論の骨子を受け継ぎながら全面的に書き改めた。

第三部　宮都の諸問題

第一章　律令制都城の成立と展開

一　都城制研究の成果

近年の都城制研究の進展はめざましい。一九五二年の難波宮跡の調査を皮切りとして、平城宮跡（一九五四年）・長岡宮跡（一九五五年）・伝承飛鳥板蓋宮跡（一九五九年）・平安宮跡・藤原宮跡（一九六六年）・大津宮跡（一九七四年）・恭仁宮跡（一九七五年）などの諸宮跡で継続的な発掘調査が行なわれ、それらの成果を基礎としながら、文献史学・歴史地理学・建築史学の研究も綜合して、都城・宮室の復原的研究が進められてきた。さらにその復原的研究をもとに、都城制を古代国家研究の一環として位置づけようとする研究も行なわれている。都城・宮室が天皇の居所で古代国家の全国支配の拠点であること、また日本の都城が中国のそれの影響下に成立したことから、都城制研究をとおして古代天皇制や古代国家の政治形態・政治組織の変遷、さらに中国文化受容のあり方を究明しようというのである。そのような成果としてわれわれは岸俊男氏「都城と律令国家」(1)などの一連の研究や狩野久氏「律令国家と都市」(2)(補一)をもっている。本論ではこの二つの業績を基礎としながら、大極殿・朝堂と律令制都城の成立と展開の問題に焦点を絞って考察し、律令国家にとっての都城制の意義を解明する。

二　大極殿・朝堂の成立

大極殿・朝堂は、藤原宮・平安宮において宮城の中央部に位置することから明らかなように、最も重要な殿堂である。時代によって変遷はあるが、大極殿・朝堂では国家的な政務・儀式・饗宴の三つが行なわれた。政務は、毎日官人らが朝参して大臣の事務決裁を受ける朝政、毎月朔日ごとに朝参して天皇に政務の報告をする告朔などの定期的な行事のほかに、叙位、任官、宣詔、上表などが行なわれた。儀式では毎年の元日朝賀、天皇一代の即位儀などが代表的なものである。饗宴は、元日、正月七日・十六日・十七日などの節日の饗宴、外国使節の饗宴などで、節宴の際には宴だけでなく、白馬、踏歌、大射などの行事も行なわれた。これらの諸行事において、大極殿が天皇出御の殿、朝堂が臣下着座の堂で、朝堂に囲まれた庭が朝庭（朝廷）である。

大極殿・朝堂はこのように重要な殿堂であるから、内裏も含めた、その構造の変遷は国家的な政務や儀式の変化に対応する。

大極殿・朝堂の構造の変遷については、(1)小墾田宮、(2)前期難波宮（飛鳥板蓋宮・飛鳥浄御原宮）、(3)藤原宮、(4)平城宮、(5)長岡宮・平安宮の五段階を設定することができる。この変遷の中で、第一の画期が(3)藤原宮における大極殿の成立で、(1)(2)はその前史と位置づけられる。第二の画期は、(4)平城宮における用途の異なる二つの大極殿・朝堂の成立である。この二つの画期は、律令制都城の成立と完成に対応する。

小墾田宮（六〇三〜六三〇年）　小墾田宮の宮室の構造については、岸俊男氏が『日本書紀』の推古紀と舒明即位前紀の四史料[3]から次のように復原した。[4]すなわち(1)天皇の居住する大殿のある内裏と、その南の臣下の場である朝庭・庁（朝堂）から成り、内裏と朝庭の間には閤門＝大門、朝庭の南面には宮門＝南門が開く。(2)朝庭にはその東西に複数の庁＝朝堂があって、庁には大臣・大夫らの座がある、という構造である。

この構造に関して、第一に、これ以後の宮室の構造の原形となる、天皇の居住する内裏と、臣下の場である朝庭とが対置する構造が、七世紀初頭推古朝にすでに成立していたことに注目したい。すでに推古朝には朝政が行なわれていたが（『書紀』推古十二年四月戊辰条憲法十七条）、大化元年（六四五）八月の鍾匱制によれば、朝政は天皇が内裏に出御し、群卿ら臣下が庁に参集して行なったものと考えられる。鍾匱制は改新の発足に当たって施行され、朝庭に鍾と匱を置き、訴えごとを「牒」に記して匱に入れさせ、さらに不満のある者は鍾を打って訴えさせるというものである。この牒は「昧旦」に内裏に奏上され、天皇が年月を記して群卿に示し、審議させるのである（『書紀』大化元年八月庚子・同二年二月戊申条）。この牒の処分は、「昧旦」すなわち早朝に行なわれる点からみて、朝政において行なわれたので、この処分方法がすなわち朝政のあり方を示すと考えられる。したがって、朝政は天皇が内裏に出御し、群卿ら臣下が庁に参集して行なわれ、このような朝政の形態に対応して、内裏と朝庭が対置する構造が成立したと考えられる。

第二に、次の段階の前期難波宮との比較でいえば、内裏の大殿が、天皇の日常起居する寝殿と、朝庭・庁に対する正殿という二重の機能を未分化なままで有する点である。『書紀』舒明即位前紀推古三十六年（六二八）九月条は、推古天皇が病床に伏した際、皇位継承の候補者である山背大兄王をよんで遺詔した記事であるが、山背大兄王はまず朝庭南門に当たる「門下」に侍し、さらに進んで内裏の「閤門」に向かい、内裏の「庭中」に迎えられて「大殿」に引き入れられ、そこで病床に伏す天皇から詔を受けたとあるから、この「大殿」は天皇の日常起居する寝殿であり、それが本来的な性格と考えられる。そして前記した朝政のあり方からみて、大殿は朝庭・庁の成立とともにその正殿の機能も有するに至ったと考える。天皇に近侍する宮人と男官は、この大殿の二重の機能に対応する。まず宮人は「近習者」の栗下女王を首として女孺・采女など数十人が近侍しているが、彼女らは天皇の日常的な生活を支える内廷的組織を形成したものであろう。一方、男官の中臣連弥気は、栗下女王・栗隈采女黒女などの女官が内裏内での天皇の命令の伝達に当たっているのとは対照的に、朝庭南門へ行って山背大兄王に命令を伝達している。弥気は、参政や奏請の任に当たった、いわゆる大夫（マエツギミ）の一人[5]で、天皇と朝庭との間で奏請と伝宣の職務に当たった者であり、前記の朝政の際にもその職務を行なったであろう。大殿の二重の機能は、近侍する宮人と男官の存在によって裏づけることができる。

前期難波宮（六五二～六八六年）**飛鳥板蓋宮**（六四二～六五五年）　難波宮は発掘調査によって、重複する前期・後期の二時期の遺構を検出している。後期難波宮は神亀三年（七二六）から天平九年（七三七）ごろまでの間に造営され、延暦三年（七八四）の長岡京遷都とともに廃絶したものに当たる。前期難波宮については遺構に火災の痕跡があることから、『書紀』に朱鳥元年（六八六）正月に炎上したとある難波宮に当たることは確かであるが、その造営年代に関しては、白雉三年（六五二）完成の難波長柄豊碕宮に当たるのか、あるいは七世紀後半の天武朝のものに当たるのかが論議され、一部には内裏は孝徳朝造営で朝庭は天武朝末年に付加したという見解もあったが、長山雅一氏・中尾芳治氏らが考古学的知見に基づいて主張する、前期難波宮は白雉三年完成の難波長柄豊碕宮に相当し、天武朝に一部改修を受けて朱鳥元年に焼亡したとする見解が妥当である。[6]

前期難波宮の構造と特質について整理すると、(1)すべて掘立柱建物で、内裏と朝庭が対置する構造である。(2)内裏は、正殿を中心とする北の内裏正殿区と、前殿を中心とする南の内裏前殿区の二区画からなる。(3)朝庭には八堂以上の朝堂が建つ、という三点となる（第26図）。

(1)内裏――朝庭の構造は基本的に小墾田宮を継承したものであるが、(2)は小墾田宮より発展した点である。内裏の正殿区・前殿区はそれぞれ一本柱列塀・複廊によって区画され、前者では正殿と東・西脇殿を配し、後者では前殿とその南方に東・西長殿を置き、それらに囲まれた庭（中庭）があり、朝庭との間には大規模な南門を開く。両区の間は一本柱列塀で区画するだけで、正殿と前殿は軒廊で連結されるから、両区は一体的な関係にあり、全体を内裏として把握することができる。このうち、正殿区は天皇の日常起居する私的な空間で、前殿区は儀式などを行なう公的な空間と解釈する。すなわち、小墾田宮では内裏大殿が私的・公的な機能を二重に有したのであるが、難波宮では機能によって二つの空間に分化したのである。正殿は白雉五年（六五四）十月孝徳天皇が崩御したと記す「正寝」に当たり（『書紀』白雉五年十月壬子条）、正殿区の外側をさらに複廊が囲むが、この外郭内に天皇の日常生活をささえる内廷的諸機関が置かれたのであろう。前殿区は、前殿が東・西長殿と中庭を伴って一応独立した区画となり、内裏の公的な行事を行なう場であり、平城宮東区の内裏のII期の遺構の大安殿と東・西四脇殿、さらに平安宮の紫宸殿と東・西四脇殿（宜陽殿・春興殿・校書殿・安福殿）の前身である。その上、前殿は朝庭と朝堂の正殿でもあって、機能的には大極殿の前身でもある。すなわち、前殿は東・西長殿と、朝庭・朝堂に対する正殿という二重の機能を有し、大安殿（紫宸殿）と大極殿の前身であるのである。

ところで、このような内裏の私的・公的な空間の二重構造は、すでに飛鳥板蓋宮と、難波の宮号不明の某宮にまでさかのぼる。板蓋宮については『書紀』皇極四年（六四五）六月戊申条の乙巳の変の記事から知られる。三韓表文の奏上の場で蘇我入鹿が斬殺されるのであるが、前期難波宮の構造と対応させると、天皇が出御した「大極殿」が難波宮の前殿、入鹿が侍した「座」は東・西長殿にあり、表文を読唱した蘇我倉山田石川麻呂は前殿前の庭に位置し、入鹿が斬殺された後に天皇が引きこもった「殿中」が正殿に相当すると考えることができる。難波宮の前殿――正殿の構造に対応する、「大極殿」――「殿中」の二重構造が板蓋宮に指摘できるのである。なおこの記事の「大極殿」の語は、『書紀』の初見であるが、いうまでもなく『書紀』編纂時の文飾である。難波の某宮については、『書紀』白雉元年（六五〇）二月甲申条の祥瑞の白雉貢上と改元の記事に、「朝庭」の奥の「紫門」を入ると、天皇出御の殿がある「中庭」があり、その「中庭」に左右大臣・百官人らが列立して、天皇に白雉を貢上し、また賀詞奏上、宣詔が行なわれたとある。この史料では内裏の二重構造は直接確認できないが、百官人らが列立する「中庭」はかなりの広さがあるはずであるから、前殿の前庭がふさわしく、天皇出御の殿が前殿、「紫門」が南門に対応するのであろう。

次に(3)の朝堂についてであるが、現在西側四堂を検出しているから東・西八堂であることは確実で、さらに東西棟推定地は未調査であるから八堂以上になる可能性もある。(補二) ところでかって文献史家が、前期難波宮あるいはその朝庭部分の年代を天武朝まで下げたのは、孝徳朝段階では官司制が未整備で、藤原宮に匹敵するような大規模な朝庭・朝堂が存しうるはずがないと考えたからであったが、早川庄八氏は、これに関連して、前期難波宮の年代を孝徳朝と認めたうえで、この朝庭・朝堂を理解するには必ずしも官制を前提とする必要はなく、孝徳朝における冠位制の拡大、全有位者参加の朝参のあり方、口頭伝達による執務形態、評造任命候補の朝庭参集などの諸点から解釈できると考えた。(7) しかし早川氏のあげた論点はいずれも朝庭に関することであって、これらの論点からは朝庭が大規模であることは解釈できても、朝堂が八堂以上もあることを理解することは困難である。後述のように、日本の朝堂の十二堂という多数の堂を配置する構造は、中国の朝堂とは異なる独自なものであり、(8) そこで行なう朝政において官司ごとに朝堂に着座することから採用されたものである。難波宮の八堂以上の朝堂は、基本的に藤原宮以降の十二朝堂と同じ構造であり、したがってすでに孝徳朝難波宮において、藤原宮以降と同じく、官人らが官司ごとに朝堂に着座する形態の朝政を行なっていたと推測できる。このことは、孝徳朝における朝政のあり方と中央官司制の問題と関連してくる。

朝参・朝政については、舒明八年（六三六）七月朝参・退朝の刻限を定めたが守られず、大化三年（六四七）、難波小郡宮で朝参・朝政の礼法や、朝参・退朝の刻限を定め、また別に孝徳朝においては、朝庭で固有の跪伏礼・匍匐礼をやめ立礼を定めたといい、孝徳朝が一つの画期であることは確かである（注(4)岸俊男「朝堂の初歩的考察」）。これ以前についてはは明確でないが、大化三年の制では全有位者が参加することになっているから、後の朝政に近い形態であると考えられる。この刻限の制定と全有位者の参加という朝政制の整備は、大和から難波への遷都によって中央豪族層が本貫地から引き離され、難波宮近辺への集住が実現したことによって可能になったのであろう。

孝徳朝の中央官司制については、これまで旧来の伴造――品部制が支配的であるという見解が優勢であるが、ある程度の官制の整備を考える見解としては、伴造――品部制を前提として、大夫層に国政の主要な部門を分掌せしめる官を設けたとする見解がある。(9)前期難波宮の朝堂が藤原宮と基本的に同じ構造で、官司ごとに着座する朝政が行なわれたと推定されることからいえば、ある程度の中央官司制の整備を想定できる。

飛鳥浄御原宮（六七二〜六九四年）　飛鳥浄御原宮については、現在発掘調査が進められている伝承飛鳥板蓋宮跡の上層遺構に比定する見解が提起されている。(10)(補三)この見解は有力な説であるが、まだ確定したとはいいがたいので、ここでは『書紀』によって考察する立場をとる。浄御原宮には、内裏、朝堂・朝庭が存し、大極殿も天武紀に四例みえる。これらの史料によって、同宮において大極殿が成立したという見解もあるが、(11)すでに狩野久氏（注(2)論文）、鬼頭清明氏、(12)和田萃氏が指摘するように、(13)浄御原宮ではまだ大極殿は成立せず、その宮室構造は基本的に前期難波宮と同じであり、『書紀』の「大極殿」の語は編纂時の文飾とみるべきである。すなわち狩野氏によれば、『書紀』の浄御原宮の「大極殿」は詔の発布や元日、正月七日の節宴に用いているが、その際天皇が大極殿に出御して殿前に臣下を召し入れるという使い方は、文武朝以降の藤原宮の大極殿院が臣下を入れない天皇の独占的空間であるのと異なり、かえって前期難波宮の前殿区の構造に適合するというのである。また和田氏は、天武崩御の際の殯宮の検討から同じ結論に達している。

これらに加えて次の二点を指摘しておきたい。一つは、藤原宮以降の大極殿の代表的な使用例は元日朝賀と即位儀であるが、浄御原宮では両者の大極殿の使用例はみられず、ことに朝賀における天皇の出御の殿としてみえるのは大極殿ではなく、「前殿」であること（『書紀』持統三年正月甲寅条）、二つは、「大極殿」の使用例の元日・正月七日節宴の他の使用場所は、官人一般（群臣）が参加する際には朝庭を用いるが、「大極殿」使用例の「王卿・群卿」などの高位者などの限定的な参加の際は内裏を用いる例があり（同持統四年正月庚辰条、同年同月甲申条）、「大極殿」前に召し入れるという使い方とも考えあわせて、この「大極殿」は実は内裏の前殿の大安殿と考えられる。以上の点からも前記の狩野・鬼頭・和田三氏の見解は支持することができ、『書紀』の浄御原宮の「大極殿・大安殿・前殿」は同一の殿で、前期難波宮の内裏前殿に相当すると考える。浄御原宮の内裏前殿区（すなわち『書紀』には大極殿・大安殿・前殿とみえる）では、詔の発布（二例）、叙位（一例）、節宴（三例、元日、正月七日・十六日）、朝賀（一例）、博戯（一例）などを行ない、一方朝庭でも朝賀・節宴を行ない、両者の使用例は一部重なる。しかし両者の使い方には、朝庭では「百寮諸人」「群臣」すなわち官人一般が参加するのに対して、内裏前殿区では「王卿」「群卿」「侍臣」などの一部の高位者に限って入ることが許され、参加者の点で相違がある。

藤原宮（六九四～七一〇年）**大極殿の成立**　藤原宮に至って大極殿が成立する。文献史料のうえでは信憑性の高い『続日本紀』にその存在を確認でき、遺構のうえでも大極殿とその外郭の回廊を検出している。その北の内裏についてはは未調査で、ただ内裏外郭の一本柱列塀を検出しているにすぎないが、内裏の構造や大極殿との関係は、平城宮の内裏のII期の遺構と基本的に同じで、一本柱列塀の内裏外郭の内に大極殿院と内裏内郭があり、内裏内郭の内には、大安殿（紫宸殿相当）と東西脇殿の一郭と天皇の起居する一郭があると推定する。前期難波宮・浄御原宮では、内裏前殿が東・西長殿を伴って内裏の公的空間を形造るとともに、朝堂に対する正殿でもあったが、藤原宮においては、内裏の公的空間としての大安殿一郭と、朝堂の正殿たる大極殿に分かれたのである。大極殿は朝堂に対する天皇出御の独自の正殿である。内裏前殿区で臣下を引き入れて行なった行事は、大安殿一郭で行なうことになり、大極殿院は原則的に臣下を召し入れない天皇の独占的空間となる。大極殿―朝堂の成立は、天皇と臣下の国家的な儀式・政務・饗宴の場の成立を意味する。

内裏との関係では大極殿院は内裏内郭のすぐ南に位置し、かつ外郭によって一体的に囲いこまれ、密接な配置となっているが、これは実用的・機能的にみると、天皇の内裏から大極殿への出御の便宜のための配置である。

ところで藤原宮の大極殿・朝堂において、掘立柱、板葺・檜皮葺の日本固有の建築様式をやめ、はじめて基壇をもった礎石建ち・瓦葺の中国様式を採用したと推測される。この中国の建築様式は六世紀末に飛鳥寺において寺院建築としてはじめて導入されたが、宮殿建築への採用は遅れ、斉明元年（六五五）小墾田宮で導入を計画したが失敗した。遺構によって藤原宮で採用されていたことが確認でき、『扶桑略記』に持統朝に「官舎始メテ以テ瓦葺トス」とあることからみて、藤原宮で宮殿建築としてはじめて大規模に採用したと推定する。このことは一面、天皇一代遷宮から、都城の建設に伴う恒久的な宮城の造営による恒久的な建造物の造営という意味をもつが、それとともに、宮城門など目にたつ建物、大極殿・朝堂などの儀式の場などの一部で採用されていることから明らかなように、これは宮城の威容を荘厳するという点に大きな意味があった。

後述のように、藤原京と宮の造営は、浄御原令の編纂と施行による律令制国家の成立に対応するものであり、その中で大極殿の成立は、浄御原令による律令官僚制の成立や朝廷儀式の整備、天皇号の成立にみられる大王制から天皇制の成立などと深く関わっている。すでに鬼頭清明氏が指摘するように（注(12)論文）、天皇制成立と密接な関係をもつ天皇の即位儀の変化が、大極殿成立の大きな契機となったと考えられる。藤原宮における慶雲四年（七〇七）七月の元明即位が大極殿における即位儀の初見で、これ以後八・九世紀において、即位儀は元日朝賀とともに大極殿・朝堂で行なう重要な儀式となる。岡田精司氏[14]によれば、即位儀は元日朝賀とほぼ同じ内容と性格の儀式で、元来年頭において収穫を祈る予祝行事を基盤として、中国の拝賀式をとり入れて整備したものである。七・八世紀の即位儀は、基本的に、天皇への宝器献上（天皇への推戴）、聖なる壇場＝高御座への登壇（天皇位の資格の獲得）、即位宣命の発布（天皇位就任の宣言）、臣下の寿詞奏上と拝賀（臣下の天皇への服従の誓約）を内容とし、藤原宮以降においては、天皇が大極殿に出御し、臣下が朝庭に列立して行なったのである。雄略、清寧、武烈、孝徳、天武の五天皇即位について確認できるが、藤原宮の大極殿成立以前においては、即位儀は臨時に壇場を設けて行ない、そしてこの壇場の地に新天皇の新宮が営まれた。すなわち、この時期には天皇一代ごとの遷宮に伴い、臨時的に即位壇場を設置していた。藤原京の造営によって歴代遷宮の慣習は停められ、そのために恒久的な即位の壇場施設が必要となるが、それがすなわち大極殿であったのである。天武朝浄御原宮において、即位儀と同内容である朝賀が朝庭に臣下が列立して行なわれたから、即位の壇場を設けるとすれば、朝庭の北である。岡田氏によれば（注(14)論文）、即位の壇場＝高御座は、そこに登壇することによって天皇の聖なる資格を身につける神聖なものであり、神話の上では、天孫降臨における降臨の出発点である「天石位《あめのいわくら》」と到達点である「高千穂峰《たかちほのみね》」に相当するという。藤原宮の大極殿院が臣下を排除した天皇の独占的空間であるのは、それが即位儀を行なう神聖な空間であるからであり、その建物に凝灰岩切石壇上積の基壇を採用しているのは、それがまさしく「石位」の系譜をひく神聖な即位の壇場であるからである。

浄御原令における天皇号成立にみられる大王制から天皇制の成立は[15]、即位儀式の整備を想定させ、そのことが大極殿の成立、大極殿・朝堂の中国様式の建築による荘厳に対応している。即位儀における臣下の拝賀は天皇への服従を誓約する意味をもち、それは朝庭に列立した臣下が大極殿出御の天皇に対して行なうのであるが、新しい中国様式の大極殿・朝堂の建物は臣下を威圧する効果を発揮した。文武二年（六九八）を初見として、大極殿での朝賀が始まる。その拝賀も即位儀のそれと同じ意味をもち、毎年年頭に臣下が服従の誓約をくり返したのであるが、大極殿・朝堂はその場としても、用いられることになる。

大極殿が朝堂の正殿であるという機能の点からいえば、その前身は前期難波宮・浄御原宮の内裏前殿であり、浄御原宮から藤原宮への変遷は、内裏前殿の二重の機能が大安殿と大極殿に分化じたという理解も可能である。しかし即位壇場との関係からいえば、その理解は一面的であり、内裏前殿区が後方に退いて大安殿一郭となり、そこに即位壇場がわりこんできて大極殿となって、内裏前殿の朝堂の正殿としての機能も吸収した、という解釈がより真実に近いと考える。

三　律令制都城の成立

藤　原　京　藤原京は発掘調査によって条坊制の存在を確認できるもっとも古い京である。一九六六～六九年の発掘調査による宮城の確認の成果を基礎に、岸俊男氏らが条坊を復原し、その後の調査によってその復原案の正しさが実証されるとともに、新しい事実も明らかになっている。その条坊制は次のように復原されている。すなわち、(1)京は官大道を基準に設定し、京の北・東・南・西限にそれぞれ横大路・中つ道・山田道・下つ道が走る。(2)二分の一里＝令大尺七五〇尺（約二六五メートル）四方の方格地割を基準とする一二条八坊の条坊を設ける。(3)路幅は、普通の大路が一五

㍍（両側の溝の中心間の距離、以下同じ）、朱雀大路は二四㍍、六条大路は二一㍍と広く、小路は六㍍。(4)造営過程については、天武朝における新都造営計画の中で天武十三年（六八四）計画が決定し、天武朝末に条坊工事を実施するが天武の死によって中断し、持統即位後持統四年（六九〇）に再開して完成した。(補四) 以上のように条坊制の施行は藤原京においては確実であるが、問題はどこまでさかのぼるかであり、当面倭京と難波京が問題となる。

倭　京　倭京は飛鳥を中心とする地域に設けられた京で、『書紀』には「倭京」「倭都」が白雉四年（六五三）〜天武元年（六七二）の間に散見する。この倭京については岸俊男氏が復原的研究を行ない、(1)天武朝浄御原宮の時代に、一定の範囲を有する行政区画としての倭京が成立し、京職によって管掌される、(2)山田道以南の地域に山田道と中つ道を基準線とする一町（約一〇六㍍）四方の方格地割が想定できる、という点を明らかにした。(16) 狩野久氏はこの見解をうけて、(3)一町＝令大尺三〇〇尺（約一〇六㍍）四方の方格地割とは七世紀初頭に施行した古条里制地割であって、条坊制地割ではなく、天武朝の倭京においてはまだ条坊制は成立していなかった、(4)都城における条坊制地割は農村における条里制地割と比べて、道路の占める比重が格段に大きい点が特徴である、という点を指摘した（注(2)論文）。

この岸・狩野両氏の見解はほぼ妥当なもので、私は基本的に継承したうえで、一定の京域をもった倭京の成立が斉明朝にさかのぼることを指摘し、倭京の形成過程について次のように考える。すなわち、倭京の地域には崇峻五年（五九二）から持統八年（六九四）のほぼ一世紀の間に、確実なところで豊浦宮（五九二〜六〇三年）・小墾田宮（六〇三〜六三〇年）・板蓋宮（六四二〜六四五年）・川原宮（六五五〜六五六年）・浄御原宮（六七二〜六九四年）の宮室が相次いで営まれ、この中には小墾田宮・板蓋宮などのように新宮造営後も維持されたものもある。また飛鳥寺をはじめとして、豊浦寺・川原寺など多くの寺院が建造され、天武九年（六八〇）には京内に二四寺があったという（『書紀』天武九年五月乙亥条）。朝政・朝参制が整備されるが、それは中央豪族層の集住を前提としていた。倭京は、基本的にはこのような宮室の一定地域への集中と、それに伴う中央豪族の集住、寺院の建造によって、自然的に形成された京である。それゆえに耕地のための条里制地割によるのである。しかし形成の過程で画期となる時期があった。その第一が斉明朝における京域を有する倭京の成立である。

京域をもつ倭京が斉明朝までさかのぼるとする根拠は、『書紀』の壬申の乱の倭京攻防戦の次の記事である（天武元年七月壬辰・癸巳条）。すなわち、大海人皇子側の倭京将軍大伴吹負が派遣した部将は、倭京で「道路の橋板」をとって楯となし「京辺の衢《ちまた》」にたてて防衛していた。そこに乃楽山《ならやま》で敗れた吹負が逃げかえり、それを中つ道沿いに追走してきた近江側の将大野果安が香具山辺から京を眺めると、「街《ちまた》ゴトニ楯ヲ竪テ」てあり伏兵がいるかと疑われたので、退却したというのである。ここに「京辺」というのは京の北辺のことで、この語は京が一定の範囲をもつことを示す。「衢」も「街」も道路の交叉点の意味であるから、「京辺ノ衢」あるいは「街ゴトニ」楯をたてたというのは、北辺道路と複数の南北道路の交わる地点ごとに楯をたてたことを意味し、方格地割に基づく道路の設定を推測させる。このような倭京の状況は、壬申の乱の記事にみえることから天智六年（六六七）の大津宮遷宮以前にさかのぼることは確実で、さらに斉明七〜天智二年（六六一〜六六三）の百済救援戦争以前の斉明朝にさかのぼるとみてよいであろう。『書紀』斉明五年七月庚寅条の「京内諸寺」の表記も倭京が京域をもつことを示す。

一定の範囲をもつ倭京は、斉明二年（六五六）の大規模な工事によって実現したと考える。『書紀』によれば、この年多武峯の両槻宮、後岡本宮の造営とともに、宮の東山の石垣築造や「狂心渠《たふれごころのみぞ》」とそしられた運河の掘削に着工したが失敗したと記すが、この記事から宮だけでなく京の工事も行なったことが明らかである。これら倭京整備の一環として、斉明三年（六五七）に飛鳥寺の西の飛鳥川との間に倭京付属の儀式広場を整備し、斉明六年（六六〇）にその広場の北に漏刻（水時計）を設けた。前者は樹神の槻の大木を中心とする広場で、皇極三年（六四四）に初見し、持統九年（六九五）までの天皇四代の五〇年以上にわたって用いられているから、特定の宮室でなく、倭京付属の儀式場と考えられる。斉明三年（六五七）に須彌山像を作り、それ以降蝦夷・隼人・南嶋人などの朝貢者の饗宴に固定的に用いられるから、このときに整備されたと推定する。後者は一九八一年に発見した飛鳥・水落遺跡の漏刻台遺構である。日本において時刻制度は七世紀初頭舒明朝に朝政制の整備のために導入された。漏刻の設置は、大化三年（六四七）難波小郡宮での朝政の刻限の制定を受けてさらに前進させる処置である。漏刻台には鐘・鼓を置き、時刻と朝政の刻限を京内の官人に知らせた。したがって漏刻の設置は、倭京における官人の集住を前提とし、また京付属の施設の整備の意味をもつ。

斉明朝における倭京の成立と整備は、孝徳朝の難波遷都によって一度行なわれた中央豪族層の集住の成果を受けて実現したものである。さらに第二の画期は、天武朝において京職による特別行政区域となったことである。しかし倭京は条里制地割に基づく点で、条坊制をしく律令制都城と異なり、その前史としての意義をもつものである。[補五]

難　波　京　難波京は遺存地割によって、藤原京と同じく一坊が令大尺七五〇尺四方の条坊制地割が復原されている。京の規模は諸説があって一二～一九条、八～一二坊の幅があって確定せず、また設定時期についても、孝徳朝施行説（藤岡謙二郎氏[17]）、孝徳朝に造営を開始し天武朝に完成したとする説（沢村仁氏[18]）、孝徳朝に計画し天武朝に完成したとする説（中尾芳治氏・長山雅一氏[19]）、天武朝または聖武朝施行説（狩野久氏[20]）があるが、天武朝の倭京が条里制地割に基づくことからみて、それから突出して孝徳朝難波宮において条坊制が計画・実施されたとは考えにくく、天武朝に計画されたとみるのが妥当である。

天武朝の難波京の造営に関係するかと思われる史料は、(イ)『書紀』天武八年（六七九）十一月条の難波の羅城築造、

(ロ)同十二年（六八四）十二月庚午条の都城・宮室は一カ所だけでなく二、三造るべきであるという、いわゆる複都制の考えに基づき、「故ニ先ヅ難波ニ都セント欲ス」として官人らに家地を請わしめた史料である。(イ)の羅城は京のものではあるが、羅城築造が新京造営を意味するとは限らない。(ロ)は難波に都すること、さらに家地班給は新京造営に伴うものであることから、これが難波新京の造営の史料と考えられる。

ところで、藤原京の計画は天武朝にさかのぼるが、難波京との関係はどのようであろうか。天武朝における新都の計画は天武五年（六七六）ごろからあらわれ始め、造営地の探索が進められたが、このような中で天武十二年唐制を導入して複都制の詔が発令され、両京はこの考えに基づいて計画されたのである。難波京の計画は複都制の詔と同時に命じられ、藤原京は天武十三年（六八四）三月計画が決定した（『書紀』天武十三年三月辛卯条）。したがって、あえていえば難波京が藤原京に先行するが、両京はほぼ同時期に計画が決定したのであり、よく似た設計のもとに計画されたものであろう。ただし、造営の完成については、藤原京は天武朝末に条坊の工事が行なわれ、天武崩御によって一時中断したが、持統即位後の持統四年（六九〇）工事を再開して完成した。一方難波京は天武崩御の上に朱鳥元年（六八六）正月の宮室の全焼が重なったために、持統朝において工事が再開されず、完成したかどうか疑わしく、結局難波京の完成は聖武朝の造営をまたねばならなかったと考える。日本最初の条坊制に基づく律令制都城は、複都制に基づいて難波京・藤原京で計画されたが、藤原京において成立することになったのである。

律令制都城の成立　孝徳朝の前期難波宮の段階には、大和から難波への遷都によって、一定の官人の集住が行なわれ、これによって大化三年（六四七）朝政の制における刻限の制定、全有位者の参加が可能となった。大和還都後の斉明朝には、この成果を受けて倭京の整備工事が行なわれ、京城をもつ倭京が成立し、京付属の儀式広場の整備、漏刻台の設置、官人の集住が実現し、さらに天武朝には京職による特別な行政区域となった。この間の天智朝の近江大津宮（六六七〜六七二年）は、これまでその所在地について琵琶湖西の大津市北部地域にいくつかの推定地があったが、一九七四年以来の発掘調査によって大津市錦織地区に確定されるに至った。[21] しかし大津宮の所在地は山と湖に挟まれた狭小な地域であるため、条坊制による都城の設定は疑わしい。孝徳朝難波京、倭京、近江京においては結局条坊制は成立しなかった。天武朝において新都造営が計画され、天武十二年（六八三）の複都制の詔に基づいて、条坊制による難波京・藤原京の造営が開始されるが、天武天皇の崩御、難波宮の焼亡などによって、結局持統朝に完成した藤原京において律令制的な都城・宮室が成立した。それは(1)条坊制の採用、(2)大極殿の成立、(3)内裏、大極殿・朝堂を中核として中央官衙を集中した宮城の成立の三点を内容とする。飛鳥浄御原令は天武十年（六八一）編纂を開始し、持統三年（六八九）頒布されるが、藤原京は浄御原令編纂中に計画して造営に着手し、宮はその施行後に造営されたことになり、藤原京は浄御原令体制に対応する都城であるといえる。

日本都城の源流　日本都城の源流はいうまでもなく中国にある。早く関野貞氏は平城京が唐都長安の影響下に造られたことを指摘したが、[22] 近年岸俊男氏は、日本の都城の原型が藤原京と難波京にあり、これらを北魏洛陽城、唐長安城などと、都城の形態・配置、坊の形態、宮室の構造などの諸点について比較した結果、後者よりも前者に類似点が多く、日本都城の源流は隋唐以前の北魏洛陽城、東魏鄴南城にあるという新見解を提唱した。[23] これに対して中国の王仲殊氏は、岸氏のだした論点を検討し、さらに日中交流史などからみて、日本の都城の源流を北魏洛陽城とみることは無理であって、やはり唐の長安城を主として唐の洛陽城をあわせて模倣したものであると反論した。[24] 王氏の反論は妥当な点が多いが、しかしこれによってこの論争に結着がついたともいえない。この論争は近年の日中両国の都城の調査研究の進展をふまえたうえでの新たな問題の出発点というべきものである。ただ方法論的にいえば、日中の個々の都城の比較によって個々の共通点・相違点を指摘するだけでは不十分で、中国都城制の発展段階論に基づき各段階の特質を把握したうえで、日本の都城がどの段階に対応するのかを検討するという視角が必要であろう。たとえば、すでに王氏が指摘していることであるが、宮・京の平面形が不整形か方形か、朱雀街の南北中軸線に対して東西対称か否かなどの点、また官衙の存在形態について、北魏洛陽城では官衙が宮城外の内城に仏寺・市・民居とともにあり、隋唐に至ってはじめて独立した官衙域としての皇城が成立するが、日本では藤原宮で官衙の集中する宮城が成立している点、さらに京城における宮城（宮室）の位置について、北魏洛陽城が『周礼』考工記の宮室を城の中央に置く伝統型であるのに対して、隋唐長安城は新型式に属することなどの諸点が考慮されるべきである。

四　律令制都城の完成

藤原京における律令制都城の成立を受けて、平城京において都城と大極殿・朝堂の二つの面で新しい展開をみせ、律令制都城が完成する。

平　城　京　藤原京は条坊制の成立という点で都城の歴史に一時期を画するが、律令制都城としては未成熟であった。藤原京は『書紀』に記す「新益京」の名が示すように倭京の拡大という面があり、倭京に接する地域に占地した。その地は大和三山に三方をふさがれて十分な広さをとることができず、また北低南高の地勢で都城に適さなかった。都城として飛躍するには旧来の政治勢力の蟠居する倭京を離れ広闊な地を求める必要があり、それが奈良盆地北端の奈良の地であった。

この地は北高南低の地勢の広濶の地で、平城京は種々の規模において藤原京から大きな飛躍を遂げる。京の規模は、本体部分が東西八里（約四・二キロ）、南北九里（約四・八キロ）で、面積は三倍、左京の東の張り出し部（外京）を含めると三・五倍に及ぶ。坪の広さは変わらないが、坊は一里（約五三〇㍍）四方で一六坪からなり、四倍の広さである。路幅は小路は六㍍で変わらないが、大路は一般に二四㍍で藤原京朱雀大路に匹敵し、朱雀大路は七四㍍、宮の南面の二条大路は三八㍍である。(25) 以上の平城京の規模は少しの変化はあるが、ほぼ平安京に継承されるのであって、この点から平城京が律令制都城の完成したものであることが知られる。平城京における律令制都城の完成は、大宝元年（七〇一）の大宝律令による律令国家の完成に基づくのである。

平城宮――二つの大極殿・朝堂　平城宮において用途の異なる二つの大極殿・朝堂が成立し、新たな展開をみせる。平城宮跡には、中央の朱雀門に面する地区（中央区）と、その東の壬生門に面する地区（東区）の二地区に大極殿・朝堂にあたる遺構がある。東区には、北から内裏・大極殿・朝堂があり、遺構は内裏が三時期、大極殿・朝堂が上層・下層遺構の二時期がある。上層遺構は礎石建ち・瓦葺の建物で、大極殿・朝堂・朝集殿があり、藤原宮の構造を基本的に継承する。下層遺構は掘立柱建物で、上層の大極殿・回廊・閤門、朝堂と朝集殿の区画に先行する遺構を部分的に検出しているにすぎないが、基本的には上層と同じ構造の建物群がある可能性がある。中央区は三時期の遺構があるが、和銅創建期にさかのぼると思われるⅠ期の遺構は、藤原宮型の大極殿・朝堂と異なる独得の構造をしている。すなわち、(1)大極殿院は東区の内裏・大極殿院をあわせたほどの大規模なもので、その北の三分の一の部分に前面を塼積みにした壇を築き、その上に大極殿と後殿を設ける。壇下の三分の二は石敷の広場である。(2)朝堂は東西二堂ずつの四堂で、その造営は大極殿より遅れる。朝集殿はない。

この両区の遺構をめぐって、『平城宮発掘調査報告』Ⅱ・Ⅺ、阿部義平氏、筆者などの見解があるが、(26) それらは基本的に大極殿・朝堂は宮城にただ一つであるという考えを前提にして、中央区の第一次から東区の第二次へ時間的に変遷すると考える点で共通する。これらの見解に対して、ここではおもに二型式の朝堂の構造と用途の問題から、平城

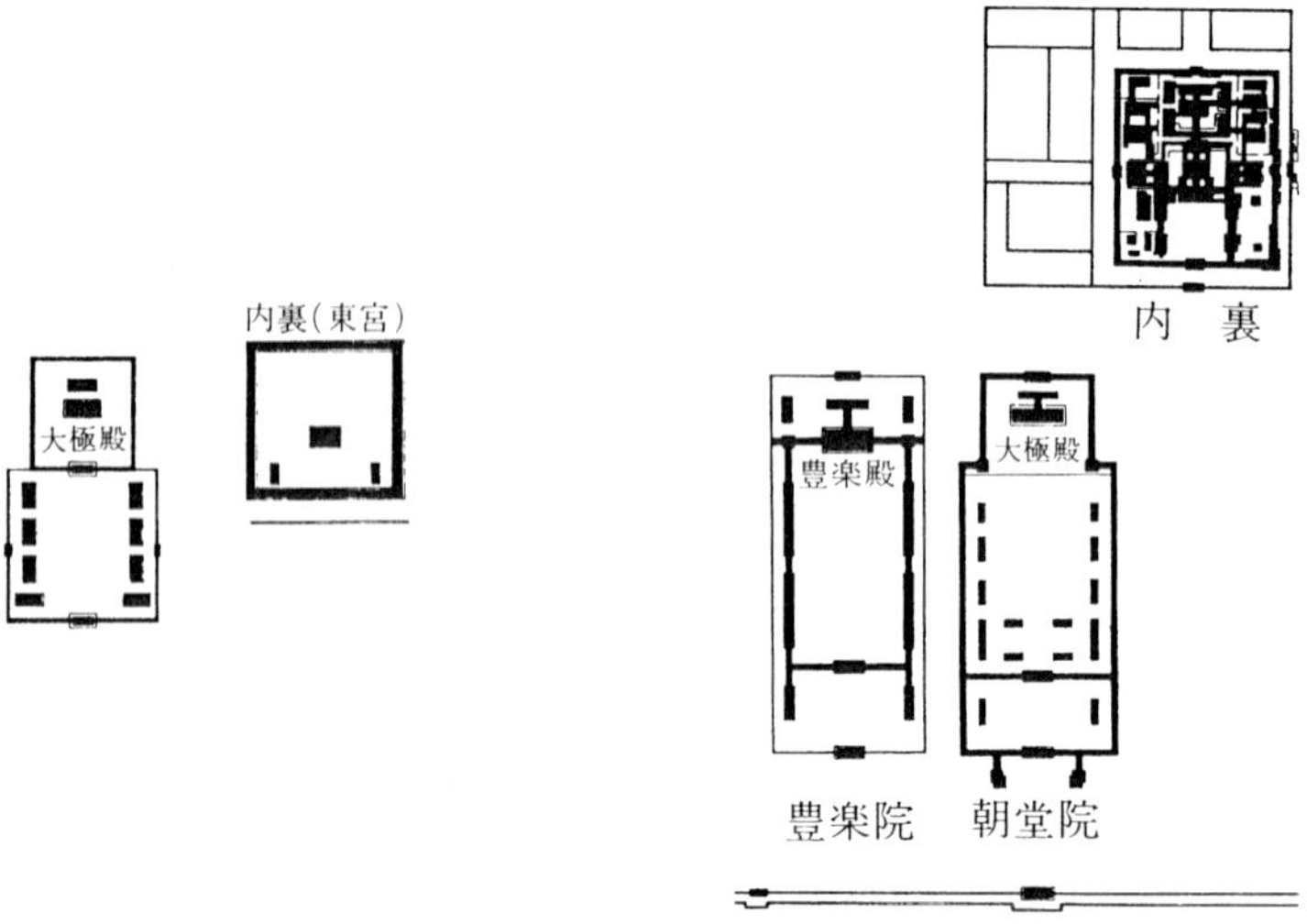

平安宮

長岡宮

の構造変遷

（飛鳥資料館『藤原宮』より）

宮では遷都当初から用途の異なる二つの大極殿・朝堂を計画・造営したという見解を提起したい。殿堂名の比定や詳細な遺構の検討は別に行なうこととして、ここでは考え方の大枠のみを提示する。（補六）

さて大極殿・朝堂は、政務（朝政・朝参・告朔・宣詔・上表・叙位・任官）、儀式（即位儀・朝賀・仏教行事）、饗宴と行事（元日・正月七日・十六日・十七日などの節宴、外国使節・その他の臨時の宴）の三つを行なう。天皇出御の大極殿に対して、朝堂と朝庭は臣下の場で、朝堂は着座の殿で朝政と饗宴に用い、朝庭は列立の場でその他の諸行事に用いる。ところで文献史料にみえる「朝堂」の概念はいわゆる朝堂院に限るものではなく、豊楽院の臣下着座の四堂をも含むから、大極殿・豊楽殿の天皇出御の殿に対する臣下着座の堂を意味する（第二部第一章）。したがって、朝堂には、構造の異なる十二堂の朝堂院型と四堂の豊楽院型の二型式があり、前者には前期難波宮（八堂以上）・藤原宮・平城宮東区・長岡宮（八堂）・平安宮朝堂院、後者には平城宮中央区・平安宮

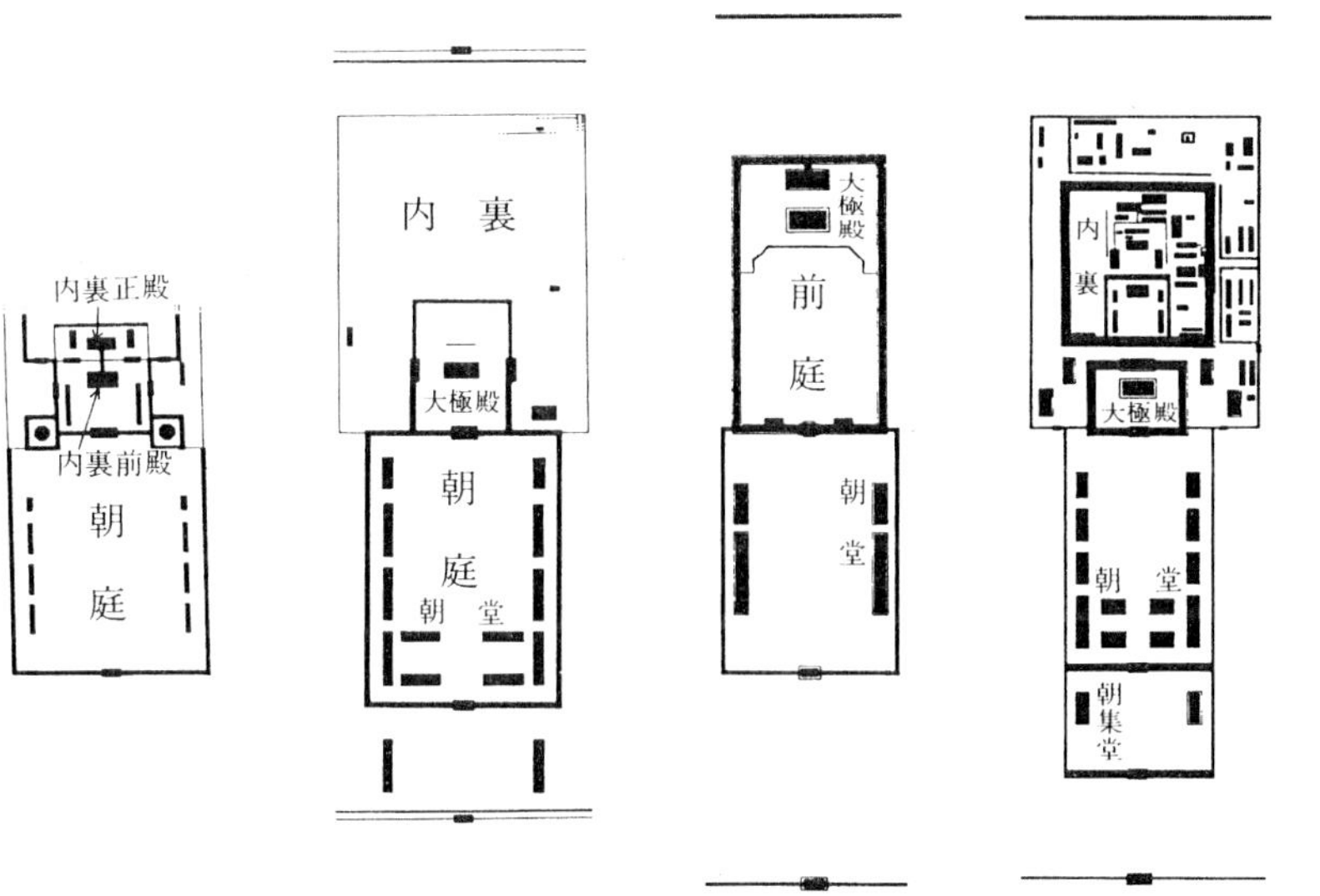

前期難波宮　　藤原宮　　平城宮中央区(第Ⅰ期)　　平城宮東区(上層遺構)

第26図　宮中枢部

豊楽院が属する。平安宮の朝堂院・豊楽院の用い方によれば、両型式の構造の相違はその用途とそれに基づく着座の原理の相違によるのである。豊楽院型は饗宴に用い、そこでは北の二堂に五位以上、南の二堂に六位以下が着座し、着座は位階の論理による。朝堂院型は朝政に用い、そこでは第27図のように官司ごとに着座するのである。いいかえれば、豊楽院型では、饗宴を行なうので位階の論理によって五位以上と六位以下が分かれて着座すればよいから、四堂の構造を採用し、朝堂院型では朝政を行ない官司ごとに着座しなければならないので、十二堂という多数の堂を配置する構造をとったのである。日本の十二朝堂は中国の朝堂と異なる独自の構造であるが、この構造の成立の理由はここにある。このように二型式の朝堂の構造が、それぞれの用途と密接に関係していることからみて、平城宮中央区の四朝堂は饗宴の施設ではあっても、朝政を行なうことは不可能である。朝政は原則として毎日行なう政務処理の根幹であるから、そのための朝堂が遷都

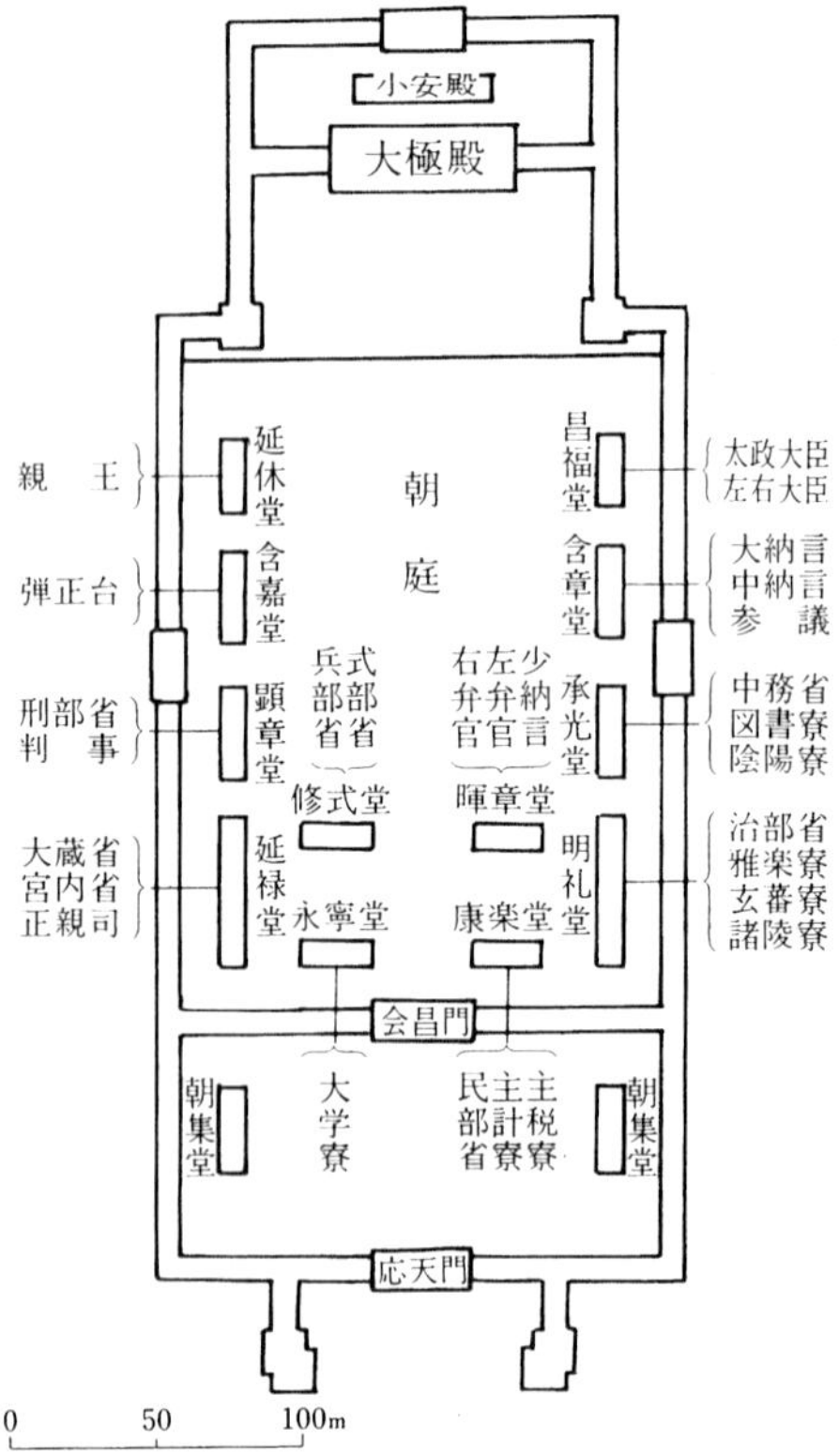

第27図　平安宮朝堂院の座席

当初から不可欠であって、それが東区の下層遺構にあたると考える。遷都三年後の和銅六年（七一三）朝政の際の親王・太政大臣の「朝堂」に出入に関する施行細則が発令され（『三代実録』元慶八年五月二十九日条）、この時点で朝政が行なわれそのための朝堂が存したことが知られる。中央区の朝堂の遺構は霊亀元年（七一五）をさかのぼりえないから、この朝堂は東区の朝堂と考えざるを得ない。遷都当初には中央区には朝堂がなく、北の大極殿院だけであった。この大極殿院は大極殿と朝庭（石敷広場）があるだけだから、この段階には朝政だけでなく饗宴のためにも、朝堂が必要であった。

ところで朝政と饗宴以外の朝庭で行なう諸行事は、両区とも朝庭があるからどちらでも実施可能であるが、中央区で朝賀・即位などの儀式、東区で告朔・宣詔などの政務を行なったと考える。朝庭の列立の仕方にも、朝賀・即位の位階順の列立と、告朔、郡司任用・叙位・臨時の宣詔の場合の官司の論理によって自分の座席のある堂前に列立することがあり、前者は中央区、後者は東区に対応すると考える。また宮城でもっとも重要な位置の中央区が、たんに饗宴の場であるのみならず、より重要な即位や朝賀の国家的な儀式を行なうにふさわしい場と考えるからでもある。

朝集殿が東区にあって中央区になく、また内裏が東区の北に位置することも、両区の用途の違い、すなわち東区が毎日朝政に用いる日常的な場、中央区が儀式・饗宴の特定の日に用いる非日常的な場という両区の用途の違いから解釈できる。朝集殿は朝堂に参向する臣下が刻限まで待機する施設であるから、毎日早朝から朝政を行なう東区には不可欠のものであろう。内裏の位置については、天皇の大極殿出御の頻度が、特定の日に儀式・饗宴を行なう中央区よりも、毎日朝政を行なう東区の方が高く、この配置は天皇の出御の便宜によるものである。八世紀にも朝政に天皇が大極殿に出御したと推定されるのである（『続日本紀』天平五年八月辛亥条）。

造営過程においてこの両区のうち、まず中央区を優先して、はじめから礎石建ち・瓦葺の本格的な建物を作り、東区ははじめいわば仮りの施設として掘立柱建物を作り、おそらく天平前半に礎石建ち・瓦葺の建物に造替した。構造からみると、東区は内裏も含めて藤原宮をほぼ踏襲しているのに対して、中央区は大極殿院が唐長安城大明宮の含元殿の模倣で、朝堂も饗宴に即した四堂で、いずれも新しい構造である。宮城における占地・造営経過・構造の新旧の三点からみて、平城宮の設計において、儀式と饗宴――儀式に重点がある――の場である中央区が、朝政などの日常的な政務の場である東区よりも重要視されたことは明らかである。大宝令の衣服令に朝服のほかに儀式のための礼服をはじめて制定し、また大宝元年（七〇一）の元日朝賀においてはじめて「文物之儀」が備わったと伝えることからみて（『続日本紀』大宝元年正月乙亥条）、大宝令において儀式が整備・完成したと考える。そもそも即位や朝賀の儀式は、臣下の天皇への服従を確認するための、天皇支配の根幹にかかわるもので、その整備・完成は律令国家にとって重要なことであった。平城宮において儀式のための大極殿・朝堂を新しい構造で荘厳して中央区に造営したのは、大宝令における儀式の完成を宮城造営に具現化したものである。藤原宮から平城宮への変遷を、たんに一つの大極殿・朝堂から用途によって二つのそれへ分化したと理解したのでは十分でない。両区併存の原因は、儀式の重視による新構造の採用にこそあったのである。

長岡宮（七八四〜七九四年）**・平安宮**（七九四〜）——**「朝堂院」の成立**　平安宮では平城宮の二つの大極殿・朝堂を継承して朝堂院と豊楽院を設ける。ただし十二堂の朝堂院が儀式と政務の場として宮中央部に復活して、四堂の豊楽院は饗宴のみの場となって、重要性が低くなり西へ移る。

長岡宮・平安宮における変化は、内裏が大極殿から離れることである。長岡宮でも延暦三年（七八四）の遷都当初の内裏の「西宮」は大極殿の北に存したと思われるが、延暦八年（七八九）完成の新内裏の「東宮」すなわち発掘によって検出した内裏遺構は、大極殿から東へ離れて位置する。平安宮ではははじめから内裏が大極殿から離れて設けられた。この内裏と大極殿の分離は、九世紀半ばの『儀式』朝堂儀から知られるように、朝政において天皇が大極殿に出御しなくなったという朝政形態の変化によって可能になったのである。長岡宮において延暦十一年（七九二）に「朝堂院」の語が初見し（『類聚国史』延暦十一年十一月甲寅条）、平安宮にも引き継がれ、弘仁九年（八一八）には「八省院」と改称する。「朝堂院」「八省院」の語は「朝堂」と同義でなく、大極殿・朝堂・朝集殿の三者を包括的に示す語であって、このような意味の「朝堂院」の語は、大極殿が内裏と離れて内裏前殿としての意味を失い、朝堂の正殿としての意味しかもたなくなって、朝堂と一体化したことによって成立した。平安宮における大極殿院南面回廊と閤門の消滅による、大極殿と朝堂の一体的構造の成立は、この必然の結果であった。「朝堂院」の語はこのように歴史的な用語であるから、むやみに平城宮以前に用いることは慎しまねばなるまい。

五　都城と律令国家

最後に、都城が律令国家にとってどのような意味をもつものであるのかという問題についてまとめて論じておきたい。

都城は天皇の居住地で、中央諸官衙の所在地であり、中央集権的律令国家の全国支配の拠点である。和銅元年（七〇八）の平城京遷都の詔は、京師は「帝皇ノ邑」で「百官ノ府、四海ノ帰スル所ナリ」とこの都城の基本的性格を明らかにしている（『続日本紀』和銅元年二月戊寅条）。ただ倭京などにもこのような性格はあったわけで、藤原宮以降の律令制都城についてはこの基本的性格のうえに新しい性格がつけ加えられた。それは都城・宮室が、天皇と国家の国内的・対外的な支配の威厳を誇示するものであるという点である。天皇と貴族・官人、国家と公民、対外的には新羅・渤海、また蝦夷・隼人などの未服属民との間の支配と被支配の関係において、被支配者を威圧する装置なのである。神亀元年（七二四）平城京内の貴族・庶民の住宅を板葺・草葺から瓦葺・白壁・丹塗りの中国様式の建築に変えることを勧奨した法令の中で、「マタ京師アリ。帝王居トナシ、万国ノ朝スルトコロナリ。コレ壮麗ニアラザレバ、何ヲ以テカ徳ヲ表サムヤ。」と述べられ（『続日本紀』神亀元年十一月甲子条）、また「家伝下」に養老五年（七二一）開始の平城宮の改作の結果、「宮室厳麗タリ。人、帝ノ尊キヲ知ル。」と記しているところに（『寧楽遺文』下巻）、前記の都城・宮室の性格が示されている。

律令制都城・宮室には支配の威厳の誇示のための種々の装置を設けていた。大極殿・朝堂は、天皇への服従の誓約をする朝賀や即位儀を行ない、貴族・官人はもとより外国使節や蝦夷・隼人の朝貢者が参列した。藤原宮で中国様式建築を採用し、平城宮で大明宮含元殿を模倣した施設を設けたのは、天皇の威厳を増し参列者を威圧するための道具立てである。条坊制の特徴は幅広い道路の存在にある。朱雀大路をはじめとして大路の広さは、道路の通路としての実用性を越えたもので、都城の威容を誇示するためのものである。[27]全国から上京した公民にとって、大路の広さはもちろん、宮殿・官衙・寺院の諸建造物を含み、計画的に造営された都城そのものが、天皇と国家の支配の威厳を感ぜしめるものであったろう。律令制都城の成立にとって国内的なものはもちろんであるが、対外的なものも契機となった。四周に城壁をもたない都城の形式的な羅城門と、そこから宮へ北進する朱雀大路は、外国使節を迎えるための迎賓門と、宮城へ導くための大路であり、それゆえに大規模に造られていた。神亀元年（七二四）の中国様式建築の導入は京内の住宅ばかりでなく、外国使節が大宰府から入京する途次の山陽道の駅館にも及ぼされたが（『家伝下』、『続日本紀』天平元年四月癸亥条、『日本後紀』大同元年五月丁丑条）、この処置は前年八月の新羅使入京を契機としてなされ、外国使節への威圧を目的としたものであった。

律令制都城・宮室は天皇と国家の支配の威厳を誇示するための装置であり、そのことは国家の支配の根幹にかかわるものであるがゆえに、その建造には莫大な国費が費やされたのである。

注

（1）岸俊男「都城と律令国家」（『岩波講座日本歴史2　古代2』一九七五年。『日本古代宮都の研究』再収、一九八八年）。

（2）狩野久「律令国家と都市」（『大系日本国家史1　古代』一九七五年。『日本古代の国家と都城』再収、一九九〇年）。

（3）『日本書紀』（以下『書紀』と略記する）推古十二年（六〇四）九月、同十六年八月壬子、同十八年十月丁酉条、舒明即位前紀推古三十六年（六二八）九月条。

（4）岸俊男「朝堂の初歩的考察」（『橿原考古学研究所論集　創立三十五周年記念』一九七五年。『日本古代宮都の研究』再収）。

(5) 関晃「大化前後の大夫について」(『山梨大学学芸学部研究報告』一〇、一九五九年。『論集日本歴史1 大和政権』再収、一九七三年)。
(6) 中尾芳治「日本における都城制の成立」(『日本史を学ぶ 1』一九七五年)、長山雅一「前期難波宮と京の建設をめぐって」(『難波宮と日本古代国家』一九七七年)。なお難波宮の調査研究の整理は、中尾芳治「難波宮跡一〇年来(一九七〇~八〇年)の調査成果と研究動向」(『難波宮址の研究 第七 論考篇』一九八三年)を参照。
(7) 早川庄八「前期難波宮と古代官僚制」(『思想』七〇三、一九八三年。『日本古代官僚制の研究』再収。一九八六年)。
(8) 佐藤武敏「唐の朝堂について」(『難波宮と日本古代国家』一九七七年)。
(9) 笹山晴生「『難波朝の衛部』をめぐって」(『古代史論叢 中巻』一九七八年。『日本古代衛府制度の研究』再収。一九八五年)。
(10) 奈良県立橿原考古学研究所『飛鳥京跡二』第三章考察(末永雅雄執筆、一九八〇年)。
(11) 福山敏男『大極殿の研究』(一九五五年)。
(12) 鬼頭清明「日本における大極殿の成立」(『古代史論叢 中巻』一九七八年)。
(13) 和田萃「服属と儀礼——殯宮儀礼の分析——」(『講座日本の古代信仰3』一九八〇年)。
(14) 岡田精司「大王就任儀礼の原型とその展開——即位と大嘗祭——」(『日本史研究』二四五、一九八三年)。
(15) 東野治之「天皇号の成立年代について」(『正倉院文書と木簡の研究』一九七七年)。
(16) 岸俊男「飛鳥と方格地割」(『史林』五三—四、一九七〇年)、「古代地割制の基本的視点」(『古代の日本9 研究資料』一九七一年)、「日本における『京』の成立」(『東アジア世界における日本古代史講座6 日本律令国家と東アジア』一九八二年)。第一・三論文は『日本古代宮都の研究』に再収。
(17) 藤岡謙二郎「古代の難波京域を中心とした若干の歴史地理学的考察」(『織田武雄先生退官記念人文地理学論叢』一九七一年)。
(18) 沢村仁「難波京について」(『難波宮址の研究六』一九七〇年)、同「都城の変遷」(『古代史発掘9』一九七四年)。
(19) 中尾芳治・長山雅一注(6)論文。
(20) 狩野久注(2)論文。
(21) 林博道『さざなみの都大津京』(一九七八年)、近藤滋「大津宮の規模と構造」(『日本史研究』二〇〇、一九七九年)。

(22) 関野貞『平城京及大内裏考』(一九〇七年)。
(23) 岸俊男「日本の宮都と中国の都城」(『日本古代文化の探究　都城』一九七六年。『日本古代宮都の研究』再収)。
(24) 王仲殊「日本の古代都城制度の源流について」(菅谷文則・中村潤子訳。『考古学雑誌』六九—一、一九八三年)。なお論争については、西嶋定生編『奈良・平安の都と長安』(一九八三年)参照。
(25) 宮本長二郎「平城京」(岸俊男編『中国の都城遺跡』一九八二年)。
(26) 奈良国立文化財研究所『平城宮発掘調査報告II』(一九六二年)、同『同XI』(一九八二年)。阿部義平「平城宮の内裏・中宮・西宮考」(奈良国立文化財研究所『研究論集II』一九七四年)、同「古代宮都中枢部の変遷について」(『国立歴史民俗博物館研究報告三』一九八四年)。本書第二部第一章「平城宮大極殿朝堂考」。
(27) 本書第二部第四章「平城京の朱雀大路」。

(付記) 初出稿　歴史学研究会・日本史研究会編『講座日本歴史2　古代2』(一九八四年十一月、東京大学出版会刊行)掲載。

初出稿は、枚数制限のために当時執筆の原稿をかなり削減して掲載した。今回収録に当たっては、原則として論旨を変えずに部分的に最初の原稿を復活した。また年紀の表記、注記など他の論文と同じく改めた。


(補一) 岸俊男氏の一連の宮都研究は『日本古代宮都の研究』(一九八八年)にまとめられ、その他一般読者向けにまとめられたものとして、『宮都と木簡』(一九七七年)、『NHK大学講座　日本の古代宮都』(一九八一年)、『古代宮都の探究』(一九八四年)、「日本都城制総論」(『日本の古代9』一九八七年)、『日本の古代宮都』(一九九三年)がある。岸氏の宮都研究に対する私見は、今泉隆雄　書評『日本古代宮都の研究』(『日本史研究』三三六、一九九〇年)を参照。

(補二) 調査の進展によって現在、前期難波宮は朝庭の東西に各五堂の南北棟、南に四堂の東西棟が復原され、あわせて十四堂以上になることが明らかになっている(植木久「大和への玄関——難波津」『新版古代の日本6　近畿II』所収、一九九一年)。十四堂以上になったが、朝堂の十二堂型と四堂型の二型式のうちでは、十二堂型に属するとみてよい。

(補三) 伝承飛鳥板蓋宮と飛鳥浄御原宮との関係についての現在の私見は、本書第一部第一章「飛鳥の須彌山と斎槻」の結語および補四を参照されたい。

（補四）藤原京については、発掘調査によって新事実が明らかにされ、それらに基づいて新しい見解が提起されている。最も大きいのは、岸復原案の京域の北と東西の外側において、京内条坊を拡張した場合の位置に、道路遺構が検出され、それらに基づき、「大藤原京」説ともいうべき、新しい京域・条坊復原案が提起されたことである。すなわち秋山日出雄氏は、岸復原案をふまえたうえで、岸復原の京域は内城で、その北に六条、東西に各四坊分の外京があったとして、藤原京の規模が南北九里・東西八里で、外京を除いた平城京と同じであるとした（「藤原京の京域考――内城と外京の想定――」、橿原考古学研究所紀要『考古学論攷』第四冊、一九八〇年。「『藤原京と飛鳥京』の京域考」、『地理』二五―九、一九八〇年）。阿部義平氏は、坊を平城京と同じく一里四方・一六坪として、十二条八坊の京域を復原した。一坊を岸説の四倍の一里四方とする根拠は、発掘で明らかになった道路の幅が、岸復原による奇数条・坊大路の幅が偶数条・坊大路にくらべて狭く、小路規模であることである（「新益京について」『千葉史学』九、一九八六年）。押部佳周氏も同じ条坊・京域復原をしている（「飛鳥京・新益京」『古代史論集　上巻』一九八八年）。また千田稔氏は、岸復原案の十一条以南で条坊道路が検出されないことから、岸復原の京域をそのまま二条分北へずらした京域案を提示している（「歴史地理学における『復原』から『意味論』へ――藤原京を事例として――」『古代日本の歴史地理学的考察』一九九一年）。

京域外条坊相当道路は、一九九〇年現在、岸説京域の西京極から西へ一坊半、北京極から北へ四条半、東京極から東へ一坊の範囲の一一地点で検出され、無視しがたいものとなっている（奈良県立橿原考古学研究所「橿原市四条遺跡発掘調査概報」『奈良県遺跡調査概報』一九八七年度）。しかし、新しい「大藤原京」説にも問題があって、すぐに成立するとは思われない。阿部説については、奇数条・坊大路の中にも、やや不確定な点があるが、西三坊大路・九条大路のように大路幅に復原できる例があることが問題となる。また諸説全般についていうと、藤原京復原の前提として、条坊が十二条八坊であったことがある。この条坊数は、『養老令』職員令・戸令の坊令・坊長の人数から導き出されたもので、『大宝令』にさかのぼり、藤原京に関するものと考えられている。諸説は、この条坊数に基づき、かつ京域外条坊相当道路を活かすために、やや無理な想定をしなければならない破目に陥っているように思われる。秋山説では、内城は京職所管、すなわち坊令・坊長の管轄であるが、外京は郡司の所管と苦しい想定をせざるを得なかったのは、坊令・坊長の人数に規制されたからである。阿部説では、一坊＝一里四方として、十二条八坊をとったので広大な京域となり、南部の十条以南は丘陵にかかり、倭京の主要部分をひきつぎ条坊が未施行であると想定せざるを得なかった。

藤原京条坊の復原に関して、一九七〇年代には岸説が発掘調査による実証によって定説化したが、八〇年代の京域外条坊相当道路の検出に基づく新説の提起を経て、現在は定説のない時期といってよい。新しい定説の定立のためには、さらに発掘調査の進展による諸仮説の検証が必要である。しかし、本文で記した、藤原京において、(1)条坊制の採用、(2)大極殿の成立、(3)宮城の成立による律令制都城の成立という意義づけは変わらない。

（補五）　倭京に関する現在の私見は、本書第一部第一章「飛鳥の須彌山と齋槻」を参照されたい。本稿と異なる点は、井上和人氏「飛鳥京域論の検証」（『考古学雑誌』七一―二、一九八六年）に従って、飛鳥における方格地割の存在を否定したことである。井上氏は、これまで提起された岸説をはじめとする方格地割論を検討してそれぞれの誤りを指摘し、飛鳥の宮室・寺院などの遺跡の平面構成などを検討して方格地割の存在を明確に否定した。方格地割の東西の基準線とされてきた中つ道が、横大路以南で発掘調査によって想定位置に確認できないことも明らかになってきた。

倭京の条坊地割について、藤原宮城の先行条坊道路を根拠に論ずる見解がある。藤原宮域では、宮城の施設に先行する条坊道路遺構が検出され、それと併存する宮東西中軸線沿いの南北運河から、天武十一～十三年（六八二～六八四）の年紀をもつ木簡などが出土した。岸氏は、宮内先行条坊道路の存在から持論の藤原京の天武朝末の造営開始が実証されたとする一方、先行条坊道路が倭京の条坊である可能性を示唆している（「日本における『京』の成立」「大宰府と都城制」『日本古代宮都の研究』所収）。井上和人氏が指摘するように、宮域内外の条坊道路は宮城の位置が決定してから造成されたものであるから（「藤原京――新益京造営に関する諸問題――」『仏教芸術』一五四、一九八四年）、宮域内先行条坊道路は倭京のものであり得ず、これが天武朝末にさかのぼることから、本文のように藤原京の天武末年造営開始の根拠となり得るものである（以上については、（補一）前掲、今泉　書評岸俊男著『日本古代宮都の研究』参照）。

以上のように倭京について方格地割の存在を否定するが、その他については本稿を踏襲して次のように考える。すなわち、(1)倭京は歴代の宮室の集中、皇子宮・園池・官衙・倉など官の施設の建造、寺院の建造、中央豪族の集住によって自然的に形成された京である。(2)倭京の形成の画期は、斉明朝と天武朝で、斉明朝から一定の区域をもつ京域が成立していた。なお、飛鳥寺の西の須彌山と齋槻については、本書第一部第一章「飛鳥の須彌山と齋槻」、漏刻臺については第一部第二章「飛鳥の漏刻臺と時刻制の成立」を参照。

（補六） 平城宮の大極殿・朝堂についての詳細は、本書第二部第二章「平城宮大極殿朝堂再論」を参照。ただし次の点で本稿と考えを変えている。すなわち、本稿では、東区下層遺構が当初から大極殿・朝堂と呼称され、平城宮当初から二つの大極殿・朝堂が併存したと考えたが、後稿では、朝堂は併存するが、大極殿が併存するという考えを改め、天平十二年（七四〇）以前に、大極殿は中央区のみにあり、東区下層・上層遺構の正殿の殿名は不明であるとした。

第二章　八世紀造宮官司考

はじめに

本論は、平城京遷都から平安京遷都に至る八世紀の造宮官司について論じようとするものである。本論の造宮官司という用語は、宮城ばかりでなく京城の造営に当たった官司も含み、寺院造営のための造寺司に対して用いるものである。京城造営の官司も含め、造宮官司というのは、後述するように、造……宮司、造……宮使などが宮城とともに京城の造営にも当たることがあったからである。

この時期は、平城・恭仁・長岡・平安京の主都、また難波・紫香楽・保良・由義宮の副都が相次いで造営され、さらに平城宮内の改作も幾度か行なわれた。これらの造営のために、令制に木工寮、令外官司として造宮省が設けられ、さらに大規模な造営のたびに臨時の造宮官司が組織された。八世紀はこのような活発な造営と造宮省をはじめとする多くの造宮官司の設置という点で、自ずと九世紀とは区別され、これが本論で一応八世紀に限って論じようとする理由のひとつである。さらに九世紀の修理職や修理左右坊城使についてはすでに明らかにされているからである。(1)

これまで八世紀の造宮官司については、造宮省、造京司、木工寮に関して、その官制、職掌、変遷、特質などが明らかにされている(2)。ここでは既往の研究を整理することはしないが、これまでの研究は前記の造宮官司についての個別的な研究で、八世紀の造宮官司全体を論じたものはみられず、特に臨時の造宮官司は考察の対象となっていない。このため、造宮省と臨時の造宮官司の関係は明らかでなく、造宮省そのものに関しても明確になっていない。また個々の造営事業と造宮官司との関係も十分明らかになっていない。そこで本論では、木工寮を除き、造宮省と臨時の造宮官司とを考察の対象とし、個々の造営の中でこれらの造宮諸官司の関係について考え、さらに造宮官司の問題からひきだせる造営に関する問題にも論及することとする。木工寮を考察の対象から除いたのは、すでに長山泰孝氏が、木工寮はその前身官司が内廷的な官司であったために、令制において小規模な官司として設定され、八世紀においては造営のための資材と労働力の見積りや調達に当たる会計官司としての役割を果たし、実際に大規模な造営を担当することはなかったことを明らかにしているからである(注(2)論文)。なお考察の結果を、第30表「八世紀の造宮官司年表」(三二五頁)にまとめたので参照されたい。

一　造宮省時代の造営と造宮官司

まず時代を追って個々の造営事業とその造宮官司について明らかにしていく。その際、造宮省の存続時期とその廃止以降に分けて叙述していくこととする。造宮省は和銅元年(七〇八)に設置され、延暦元年(七八二)に廃止されるが、その存続時期はほぼ平城京時代に重なる。この時期は長岡京遷都によって難波宮が廃されるまで、いわゆる複都制の時代で、主都とともに副都が造営され、造宮省を中核としながら臨時の造宮官司が設けられ、主都である長岡・平安京のみの造営が行なわれた時期とは自ずと区別されるからである。

1　和銅・霊亀

平城宮・京の造営　和銅元年（七〇八）二月十五日に遷都の詔によって造営が命令され、三月十三日造宮卿の任命、九月三十日造平城京司の任命によって、宮と京の造営が開始される。その造営経過や造平城京司については、すでに岩本次郎氏によって詳細に検討されており（注（2）論文）、それによれば、京の造営すなわち外京も含む街路の区画、田地の宅地化、東西市などの宮外官衙の建設などは、造平城京司が担当し、和銅五年後半までに完了し、宮の造営は造宮省が担当し、主要殿舎は霊亀年間までにほぼ造営されたが、最終的には養老・神亀年間における知造宮事藤原武智麻呂の領導する造営によって完成したとされる。養老以降の造営については後論するが、ほぼ従うべき見解と考える。

第21表　造平城京司の官人構成

職	位階　官人	本官
長官	正四位上阿倍朝臣宿奈麻呂	中納言
	従四位下多治比真人池守	民部卿
次官	従五位下中臣朝臣人足	
	従五位下小野朝臣広人	
	従五位下小野朝臣馬養	帯剣寮長官
大匠	従五位下坂上忌寸忍熊	
判官	七人	
主典	四人	

（注）（注2）岩本論文による。

京の造営のために特に造京司を置き、宮と京をそれぞれの造営官司が分担して造営するやり方は、藤原・平城京の創建の際にとられただけで、以後は造京司が設けられることはなかった。

造宮省は藤原宮における造宮官→造宮職[3]を継承して平城宮造営に当たって省に昇格させたものである。和銅・霊亀年間の造宮省の官人で知られるのは卿正五位上大伴宿禰手拍、同従四位下多治比真人県守、大丞従六位下臺忌寸宿奈麻呂である。これによれば造宮省は令制の八省と同じく、卿、大・少輔、大・小丞、大・小録の四等官構成をとったと推定され（注（2）亀田論文）、ほかに、史生（『続紀』和銅七年十月辛未格で八員から一四員に増員）、算師（同養老三年六月丙子条）、将領（同和銅二年九月丁巳条）が所属していたことが知られる。

造平城京司の官人構成は第21表の通りである。岩本次郎氏が指摘するように、造平城京司は八省を上まわる異例の大規模な機構で、特に長官を二員として、その一人に中納言阿倍宿奈麻呂を任じていることは注目すべきである。この造平城京司にくらべて、造宮省は卿の位階や官制の規模において劣っており(4)、平城京の創建においては京の造営が宮よりも重視されたことがうかがえる。しかしまた、造平城京司が臨時の官司である「司」(5)であるのに対して、造宮省が「省」として常置の官司とされたのは、造宮省がこの創建ばかりでなく、将来の造営事業の中核となる官司として設定されたことを示している。

2　養老から天平前半

平城宮改作　養老五年（七二一）九月に開始され、天平六年（七三四）ごろまでは続く平城宮内の改作で、造宮省が担当するが、その造営期間内で神亀元年（七二四）を境にして、造宮卿藤原武智麻呂が領導した前半と催造司が設けられた後半に分かれる。この宮内改作については、『家伝下（藤原武智麻呂伝）』に次のように記される（『寧楽遺文』下巻）。

a（前略）（養老）五年正月、叙二従三位一、遷二中納言一。其九月、兼二造宮卿一。時年卌二。公将二工匠等一、案二行宮内一、仍レ旧改作。由レ是宮室厳麗、人知二帝尊一。神亀元年二月、叙二正三位一、知二造宮事一如レ故。（後略）

この改作についてはすでに旧稿において次の四点を指摘した(6)。(1)従三位中納言藤原武智麻呂が知造宮事として造宮省を監督するという特別な造営体制がとられていることからみて、大規模な改作事業だったこと、(2)関連する造営木簡が宮内から出土し、造営は天平元年（七二九）ごろまでは続行していたこと、(3)発掘調査の成果によれば、この改作では、少なくとも第二次大極殿・朝堂の整備、内裏の改作、東張出部の整備が行なわれたこと、(4)この改作は、養老四年八月藤原不比等の薨去、同五年五月元明太上天皇の病気によってひきおこされた首皇太子の地位の動揺と、右大臣長屋王を中心とする皇親勢力と藤原四卿の対立の激化などの政治状況の中で、藤原四卿らが首皇太子の近い将来における即位を画策し、即位をめざして開始した造営であることの四点である。これらのうち造宮官司について再検討しておきたい。

旧稿では岩本次郎氏の見解（注(2)論文）に従い、武智麻呂が知造宮事として造宮卿の上にたって造営を領導したと考えたが、すでに亀田隆之氏が、『家伝下』の「知造宮事如故」は「造宮ノ事ヲ知ルコト故ノ如シ」とよみ、造宮卿の職務を示したもので、知造宮事という官職ではないと批判していた（注(2)論文）。従うべき見解と思うが、しかしこの時の造宮省が大規模な造営のための特別の体制をとったという考えは変わらない。すなわち、この改作に当たっては、武智麻呂のほかに従四位下県犬養宿禰筑紫が造宮卿に任ぜられ、二卿体制だったらしいこと[7]、武智麻呂が公卿の中納言で、従三位という高い位階であったからである。従三位中納言というのは歴代の九人の造宮卿の中で最も高い位階・本官である。後述のように、造宮卿を二人としてその一人に公卿を任ずる体制は恭仁京造営の時にとられ、さらに主都造営の臨時官司では長官を複数としてその中に公卿をあてるのを通例とした。この宮内改作は主都の造営と同じ体制で行なわれたのであり、その造営が大規模なものであったと考えられる。造宮卿武智麻呂は、造営を推進する藤原四卿の代表という政治的立場にあるとともに、官制の上では一段高い所から造営全体を統轄する総監的な地位で、県犬養筑紫が実務に当たったと考える。『家伝下』に武智麻呂について「掌造宮事」ではなく「知造宮事」と記しているのはやはり意味のあることと思う。この造宮卿武智麻呂領導の体制は、『家伝下』にみえるように一応神亀元年二月まで続き、ついで催造司が造宮省の上に置かれる体制に変わる。

催造司は神亀元年（七二四）三月壬午に設けられ、天平二年（七三〇）九月戊寅には正四位下葛城王、従四位下小野朝臣牛養が催造司監に任ぜられている（『続紀』）。小野牛養は天平六年五月一日興福寺西金堂造仏所作物帳案(8)に催造監とみえるから、少なくとも催造司は天平六年まで存続した。一方、『続紀』天平四年二月乙未条に中納言従三位兼催造宮長官知河内和泉等国事阿倍朝臣広庭の薨去の記事があり、また『懐風藻』にも従三位中納言兼催造宮長官安倍朝臣広庭とみえる。前者の催造司監と後者の催造宮長官を別のものとみ、催造司は宮内の造営と関係ないものとする見解もあるが(9)、私は両者の史料が時期的に重複し、かつ類同する官司名であることから、両者を同一官司とみるのが妥当と考える。

さて催造司の官制については、監二員・長官が知られるが、次の平城宮跡出土木簡から主典の存在が確認できる。

b・御門司所□〔謹カ〕解　催造司主典□□

「御□□□〔門司所カ〕謹解催造司主□□〔×□〕」(10)

・　□□　□　九月九□

この木簡の主典の存在から、当然次官・判官の存在が推定でき、催造司は四等官制をとったものと思われる。監と長官は同一で、監が正式な官職名であり、その下級の官職を次官・判官・主典と呼称したので、長官と呼称することもあったのであろう。臨時の造宮官司では、長官・次官・判官・主典の官職呼称を用いるのが一般的であった（注(5)）。天平二年任命の二人の監のうち葛城王はそれ以降監としてみえないから、天平四年以前に阿倍広庭が交替したのであろう。監の任官時の位階・本官は、葛城王が正四位下左大弁、小野牛養が従四位下皇后宮職大夫、阿倍広庭が任官時期を確定できないが、従三位中納言(11)で、位階については造宮卿とほぼ同じである。

次に催造司の職掌、また造宮省との関係についてみる。催造司という官司名からみると(12)、その職掌は造営を催すこと、すなわち造営の督励と考えられる。後述のように神亀三年十月ごろから難波宮の造営が開始されるが、そのためには知造難波宮事が任命されており、一方、平城宮においては、旧稿で指摘したように、出土木簡から天平元年ごろも造営が続行されていたから、催造司は平城宮改作に関与したものとみるのが妥当である。養老年間の造営には造宮省が当たっており神亀三年山背国愛宕郡出雲郷雲下里計帳に造宮省工出雲臣深嶋がみえるから[13]、催造司の時期に造宮省の組織が存したことは確かであるが、神亀元年（七二四）四月造宮卿県犬養筑紫卒去後、天平十三年（七四一）九月の造宮卿任命までの十七年間、卿をはじめ造宮省四等官の存在が確認できない。造宮省の置かれた七四年間でこのように長い四等官の史料的な空白期間はほかにみられない[14]。位階の低い大輔以下の官人は暫く措くとして、位階の高い卿は史料に残り易いわけであるから、この時期には少なくとも造宮卿は任命されなかったとみられる。私は催造司は造宮省を統轄してその造営事業を督励するのを職務とした官司で、その時期には造宮卿が任ぜられず、催造監がこれに代わったと考える。監の位階は造宮卿とほぼ同等で、造宮省を統轄するのに不足はない。監という官職名は珍しく、ほかに馬寮監（『続紀』和銅四年十二月壬寅条）や営城監がみえ[15]、馬寮監は、左・右馬寮の上にあって両寮を統轄した官司と考えられており[16]、催造監――造宮省という関係と一脈通じる性格が指摘できる。

ところで催造司設置の神亀元年から監任命が初めて見える天平二年まで約六年間の間隙があるのが不審である。『公卿補任』神亀三、四年条に藤原武智麻呂が「兼知造宮司事」であったと記すから、天平二年まで武智麻呂が、監と称されたかどうかは分らないが、催造司の長官として引き続き造営を領導したと考える。すなわち、催造司は造宮卿武智麻呂の造営総監の職務を官司として組織化したものと考えられる[補一]。

催造司の具体的な活動の一端は次の平城宮跡出土木簡からうかがえる。第一・第二次朝堂院の間を北から南へ流れる宮内の基幹排水路ＳＤ三七一五に設けられた堰状遺構ＳＸ八四一〇から出土したもので、第二部第一章で検討したように、第一次あるいは第二次朝堂院の「高殿」建造に関する木簡を含む天平元年前後の造営木簡が約二十点共伴している。[17]

c・進上瓦三百七十枚 女瓦百六十枚 宇瓦百卌八枚 鐙瓦七十二枚 功卌七人 十六人各十枚 廿三人各六枚 九人各八枚

・付葦屋石敷 神亀六年四月十日穴太□ 主典下道朝臣 向司家

瓦の進上状で、[18]宮外の造瓦工房から宮内の造営現場へ瓦を運搬する際、人担の役夫を守領してきた葦屋石敷が瓦とともにもたらし、造営現場で廃棄されたものであろう。差出の署名に二人の名がみえ、穴太某の名は釈読できないが自署し、主典下道朝臣は「司家に向かっている」ため署名していない。私はこの「司家」は催造司で、下道朝臣は催造司の主典である可能性が高いと考える。すなわち、まずこの「司家」は主典下道朝臣の本司と考えるのが妥当である。さらに正倉院文書で官司について「……家」と記すものをみると、省家・職家・寮家・司家があり、それぞれ省・職・寮・司を指すことが確認できる。司家については正倉院文書の性格上、造東大寺司を指す例が多いが、ほかに筥陶司・官奴司・画工司をさす例がある。[19]したがって、木簡の「司家」の官司名は「……司」と考えられる。木簡の内容からみてこの官司は造営に関係するもので、神亀六年四月の時点で、これらの条件に適合するのは、土工司、催造司、営厨司（後述）、造薬師寺司（養老三年三月～天平四年十月の間見える）、造山房司などがあげられるが、[20]まず造薬師寺司、造山房司は寺院造営の官司であるから除かれる。土工司は造瓦に関係する職掌をもつが、その第四等官は令史であるから、これも条件にあわない。したがって、催造司と営厨司が残るが、朝堂の高殿などの造営に関わったとみられるこの官司は厨の造営に当たった営厨司よりも、宮内改作を統轄し主典の存在も確認できる催造司である可能性が高いと考える。とすれば、この木簡から催造司が瓦生産を監督したことが知られるのである。瓦工房は造宮省の所属と考えられ、[21]催造司主典下道某は造営の中で瓦生産の監督を担当したのであろう。

養老五年首皇太子の即位をめざして、造宮卿藤原武智麻呂が総監する体制で開始された改作は、即位までに一応の成果をみたが、神亀元年二月聖武即位を契機に、さらに造営を督励するため、同年三月催造司――造宮省という新体制を作ったものと考えられる。催造司は、造宮卿藤原武智麻呂のもっていた造営の総監という職務を、官司として組織化したものと位置づけられる。初め造宮卿武智麻呂が長官に横すべりした。次の催造監の任官者は、小野牛養が皇后宮職大夫を本官とし、葛城王（橘諸兄）は天平十年以降は藤原氏との対立がみられるが、この時期は母県犬養三千代や同母妹光明子とのつながりが強かったとみられ、両人とも藤原氏との関係があるから、政治的にみても催造司が藤原氏主導の造営を継承したと考えて不都合ではない。

この時期の造営について、このほか平城宮木簡から、作門所、北□所[22]、木屋司[23]などの造営関係官司が知られ、このうち作門所は造宮省の下級組織のひとつと考えられる。

d・務所牒　作門所　[×五]《》

d・務所牒　作門所　廝四人匠丁四　右充彼所
・少録船連鈴末呂　八月廿八日附委文末呂[24]

平城宮東張出部南西隅の南面する宮城門の小子門（少子部門SB五〇〇〇）の前にある造営の塵芥を捨てた土壙SK五一〇四から出土したもので、年紀はないが神亀年間建造と推定される小子門の造営に関する木簡と思われるので、神亀年間の年代が与えられる。作門所は小子門造営に当たった現場事務所で、造宮省内の下級組織と考えられる。造東大寺司はその管下に多くの所を設けていたが[25]、造宮省も同様の組織編成になっていたことが、この作門所の存在からうかがえる。[補二]

難波宮復興　神亀三年（七二六）十月に開始され（『続紀』）、天平九年（七三七）ごろまで続行されている[26]。朱鳥元年（六八六）正月焼亡した宮を復興し、また宅地班給が行なわれているので（『続紀』天平六年九月辛未条）、京にも手が加えられたらしい。造営官司として臨時に造難波宮司を設け、造営の前半には知造難波宮事を任じた。神亀三年十月庚午知造難波宮事に従三位式部卿藤原朝臣宇合が任ぜられ、天平四年まで在任し[27]、天平四年九月乙巳に正五位下石川朝臣枚夫が造難波宮長官に任ぜられて宇合と交替する（『続紀』）。造難波宮司は枚夫の任官記事が初見であるが、知造難波宮事宇合の時期にも存したと考えてよいであろう。知……事は奈良時代に知太政官事をはじめとしていくつかみえるが[28]、官職というよりひとつの地位で、知造難波宮事も従三位という高位の宇合をして難波宮造営を総知させたものであろう。副都の造営で知造……事がおかれ、従三位という高位者が責任者となったのは難波宮造営の時だけである。天平四年を境に知造難波宮事従三位藤原宇合から造難波宮長官正五位下石川枚夫に交替したことは、この時に造営の一区切りがあったことをうかがわせる。

ところで長官を出した石川朝臣氏は、蘇我氏の倉麻呂（雄当）とその子の連子系の氏族で、八・九世紀において造宮省・木工寮・造宮使・造寺司・修理職などの官人を輩出した工官氏族とでもいうべき氏族で、枚夫は実はその最初の例である[29]。

難波宮復興は宇合が知造難波宮事であることから知られるように、藤原四卿が推進したものである。藤原四卿は養老から天平前半にかけて、武智麻呂・宇合兄弟をそれぞれの造営責任者にすえて、平城宮改作と難波宮復興を併行して推し進めたのである。

営厨司　この時期にはこのほか営厨司・造客館司の造営官司がみえる。神亀三年（七二六）以前に設けられ、天平元年（七二九）六月辛酉に廃止される（『続紀』）。営厨司には工（匠）が所属し[30]、また官司名からみて営厨司は厨の造営を担当する官司と考えられる[31]。ただしこの場合の厨が特定の厨なのか、あるいは八・九世紀には諸官司に厨が付属していたから[32]、そのような諸官司の厨を指すのか明らかでなく、営厨司の設置目的は分明でない。

造客館司　天平四年十月癸酉に置かれた客館造営のための臨時官司である。客館は外国使節のための館舎で、古くから難波館、筑紫館がおかれ、難波館は奈良時代にも存続する。[33] 平城京にも存し（『続紀』天平十二年正月丙辰条）、平安京では鴻臚館が設けられる（『続日本後紀』承和四年三月壬午条）。この時の客館造営は天平四年三月の新羅使の来朝を契機に行なわれたもので、平城京か難波京かのいずれかの客館であろう。

この二つの造営官司はその時期からみて、平城宮改作、または難波宮の復興と密接な関係をもって設けられたものであろう。

3　天平後半

藤原広嗣の乱の最中の天平十二年（七四〇）十月聖武天皇は関東行幸を令し、その途次の同年十二月恭仁京遷都を命じる。これから十七年五月の平城宮還幸までの四年五ヵ月の間に恭仁京・紫香楽宮の造営が行なわれ、一方、都は恭仁京から難波京に改められ、また天皇が紫香楽宮に長期滞在するなど、政局は混迷を深めていく。

恭仁京造営　恭仁の地は元明天皇の時代から岡田・甕原の離宮がおかれ、しばしば行幸があった。[34] また右大臣橘諸兄の相楽別業もあり（『続紀』天平十二年五月乙未条）、恭仁遷都は彼の主導の下に行なわれたと説かれる。[35] 造営は天平十二年十二月丁卯に開始され、十三年の秋収後に造宮卿が任ぜられて本格化するが、十四年八月紫香楽宮の造営が開始されてしばらく二宮併行して工事が進められ、十五年十二月辛卯平城宮大極殿・歩廊の移建完了を以て造営が停止される。満三年間の造営である。恭仁京は主都として条坊を備えた都城として造られた。足利健亮氏の歴史地理学的研究によれば、鹿背山を間においてその東西に平城京と同規模の九条四坊の左・右京を置き、左京の北端中央に宮を設けた。[36] 京では宅地班給が行なわれ（『続紀』天平十三年九月己未条）、平城京の東西両市が移され、また京内に泉川などの川が流れるために賀世山東の河の橋や泉橋が造られた（同十三年十月癸巳、十四年八月乙酉、十七年五月癸亥条）。宮内では内裏（同十三年正月癸未朔条など）、大安殿（同十四年正月壬戌条など）、皇后宮（同十四年二月丙了朔条）、大極殿（同十五年十二月辛卯条）、朝堂（同十六年正月丙申朔条など）、大宮垣（同十四年八月丁丑条）、宮外では城北苑（同十四年正月癸丑条）、離宮の石原宮（同十五年正月壬子条など）などの存在が確認される。（補三）

造営は造宮省が担当した。主都の造営で臨時の造宮官司が設けられなかったのは恭仁京だけである。天平十三年九月乙卯正四位上参議・左大弁・神祇伯巨勢朝臣奈氏麻呂と正四位下木工頭智努王が造宮卿に任ぜられ、この二卿の下に造営が進められる。巨勢奈氏麻呂は造仏像司長官（天平九年八月甲子条）、智努王は造山房司長官（神亀五年十一月乙未条）に任官したことがあり、いずれも造営官の経験者である。造宮省が宮とともに京の造営にも当たったことは造宮卿智努王が宅地班給に当たっていることから明らかである（天平十三年九月己未条）。二卿の任命については、京と宮の造営を分担させたという見解もあるが（注(2)亀田論文）、智努王が宅地班給とともに宮殿の造営に当たっているから（天平十四年正月癸丑条）、妥当でない。二卿体制は、養老五年の平城宮改作と同じ意味で、主都造営という大規模な事業のためにとられた特別体制である。奈氏麻呂は卿任官時七十二歳の高齢であるから（『公卿補任』天平十一年条）、造営の実務に当たったというより、公卿会議の代表として造営全体を総監する役割で、智努王が実務を掌ったのであろう。また智努王は卿任命に先だち天平十三年八月丁亥木工頭に任ぜられている（『続紀』）。恭仁京造営には木工寮が造営物資や人員の見積り、材木の調達の面で関与したわけで、智努王の木工頭・造宮卿の兼任は権限を一人に集めて造営を円滑に進めるためであろう。

紫香楽宮造営　紫香楽宮は（補四）天平十四年二月庚辰恭仁京から紫香楽への道路が開かれ、同年八月癸未に離宮の造営が開始され、十五年十二月の恭仁京造営停止後集中的に行なわれ、十七年五月の平城還幸によって造営がうちきられる。

二年九ヵ月の造営である。宮とともに盧舎那仏と甲賀寺も造営される（天平十五年十月乙酉・十六年十一月壬申条）。この間皇都は天平十六年二月に恭仁京から難波京に改められるが、同月聖武天皇は元正太上天皇と右大臣橘諸兄を難波に残したまま紫香楽宮に行幸し、以後十五ヵ月におよぶ長期間滞在することになる。[37]直木孝次郎氏は、紫香楽宮造営は、難波遷都を企図した元正太上天皇と橘諸兄に対抗して、光明皇后と藤原仲麻呂が推進したものと説かれる。[38]紫香楽宮には、朱雀門、大安殿、朝堂が造られ（十六年三月丁丑、十七年正月乙丑条）、「百官」すなわち官衙や垣墻も造営に着手しており（十六年四月丙辰・十七年正月己未朔条）、

第22表　天平17年4月造宮省の下級職員配置

職	甲賀宮	恭仁宮	計
史生		2	2
長上工	10	4	14
番上工	59	1	60
飛驒匠	42		42
飛驒匠の廝	12		12
直丁		3	3
直丁の廝	2		2
焼炭仕丁		20	20
焼炭仕丁の廝	14		14
衛士	774	21	795
火頭	404		404
計	1317	51	1368

（注）天平17年4月21日造宮省移（『大日本古文書』巻24-293）による。

条坊の存在は考えにくいが、市は設けられた。[39]

造営のために臨時に造離宮司が設けられる。十四年八月癸未造宮卿正四位下智努王、輔外従五位下高岡連河内ら四人が造離宮司に任ぜられる。職員四人というのは長官・次官・判官・主典の四等官であろう。造宮卿・輔を長・次官に任じていることからみると、造離宮司は造宮省の組織の一部を割いて組織したものであろう。工匠や飛驒匠などの下級組織もやはり造宮省から割いて編成したものと考える。一方で造宮省の本体が恭仁京の造営に当たり、その一部を割いて造離宮司という臨時の組織を設けて紫香楽宮造営に当たったのである。造宮省と臨時の造宮官司の関係のひとつのあり方である。ただし天平十五年十二月の恭仁京造営停止後は造宮省の組織をあげて紫香楽宮造営にとりくんだのであろう。天平十七年四月二十一日造宮省移[40]は造宮省配下の長上・番上工、飛驒匠、仕丁、衛士の翌月分の粮料

などを請求した文書で、造宮省の下級の構成員を知りうる好史料であるとともに、その時点における造宮省の下級構成員の翌月の人員配置の予定が示されている（第22表）。天平十七年五月六日天皇は恭仁宮に移り、同十一日平城宮に還幸するから、十七年四月は紫香楽宮の末期で、宮付近は火災が頻発して騒然たる状況であったが、その造営は続行されていた。この史料によってこの時期に造宮省の大部分が甲加宮（＝紫香楽宮）の造営に投入されていたことが確認できる。

甲賀寺の造営は造甲可寺所が担当したが[41]、造宮省との関係は明らかでない。

4 天平宝字

平城宮において天平宝字元年（七五七）、同四～六年に改作が行なわれ、一方、同三～六年に近江国に保良宮が造営される。いずれも藤原仲麻呂の主導によるものと考えられている[42]。

平城宮改作 『続紀』に次の二史料がみえる。

e 天平宝字元年五月辛亥条 天皇移二御田村宮一。為レ改二修大宮一也。

f 同五年十月己卯条 詔曰。為レ改二作平城宮一、暫移而御二近江国保良宮一。（後略）

前者は大宮すなわち内裏の改修で、天平宝字元年十一月、二年正月には内裏が饗宴に用いられているから（『万葉集』巻二十―四四八六・四四九三・四四九四）、小規模な造営で、造宮卿の存在も確認できず、造営官司についても明らかでない。

後者の改作については、天平宝字四年正月戊寅の石川名人の造宮卿任官がこの改作のための人事で、また四年八月乙亥から五年正月丁酉までの飛鳥小治田宮への移幸、さらに五年十月甲子から六年五月辛丑までの保良宮移幸はこの

第23表　保良宮造宮使の官人構成

職	史料1　天平宝字三年十一月戊寅	史料2　同五年十月己卯	同六年正月戊子
使	従五位下越前員外介長野連君足 従五位下造宮輔中臣丸連張弓	従五位下礼部少輔藤原朝臣田麻呂 従五位下造宮輔中臣丸連張弓　↓	従五位上造宮大輔巨曾倍朝臣難破麻呂
判官 主典	六位以下官五人	正六位上　椋垣忌寸吉麻呂 正六位上　葛井連根主	

改作のためと考えられるから、四年正月から少なくとも六年五月までは行なわれた。この改作は「改作平城宮」と記すことから、大規模なもので、少なくとも内裏・朝堂の改作が行なわれたと考えられている。五年正月丁酉の小治田宮からの還幸の際、臨時に武部（兵部）曹司を御在所としたのは内裏改作中のためであり、またこの改作の際に平城宮朝集殿を唐招提寺講堂に施入したと考えられるからである。(43) 前記の如く、この改作は工官氏族出身の卿石川名人の下に造宮省が担当したと考える。

保良宮造営　天平宝字三年十一月戊寅に開始され、少なくとも同六年三月甲辰まで続けられている。保良宮は唐の陪都太原に倣って、北京と称し（『続紀』天平宝字五年十月己卯条）、諸司史生以上に宅地班給しているから(44)（同五年正月丁未条）、規模は不明ながら京を備え、都に近い両郡（滋賀・栗太郡か）を畿県と称した。

保良宮造営のためには、造宮使が組織された。臨時の造宮官司に「使」と称する職をおいたのはこれが始めてである。その構成は天平宝字三年十一月戊寅条の保良宮造営のために造宮輔従五位下中臣丸連張弓、越前員外介従五位下長野連君足と六位以下官人五人を遣したという記事（史料1）と、同五年十月己卯条の近江国史生以上と造宮使藤原朝臣田麻呂らを行幸供奉と造宮の功で褒賞叙位したという記事（史料2）とから復原できる（第23表）。史料2の叙位褒賞者は六人に及ぶが、そのうち近江按察使藤原朝臣御楯と近江介巨曽倍朝臣難波麻呂は行幸供奉の近江国関係者で、その他の従五位下藤原朝臣田麻呂、従五位下中臣丸連張弓、正六位上椋垣忌寸吉麻呂・同葛井連根主の四人が造宮使の官人と考えられる。史料1には造宮使と明記されていないが、史料2の造宮使褒賞者の一人の中臣張弓がみえるから、造宮使任命の記事であることは明らかである。また史料2の正六位上の椋垣吉麻呂・葛井根主が史料1の「六位以下官五人」の中の二人に当たると思われる。史料1の長野君足は史料2にみえないが、彼は天平宝字五年十月壬子朔に丹後守に任ぜられ、一方、史料2の藤原田麻呂は同年正月丁未に保良京の宅地班給に当たっているから、五年正月以前に造宮使は長野君足から藤原田麻呂に交代したのであろう。さらに藤原田麻呂は同五年十一月癸未に南海道節度副使になっているから、これ以前に造宮使の任を離れたと思われる。一方、六年正月戊子に従五位上巨曽倍朝臣難波麻呂が造宮大輔に任ぜられる。彼が近江介だったことからみて(『続紀』天平宝字三年五月壬午・同五年十月己卯条)、この人事は保良宮造営のためで、難波麻呂が田麻呂の後任の造宮使になったと推定する。以上から、造宮使の構成は第23表のようになり、従五位の二人が長官相当の造宮使、六位以下の五人が判官、主典と考えられる。この造宮使は、造宮輔中臣張弓を造宮使にあてていることから、紫香楽宮の造離宮司と同じく、造宮省の組織の一部を割いて編成されたものと考える。使の一人は長野君足→藤原田麻呂→巨曽倍難波麻呂と代わるが、張弓は、彼の次の任官が天平宝字七年正月壬子の伊予介任官であるから、保良宮造営を通して造宮使で、造営の中心的な役割を果たした。また巨曽倍難波麻呂の造宮使任命の推定が認められるならば、この時期は造宮輔(大輔)二人を造宮使にあてる体制がとられたことになるわけである。平城宮改作を造宮卿石川名人のもとに進める一方、造宮輔を中心に造宮使を臨時に組織して保良宮造営を行なわせたのである。

5　天平神護から宝亀

平城宮では、神護景雲元年（七六七）東院が完成し、次いで神護景雲年間に東内が造営され、一方、河内職に由義宮が造られる。いずれも道鏡の主導下に行なわれた造営である。光仁朝に入って、東内の造営をうけて楊梅宮が造られる。またこの時期には修理官司として修理司が設けられる。

東院・東内・楊梅宮の造営　これらの造営については次の史料がある。

g　『続紀』神護景雲元年四月癸巳条　東院玉殿新成、群臣畢会。其殿葺二琉璃之瓦一、画以二藻繢之文一。時人謂二之玉宮一。

h　同神護景雲元年十二月乙酉条（前略）従五位下多治比真人長野為二造東内次官一。（後略）

i　同宝亀四年二月壬申条　初造宮卿従三位高麗朝臣福信専知レ造二作楊梅宮一。至レ是宮成。授二其男石麻呂従五位下一。是日、天皇徙居二楊梅宮一。

j　・□□〔造東カ〕内司運薪一百〼　〼出小子門
　・　十月廿八日□〼　〼小野滋野
（『平城宮木簡三』三〇〇六号）

東院・東内・楊梅宮はいずれも平城宮の東張出部に所在したと考えられている。東院は天平勝宝六年（七五四）正月癸卯に初見するが、称徳朝に多く利用される。その所在地は、その名称と、gの「琉璃之瓦」に相当する緑釉軒瓦が東張出部から出土することから、東張出部に比定されている。東内については、すでに『平城宮木簡三　解説』において、史料jの木簡が東張出部南面西端の門SB五〇〇〇の西側の南北溝SD四九五一から出土していることから、SB五〇〇〇が小子門（少子部門）で、その門を出入に利用していた造東内司が門の近辺の東張出部に所在し、ひいては東内そのものも東張出部にあることを推定した。唐都長安では、三つの宮城について相互の位置関係から、太極宮を西内、大明宮を東内、興慶宮を南内と称したが、平城宮東内はこの長安の宮城呼称に倣ったものである。東内は、神護景雲元年（七六七）四月の東院の完成（g）に引き続いて、同年十二月からその造営を開始し（h）、同三年正月丁丑に東内で天皇が出御して吉祥悔過を行なっているから、そのころまでに完成した。このような造営経過や所在位置からみて、東院と東内は密接な関係にあるが、私は唐都の東内の例からみて、東院は東内の中枢となる一郭で、東内は東院を含むより広い区画の呼称と考える。すなわち、造営は中枢の東院から始めて、さらにその周囲の東内へ及んだわけである。

楊梅宮は宝亀三年（七七二）十二月己巳に初見するが、その完成は同四年二月で（i）、光仁朝にのみみえる。[補五] その所在地は、東張出部東南隅に所在する宇奈太理神社を楊梅天神と称することや、宝亀八年九月丙寅条の藤原良継薨伝に左京四条二坊にあった恵美押勝の田村第の北に楊梅宮があると記すことから、東張出部に推定されている。[45] 楊梅宮は東院を継承して改修したものと考える。前記の藤原良継薨伝に「太師押勝起二宅於楊梅宮南一。東西構レ楼、高臨二内裏一。」と記すが、この田村第の造営は薨伝の前後の文からみても天平宝字六年以前で、このころはまだ楊梅宮は存せず、東院の時期である。それを『続紀』の編纂者が楊梅宮と記したのは、『続紀』編纂に近い奈良時代末期の状況に基づいて記述したからであろうが、その前提として、東院→楊梅宮という継承関係を認識していたからと思われる。

さて造営官司については、東内はhとjの造東内司、楊梅宮はiによって造宮卿高麗福信が専知して造営したことがみえるが、私は、所在地を同じくし、時期を接して行なわれた東院・東内・楊梅宮の造営は　連のもので、造宮卿高麗福信の統轄下に造宮省が当たったものと考える。延暦八年（七八九）十月乙酉条の高倉朝臣福信（高麗朝臣を改姓）

の薨伝によれば、彼は天平神護元年（七六五）従三位に叙され、造宮卿に任ぜられており、それ以後宝亀七年（七七六）三月癸巳まで在任が確認できる。造宮卿の従三位というのは、前述した藤原武智麻呂と並んで最も高い位階で、この造宮卿任命は神護景雲元年四月に完成する東院造営のための人事とみるのが妥当である。したがって、東院の造営は天平神護元年に開始されたのである。このようにみるなら、福信は東院・楊梅宮の造営に当たったわけであるから、両者の間に一連のものとして行なわれた東内造営に関与しなかったとは考えがたい。造東内司の官人は次官多治比長野がみえるだけで（h）、長官は任命されなかったと思われる。造東内司は造宮省の内部に東内造営を担当するために臨時に組織された官司で、造宮卿高麗福信が統轄し、そのため長官がおかれなかったのであろう。卿高麗福信は従三位という高い位階からも、「専知造作」と記すことからも（i）、これらの造営において総監的な役割を果したと考えられる。

平城宮第一〇四次調査の南北溝ＳＤ三二三六出土木簡から、東院・東内の造営に関連して造勅旨省司という臨時の造営官司がおかれたことが明らかになった[46]。出土地点は東張出部西辺の南寄りで、ＳＤ三二三六は上・中・下層の三時期があり、下層溝から一〇点の造営関係木簡を含む一〇一点の木簡が出土した。下層溝の木簡の年代は年紀をもつ木簡の検討から、天平神護から宝亀前半までのものとみられる。造営関係木簡の内容は、木工・鉄工・仕丁に関する文書や削屑・題籤、泉津からの材木運搬に関する文書、釘製作に関する文書や題籤などで、その中に削屑の断片ながら「造勅旨省司」と記すものが一点ある。造勅旨省司は初見の官司名で、勅旨省造営のために設けられた臨時の官司である。勅旨省は天平宝字八年（七六四）十月癸未条に勅旨員外大輔が初見し、延暦元年（七八二）四月癸亥に廃される。従来の研究によれば[47]、勅旨省は天平宝字六年五・六月ごろ創設され、詔勅の発令、勅旨による宮中調度の調達を職務とし、天平宝字末年における皇権の分裂状況の中で、孝謙・道鏡が淳仁・恵美押勝に対抗して設置したものと説かれている。木簡出土地のすぐ北の第二二次南調査で「勅旨省」と墨書した須恵器が出土し、さらに称徳天皇と東院・東内が関係深いことを考えあわせると、勅旨省が東張出部に所在し、木簡の年代や勅旨省の設置年代からみて、東院・東内と同時に勅旨省も造営されたと考えられる。SD三二三六の造営木簡は勅旨省造営に関するものである可能性があろう。造勅旨省司は、造東内司と同じく、造宮省の内部に勅旨省造営を担当するために組織された臨時の官司と考える。

由義宮造営　由義宮は道鏡の主導の下に、河内の弓削氏の本拠地に営まれた宮で、神護景雲三年（七六九）十月甲子の由義宮を西京となし河内国を河内職となす命令によって造営が開始され、宝亀元年（七七〇）八月癸巳の称徳天皇の崩御まで続けられる。宝亀元年四月癸巳朔に河内亮従五位上紀朝臣広庭と摂津亮外従五位下内蔵忌寸若人が造由義大宮司次官に任ぜられ、同司が造営を担当した。同司は、河内・摂津亮を次官に任じていることから、由義宮のある河内職とその隣の摂津職の官人を中心に組織されたものと考えられ、副都の造営官司の中で紫香楽宮の造離宮司、保良宮の造宮使が造宮省官人によって組織されたのと異なる。

修　理　司　修理司は、神護景雲二年（七六八）七月戊子条の長官・次官の任官記事が初見で、この時に設置され、少なくとも宝亀九年（七七八）三月丙辰まで存続が確認できる。『続紀』にはこの期間に修理長官・次官に関する史料が散見するが、西隆寺東門地区出土の神護景雲元年～宝亀元年ごろの木簡からその本司名が修理司であることが明らかになった。修理司については、すでに考察したことがあり[48]、(1)官人構成について、長官、次官（二員）、判官、史生、工、民領の存在が確認でき、長官と次官の任官者の位階からみて、後に設けられる造宮職や修理職と同じ規模の官司である（第29表）、(2)その存続時期が西大寺・西隆寺造営と重なり、修理司と造西隆寺司の官人に兼任がみられることから、修理司は両寺造営に関連して設けられ、両寺造営に伴う京城西北部の条坊再整備に当たったことなどを指摘した。その後、松原弘宣氏（注(1)論文）と森郁夫氏が考察し[49]、いずれも宮内の修理を担当する官司と考えている。私は、主に森氏の平城宮跡出土の「修」「理」「司」などの刻印瓦の検討を基に再検討し、前説を改め宮内の修理担当の官司と考えるに至った。

まず森論文によって修理司関係の刻印瓦について整理すると、修理司刻印瓦は、瓦の製作手法、刻印の捺印位置、また出土地区などから、「㑀」（修の異体字）と「理」、「彳」「冬」（修の略体字）と「里」（理の略体字）と「司」の二類に分けられ、各々が組みあって「修理」あるいは「修理司」を示し、これらの刻印瓦が修理司と関係すると考えられる。平城京内からも少数出土するが、宮内からが多く、平城宮内における出土分布は、出土しない地区もあるが、特定の地区に限定されない。瓦に官司の略称を捺印することの意味は、瓦の製造官司を示すとみることも可能であるが、森氏のいうように瓦の使用官司を示したものとみるのが妥当である。したがって、瓦の出土地・分布の示すことは、修理司が京内ではなく、主に宮内の造営あるいは修理を担当し、さらに宮内の特定の施設の造営・修営のための官司でないことが知られる。ところで、修理司の官司名の命名法は、これまでみてきた臨時の造営官司のそれとは異なる。すなわち、他の造宮官司は、造平城京司、造離宮司、造勅旨省司の例のように、造営すべき京・宮・官衙の名に「造」を冠し、尾に「司」「使」を付して官司名とする。これはこれらの官司が特定の京・宮・官衙の造営を任務としたからで、修理司の任務はこれらの官司と異なることが考えられる。「修理」の語は、営膳令条文中ではすべて現在の修理の意に用いられている[50]。特に営膳令私第宅条では「営造及修理」と営造の語と対比的に用いられ、『令集解』の同条所引古記は「営造、謂新作也。修理、旧作也。」と注釈する。この官司名と刻印瓦の出土分布からみて、修理司は宮内の諸施設の修理を職務とした官司と考えられる。修理司刻印瓦が宮内の特定地区に限定されず出土することや、数万点に及ぶ宮内出土瓦のうち修理司刻印瓦の点数が四〇八点と極めて少ないことは、修理官司とみれば理解しやすい。

平城宮の創建以来、宮内の建造物は当然年月の経過とともに修理が必要であったと思う。恒久的な瓦葺、礎石建ちの構造のものばかりでなく、かえって板葺・檜皮葺、掘立柱の構造のものが多く、それらは二十～三十年で建て替えを必要としたし、建造物の耐用年数の問題のほかにも、官司の改廃や機構の改変による小規模な改築・新築が必要であったはずである。営膳令には、造営に用いる材木、役夫の直・料物の請求手続きについて、有所営造条と在京営造条の二条を定めるが、『令集解』の両条の諸注釈は、前者の条文は臨時の造営、後者は尋常の造営に関する規定と解釈し、就中穴記は、臨時の造営とは「遷都改邑」で、それ以外が尋常の造営であると注釈しており、九世紀の明法家が臨時の大造営のほかに日常的な小規模の造営・修理があることを認識していたことを示す。

明証はないが、これまで日常的な修理は造宮省が担当してきたと考える。この造宮省の職務を受けついで、神護景雲二年に特に修理官司として修理司が設置された理由を考える上で注目すべきは、造由義大宮司がこれまでの副都の造営官司とは異なって河内・摂津職官人を中心に組織されたことである。このような措置をとったのは当時造宮省が東内の造営のため繁忙で、副都の造営まで手が廻らなかったからと解釈でき、修理司設置の理由も同じように理解できる。最初の修理司長官・次官はそれぞれ造西隆寺司長官伊勢朝臣老人・次官池原公禾守が兼任し、これまでの造宮官司と異なって造寺司との兼任体制をとっている。修理司は造西隆寺司をもとに組織された面があったわけで、これは修理司が造宮省の繁忙のために設置されたという事情をうかがわせる。

造宮省の廃止　延暦元年（七八二）四月癸亥に造宮省が勅旨省、造法華寺司、鋳銭司などの諸官司とともに廃止され、その所属の雑色匠手は木工寮・内蔵寮などに配されることになる。この廃止は、光仁朝以来の「省官息役」の政策方針による官司整理の一環であるが、その理由については後述しよう。

二　長岡京・平安京の造宮官司

1　長岡京の造営

長岡京の造営は延暦三年（七八四）五月丙戌長岡村視察の使者派遣のことがはじめてみえ、六月己酉造長岡宮使の任命によって開始される。工事は急速に進められ、三年末までには内裏・大極殿が完成し、三年十一月戊申に遷都する。四年八月乙酉太政官院垣が完成し、九月乙卯に造営の中心人物の造宮使藤原種継が暗殺されるが、工事は続行し、五年七月丙午太政官院の完成、八年二月庚子に東宮が完成して西宮より遷御し、十年九月甲戌平城宮宮城門が移建される。『日本後紀』（以下、『後紀』と略す。）延暦十八年二月乙未条の和気朝臣清麻呂薨伝には「長岡新都、経㆓十載㆒、未㆑成㆑功。」と延暦十二年平安京造営の直前まで工事が続行されたように記すが、本格的な造営工事は宮城門移建の延暦十年後半ころまでであろう。(51) 七カ年の造営事業である。(補六)

造営に当たったのは臨時に組織された造長岡宮使である。造長岡宮使は、延暦三年六月己酉に藤原種継以下の十人と六位官八人が任命される。この任官記事には「経㆓始都城㆒、営㆓作宮殿㆒。」とあるから、同使が宮城ばかりでなく京城の造営に当たったことは明らかである。延暦三年十二月己巳に造宮使を含む造宮有功者の最初の叙位褒賞がなされ、この史料の正六位上佐伯宿禰葛城以下六人の叙位者が、前の任官記事の「六位官八人」の一部に相当すると思われる。ほかに造宮大工正六位上物部建麻呂がみえ(52)（延暦八年十一月丁未条）、雑工の存在も確認できる（同年八月庚午朔条）。これらから造長岡宮使の官人構成は第24表のようになり、後述の平安宮の造宮使の例からみて、三・四位の四人が長官相当の「使」、五位の六人が「判官」、六位官八人が「主典」に当たると思われる。(53) 使については、『日本高僧伝要文抄』第三所引の『延暦僧録』第五に、藤原種継、佐伯今毛人、石川垣守ら三人の伝記を載せ、各人が造京別当・造長岡京別当・長岡京別当として長岡京造営に活躍したことを記す。『延暦僧録』は延暦七年唐僧思託の撰で、長岡京造営と同時代史料であるから信憑性は高く、これによれば使の職名は別当かとも思われるが、その職名の記載は伝記それぞれにまちまちである上に、『続紀』の造長岡宮使の記載と異なるから、正確に伝えていないと思われ、この史料からは、三・四位の者が位階は異なるが、造宮使の中で同じ地位の使にあることだけを考えておきたい。

第24表　造長岡宮使の官人構成

職	位階	官人	本官	備考
使	従三位	藤原朝臣種継	中納言・式部卿（近江守・按察使）	
	従三位	佐伯宿禰今毛人	左大弁・皇后宮大夫・大和守	延暦三年十二月参議任
	正四位上	紀朝臣船守	参議・近衛中将・内厩頭・常陸守	
	従四位下	石川朝臣垣守	散位	木工頭の経歴
判官	従五位上	海上真人三狩	右中弁	
	従五位上	大中臣朝臣諸魚	兵部大輔・少納言	延暦四年正月山背守任
	従五位下	文室真人忍坂麻呂	造東大寺司次官	延暦四年正月木工頭任
	従五位下	日下部宿禰雄道	散位	
	従五位下	丈部大麻呂	散位	感宝元年四月陸奥貢金
	外従五位下	丹比宿禰真浄	散位	
主典	正六位上	佐伯宿禰葛城		
	正六位上	奈良忌寸長野		
	正六位上	大神楉田朝臣愛比		
	正六位上	三使朝臣清足		
	正六位上	麻田連狎賦		
	正六位上	高篠連広浪		
大工	正六位上	物部建麻呂		平安宮造宮職大工

（注）　主典定員は八員。

使の四人のうち、藤原種継は本官が中納言・式部卿で、いうまでもなく桓武天皇の寵臣で、長岡京造営の中心人物である（延暦四年九月丙辰条薨伝）。紀船守は近衛府の武官を歴任し、やはり桓武天皇の寵臣の一人で、天応元年六月参議、延暦四年正月近衛大将、同十年正月大納言にそれぞれ任ぜられ、同十一年四月に薨じて正二位右大臣を贈られ、その女若子は桓武天皇妃である（『続日本後紀』承和元年二月甲午条）。佐伯今毛人は造東大寺司・造西大寺司長官、営城監、築怡土城専知官などを歴任した当代きっての造営の専門家で、延暦三年十二月の造営褒賞の際参議に任ぜられる。以上の三人は延暦三年五月丙戌の長岡村視察の使者に加わり、計画段階から造営に関与した。石川垣守は工官氏族石川朝臣氏の出自で、自らも木工頭の経歴がある（『続紀』神護景雲二年二月癸巳条）。延暦三年七月壬午に左京大夫に任ぜられ、新都の経営に当たったものであろう。このように使の四人は、桓武天皇の寵臣二人と造営官僚二人によって構成されたといえよう。延暦四年九月中心人物種継の横死以後は、前述した『延暦僧録』の記述からうかがえるように、今毛人・船守・垣守の三人が造営を領導したのである。

造長岡宮使の官人構成は、中納言・参議という二人の公卿（今毛人も含めれば三人）を含んでいる点で、また任命官人の位階の高さ、さらに四等官の規模の大きさにおいて、他の造宮官司をしのぎ、長岡京造営にかけた桓武天皇の意欲の並々でなかったことを感じさせる。

ところで、近年推定長岡京左京二条二坊六坪の中央を東西に横断する溝ＳＤ一三〇一から、造営関係木簡が出土し、造営官司に関するものも含まれる。ＳＤ一三〇一は四ヵ所の調査で検出し、上層・下層溝の二時期に分かれ、上層溝は延暦八・九年、下層溝は同六年の年紀をもつ木簡を包含する。[54][補七]

造東大宮所　第五一次調査のＳＤ一三〇一上層溝から出土したものである。

ｋ・造東大宮所　□□〔解申ヵ〕　□

・　八年正月十七日□□□〔付近衛カ〕　（『長岡京木簡一』二一六号）

造東大宮所は、延暦八年二月庚子（二十七日）に西宮から遷御した東宮の造営を担当した所と考えられる。木簡の日付の延暦八年正月十七日は遷御のちょうど四十日前である。東宮＝東大宮は、西宮すなわち前述した延暦三年末ごろに完成した内裏に対して、新しく造られた内裏で、その造営が木簡によって裏づけられた。造宮使と造東大宮所との関係については、造東大宮所は東宮造営の担当のために造宮使の内に組織された所とみるのが妥当で、造宮使の組織を考える上で注目すべきである。

太政官造館舎所　第一三次調査のSD一三〇一上層溝から太政官の曹司の修営官司の木簡が出土している。

l・作官曹司所十五人半了六十六夫
・　七月廿一日　（『長岡京木簡一』三号）

m・造大臣曹司所　史生粁飯□〔陸カ〕升　息人貳升　倉長□□〔貳升カ〕　合壹斗
・　十月廿三日　史生宇努「韓國」　茨田清成　（同前一号）

n・「醤横　左左左太政官□□□　弟」
・右依造□〔右カ〕大臣曹司所□□〔給カ〕□□壹斗□部□人□　（界線引の定木）　（同前二号）

o・大臣曹司作所
・大臣曹司作所　（題籤軸）　（同前一三六号）

すでに拙稿(55)において、第一三次調査のSD一三〇一上層溝出土の木簡は、太政官の財源となる公田地子の収納に当たる太政官厨家に関するものであることを推定した。太政官曹司の造営関係木簡はこれらの中の一群で、掲出したもののほか二点がある。l～oにみえる各所は次の『延喜式』太政官式造館舎条に規定する造館舎所に相当する。

p　凡造館舎所者、太政官曹司、弁外記候所、大臣曹司及厨等類、別当少納言弁外記史、及預太政官弁官史生各一人。二年為レ限、二月相替。別当先検二破損一、随行二料物一。其所二修繕一、且加二勘定一。若有二臨レ事不了之輩一、不二必待レ限、将レ従二改替一。

すなわち、造館舎所は太政官所属の所で、太政官曹司、弁外記候所、大臣曹司、太政官厨家の太政官関係の曹司の(56)修繕を職務とし、職員は別当・預があって、別当には少納言・弁・外記・史、預には太政官と弁官の史生それぞれ一人が二年交替で任命されるのである。天長八年五月二日宣にも「造曹司所」がみえ、史生があてられている(57)（『類聚符宣抄』）。史料1の作官曹司所は式文の太政官曹司、m〜oの造大臣曹司所・造右大臣曹司所、大臣曹司作所はいずれも同じもので、同じくpの大臣曹司の修繕に当たる所に相当する。またmの二人の史生宇努韓国・茨田清成はpの預に当たる史生と思われ、さらに同木簡の息人は別の木簡から工であることが知られるから、この所には工が所属し、lからは夫が徴発されていることが知られる。l〜oの木簡の年代は共伴木簡の年紀からみて延暦八・九年であるから、これらの木簡によって、すでに長岡京の延暦八・九年段階に延喜式制にみられる太政官独自の修繕のための所が成立していたことが確認できる。しかし、この段階の所は、延喜式制では造館舎所という一組織が太政官曹司以下の官衙の修繕に当たっていたのとは異なって、太政官曹司と大臣曹司のそれぞれについて所が設けられている点や、造大臣曹司所の呼称が一定していない点など、組織として未整備な状況がうかがえ、成立してからあまり時間を経ていないと考えられる。

ところで、前述のように、延暦四年八月太政官院垣、同五年七月太政官院が完成しているが、これらの木簡はその年代からみてそれらの造営に直接関係がないし、さらに造館舎所がそれらの造営を担当したとは考えにくい。貞観十五年（八七三）十一月三日太政官候庁（外記候所）の修理が完成するが、全面的な改作であったためか、pによれば造館舎所が外記候所の修理に当たる定めであるのに、木工寮が担当した（『三代実録』）。造館舎所は小規模な組織で、修繕を職務としたから、外記候庁の改作のような大規模な造営を担当することは無理で、したがって、より大規模な太政官院造営に当たったとは考えられないのである。

延暦四年太政官院垣の築造は、大秦公忌寸宅守が私力を以て当たり（『続紀』延暦四年八月乙酉条）、太政官院の造営は造宮使が当たったのであろう。延暦八・九年の造館舎所の修営は太政官曹司の一部の手直し、また太政官院とは別な所にあった大臣曹司の修営あるいは営造であろう(58)。

太政官が、他の官司にはみられない造館舎所という独自の修理機構をもち得たのは、官厨家が管理する公田地子という独自の財源をもっていたからであろう。そして、造館舎所設置の直接の契機は、諸官司の修理に当たった修理司・造宮省がそれぞれ宝亀末年・延暦元年に廃止されたからと考えられる。したがってその設置時期は延暦元年以後で、さらに降って太政官院完成の同五年以降と思われる。延暦八・九年段階にその組織が未整備だったのも成立してから日が浅かったためである。

2　平安京の造営

平安京の造営は、延暦十二年（七九三）正月甲午葛野郡宇太村の地の視察の遣使で明らかになり、同年三月庚寅までには開始され（『紀略』）、早くも十三年十月辛酉に遷都し（『類聚国史』）、その後も造営は続行され、二十四年（八〇五）十二月壬寅いわゆる徳政論争によって停止される（『後紀』）。十三年間に及ぶ造営事業である。

平安京および宮の造営に当たったのは、はじめ造宮使、のちにはそれを改組した造宮職である。造宮使・造宮職についていては、この時期の基本史料である『後紀』に欠巻が多いために、これまで十分な研究がなく、誤った理解をしているものもある。しかし、本論ではすでに紙数も尽きたので、必要な範囲の結論を記すに止めざるを得ない。

造宮使は延暦十二年七月辛丑に初見するが（『紀略』）、造営の開始された同年三月までには任ぜられたと考えられる。その最後の史料は十四年五月己卯の褒賞・叙位の記事で（『紀略』）、一方、造宮職は『後紀』に十五年七月癸丑に初見するが、『公卿補任』延暦二十四年条に、十五年六月庚申の菅野朝臣真道の造宮亮任命の記事、『後紀』同年七月戊戌条に造宮大工・少工の任命記事をのせ、いずれも造宮職官人である。したがって、造宮使から造宮職への改組は十四年五月から十五年六月までの間で、さらにしぼれば、造宮亮の菅野真道は造宮使であったから、その任官の十五年六月に近いころと考えられる。

造宮使については、これまで組織も任命官人も知られなかったが、私は『掌中歴』巻九百三十一京地歴（京兆歴の誤写）の末尾に引用された次の史料によって明らかにできると考える。(59)(補八)

q　今案。イ本无レ之。以二口遊注一今可二加入一也。延暦十三年十一月廿一日造京式。京中大小路并築垣堀溝條坊。使従四位下民部大輔兼東宮学士右衛門督〔左兵衛佐〕伊予守菅〔野〕原朝臣真道。正五位・〔下脱〕行右〔左〕少弁兼春宮亮藤原朝臣葛野麻呂。判官従五位下行式部大丞兼大学助和気朝臣広世。正六位上行治部少丞藤原朝臣真成。正六位上行中衛将監橘朝臣真甥。主典正六位上行民部少録飛驒國造青海。従六位上右京少属郡忌寸國守。従六位下摂津首〔少目ヵ〕住吉朝臣浜主。従六位下行相模大目下道朝臣継成等。奉レ詔検録貢奏。

『掌中歴』は十二世紀前葉、三善為康の撰で、後代のものである上に、この史料は傍注にあるように異本になく『口遊』注によって補われたもので、『掌中歴』の本文ではなく、しかも現行の『口遊』(60)にもみられず、その来歴が分明でない。しかし論証は省くが、人物の位階・官職・経歴、延暦十三年十一月時点における造京式貢奏、造宮使の官制の三点について検討した結果、この史料は、一部錯誤は含むものの、後代に捏造されたようなものでなく、内容的に信拠し得るものと考えるに至った。したがってこの史料によって、一部訂正を加えて、造宮使の官人構成を第25表

第25表　平安宮造宮使の官人構成

職	位階	官人	本官
使	従四位下	菅野朝臣真道	民部大輔・東宮学士・（左兵衛佐ヵ）・伊予守
	正五位下	藤原朝臣葛野麻呂	右（左ヵ）少弁・春宮亮
判官	従五位下	和気朝臣広世	式部大丞・大学助
	正六位上	藤原朝臣真成	治部少丞
	正六位上	橘朝臣真甥	中衛将監
主典	正六位上	飛騨国造青海	民部少録
	従六位上	郡忌寸国守	右京少属
	従六位下	住吉朝臣浜主	摂津首（少目ヵ）
	従六位下	下道朝臣継成	相模大目

第26表　造宮職の官制

官	相当位階	定員
大夫	従四位下	1
亮	従五位上	1
大進	従六位上	1→2
少進	従六位下	2
大属	七位	1
少属	従八位上	2
大工		1
少工		1
算師	従八位	

第27表　造宮職の官人

官	位階	官人	史料	兼官
大夫	従三位	和気朝臣清麻呂　延暦十八年二月乙未現任	後紀同日条	民部卿・美作備前国造
	従三位	藤原朝臣内麻呂　同　十八年四月乙酉任	後紀同日条	中納言・近衛大将・但馬守
亮	従四位下	菅野朝臣真道　同　十五年六月庚申任	公卿補任延暦二十四年条	民部大輔・左兵衛督・東宮学士
	従五位上	石川朝臣河主　同二十三年十一月戊戌現任	後紀同日条・類史天長七年十二月丁卯条	木工頭・播磨介
大工	外従五位上	物部多芸連建麻呂　同　十五年七月戊戌任	後紀同日条・紀略延暦二十二年四月戊申条	
少工	外従五位下	秦忌寸都岐麻呂　同　十五年七月戊戌任	後紀同日条	

のように復原できる。

次に造宮職について、まずその官制を復原すると第26表の通りである。造宮職の官とその位階は、一部改変を加えているが、中宮職に准じて定められ(61)、またのちに設置される修理職の官とその相当位階は造宮職に准じて定められた(62)。以上の関係から、造宮職の四等官の相当位階・官員については中宮職（官位令・職員令）、修理職の官制（『延喜式』式部式上馬料条）を基準に復原できる。このほかに大・少工各一員（『後紀』延暦十五年七月戊戌条）、従八位官の算師がおかれ（同・同年十月戊辰条）、さらに延暦十九年十二月辛未には大進一員が加えられている（『紀略』）。

次に造宮職の任命官人の知られるものについて整理すると第27表の通りである。大夫和気清麻呂、亮菅野真道が造宮職設置時の任命官人で、藤原内麻呂、石川河主がそれぞれの後任であろう。

さて造宮使から造宮職への改変について、まず官制上では、臨時の職から正式の官司となったことを意味しよう。すなわち、令制の官・省・職・寮・司の官司体系の中での位置づけがなされ、官の相当位階・待遇（季禄・馬料）の決定などの官制の整備がなされたのである。造宮使と造宮職の四等官の員数を比較すると、造宮使＝造宮大夫・亮、判官＝大・少進、主典＝大・少属が対応するが、造宮使主典四員が造宮職大・少進三員に減じた点が変わるだけで、ほとんど変わらない。したがって、官制上は、造宮職は造宮使を継承して整備したものといえよう。

次に任命官人について比較すると、造宮使から造宮職への変化はひとつの転換である。主都の造宮官司として、平安京の造宮使は、任命官人の位階が最も低く、また公卿も含まず、四等官の規模も小さいのであるが、造宮職になると、使であった菅野真道を亮（次官）とし、大夫に従三位という高位の和気清麻呂をあてた。清麻呂は高位というだけでなく、平安京遷都の建言者と目される造営にとって重要な人物である。その後任が、従三位中納言藤原内麻呂であった。造宮使から造宮職への変化において、官人構成の転換が大きな意味をもち、官制の整備はそれに伴うものである。この造宮官司の問題は平安京の造営の経過の問題に新しい視角を提供するものである。

三　造宮官司の諸問題——むすびにかえて——

時代を追って、個々の造営と造宮官司についてみてきたが、最後にまとめて論じておきたい。その際、まず第一に、造営の規模の大小に基づいて整理することにしたい。八世紀の造営事業はその規模によって三段階に分けられる。すなわち、(1)主都の造営。条坊を伴う京城および宮城の造営で、いうまでもなく国力をあげての大造営事業である。(2)副都の造営。京城を伴う場合もあるが、宮城を中心とする造営である。(3)平城宮内の改作の三段階である。これらの造営規模の三段階にほぼ対応して造宮官司が設けられているようである。第二に注意すべきは、造宮省がその存続時期には造営において中核的な役割を果たしているから、その位置づけを行なうことである。

主都の造宮官司　主都の造宮官司とその官人構成を整理すると第28表の通りである。造宮省の時代の平城・恭仁京では造宮省が関与しているが、平城京では京城造営のために造平城京司が設けられ、恭仁京の場合だけ造宮省が宮と京の造営を担当した。

これらの造宮官司で共通する特徴は、長官（卿・使）が複数であること、平安京造宮使を除き、長官に一人以上の公卿（中納言・参議）があてられ、その位階は従三位～正四位を通例とすることである。長官に公卿をあてることの意味は、造営事業を国政の審議機関である公卿会議の統轄下に置いて行なおうとしたものである。このような体制は、主都造営が国家的な大事業であるためにとられたものである。そして、複数の長官体制はこの公卿を長官にあてることの結果として採用されたものである。複数の長官の中で、公卿の長官は公卿会議を代表し、造営を総監する役割を果

第28表　主都の造宮官司

官司＼職	長官	次官	判官	主典	その他	公卿との兼任数
平城京　造平城京司	2（正四位上・従四位下）	3　従五位下	7	4	大匠1　従五位下	中納言1
平城京　造宮省	卿　正五位上		大丞　従六位下		史生8→14　将領	―
恭仁京　造宮省	卿2（正四位上・正四位下）	輔		録〔正八位下〕		参議1
長岡京　造長岡宮使	使4（2　従三位・1　正四位上・1　従四位下）		6（3　従五位上・3　従五位下）	8　正六位上	大工1　正六位上　雑工	中納言1　参議1→2
平安京　造宮使	使2（正五位上・従五位上）		3（従五位下・正六位上）	4（正六位上・正六位下）	将領	―
平安京　造宮職	大夫1〔従三位〕	亮1　従四位下→〔従五位上〕	大進1→2　少進2	大属1　少属2	大工1　外従五位上　少工1　外従五位下　算師	中納言1

（注）第28表・第29表は造宮官司の各官・職の定員と官人の任官時の位階を示した。ただし任官時の位階でない場合は〔　〕を付した。各官職の該当項目が記載のない場合、その官職がないことを必ずしも示さない。

たし、他の長官が実務を担当するものと考えられる。

造宮官司相互に、四等官の規模や官人の位階について比較すると、造長岡宮使が最大（一八員）・最高で、長官に複数の公卿（二人のちには三人）があてられているのも同使だけである。平城京の造平城京司は、位階は造長岡宮使より低いが、四等官規模は一六員でほぼ同じで、造宮省がともに造宮に当たったから、平城京・宮造営の陣容は造長岡宮使に匹敵する。恭仁京造営の造宮省は二卿体制をとり、その位階は造平城京司長官とほぼ同等である。四等官規模は明らかでないが、二卿体制をとっている点からみて通常の造宮省より定員が増員され、特別な体制がとられたのではないだろうか。平安宮の造宮使が、長官の使の位階も最低、四等官規模も最小で、公卿が任命されていないのも同使だけである。造宮使の任官時の延暦十三年初の位階は、菅野真道が正五位上、藤原葛野麻呂が従五位上で、これは副都の難波宮の知造難波宮事の従三位、紫香楽宮の造離宮司の正四位下より低く、保良宮の造宮使の従五位上・下とほぼ同等である。四等官規模は九員で、保良宮の造宮使の七員よりやや大きい。平安京造宮使は主都の造宮官司としては異例で、副都の造宮官司並みの構成である。

第29表　副都の造宮官司　付修理司

職＼官司	難波宮 造難波宮司	紫香楽宮 造離宮司	保楽宮 造宮使	由義宮 造由義大宮司	修理司
長官	知造難波宮事1　従三位 長官1　正五位下	1　正四位下	使2　従五位上・従五位下		1　従四位上
次官		1　外従五位下		2　従五位上・外従五位下	2　従五位下・外従五位下
判官		1	5（判官・主典）　六位以下		あり
主典		1			
その他					史生・工・民領

年代			主都		造宮卿	副都
天平宝字	元	757	5 平城宮大宮改修			
	2	758				
	3	759				11○保良宮造営　11○造宮使
	4	760	1○平城宮改作		1○石川名人	
	5	761				10
	6	762	5			
	7	763				3
	8	764				
天平神護	元	765	○東院		○高麗福信	
	2	766	4×			
神護景雲	元	767	12○東内　12○造東内司			
	2	768		7○修理司		
	3	769				10○由義宮造営
宝亀	元	770				8×　4○造由義大宮司
	2	771	楊梅宮			
	3	772				
	4	773	2×			
	5	774				
	6	775				
	7	776			3	
	8	777				
	9	778		3		
	10	779				
	11	780				
天応	元	781			5○藤原鷹取	
延暦	元	782			4 造宮省廃止	
	2	783				
	3	784	5○長岡京造営　11遷都	6○造長岡宮使		
	4	785				
	5	786	7 太政官院完成			
	6	787				
	7	788				
	8	789	2 東宮遷御	11 造東大宮所 造館舎所		
	9	790				
	10	791	9 宮城門移建			
	11	792				
	12	793	1○平安京造営	7 造宮使		
	13	794	10遷都			
	14	795		5		
	15	796		6 造宮職		
	16	797				
	17	798				
	18	799				
	19	800				
	20	801				
	21	802				
	22	803				
	23	804				
	24	805	12×	12×		

認できる期間，破線は推定できる期間。○と×はそれぞれ造営の開始と停止，官司の設置と廃
る。事項の数字は月を示す。

第30表　8世紀の造宮官司年表

年代			主都	造宮卿	副都
和銅	元	708	2○平城京造営　9○造平城京司	3○大伴手拍	
	2	709			
	3	710	3遷都		
	4	711			
	5	712	10		
	6	713		9×	
	7	714			
霊亀	元	715		5○多治比県守	
	2	716			
養老	元	717			
	2	718			
	3	719			
	4	720			
	5	721	9○平城宮改作	9○藤原武智麻呂	
	6	722			
	7	723		県犬養筑紫	
神亀	元	724	3○催造司	2　4×	
	2	725	営厨司		
	3	726			10○難波宮造営　10○知造難波宮事 藤原宇合
	4	727			
	5	728			
天平	元	729	6×		
	2	730	9催造監任		
	3	731			3
	4	732	10○造客館司		9 造難波宮司　9○長官 石川枚夫
	5	733			
	6	734	5　5		
	7	735			
	8	736			
	9	737			
	10	738			
	11	739			
	12	740	12○恭仁京造営　12遷都		
	13	741		9○巨勢奈氏麻呂　9○智努王	
	14	742		8	8○紫香楽宮造営　8○造離宮司
	15	743	12×		
	16	744	2難波京遷都		
	17	745	5平城京還都		5×
	18	746			
	19	747			
	20	748			
天平勝宝	元	749			
	2	750			
	3	751			
	4	752			
	5	753		3×	
	6	754			
	7	755			
	8	756			

（注）　造営期間，造宮官司の存続期間，造宮卿の在任期間を示した。実線は史料によって確
止，造宮卿の任官と退任を示す。○×のない場合は，その前後に線がのびる可能性があ

造宮省と副都の造宮官司　平城京の時代は複都制の時代であるが、この時代には、平城京造営の時を除き、主都の造営・改作と副都の造営が時期的に併行して遂行された。この事実は、これらの造営・改作がきわめて政治的な意味を有する事業であったことと無縁ではあるまい。すなわち、これらの造営事業は、中央政治社会における権力の対立において、権力の掌握の手段として、あるいは権力者の権力の保持または誇示のために企図遂行されたという面が大きかったと思われるのである。ところで造宮官司については、主都の造営・改作は造宮省が担当し、副都の造営のためには臨時の造宮官司が設けられた。主都の造営・改作と造宮省の関係については、個々の造営について指摘したが、それらの造営・改作に伴って、それぞれ新たに造宮卿が任命されていることに端的に示されている。歴代九人の造宮卿のうち、最後の天応元年（七八一）五月任命の藤原鷹取を除く八人についてそれぞれ対応する主都の造営・改作を指摘しうる（第30表参照）。恭仁京造営の場合は、造宮省は二卿体制をとって宮城と京城の造営に当たったが、そのほかは宮城の造営と改作であった。これらの点から、造宮省の第一の任務は主都の宮城の造営・改作であるといえよう。

平城宮内の改作について、造宮官司の面からみて注目すべきことは、養老五年開始の改作の際の二卿体制、従三位中納言藤原武智麻呂の造宮卿任命である。これは主都の京・宮を含む造営の官司と同じ体制で、その意味する所も同じであると思われる。この改作は主都造営に准ずる体制をとって行なわれたわけで、その事業の規模の大きさがうかがわれるのである。

副都のための臨時の造宮官司は、造宮省との関わりから、二つに分けられる。紫香楽宮の造離宮司・保良宮の造宮使は、その職員に造宮卿・輔をあてており、造宮省の組織の一部を割きとって編成されたものであり、造宮卿の指揮下にあったものと思われる。平城宮の宮内改作において、造宮省内に造東内司や造勅旨省司が組織されたが、これらの二つの臨時官司は、規模の違いはあろうが、これらの組織と同じ位置づけであろう。このような造離宮司・造宮使の組織のあり方は、造東大寺司の下に寺外の石山寺の造営のための造石山院所を設け、その別当に造東大寺司主典をあてるという組織の編成の仕方と同様である。

造難波宮司と造由義大宮司は、造宮省と関係なく組織された。造難波宮司は、総監的な地位の知造難波宮事を置き、副都の造宮官司の長官としては最高の位階の従三位の藤原宇合を任じた。難波京は、主都と同規模の条坊を備えたと推定され、全官人に及ぶらしい宅地班給が行なわれていること、また併行して行なわれた造宮省による宮内改作が大規模なものであったことが、造難波宮司が造宮省とは別に組織され、知造難波宮事という特別な体制をとった理由であろう。造由義大宮司は河内・摂津職の官人を中心に組織した。造宮省が平城宮の東内の造営に手一杯だったために、地方官司に依存して造宮官司を組織したのである。同じ理由で修理のための修理司が造西隆寺司をもとに組織された。

造宮省は主都の宮城の造営と改作を第一の任務としたが、前述のように副都の造営を担当する場合もあった。さらに修理司設置以前には日常的な修理や小規模な改作にも当たっていたであろう。このような意味で、造宮省は平城京時代において造営の中核的な官司であったといえよう。しかし造宮省の造営は宮城を中心とするものである点は注意を要しよう。主都・副都を通じて、恭仁京の造営を除き、すべて宮城の造営と改作で、大規模な条坊を備えていたと考えられる難波京の場合は臨時官司を別に設けているのである。それは造宮省が宮城の造営と改作を担当しうるだけの組織にすぎなかったためであろう。

延暦元年（七八二）の造宮省廃止の理由については、この時点ですでに新都造営の計画があり、平城京が廃止される予定であったため、その造営・修営を担当した造宮省が不要になったからであると説かれている。[63] 造宮省の廃止を新都造営計画から理解するのは妥当と思うが、平城宮の廃止とともに、新都造営にとっても造宮省が不可欠のものでなかった点を考慮すべきである。すなわち、京城を伴う新都造営のためには、宮城造営の専当の造宮省では不十分であり、より大規模な造宮官司の設定が必要であったからである。すでに新都計画に伴ってそのような造宮官司が構想されていたかもしれない。こうして新都計画によって必要性の薄れた造宮省は、光仁朝以来の官司制整理政策の一環として廃止されることになるのである。

注

(1) 松原弘宣「修理職についての一研究」(『ヒストリア』七八号、一九七八年)。

(2) 井上薫「造宮省と造京司」(大阪大学南北校『研究集録』第四輯、一九五六年。『日本古代の政治と宗教』再収)。岩本次郎「平城京の造営経過について——特に官司機構を中心として——」(『大和文化研究』八—一、一九六三年)。亀田隆之「造宮省」(『日本古代制度史論』所収、一九八〇年)。長山泰孝「木工寮の一考察」(『古代国家の形成と展開』一九七六年、『律令負担体系の研究』再収)。加藤貞子「造宮職と造宮役夫」(『歴史公論』二巻一〇号、一九七六年)。

(3) 藤原宮の造宮官は、大宝元年七月戊戌の太政官処分によって、職に准ぜしめられ、造宮職となる(『続日本紀』。以下、『続紀』と略す)。この処分を造宮官から職への昇格ととらえ(注(2)井上薫論文)、大宝以降における藤原宮造営の根拠とされることもあるが、この処分は大宝元年三月甲午からの大宝律令の施行に関連して、浄御原令から大宝令の官職体系への移行に伴ってなされたもので、この命令自体官司の格の昇格・降格とは関係がない。すなわち、浄御原令では官司は「……官」とか「……職」と呼称され、官職体系が未整備であったが、大宝令に至って官・省・職・寮・司の体系が成立し(直木孝次郎「大宝令前官制についての二、三の考察」『古代史論叢　中巻』所収、一九七八年)、令内諸官司はそれぞれ大宝官員令に基づいて格付されて移行したが、造宮官やそれとともに命令された造寺官は、令外官司であるため、特に官司の格付けが示される必要があったのである。

(4) 最初の造宮卿大伴手拍の位階の正五位上は歴代の九人の卿のうち最低である。

(5) ……司には、令制の官司体系における司(いわゆる官・省・職・寮・司の司)と、令外の司がある。後者を『続紀』の範囲でみると、a葬儀・行幸などに関する司(造御竈司・御葬司・御前後次第司・御装束司ほか)、b造寺・造営・造京関係の司、cその他(鋳銭司)に分類できる。aは臨時の司で、bも造東大寺司など長期間存続するものもあるが、基本的には個々の造営のための臨時的な司であるから、後者の「……司」は基本的に臨時的な官司である。これらの諸司では令制官司と異なり、四等官名が長官、次官、判官、主典で示される。なお、東野治之・今泉隆雄「木簡からみた西隆寺造営」（西隆寺調査委員会『西隆寺発掘調査報告書』一九七六年）参照。

（6）本書第二部第一章「平城宮大極殿朝堂考」。

（7）『続紀』神亀元年四月丁未条に造宮卿従四位下県犬養筑紫の卒去の記事がみえる。武智麻呂の造宮卿在任は『家伝下』によって神亀元年二月まで確認できるだけで、造宮卿県犬養筑紫の史料はそれより僅かに遅れるが、その任官は当然それ以前であるから、二卿が重複するとみるのが妥当である。

（8）『大日本古文書』巻一―五五三頁。同帳案の復原は福山敏男「奈良時代に於ける興福寺西金堂の造営」（一九三三年、『日本建築史の研究』所収）。

（9）注(2)岩本論文。催造監小野牛養が皇后宮職大夫として、前記興福寺西金堂造仏所作物帳案に署名していることから、催造司が皇后宮職関係の造営に関与したのではないかとする。

（10）奈良国立文化財研究所『平城宮発掘調査出土木簡概報十五』（一九八二年）一七頁。平城宮跡第一三三次調査。推定若犬養門の宮城南面西門の外側の二条大路北側溝SD一二五〇出土。木簡の表の左行「御□□□〔門司所〕カ謹解……」は追筆で、文書と同文を習書したものであろう。ほかに平城宮東南隅の第三二次調査で「催造司」と記す削屑が出土している（『平城宮発掘調査出土木簡概報四』一七頁）。

（11）阿倍広庭は神亀元年七月庚午に従三位とみえ、同四年十月甲戌に中納言に任官する（『続紀』）。

（12）類似する官司名としては、ほかに催鋳銭司がある（『続紀』和銅元年二月甲戌条）。

（13）『大日本古文書』巻一―三七六頁、『寧楽遺文』上巻一六五頁。

（14）注(2)亀田論文の造宮省官人表参照。

（15）官司名としては春宮坊の舎人監・主膳監・主蔵監、地方官司の芳野監・和泉監などがあり、筑紫宮大津城監（『続紀』宝亀三年十一月辛丑条）は官司・官職のいずれなのか判断できない。営城監は筑紫怡土城の造営を監督した官職で、造営の専門家の佐伯今毛人が任命されている（『続紀』天平宝字八年正月己未条、天平神護元年三月辛丑条）。

(16) 坂本太郎「馬寮監」(一九五四年、『日本古代史の基礎的研究　下　制度篇』所収、一九六四年)。
(17)『平城宮発掘調査出土木簡概報十二』(一九七七年)五頁。
(18) 瓦の進上状はほかにSX八四一一から二点(『平城宮発掘調査出土木簡概報十一』五頁)、また第一一一次調査でSD三七一五の下流から神亀五年の年紀をもつもの一点が出土している(『同十三』九頁)。
(19) 直木孝次郎編『正倉院文書索引』(一九八一年)。
(20)『続紀』神亀五年十一月乙未条。山房は皇太子をとむらうために造られた金鐘山房のことである。
(21) 天平十七年十月二十一日造宮省移に「作瓦仕丁」がみえる(『大日本古文書』巻二―四七四頁)。
(22) 平城宮内裏北外郭の土壙SK二一〇二出土。神亀六年の年紀を記す。北□所は鉄製品の製作に当たった所。『平城宮木簡二』二〇八三号。
(23) 史料cと同じくSX八四一〇出土。『平城宮発掘調査出土木簡概報十一』六頁。
(24)『平城宮木簡三』三一七八号。同木簡の説明は同書の第二・三章参照。
(25) 竹内理三『日本上代寺院経済史の研究』第一篇第五節(一九三四年)。
(26) 天平十年和泉監正税帳に「難波宮雇民粮米」(『大日本古文書』巻二―七六頁、『寧楽遺文』上巻二〇五頁)とある。また『令集解』賦役令丁匠赴役条所引古記(推定天平十年成立)に「造難波宮司」をあげる。
(27) 宇合の知造難波宮事在任は、天平四年三月己巳の造営関係者の賜物褒賞まで確認できて、同年八月丁亥には西海道節度使に任ぜられるから、両時点の間に任を離れている(『続紀』)。
(28) 知太政官事(大宝三年～天平十三年に断続しておかれる)、知五衛及授刀舎人事(『続紀』養老四年八月甲申条)、摂知近衛外衛左右兵衛事・知中衛左右衛士事(同宝亀元年六月辛丑条)、知河内和泉事(同養老六年三月戊申条)。
(29) 石川朝臣氏の造営関与者は次の通りである。石川年足(天平十九年十一月国分寺検校の使者となる)、石川豊麻呂(天平勝宝三年～七歳造東大寺司判官、宝亀九年九月造宮少輔、天応元年五月同大輔)、石川名人(天平宝字七年正月造宮少輔、同七年四月同大輔、宝亀元年八月作路司〈称徳崩御〉、天応元年十二月山作司〈光仁崩御〉)、石川名足(神護景雲元年十月陸奥国伊治城造営、宝亀八年十月造東大寺司次官)、石川垣守(神護景雲二年二月・同三年四月木工頭、延暦三年六月造長岡宮使)、石川豊成(宝亀元

年八月作山陵司〈光仁崩御〉）、石川河主（延暦二十三年十一月造宮亮・木工頭、平安宮の造営）、石川吉備人（延暦二十四年二月造石上神宮使）、石川弟道（弘仁三年二月木工頭）、石川永津（弘仁十三年修理大進、天長八年木工助、仁寿二年木工頭）。七世紀に蘇我氏は帰化人と連がりをもっていたが、自ら造営官司の官人になったことはみえないから、石川氏の工官氏族としての伝統は八世紀以降新しく形成されたものであろう。『文徳実録』斉衡元年十二月甲寅条の石川永津卒伝によれば永津は工官を歴任し、父河主以来造営関係の文書数千巻を秘蔵していたというが、これらの文書は同氏の八世紀以降の工官輩出の中で集積されたものであろう。

(30) 神亀三年山背国愛宕郡出雲郷雲下里計帳に営厨司工（匠）出雲臣古麻呂がみえる（『大日本古文書』巻一―三七六頁、『寧楽遺文』上巻一六五頁）。なお古麻呂は前述の造宮省工出雲臣深嶋と同郷戸に所属する。

(31) 『令義解』営膳令篇目の義解に「営者営造也」とある。同様の官職あるいは官司名として営城監、筑紫営大津城監がある（注(15)）。

(32) 菊地康明『日本古代土地所有の研究』第二章第四節（一九七六年）。佐藤信「米の輸貢制にみる律令財政の特質」（奈良国立文化財研究所創立三〇周年記念論文集刊行会編『文化財論叢』所収、一九八三年）。

(33) 難波館は『日本書紀』継体六年十二月条に初見し、『令集解』職員令玄蕃寮条古記、『続紀』天平勝宝四年七月戊辰条にもみえる。筑紫館は『日本書紀』天武二年十一月壬申条に筑紫大郡として初見。

(34) たとえば『続紀』和銅元年九月庚辰、同六年六月乙卯条。

(35) 喜田貞吉「恭仁京遷都考」（『歴史地理』一三―一・四、一九〇九年）。

(36) 足利健亮「恭仁京の歴史地理学的研究　第一報」（『史林』五二―三、一九六九年）、「恭仁京の京極および和泉・近江の古道に関する若干の覚え書き」（『社会科学論集』一、一九七〇年）、「恭仁京域の復原」（同三・四合併号、一九七三年）。三論文とも足利健亮『日本古代地理研究』（一九八五年）に再収。

(37) 聖武天皇は前後五回の紫香楽行幸をし、これは第五回目の行幸である。

(38) 直木孝次郎「天平十六年の難波遷都をめぐって」（『難波宮址の研究』第六、一九七〇年。『飛鳥奈良時代の研究』再収）。

(39) 天平十七年四月戊子朔条「市西山火」の市は紫香楽の市である。五月五日までの紫香楽宮行幸の末期に宮周辺では火事が頻発する。

(40)『大日本古文書』巻二四―二九三頁。
(41)天平十七年十月二十一日造甲可寺所解、同前巻二―四七六頁。
(42)『平城宮発掘調査報告Ⅱ』(一九六二年)七頁。岸俊男『藤原仲麻呂』(一九六九年)。
(43)『平城宮発掘調査報告Ⅱ』七頁。
(44)天平宝字五年十月壬戌条の大師藤原仲麻呂らへの賜稲は邸第建設の費用である。
(45)岸俊男「藤原仲麻呂の田村第」(『続日本紀研究』三―六、一九五六年、『日本古代政治史研究』再収)。なお東張出部東南隅で、宇奈太理神社東南方に検出した玉石組みの園池は、宝亀八年六月戊戌条の「楊梅宮南池」に当たるものであろう(平城宮跡第四四・九九・一一〇・一二〇次調査。『奈良国立文化財研究所年報』一九六八・七七・七九年、『昭和五四年度平城宮跡発掘調査部発掘調査概報』)。
(46)『平城宮発掘調査出土木簡概報十二』(一九七八年)一五頁。今泉隆雄「平城宮および京跡出土の木簡」(『奈良国立文化財研究所年報一九七八』)。
(47)角田文衞「勅旨省と勅旨所」(『古代学』一〇―二・三・四合併号、一九六二年)。米田雄介「勅旨省と道鏡」(同前一二―一、一九六五年)。
(48)東野治之・今泉隆雄「木簡からみた西隆寺造営」(西隆寺調査委員会『西隆寺発掘調査報告書』Ｖ―四、一九七六年)。
(49)森郁夫「平城宮の文字瓦」(奈良国立文化財研究所『研究論集Ⅵ』一九八〇年)。
(50)営膳令私第宅条、貯庫器仗条、津橋道路条、有官船条、官船行用条、近大水条。
(51)造宮使に関する最後の所見は延暦八年十一月丁未条であり、また後述する四人の造宮使は藤原種継が延暦四年九月薨、石川垣守が同五年五月卒、佐伯今毛人が同八年正月致仕(以上『続紀』)、紀船守が同十一年四月に薨じ(『紀略』)、いずれも後任が任命されていない。
(52)物部建麻呂は平安京造営の造宮職大工になった物部多芸連建麻呂(『後紀』延暦十五年七月戊戌条、『紀略』同二十二年四月戊申条)と同人で、美濃国多芸郡の出身。

(53)「六位官八人」の中には造宮大工物部建麻呂が含まれている可能性もあるが、一応本文のように考えておく。

(54) 長岡京左京第一三・二二・五一次調査、第七八三一次立会調査。向日市教育委員会『向日市埋蔵文化財調査報告書』第四・五・七集。同『長岡京木簡一』(『向日市埋蔵文化調査報告書』第十五集、一九八四年)。

(55) 今泉隆雄「長岡京木簡と太政官厨家」(『木簡研究』創刊号、一九七九年)。

(56) 橋本義則「『外記政』の成立」(『史林』六四―六、一九八一年)によれば、太政官関係の官衙は、平城宮では、(a)朝堂院の庁(太政官庁と弁官庁)、(b)太政官院(太政官曹司)、(c)弁官曹司があり、長岡宮で(b)(c)が統合されたらしく、平安宮では当初長岡宮と同じで、のちに太政官院から太政官候庁(外記候庁)が分離・独立してくるという。官厨家は平安京では左京一条二坊五坪にあり、長岡京では左京二条二坊六坪付近に所在したと推定される(注(55)拙稿)。大臣曹司は大臣・納言らの宿所と考えられ、太政官院とは別な場所の宮内あるいは宮外に与えられた。宮内では『西宮記』巻八所々事の宿所に「大臣納言宿盧、職曹司也。見国史也。」とあり、また大臣宿所は内裏の宜陽殿東庇にありと記す(『新訂増補故実叢書』七)。また太政大臣藤原良房の直盧が内裏(『三代実録』貞観十二年二月七日己丑条)、同藤原基経の直盧が職院(同元慶五年二月二十一日己亥条)、右大臣源多の曹司が侍従局の南にあった例が知られる(同元慶六年八月二十九日戊辰条)。宮外の例では、『日本紀略』(以下、『紀略』と略す。)天長二年二月己丑条に「右大臣外曹司町」の北方に「大納言休息局」を設けたとあり、また『続紀』宝亀八年三月戊辰条に「幸二大納言藤原朝臣魚名曹司一」とあるのも、「幸」が宮外への出幸を意味するから、宮外に所在したものであろう。

(57) 平城宮第一四〇次調査で、第一次・第二次朝堂院の間の南北溝ＳＤ一〇三二五から「造曹司所請□」の削屑が出土している(『平城宮発掘調査出土木簡概報十六』(一九八三年)一一頁)。天長八年宣の造曹司所と同一呼称であるが、共伴木簡に太政官関係のものはみられないから、造館舎所と関係づけることはむずかしく、造宮省の下級組織か(今泉「一九八二年出土の平城宮木簡」第四回木簡学会報告)。

(58) 右大臣は藤原是公が延暦八年九月戊午に薨じ、藤原継縄が同九年二月甲午に任官する。この大臣曹司の造営あるいは修営は、右大臣の交替の時期とほぼ重なるから、新任の右大臣継縄のためのものであろう。

(59)『続群書類従』第三二輯上所収。校訂は筆者による。なお解説は『群書解題』第二十二の『掌中歴』の項参照。

(60)『続群書類従』第三二輯上。古典保存会第一期複製本『口遊』。なお『口遊』は天禄元年(九七〇)源為憲撰(『群書解題』第二十二『口遊』の項)。

(61)『類聚三代格』寛平三年八月三日官符所引延暦十五年七月二十四日官符。『後紀』延暦十五年七月癸丑条。

(62) 修理職は、引仁九年(八一八)設置、天長三年(八二六)廃止、寛平二年(八九〇)再置という変遷をたどる。注(1)松原論文参照。

(63) 福山敏男・中山修一・高橋徹・浪貝毅『長岡京発掘』(一九六八年)。林陸朗『長岡京の謎』(一九七二年)。

(付記) 初出稿　奈良国立文化財研究所創立三〇周年記念論文集刊行会編『文化財論叢』(一九八三年三月、同朋舎出版刊)掲載。補注に記したように若干内容を補訂した。

(補一) この段落の文章を書き加えた。

(補二) 養老五年(七二一)〜天平初の宮内改作については、奈良国立文化財研究所『平城宮発掘調査報告XIII』(一九九一年。第V章2—B、二一七〜二一八頁。橋本義則氏執筆)が次のように批判している。すなわち、(1)『家伝下』に造宮卿藤原武智麻呂が宮内の改作に当たり「宮室厳麗」にしたことによって、人々が「帝ノ尊キコト」を知ったとある「帝」は元正天皇を指すから、武智麻呂主導の改作は、聖武即位をめざして行なわれたものではなく、元正の治世を飾るためのものである。聖武即位に伴う改作を考えるとしたら、神亀年間の催造司によるものである。(2)宮内各所で出土する神亀年間の造営に関する木簡は催造司によるものであり、そのうち内裏北外郭地区の土壙SK二一〇二出土の木簡は造営関係とみるのには疑いがあり、内裏の神亀改作を示す史料はないという二点である。これらに対して、(1)については、私が、養老五年九月に造宮卿藤原武智麻呂によって始まった宮内改作を聖武即位をめざしたものと解釈したのは、『家伝下』の「帝」を聖武天皇に比定したからではなく、養老四年八月の右大臣藤原不比等の薨去、同五年五月の元明太上天皇の不予をめぐる政治情勢と改作を関係づけて解釈したことによる(本書第二部第一章「平城宮大極殿朝堂考」)。したがって、「帝」が元正天皇であるという指摘によって、私見は否定されない。元正朝に行なわれた改作であるから、どの天皇によって行なわれた改作かといえば、当然元正天皇によるものであり、その徳を示すことになるが、そのことと改作の目的は別である。造宮卿武智麻呂の改作と催造司の改作は聖武即位を境に連続しており、一体的な改作と考えるべきである。

(2)についていては、内裏北外郭地区の土壙ＳＫ二一〇二の出土木簡は、内容的に造営に関するものであり、そのうえ、この土壙は大量の檜皮・木材片を出土し、造営に伴う塵芥処理用の土壙である点も注意すべきである。この土壙の木簡と檜皮・木材片は、北外郭地区の神亀五年～天平元年の造営の事実を示し、それと同時期の内裏の造営が推測される。挙示した宮内各所出土の造営関係木簡は、年代が神亀～天平初であるから、指摘のように催造司による改作に関わるものである。したがって養老の改作については出土木簡から改作の範囲を示すことができない。ただし、養老の改作は、議政官を含む二人の造宮卿体制を採ったことからみて、本文の通り大規模なものであったと考えられる。

（補三） 恭仁宮の発掘調査の成果については、中谷雅治氏「恭仁宮の造作工事について」（角田文衞先生古稀記念事業会『角田文衞博士古稀記念 古代学論叢』所収、一九八三年）、久保哲正氏「恭仁宮の造営について」（中山修一先生喜寿記念事業会『長岡京古文化論叢II』所収、一九九二年）を参照。前者は一九八一年ごろまでの大極殿、内裏内郭などの発掘成果をまとめ、短期間に終った恭仁宮の造営の進陟状況について検討し、後者はそれ以後九一年ごろまでの朝堂区画、宮域南・東辺の区画などの調査成果をまとめ、宮域の新しい復原案を示す。

（補四） 近年紫香楽宮の比定地については、史跡紫香楽宮跡の北方に所在する宮町遺跡が注目されている（林博通氏「紫香楽宮小考」、信楽町教育委員会『宮町遺跡発掘調査報告I』一九八九年）。

（補五） 岩本次郎氏「楊梅宮考」（『甲子園短期大学紀要』一〇、一九九一年）は、楊梅宮が離宮的な存在ながら内裏的な機能をも有し、同宮の造営は先帝の死穢を忌避しての離宮ないし副次的内裏の造営と考える。

（補六） 清水みき氏「長岡京造営論」（『ヒストリア』一一〇、一九八六年）は、長岡京造営事業について前期・後期の二段階造営を主張する。すなわち、前期＝延暦三～五年＝難波京の資材移建による宮中枢部を中心とする造営、後期＝延暦七～十年＝平城京の資材移建を契機とし、内裏再造営と宮・京ともに官衙域の再整備と拡充を行なったとする。

（補七） 長岡京左京二条二坊六坪のＳＤ一三〇一出土木簡については、向日市教育委員会『長岡京木簡 一』（向日市埋蔵文化調査報告書 第十五集、一九八四年）が刊行された。引用した木簡の史料k～oに同書の木簡番号を付し、nは同書によって釈文の表裏をかえた。造東大宮所・造館舎所、太政官厨家については、同書の総論第三章第二節「長岡京造営と木簡」、第三節「太政官厨家と木簡」においてそれぞれ私が論じているので参照されたい。なお、山中章氏「古代条坊制論」（『考古学研究』三八—四、一九九二年）によれば、長岡京の条坊は、従来の復原案より北へ二町分ずらすのが正しいから、木簡出土地点の左京二条二坊六坪は、左京三条二坊八坪となる。

（補八）『掌中歴』所引延暦十三年造京式の史料的信憑性および内容について、本書第三部第四章「平安京の造京式」で検討した。その結果、史料qの校訂および第25表の次の三点について、初出稿を改訂した。すなわち、(1)菅野朝臣真道の本官「右衛門督」を衍字としていたのを「左兵衛佐」としたこと。(2)藤原朝臣真成を「真夏ヵ」としていたのを削除。(3)住吉朝臣浜主の本官「摂津首」を「摂津介」としていたのを「摂津少目」に改めたことである。(2)については付言する。藤原朝臣真成は管見では他の史料にみられないので、初出稿では同時期の人物で、写本書写の過程で文字が誤る可能性のある藤原朝臣真夏ではないかと考えた。しかしその後の検討によれば、真夏は延暦十三年に年二十一で、その父内麻呂は時に従四位下で、その蔭位によって叙されたとすれば嫡子であるならば従七位上、庶子であるならば従七位下であり、真成の正六位上と合わないので別人と考えた。

第三章　長岡宮宮城門号考

はじめに

長岡宮の宮城門は、『続日本紀』延暦十年（七九一）九月甲戌条によれば、諸国に命じて平城宮の諸門を移して造営された。この宮城門移建は、延暦三年（七八四）六月に始まる長岡京造営事業の最終段階に行なわれたことであった。ともあれこの『続日本紀』の記事によって長岡宮に宮城門が建造されたことが確認されるのである。いうまでもなく、宮城門とは宮城の最外郭の宮城垣に開く門で、各門には門号がつけられていた。小論は長岡宮の宮城門号の配置について考証しようとするものである。

これまで諸宮の宮城門については、文献史料から、十二宮城門号の配置とその変遷、氏の名による氏族名門号の由来と、門号に氏の名をのこす門号氏族の性格などについて論じられ(1)、一方、発掘調査によって藤原宮・平城宮跡ではいくつかの宮城門を確認し、規模や構造が明らかになっている。これら宮城門研究の中で、長岡宮宮城門についても関説されているが、注目すべき専論としては小林清氏の論考(2)があるにすぎない。この論考は注目すべき事実を指摘しているが、宮城門の配置については平安宮と同じく復原している。小論では、これらの従来の研究をふまえながら、長岡宮の宮城門号の配置に焦点をしぼって考察することとする。

一　三代の式の宮城門号の配置

諸宮の宮城門号の配置の復原に利用される史料は、『弘仁式』『貞観式』『延喜式』陰陽寮式土牛条である。小論は、これら三代の式にみえる宮城門号の配置を確定し、それぞれの年代を考定することによって、長岡宮宮城門号の配置を復原しようとするものである。三代の式の宮城門号の配置の復原はこれまでも一応行なわれているが、もう少し厳密に考えてみる必要がある。まず史料の豊富な平安宮について考え、それをもとにさかのぼることとする。

平安宮の唐風門号　平安宮宮城門の配置については多くの史料がある。よく平安宮の諸施設の復原に用いられる、最古の宮城図である陽明文庫本宮城図（十二世紀成立）や九条家本『延喜式』宮城図[3]によれば、第28図の配置となる。宮城門の配置を明記した最も古い史料は、天禄元年（九七〇）十二月源為憲撰の『口遊』で（『続群書類従』第三二輯上所収）、先の宮城図と同じ配置である。またそれより年代のさかのぼる延長五年（九二七）奏進の『延喜式』左右衛門府式には次のようにある。

a　凡宮城門者、並令二衛士衛一之。美福郁芳待賢陽明上東達智等門左府衛之。皇嘉談天藻壁殷富上西安嘉等門右府衛之、但朱雀門左右相共衛之。偉鑒門左右隔年遞以衛之。

この門号記載は、第28図と対照すれば明らかなように、左・右衛門府が守衛する南面と北面の中央門の朱雀門と偉鑒門を別にして、左衛門府の守衛門は南面東門の美福門から始まって、東面四門を南から北へ次第して北面東門の達智門へ、右衛門府の守衛門は南面西門の皇嘉門から始まって、西面四門を南から北へ次第して北面西門の安嘉門へ至るという順序であるから、『延喜式』の宮城門号配置もやはり宮城図と同じであることがわかる。以上は全体の配置がわかる史料であるが、このほかに一部の門に関して、前記の配置がさらにさかのぼることが推測できる史料がある。

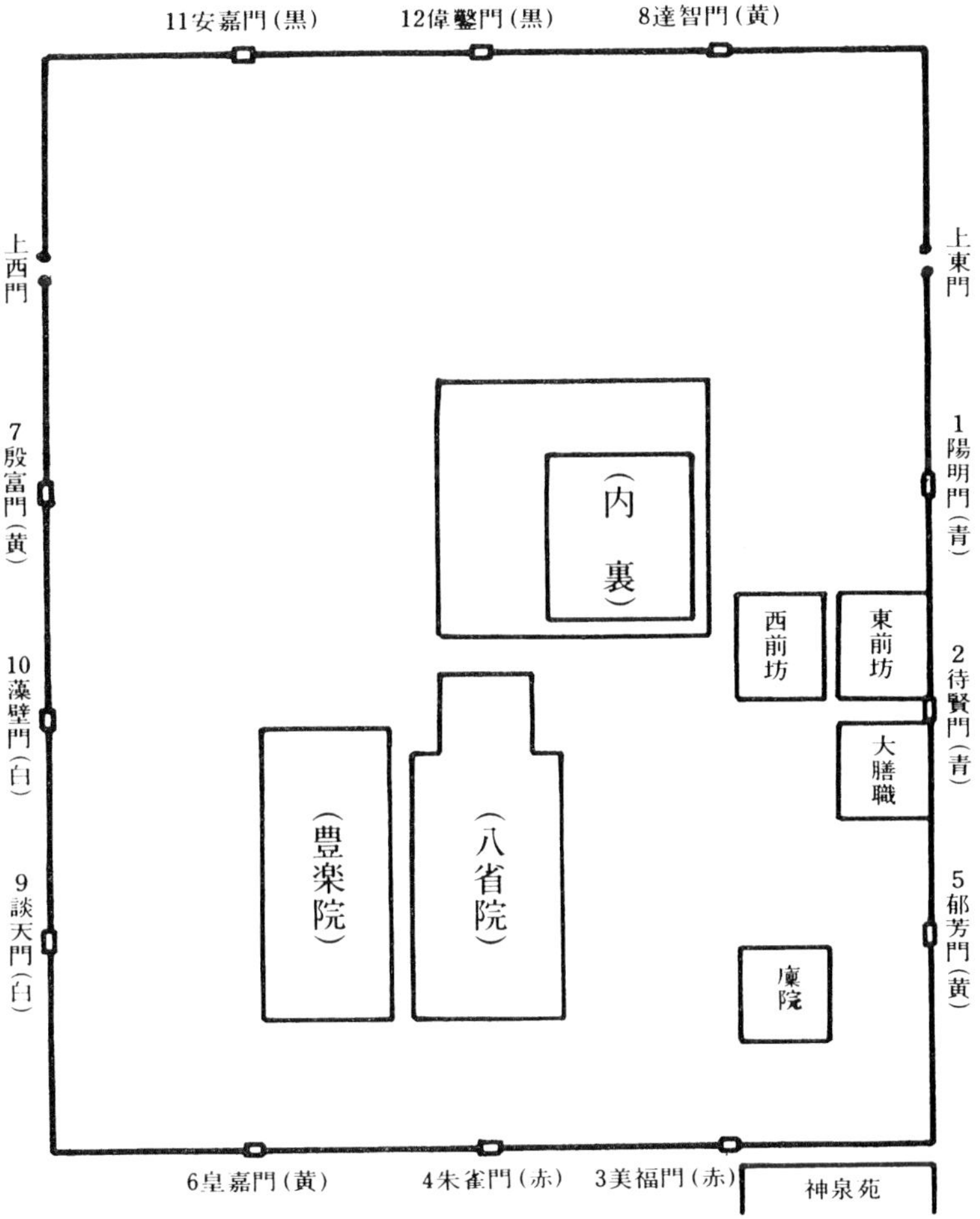

（注）数字は『延喜式』上牛条の門号記載順序。色名は同条の土牛童子の五色の配置。

第28図　平安宮＝『延喜式』の宮城門号配置

すなわち、(イ)『日本紀略』弘仁十四年（八二三）四月甲辰条　正良親王（仁明）が立太子した時、待賢門から坊に入った。(ロ)『続日本後紀』嘉祥二年（八四九）五月戊寅条　天皇が神泉苑に行幸して公卿を美福門に集めて宴楽した。(ハ)『三代実録』貞観十二年（八七〇）十二月二十五日壬寅条　物資の搬出入の多い官司について車馬の出入すべき宮城門を定め、民部省廩院は美福門、大膳職は郁芳門、春宮坊は待賢門、中院木屋は談天門の腋門とした。[4] これらのうち(ハ)の中院木屋を除く諸施設の位置を、こころみに宮城図などによってかき入れてみると（第28図）、(イ)春宮坊[5]——待賢門、(ロ)神泉苑——美福門、(ハ)民部省廩院——美福門、大膳職——郁芳門、春宮坊——待賢門の関係で、それぞれの施設が各宮城門に近接した位置にあることがわかる。(イ)、(ロ)、(ハ)の各時点におけるこれらの諸施設の位置を確定することはむずかしいが、十二世紀の宮城図において、それぞれの施設と宮城門がこのように近接関係にあるのは偶然ではなく、宮城図の施設と宮城門の位置は、(イ)、(ロ)、(ハ)の各時点にまでさかのぼらせることができるであろう。(ロ)の宴楽では両者は近接していなければならず、(イ)、(ハ)に関しては、宮城内の施設への出入には近接した宮城門を利用したのであろう。以上によって、十二世紀成立の宮城図の宮城門号の配置は、全体に関しては延長五年（九二七）の『延喜式』まで、一部の門に関しては弘仁十四年（八二三）以降の九世紀にまでさかのぼらせることができる。おそらくこの配置は、後述する弘仁九年（八一八）の宮城門号の改号によって決定され、それ以降変動がなかったと推測して誤りない。

氏族名門号　周知のように諸宮の宮城門には、氏の名による氏族名門号と、それらの訓をもとに好字二字を以て付けた唐風門号がある。唐風門号は今述べてきた平安宮の門号で、弘仁九年の門号改号に始まり、氏族名門号は『弘仁式』『貞観式』陰陽式土牛条と、藤原宮・平城宮・平安宮に関する史料にみられる。宮城門号に氏の名をのこす、いわゆる門号氏族は、大化前代から軍事と関係が深かったり、あるいは食事など宮中内部の仕事を職務とする天皇の近侍氏族で、大伴氏の管掌下に宮廷や諸門の守衛に当たるようになり、律令制成立後も衛門府の門部の負名氏として宮城門の守衛に当たった。このような伝統のゆえにその氏の名が宮城門に付けられたと説かれている（注（1）山田・佐伯・直木論文）。この氏族名門号の由来に関する見解は、宮城門を造営したのでその氏の名を門号につけたという旧説より格段に優れており、妥当なものと考えるが、氏の名を宮城の施設名としてつけることは他に例のないかなり特殊なことであるから、なにゆえ宮城門の守衛を職務とするとその氏の名が施設の名につけられるのかについては、もう一歩ふみこんだ説明が必要であると思う。この点に関しては、前記の見解をふまえた上で、「氏」というものが朝廷に仕えるための政治的な組織で、氏の名は天皇に仕えるその職務を象徴するものであること(6)、さらに門号氏族の職務が宮城門の守衛という施設に密着したものであることの二点を指摘しておきたい。

土牛・童子の行事　氏族名門号の配置は、次に掲げる『弘仁式』『貞観式』陰陽寮式土牛条と『延喜式』同条との対照によって復原できる。

b　『弘仁式』陰陽寮式土牛条逸文（『年中行事秘抄』『師光年中行事』『撰集秘記』所引）

弘仁陰陽式云。凡土牛童子像、請二内匠寮一。大寒之日前夜半時立二於諸門一。県犬養山二門各青色。壬生大伴二門赤色。建部若犬養伊福部丹治比四門黄色。玉手佐伯二門白色。海犬養猪使二門黒色也。

c　『貞観式』同条逸文（『撰集秘記』所引）

弘式云。県犬養山二門各青。壬生大伴二門赤色。建部若犬養伊福部丹比四門黄色。玉手佐伯二門白色。海犬養猪使二門黒色。貞式云。県犬養門。今案、無二此門一。建部云々四門黄色。今案、建部為二青色一的為二黄色一。(7)

d　『延喜式』同条

凡土牛童子等像、請二内匠寮一。大寒之日前夜半時立二於諸門一。陽明待賢二門各青色。美福朱雀二門赤色。郁芳皇嘉殷富達智四門黄色。談天藻壁二門白色。安嘉偉鑒二門黒色。立春之日前夜半時乃撤。

土牛・童子の行事とは毎年大寒（二十四節気の一つ、十二月中）に宮城十二門に土牛童子像をたてる行事で、中国で行なわれた、季冬に神に供える牲を四方の門にはりつけて陰気を祓い除いた旁磔の行事を、移入したものといわれる（山中裕『平安朝の年中行事』二七一頁、一九七二年）。わが国では『続日本紀』慶雲三年（七〇六）是歳条に「天下諸国疫疾、百姓多死。始作二土牛一大儺。」とみえるのが土牛の初見であるが、この時は臨時の行事であるし、宮城門にたてたのかも不明である。同書宝亀三年（七七二）十二月乙亥（二十九日）条に狂馬が的門の土牛、偶人と弁官曹司の南門の敷居を食い破ったとあることからみて、おそくもこの時までには、年中行事として式条と同様な行事が行なわれていたことが明らかである。土牛は高さ二尺・長さ三尺、童子は高さ二尺で、いずれも土製の人形であり、毎年内匠寮が十二体ずつ製作し、それぞれ青色・赤色・白色・黒色（各二体）、黄色（四体）にぬられる（内匠寮式）。土牛条の門号の注文は、これら五色の土牛童子像の十二門への配置を定めたものである。

『延喜式』の土牛条　門号配置の明らかな『延喜式』土牛条を検討し、次の二点を指摘しておきたい。まず五色の土牛童子の配置は五行説に基づくと考えられていることである。五行説は、木・火・土・金・水の五行の関係によって万物の運行を説明する古代中国の哲学であるが、そこでは種々の現象に対応関係を定め、色と方位の対応は第31表のようになっている。土牛童子の五色の配置を第28図にかき入れてみると、東に対応する青色を東面の北門（陽明門）と中央門（待賢門）、南の赤色を南面の東門（美福門）と中央門（朱雀門）、西の白色を西面の南門（談天門）と中央門（藻壁門）、北の黒色を北面の西門（安嘉門）と中央門（偉鑒門）に、そして中央に対応する黄色を他の四色の間にある郁芳・皇嘉・殷富・達智門に配置する。中央に対応する黄色を四面に配置することについては、四色の間を中央とみたてたのであろうか(8)。このように五色の土牛童子の配置は五行説の五色と五方の対応に基づくのである。

第31表　五色と五方

五行	木	火	土	金	水
五色	青	赤	黄	白	黒
五方	東	南	中央	西	北

第32表　『延喜式』『弘仁式』門号の対応

門の位置		延喜式	記載順序	五色	弘仁式
東面	北	陽明門	1	青	県犬養門
	中央	待賢門	2	青	山門
	南	郁芳門	5	黄	建部門
南面	東	美福門	3	赤	壬生門
	中央	朱雀門	4	赤	大伴門
	西	皇嘉門	6	黄	若犬養門
西面	南	談天門	9	白	玉手門
	中央	藻壁門	10	白	佐伯門
	北	殷富門	7	黄	伊福部門
北面	西	安嘉門	11	黒	海犬養門
	中央	偉鑒門	12	黒	猪使門
	東	達智門	8	黄	丹比門

次に土牛条の門号の記載順序には一定の規則性がみられる。門号の記載順序を第28図に1~12の番号によって示した。第一に、青色二門、赤色二門、黄色四門、白色二門、黒色二門の順序に記されているが、これは五行相成の五行の順序に対応する五色の順序による。すなわち、木＝青、火＝赤、土＝黄、金＝白、水＝黒の順序である。第二に、五色それぞれの門号の順序は、時計廻りに次第することである。第二の点が配置の決定のために大事である。

以上、『延喜式』土牛条に関して、(1)五色の土牛・童子の配置は五行説の五色と五方の対応に基づくこと、(2)門号の記載順序に一定の規則性があることが明らかになった。この二点は『弘仁・貞観式』でも同じであったと考えられる。

『弘仁式』の門号配置　『弘仁式』でも土牛・童子の五色の配置は五色と五方の対応によるから、土牛童子の五色を媒介として、『延喜式』と対照して『弘仁式』の門号配置を復原することができる。しかし厳密にいうと、五色それぞれに複数の門号が対応するから、門号配置は(1)だけからは決められず、これに(2)門号の記載順序の規則性から『延喜式』と『弘仁式』土牛条の門号を対応させることによって復原することができる。すなわち第32表のようになる。これによれば、東面三門と朱雀門―大伴門[9]を除く八門号については、次のように両式の門号の間に音の

第33表　『貞観式』の東面門

位置	色	A案	B案
北門	青	山門	建部門
中央門	青	建部門	山門
南門	黄	的門	的門

共通性がある。すなわち、壬生《ニフ ミブ》——美福《ビ ミ・フク》、若犬養《ワカイヌカヒ》——皇嘉《クワウ・カ ワウ・ケ》、玉手《タマテ》——談天《タン ダン・テン》、佐伯《サヘキ》——藻壁《サウ・ヘキ ソウ・ヒャク》、伊福部《イフクベ イホキベ》——殷富《イン・フウ オン・フ》、海犬養《アマイヌカヒ》——安嘉《アン・カ ケ》、猪使《ヰツカヒ》——偉鑒《ヰ・カン》、丹比《タヂヒ》——達智《タツ ダチ・チ》である。(10) すでにいわれているように、これは唐風門号が氏族名門号の訓を基に好字二字を以て付けられたからであるが、この点もこの復原の妥当さを傍証する。

『貞観式』の門号配置　『貞観式』土牛条は、『弘仁式』『延喜式』と異なり、全部の門号を列記せず、『弘仁式』を改訂した門号をのみ記載する書式をとる。したがって『貞観式』門号配置の復原に当たっては、『弘仁式』とは異なって(2)の点を利用することができず、(1)の点から決めるしかないことに注意すべきである。一般に『貞観式』では『弘仁式』条文を改訂する場合は、『弘仁式』条文をひき、次にその改訂部分を示して「今案」として改訂内容を明らかにする形式をとる。(11) したがって、c『貞観式』土牛条では、『弘仁式』の県犬養門（東面北門）がなくなり、『弘仁式』で黄色の位置にあった建部門（東面南門）が青色の位置に動き、『弘仁式』でみえなかった的門が黄色の位置に配置されることになる。

『貞観式』の改訂は東面三門に関するものであるが、その配置は、なくなった県犬養門＝北門（青色）の位置に山門が、その山門＝中央門（青色）の位置に建部門がそれぞれ移り、南門（黄色）の位置に的門が入るとして、第33表A案の復原が一般に考えられている（注(1)佐伯論文）。的門の位置は妥当であるが、建部門については、『貞観式』改訂文によれば青色の位置にくることしかわからないから北門の可能性もあり、また改訂文を文字通りとれば県犬養門＝北門の位置にくるとも考えられるから、B案の復原案もありうる。結論としてはやはりA案が妥当と思うが、それについては後述する。

以上、三代の式の門号について要約すると、(1)『弘仁式』『貞観式』は氏族名門号、『延喜式』は唐風門号である。

(2)『弘仁式』と『貞観式』との間では東面三門に関して変化があり、県犬養門に代わって的門が入り、配置も変化した。

二　『延喜式』門号の年代

佐伯説の年代考定　三代の式の門号の年代について具体的に論じたのは佐伯有清氏である(注〈1〉論文)。すなわち、まず『延喜式』唐風門号は、『日本紀略』弘仁九年(八一八)四月庚辰条の宮城の殿閣・諸門の改号によって定められた。次に『弘仁式』『貞観式』の門号については、県犬養門と的門の変化に注意して、前述した『続日本紀』宝亀三年(七七二)十二月乙亥条の的門の存在から、『弘仁式』門号はそれ以前として、天平十二年(七四〇)の恭仁京遷都に当たって、その主唱者の橘諸兄が母方の県犬養氏の名を宮城門号に残すために、恭仁宮の門号にこれまであった的門にかえて県犬養門の門号をつけ、平城還都後も平城宮の門号として存続した。その後神護景雲三年(七六九)五月県犬養内麻呂、姉女が巫蠱に坐して犬部の氏姓に貶された事件をきっかけとして、県犬養門号を廃して的門号を復活したというのである。したがって、『弘仁式』門号は天平十二年(七四〇)以降、『貞観式』は神護景雲三年(七六九)以降、『延喜式』は弘仁九年以降ということになり、これによれば長岡宮門号は『貞観式』によって復原されることになる。

弘仁九年の門号改号　この佐伯説のうち、一般に認められているように、『延喜式』唐風門号を弘仁九年の門号改号によるとすることは妥当である。まずこの点に関してさらに史料を補って確認しておくこととする。

e 『日本紀略』弘仁九年(八一八)四月庚辰条　是日、有レ制。改二殿閣及諸門之号一、皆題二額之一。

f　『続日本後紀』承和九年（八四二）十月丁丑条（菅原清公薨伝）（前略）（弘仁）九年有二詔書一。天下儀式、男女衣服、皆依二唐法一。五位已上位記改従二漢様一。諸宮殿院堂門閣、皆着二新額一。又肆二百官舞踏一、如レ此朝儀、並得二関説一。

eから殿閣とともに諸門の号を改め門額をかけたことが明らかであり、fからそれとともに儀式、衣服、位記を唐風に改めたことがわかり、(12)殿閣と諸門の号も唐風に改められたことが推測される。これらの改訂に関与した菅原清公は文章道の学者で、延暦二十三年（八〇四）～二十四年には入唐して唐の文物に明るい人物であった。この門号改号を実例によって確認しておくと、氏族名門号の最後の史料は、『日本紀略』大同三年（八〇八）四月丁卯条の若犬養門と、『法曹類林』弘仁五年（八一四）六月三日勘文所引の式部文にみる大伴門、壬生門であり、一方唐風門号の最初の史料は、『日本紀略』弘仁十四年（八二三）四月甲辰条の待賢門で、これ以降『続日本後紀』以下の国史には唐風門号がみえる。(13)したがって弘仁九年の諸門改号によって、宮城門が氏族名門号から唐風門号へ改められたことは確実である。

またeにみえる門額をかけたことについては、『掌中歴』、『拾芥抄』中宮城部、『古今著聞集』巻第七能書、『今昔物語集』巻第十一第九などにそれぞれ伝えがあるが、確実な史料では『寛平御遺誡』（八九七年成立、『群書類従』第二七輯）に嵯峨天皇が東面の門額を書し、『文徳実録』嘉祥三年（八五〇）五月壬辰条に橘逸勢が宮門榜題を書したことがみえ、改号に当たって能書の人が門額を書したことが確認できるのである。この弘仁九年の改号は、宮城門以外でも朝堂院を八省院に改め、(14)朝堂院・豊楽院・内裏の殿と門、(15)京の坊門（『口遊』宮城門）などに及んだことが確認できる。『口遊』（宮城門、『続群書類従』三二輯上）は内裏の殿・門号について「弘仁九年勘文」あるいは「弘仁九年定文」と照合してそれらの有無に言及しているから、これらの改号内容は「弘仁九年勘文（あるいは定文）」という文書に記載されて伝えられ、以後固定したものであろう。この諸般にわたる唐風への改訂は、嵯峨朝における唐文化への指向の所産であるが、宮城の施設の改号は、弘仁六年（八一五）の朝堂院の修理（『日本後紀』弘仁六年正月癸巳条）、同七年の内裏の修造（『類聚国史』弘仁七年二月甲子条）などの完成に基づくものであろう。以上によって、『延喜式』唐風門号は弘仁九年に定められ、『弘仁・貞観式』氏族名門号の年代はそれ以前に考定される。

三　『弘仁・貞観式』門号の年代

平城宮の少子部門　『弘仁・貞観式』門号の上限については、佐伯氏のいうように平城宮時代までさかのぼらせることはできない。第一に、平城宮、さらにさかのぼって藤原宮の宮城門には両式にみえない少（小）子部門という門号が存在するからである。少子部門については先に論じたことがあるので(16)、史料を掲げて要点を記すこととする。

g　（表）□□〔造東カ〕内司運薪一百⊓　⊔出小子門
（裏）　十月廿八日□⊓　⊔小野滋野
（奈良国立文化財研究所『平城宮木簡三』三〇〇六号）

h　（表）□便従小子門出入之
（裏）正六位上行大尉船連「船主」
（同前三〇〇七号）

i　（表）謹啓□□合□⊓　⊔□欲出入小子子□〔門カ〕
（裏）□⊓　⊔□
□⊓　⊔□□□□
（同『平城宮発掘調査出土木簡概報十二』一四頁）

j　『続日本紀』天平宝字八年（七六四）十月壬申条　藤原仲麻呂の変の時、淳仁廃帝とその母が、居住していた中宮院から引きだされ、「小子門」に到って馬に乗せられ配所に送られた。

k　（表）内膳司牒　小子部門司　塩一古　堅魚三古　海藻一古　息□三古

（裏）□□□□〔宮進カ〕〔如件カ〕　「　」

状故牒　正六位下行典膳雀□□□「□□」〔真カ〕　（同『同前十五』三二頁）

l　（表）少子部門衛士□〔門カ〕

（裏）送建部□　（同『藤原宮出土木簡四』四頁）

g・hは平城宮東張出部南面の門SB五〇〇〇の西側の南北溝SD四九五一の門の外側の地点から、iは門SB五〇〇〇の内側で、SD四九五一の上流に当たると推定される南北溝SD三二三六上層溝から出土した。前稿Aでは（注16）、次のことを明らかにした。すなわち、g・hは、宮城門、宮門からの物資の搬出入を規制する門牓制に関わる木簡で、物資を搬出入する官司の官人が物資とともに門に携行していき、門を守衛する衛門府の門司の検査を受ける際、官人の身分を証明し、物資の内容を明示する機能をもつ。この二点の木簡が門SB五〇〇〇の外側の近辺から出土したのは、門SB五〇〇〇を通行した後これらの木簡が不用になって廃棄されたからと考えられ、したがって、門SB五〇〇〇は木簡に出入を指定された「小子門」に当たる。門SB五〇〇〇は宮城垣に開く門であるから、小子門は宮城門の一つであり、その門号は近侍氏族の少子部連氏に基づく可能性を指摘した（17）。その後、「少子部門」と記すlの木簡が藤原宮東面北門SB二五〇〇の外側の外堀SD一七〇から、「小子部門司」と記すkの木簡が平城宮南面西門SB一〇二〇〇の西側の南北溝SD一〇二五〇から出土した。この二点の木簡によって、小子門は小（少）子部門の略記で、平城宮、さらにさかのぼって藤原宮の宮城門に少子部連氏に基づく少子部門という氏族名門号があることが確定した。しかし、kが平城宮南面西門SB一〇二〇〇の近辺から出土したことによって、平城宮少子部門の位置について問題が生じたが、『弘仁・貞観式』では南面西門は若犬養門で、SB一〇二〇〇の外側の外堀SD一二五〇から若犬養門に関する木簡が二点出土していること（『平城宮発掘調査出土木簡概報十五』一六、一七頁）、藤原宮少子部門も、1の出土地点からみてやはり東面の門と考えられることから、平城宮では東張出部南面門SB五〇〇〇が少子部門、南面西門SB一〇二〇〇が若犬養門と推定された（注(16)拙稿C）。ところで平城宮少子部門の存続時期であるが、その存在を確認できる最古の史料はkである。差出の署名者の内膳司の「典膳雀□□□□〔真カ〕□」が、天平十七年（七四五）四月から天平勝宝三年（七五一）二月まで典膳であることを確認できる雀部朝臣真人に当たるので、kはほぼこの年代が与えられる（注(16)拙稿C）。二番目がjの天平宝字八年（七六四）十月、三番目がgで、「造東内司」から東内が造営された神護景雲元年（七六七）～三年の年代が与えられる（拙稿A）。最後がiで、SD三二三六上層溝からは宝亀五年（七七四）の木簡が共伴し、同下層溝からは天平神護二年（七六六）から宝亀六年（七七五）の木簡が出土しているから、宝亀年間の年代が与えられる。この木簡は習書で「門」字が一部欠損しているが、「出入小子子□〔門カ〕」とあることからみて、小子門をさしているとみて誤りない。小子門に近接し、同門を常に利用している官司の官人の習書であろう。

以上から、平城宮少子部門は天平・天平勝宝から宝亀までその存在を確認できるが、同門号は藤原宮にもあるから、おそらく藤原宮門号をうけつぎ、平城京遷都当初から存したものであろう。したがって、少子部門の号は、ほぼ平城宮の時代を通じて存続したことは明らかであるから、同門号を含まない『弘仁・貞観式』門号は平城宮時代にさかのぼらないことになる。

山門の存在　第二に、『弘仁・貞観式』にみえる山門に注目したい。山門は山部連氏に由来する門号であるが、(18)これが山部門でなく山門であるのは、佐伯氏がすでに指摘するように、『続日本紀』延暦四年（七八五）五月丁酉詔によって、山部氏の氏の名が桓武天皇の諱山部に当たるために山氏に改姓されたためである、したがって『弘仁式』土牛条の成立の上限は延暦四年であり、同式門号は延暦四年以降のものと考えられる。長岡京遷都は延暦三年十一月であるから、この点からも『弘仁式』門号は平城宮の時代にさかのぼらせるわけにはいかないのである。

以上の二点から『弘仁式』『貞観式』門号の年代は、長岡京の時代あるいは延暦四年五月以後、弘仁九年以前に考定される。そして両式の門号の相違は遷宮によるものと解釈できるから、『弘仁式』門号が長岡宮、『貞観式』門号が平安宮の遷宮当初のものと考えるのが妥当であろう。以上の考定をふまえて、先に保留した『貞観式』東面三門の配置はA案が妥当と考えられる。『貞観式』『延喜式』門号がいずれも平安宮のものであるから、両式の間では、氏族名門号から唐風門号への改号が行なわれただけで、門号の移動はなかったとみるのが妥当であるから、『貞観式』氏族名門号と『延喜式』唐風門号の音の対応が一致するA案が妥当と考えられるのである。

『弘仁・貞観式』の成立年代との関係　ところで、両式の門号の年代を前記のように考定した場合、両式の成立と施行の年代とのずれが問題となる。『弘仁式』についてみると、同式は弘仁十一年（八二〇）四月に格とともに奏進され、その後修訂を加えて天長七年（八三〇）十月一応完成し十一月施行されるが、さらに修訂を加えて承和七年（八四〇）四月に最終的に施行されるから、[19] 弘仁九年（八一八）の唐風門号改号以降にも編纂事業を継続し、完成したことになる。福山敏男氏は、三代の式の門号の年代を式の成立年代から決め、『延喜式』唐風門号の年代を『貞観式』成立の貞観十三年（八七一）以降と考えた。[20] しかし、前述の弘仁九年唐風門号改号の事実は動かせないから、福山氏のようには考えられない。『弘仁・貞観式』の成立年代と門号の年代のずれは、両式収載の条文に当時の現行法より古いものが含まれていると解釈すべきではなかろうか。

おわりに

本稿の結論として、三代の式の門号配置とその年代の考定の結果を第34表として掲げる。長岡宮の宮城門号の配置は弘仁式によって復原されることになる。これは文献史料の検討によって得られた結論であるが、長岡宮跡では発掘調査によって、宮城門はもちろん、宮域の四至も確認されていないので、遺跡に即して具体的に配置を確定するのには未だ問題が残されている。

宮域の復原については、山中章氏が、近年の長岡京跡の条坊遺構の発掘調査の進展をふまえて、新しい条坊復原案とそれに伴う新しい宮域復原案を提示した[21]。すなわち、長岡京の条坊は、旧来の説[22]よりも全体を北へ二町ずらし、それに伴い、宮域も、旧来の南北一二町（三坊分）・東西八町（二坊分）という考えを改め、遷都当初は南北・東西八町四方であったが、延暦八年（七八九）以後の後期の造営によって、北へ二町拡大され、南北一〇町になったという考えである。旧来の南北一二町の宮域復原案では、弘仁式の十二宮城門の配置はむずかしいが、遷都当

第34表　宮城門号の配置

門の位置		長岡宮 弘仁式	平安宮 八一八年以前 貞観式	平安宮 八一八年以後 延喜式
東面	北	県犬養門	山門	陽明門
	中央	山門	建部門	待賢門
	南	建部門	的門	郁芳門
南面	東	壬生門	壬生門	美福門
	中央	大伴門	大伴門	朱雀門
	西	若犬養門	若犬養門	皇嘉門
西面	南	玉手門	玉手門	談天門
	中央	佐伯門	佐伯門	藻壁門
	北	伊福部門	伊福部門	殷富門
北面	西	海犬養門	海大養門	安嘉門
	中央	猪使門	猪使門	偉鑒門
	東	丹比門	丹比門	達智門

初八町四方という新しい復原案によれば、弘仁式の通り、各面三門ずつ、四面あわせて十二門の配置が可能であり、各面では門が二町おきに配されたと考えられる。

宮城門、宮域の四至が未確認なのであるが、宮城門と大路の設定は密接な関係にあるので、大路の位置によって宮城門の配置を考えてみたい。藤原宮以降の諸宮では、各面に二町おきに配された宮城門に、二町間隔で設定された大路が突き当たり、宮城門と大路の設定は一体的な関係にある。藤原京では、二町おきに設けられた条・坊大路が宮城門に突き当たり、平城京、平安京では、宮城に面する二条大路以北と東西一坊では、四町間隔の条・坊大路のほかに、条間・坊間の道路が大路であり、北面を除く、三面では二町おきに配置された宮城門に、条・坊大路、条間・坊間大路が突き当たるのが原則である。[23]山中章氏の長岡京の条坊復原によれば、二条大路以北と東西一坊では条・坊大路のほか、条間・坊間の道路が大路に復原できる（注(21)山中論文）。したがって、この大路配置によれば、宮城門は二町おきに各面三門ずつ、あわせて十二門が配置されることになり、弘仁式の門号が付せられたと考えられる。宮域が北へ二町拡大して南北十町となると、平安宮とほぼ同規模であり、この段階には、平安宮と同じく、東・西面では氏族名門号の三門の北に、上東門、上西門[24]に相当する門が設けられた可能性もある。

以上は宮城門も宮域四至も確認されない段階での想定にすぎず、宮城門の配置の確定には今後の発掘調査の進展をまたなければならない。

注

(1) 宮城門に関する主要な研究としては、川勝政太郎「平安宮十二門に関する問題」（『史迹と美術』一五の六、一九四四年）、井上薫「宮城十二門の門号と乙巳の変」（『日本古代の政治と宗教』所収、一九六一年）、山田英雄「宮城十二門号について」（『続日本紀研究』一—一〇、一九五四年）、佐伯有清「宮城十二門号と古代天皇近侍氏族」（『新撰姓氏録の研究　研究篇』所収、一九六三年）。直木孝次郎「門号氏族」（『日本古代兵制史の研究』所収、一九六八年）などがあり、佐伯論文に研究史が整理されている。

(2) 小林清『長岡京の新研究』第一六章「宮城諸門」、一九七五年。

(3) 陽明文庫本・九条家本『延喜式』の宮城図は、奈良国立文化財研究所『平城宮発掘調査報告Ⅲ』（一九六二年）のPL二〇、二一所掲。宮城図の成立年代については同書「平安宮の内裏」を参照。

(4) この規定は『延喜式』弾正台式にその他の官司を加えてほぼ同内容でひきつがれている。

(5) 東前房・西前房が春宮坊に当たる（裏松固禅『大内裏図考証』巻第二十七、新訂増補『故実叢書』二十八巻）。『令集解』東宮職員令所引の平安時代初期の注釈書の穴記に「御子宮、在二御所東一。故云二東宮一也。」とあるからすでに九世紀から東宮あるいは春宮坊はこの位置であろう。

(6) 吉田孝「ウジとイヘ」（佐々木潤之介・石井進編『新編日本史研究入門』所収、一九八二年）。

(7) b『弘仁式』逸文は、宮城栄昌「弘仁・貞観式逸」（『横浜国立大学人文紀要第1類哲学社会科学』第七輯、一九六二年）により、cによって一部文字の誤りを改める。c『貞観式』逸文は、虎尾俊哉「『貞観式』の体裁」（『史学雑誌』六〇—一二、一九五一年）による。虎尾俊哉編『弘仁式貞観式逸文集成』参照。

(8) この点について、『公事根源』十二月（十五世紀　一条兼良撰）は、「四方の門に、また黄色の土牛を立て加ふるは、中央土の色なり、木火金水に土は離れぬ理あり。」と説明する（『新註皇学叢書』第五巻）。

(9) 大伴《オホトモ》門の門号は、朱雀門内側の朝堂院南門の応天《オウテン》門にひきつがれたと考えられている。横田健一「朱雀門、応天門と大伴氏」（『続日本紀研究』九—九、一九六二年）。

(10) 氏族名門号の訓は太田亮『姓氏家系大辞典』による。ただし、壬生《ニフ》、伊福《イフク》、丹比《タヂヒ》は『和名類聚抄』によって確認できる。唐風門号は、漢音（右）、呉音（左）を示した。

(11) 注(7)虎尾論文。虎尾俊哉『延喜式』四八頁、一九六四年。

(12) 儀式・衣服の唐風改訂については、『日本紀略』弘仁九年三月戊申条、『政事要略』巻六十七　弘仁九年四月八日宣旨の二史料がある。

(13) 『続日本後紀』嘉祥二年（八四九）五月戊寅条美福門、『文徳実録』天安元年（八五七）八月己卯条藻壁門、『三代実録』貞観元年（八五九）十二月二十五日丙午条待賢門、同十一年（八六九）正月二十五日癸未条待賢門、同十二年（八七〇）十二月二十五日壬寅条美福門・郁芳門・待賢門・談天門、同十六年（八七四）六月五日辛酉条郁芳門、元慶五年（八八一）正月二十五日甲戌条美福門、仁和三年（八八七）八月四日乙巳条達智門。

(14) 岸俊男「朝堂の初歩的考察」（『橿原考古学研究所論集創立35周年記念』所収、一九七五年。『日本古代宮都の研究』再収）。

(15) 古瀬奈津子「初期の平安宮」（『続日本紀研究』二一一、一九八〇年）。

(16) 今泉隆雄　A「平城宮の小子門について」（奈良国立文化財研究所『平城宮木簡三』、一九八〇年）、B「木簡と遺跡」（『歴史研究』二六一、一九八二年）、C「一九八一年出土の木簡」の平城宮跡・第一次朝堂院地区（第一三六次調査）（『木簡研究』四、一九八二年）。

(17) 少子部連氏については、直木孝次郎「小子部について」（『日本古代兵制史の研究』所収、一九六八年）参照。なお少子部門については、同氏「木簡と小子門」（『日本歴史』四一六、一九八三年）がある。

(18) 藤原宮に山部門が確認できる。付論参照。

(19) 注(11)虎尾前掲書。

(20) 福山敏男「朝堂院概説」六二頁（『大極殿の研究』所収、一九五五年）。

(21) 山中章「古代条坊制論」（『考古学研究』三八巻四号、一九九二年）。

(22) 向日市史編さん委員会『向日市史』上巻第六章第一節（山中章執筆、一九八三年）。

(23) 付論で論ずるように、平城宮東張出部東面に想定される宮城門には大路が突き当たらなかった可能性がある。

(24) 上東門・上西門は土御門・西土御門、あるいは東・西会廂門とも称し、a『延喜式』左右衛門府式にあるように宮城門ではあるが、他の十二門より一段格が低いものであったようである。氏族名門号が付けられず、門額もなく（『拾芥抄』）、規模も小さく、建築構造の上でも立派な屋根がなかったらしい（日本古典文学大系一九『枕草子』第九九段）。上東門は、大臣が牛車で出入する際に利用されるが、これもこのような建築構造と関係していよう（裏松固禅『大内裏図考證』参照）。

付論　藤原宮・平城宮の宮城門号

本論において三代の式の宮城門号が長岡宮以降に考定されたことによって、藤原宮、平城宮の宮城門号の配置は簡単に決められなくなった。もちろん、弘仁式と貞観式の間で門号は東面の門が改変されただけであるから、基本的には藤原宮、平城宮の門号配置も弘仁式、貞観式と大きく変わらず、両式を基準に考えることができる。出土木簡によって考えることができる点があるので、藤原宮、平城宮の宮城門の要点について記しておく。

藤原宮の宮城門号　宮城門は宮城四面に各三門ずつあわせて十二門が設けられたと推定され、これまで発掘調査によって、南・北・西面の中央門、東面の北門の計四門を想定位置に確認している。門号は、『続日本紀』大宝二年（七〇二）六月甲子条に海犬養門、次に掲げる藤原宮跡出土木簡に、猪使門、蝮王門・多治比門、山部門、建部門、少子部門のあわせて六門がそれぞれ見える。

(1)・□於市□〔沽カ〕遣糸九十斤蝮王猪使門
・□月三日大属従八位上津史岡万呂　（奈良国立文化財研究所『藤原宮木簡一』二号）

(2)・少子部門衛士□
・送建部□〔門カ〕　（同『藤原宮出土木簡四』四頁）

(3)・多治比山部門
・□□□□□　（同『同五』六頁）

(1)は北面中央門SB一九〇〇の外側の、東一五㍍に位置する土壙SK一九〇三から出土した。本論の前掲の平城宮跡出土のg・hの木簡と同じく、宮城門と宮門からの物資の搬出入を規制する門牓制に関わる木簡で、物資を搬出入する官人が物資とともに門に携行していき、門を守衛する衛門府の門司の検査を受ける際に、官人の身分と物資の内容を明示する機能をもっている。（1）(1)は具体的には市で売却するために糸九十斤を搬出する場合で、通行の門が蝮王門あるいは猪使門と指定されている。(1)の木簡が北面中央門の外側の土壙から出土したのは、この門から糸を搬出するために木簡が使われ、門を出た所で不用になったので廃棄されたからと考えられる。したがって、北面中央門の門号は猪使門あるいは蝮王門と考定される。蝮王門は丹比（丹治比）門と同じであり、（2）弘仁式・貞観式で、北面中央門＝猪使門、東門＝丹比門であることによれば、藤原宮でも発掘された中央門SB一九〇〇が猪使門、未確認の東門が蝮王門＝丹比門と考えられる。(1)木簡で、通行の門に二門を指定したのは、搬出する糸を収納する倉庫あるいは官人の官司が、両門の中間に所在したからであろう。

(2)(3)の木簡は、宮城東面外濠SD一七〇から出土した。出土地点は、(2)は東面北門のすぐ外側の地点、(3)は北門から南へ約八〇㍍の地点である。(2)(3)にみえる門のうち、山部門、建部門は、弘仁式、貞観式で東面の門であり（山部門は両式では山門となっている）、少子部門は、平城宮では東張出部南面門で、いずれも宮城東面の門であって、(2)(3)の木簡が東面外濠から出土したのには意味があり、藤原宮でもこれら三門は東面の門号であろう。多治比門は前記した蝮王門＝丹比門であり、北面でも東門である。

これら東面三門号の配置を確定することはむずかしいが、あえて推測すれば次のようである。(3)で多治比門と山部門を連記することに意味があるとすれば、山部門は北面東門＝多治比門と宮域東北隅を間にして隣接する東面北門であろう。(2)の少子部門と建部門は、少子部門が平城宮東張出部南面門であることからいえば南門と考えられ、建部門はのこる中央門に当てられるのではなかろうか。この東面三門号の配置は、山部門と建部門については貞観式と同じである。

『続日本紀』にみえる海犬養門は、弘仁・貞観式と同じとすれば北面西門である。『続日本紀』は同門に落雷したと記すから、今後の発掘調査では火災の痕跡に注意すべきである。

平城宮の宮城門号　平城宮跡では、これまで発掘調査によって、宮城門は南面三門、西面中央門・南門、東張出部南面門のあわせて六門を確認している(3)。南面と西面はそれぞれ三門が存したとみてよいが、北面は西門と東門の想定位置にそれぞれ池と古墳が所在し、東面は東張出部があるので、宮城門の配置に問題がある。東張出部では南面西寄りに宮城門SB五〇〇〇を検出し、また発掘遺構と遺存地割によって、東張出部の南北二等分線上に幅三〇メートルの宮内東西道路が想定されるから(4)、この道路が東進して突き当たる東張出部東面中央部に宮城門の存在が想定でき(5)、そうなれば東張出部は二門になる可能性がある。

『令集解』宮衛令宮閤門条所引の古記に「古記云。外門、謂、最外四面十二大門也。」と注釈し、平城宮では外門すなわち宮城門が、十二門あったと考えられている。しかし先の遺跡からの検討によれば、南面・西面各三門、東面二門で、三面の合計が八門であり、十二門になるには北面に四門が配置される必要があるが、前述の北面の状況からみると、それは無理かもしれない。さらに発掘調査の進展をまつ必要がある。

宮城門号は、朱雀門（『続日本紀』霊亀元年正月甲申朔条など）、建部門(6)、的門（同宝亀三年十二月乙亥条）、小子部門・小子門、若犬養門（平城宮跡出土木簡、本論参照）がみえ、朝堂南門と推定される中壬生門(7)（『続日本紀』天平神護二年五月戊午条）から宮城門としての壬生門の存在が推定でき、あわせて六宮城門号を確認できる。

これらのうち位置が推定できるのは、朱雀門＝南面中央門、壬生門＝南面東門、若犬養門＝南面西門、小子部門＝東張出部南面門である。まず朱雀門が南面中央門であることは動かないから、中壬生門は東区朝堂南門に当たり、このことと弘仁式、貞観式の壬生門の位置からみて、壬生門は南面東門であろう。若犬養門と小子部門については本論、また前稿で論じた。[8] 東面の門については、小子部門のほか、弘仁式、貞観式で東面の門とする建部門と的門がみえ、時期によって門号の変更がなかったとすれば、遺跡からみて東面は二門と推定されることとの関係が問題となる。

以上、藤原宮については確認される六門号の位置が推定でき、平城宮については六門号が確認でき、四門号の位置が推定できる。これら以外の宮城門号については、弘仁式・貞観式の門号配置をさかのぼらせることが行なわれるが、それらは前述のような何らかの根拠をもった推定とは異なり、それだけの蓋然性をもつにすぎない。

注

（1）今泉隆雄「平城宮の小子門について」（奈良国立文化財研究所『平城宮木簡三』一九八〇年）。
（2）奈良国立文化財研究所『藤原宮木簡一』二号の解説。
（3）平城宮の宮城門の発掘調査については、奈良国立文化財研究所『平城宮発掘調査報告IX』（一九七八年）が刊行されている。
（4）東張出部の南北二等分線上に、東張出部を東西に横断する幅約三〇㍍の地割が存し、その地割の西端部の内裏東方地区の調査（第一五四次調査）で、道路遺構と考えられる幅三〇㍍の空閑地を検出し、この地割が道路の遺存地割と推測された（奈良国立文化財研究所『昭和五八年平城宮跡発掘調査部発掘調査概報』I—3「第二次大極殿院・内裏東方官衙地区の調査・第一五四次」一九八四年）。
（5）東張出部東面中央に想定される門は、一条南大路の一本北の小路に面することになるから、本論で述べた宮城門に大路が突き当たるという原則からはずれる。このことは、東張出部のこの門付近に東接して所在した法華寺（左京一条二坊十一～十四坪、二条二坊九・十六坪）、その前身の藤原不比等第、さらに皇后宮の存在の点から考えられるかもしれない。一条南大路がこれらの施設でさえぎられ、宮城東面に達していなかったので、宮城門の位置が大路と関係なく定められたとも考えられるし、あるいはより積極的に、東面宮城門の位置がこれらの施設の西門との関係で決められた可能性も考えられる。

（6）天平勝宝八歳（七五六）建部門参向者交名（大日本古文書一二―三九二）。同文書の年代推定は、松崎英一「建部門参向者交名について」（『日本歴史』三三一、一九七五年）による。

（7）直木孝次郎「大極殿の起源についての一考察」（『飛鳥奈良時代の研究』所収、一九七五年）。

（8）注(1)今泉論文および今泉隆雄「一九八一年出土の木簡」の平城宮跡・第一次朝堂院地区（第一三六次調査）（『木簡研究』四、一九八二年）。

（付記）初出稿　中山修一先生古稀記念事業会編『長岡京古文化論叢』（一九八六年六月、同朋舎出版刊）掲載。内容に改訂を加えた。「おわりに」を、長岡宮域と京の条坊についての山中章氏の新しい復原案に基づき、全面的に書き改めた。また、注に記していた藤原宮、平城宮の宮城門号について詳しくして、付論「藤原宮・平城宮の宮城門号」として独立させた。

第四章　平安京の造京式

はじめに

私は「八世紀造宮官司考」[1]において、八世紀における京と宮の造営官司全般について考察し、その中で平安京と宮の造営に当たった造宮使と造宮職に関しても論及した。それまでは両者を混同したりして正しい理解が得られていなかったが[2]、この論文では両者の連続性を認めながら一応区別して理解し、造宮使の任官者について、『掌中歴』所引の延暦十三年（七九四）造京式の史料を提示し、造宮使から造宮職へ任官者が変わり、このことから平安京の造営過程について新しい視角を提示できることを示唆した。その後、瀧浪貞子氏はこの史料を積極的にとり上げ、また山中章氏は、造宮官司の変遷をふまえ考古学の知見も加えて、平安京の造営過程を三期に分けて考察した[3]。ところで先の論文では『掌中歴』所引の史料の信憑性の検討を省略せざるを得なかったので、本論でその信憑性を確かめ、造京式について考察をめぐらすことにする。なおこの史料については、早く川勝政太郎氏が検討されているが[4]、私見と見解を異にする点もあるので後述することとする。

一　出典からみた信憑性

問題の史料　史料A　『掌中歴』京兆歴（『続群書類従』第三二輯上）

今案。イ本无レ之。以二ロ遊注一今可二加入一也。(a)延暦十三年十一月廿一日。(b)造京式。(c)京中大小路幷築垣堀溝條坊。(d)使従四位上民部大輔兼東宮学士右衛門督〔左兵衛佐〕伊予守菅原〔野〕朝臣真道。正五位〔下〕・行右〔左カ〕少弁兼春宮亮藤原朝臣葛野麻呂。判官従五位下行式部大丞兼大学助和気朝臣広世。正六位上行治部少丞藤原朝臣真成。正六位上行中衛将監橘朝臣真甥。主典正六位上行民部少録飛驒國造青海。従六位上右京少属郡忌寸國守。従六位下摂津首〔少目〕住吉朝臣浜主。従六位下行相模大目下道朝臣継成等。(e)奉レ詔検録貢奏。

（後の検討結果によって校訂した。後述のためアルファベットを付す。）

『掌中歴』京兆歴は、巻首の目録と本文によると宮城（指）図、門号起（事）、京中（指）図、條路、條路丈数、條里町門、坊門の項目からなり、史料Aの今案は最後の坊門の項の後に付せられているが、内容からみると京中指図、條路、條路丈数などと関係するから、京兆歴全体に関係するものとして、その末尾に付せられたと考えられる。

掌　中　歴　まず史料の出典の面から信憑性を検討する。『掌中歴』[5]は三善為康（一〇四九〜一一三九年）の著作で、部門（「歴」という）ごとに事物の名称を略説したもので、撰述年代は保安四年（一一二三）ないし天治元年（一一二四）と推定されているが、日計歴に久寿元年（一一五四）、年代歴に応保（一一六一〜六三）の年号がみえるので、著者没後に後人の手が加わっていると考えられる。本書の記載様式は、本文の下に双行注があり、そのほかに「今案」とする注が付せられ、史料Aはこの今案の一つである。双行注は本書本来の注であるが、今案は後世の人が加えた注と考えられている（注(5)『群書解題』第二十二）。したがって、史料Aは『掌中歴』撰述の十二世紀初以後に付せられた史料ということになり、信憑性のうすいものと考えられるかもしれない。しかし、ここでこの今案に付せられた「イ本无㆑之。以㆓口遊注㆒今可㆓加入㆒也」の書きこみに注目したい。これは「イ本（異本）」すなわち別の写本との校合をした際の書きこみで、「（この今案は）、別の写本にはない。（別の写本には）口遊注を以て今加え入れるべきである。」という意味と解釈できる。「以口遊注云々」は別本に関する記載の形をとっているが、この今案が口遊注によっていることを明示しようとしたものであろう。

口　遊　『口遊《くちずさみ》』(6)は、天禄元年（九七〇）十二月源為憲（一〇一一年没）が著した年少者のための学習書である。参議藤原為光の依頼でその長子の七歳の松雄君のために著作したもので、貴族に必要な教養を口ずさむことによって記憶させるように作られている。内容によって部門（「門」という）を分け、門ごとに暗誦すべき項目（「曲」という）を掲げ、これに双行注と「今案」という注を付す。双行注は短文で、今案は長文で他の記録にふれることもある。史料Aの口遊注は後者の今案に当たる。双行注も今案も元々の『口遊』に付せられていたと考えられている（注(6)『群書解題』第二十二）。したがって、史料Aは九七〇年撰述の『口遊』の今案によって付加されたものであり、古い年代の史料に基づくから史料的信憑性が高いと考えられる。

『口遊』現行本との関係　ところでここで問題なのは、史料Aが現存の『口遊』に見当たらないことである。しかしこの点はあまり問題とならない。なぜならば、まず『口遊』の現存の古写本は弘長三年（一二六三）書写の真福寺本が一本存するだけであるが、この写本は為憲の原撰本の抄略本と考えられ（注(6)岡田希雄論文）、原撰本には史料Aの記載が存した可能性がある。さらに『掌中歴』の今案には『口遊』の今案に依拠した例があることも注意される。すなわち、『掌中歴』の宮城歴の舎の項に引く「今案。凝華飛香二舎。不㆑載㆓弘仁九年勘文㆒。爰知後代所㆑造。其年不㆑詳。」は『口遊』宮城門の内裏諸殿舎の曲の今案とほぼ同文で、この今案に拠るものと思われる（注(5)『群書解題』

第二十二）。『掌中歴』は序によれば『口遊』を引きつぎ、その不十分さの補訂をめざして撰述されたもので、両書は関係が深いから、『掌中歴』に注を加えるに当たって『口遊』を参照することは大いにありうるのである。

以上から『口遊』原撰本には史料Aが記載されていたが、現存の真福寺本では省略されたと考えられる。史料Aは、内容からみると本来は宮城門に付せられていたものであろう。目録によれば、宮城門は十三曲あることになっているが、真福寺本の本文では十三曲より少なくなっている。出典の面からは、史料Aは天禄元年（九七〇）撰述の『口遊』に記されていた年代の古い史料であるので、信憑性が高いと考えられる。

二　内容からみた信憑性（一）

次に内容の面から信憑性を検討する。

造宮使　平安京の造宮使については『日本紀略』（以下、『紀略』と略称）延暦十二年（七九三）七月辛丑、十四年五月己卯条、『類聚国史』（『類史』と略称）十三年十月甲子条の三史料があり、少なくとも延暦十一年七月二十五日から同十四年五月十三日まで存在したことが明らかであり、史料Aの延暦十三年十一月二十一日の日付がこの間におさまることをまず確認したい。

次に史料Aの職の呼称が、長官である使のほかは判官・主典という一般的呼称であることに注目したい。造営官司のうち、造宮省・造宮職を除く、臨時的に置かれた造○○司・造宮使の職の呼称は、造宮使の長官の使を除き、四等官の一般的呼称である長官・次官・判官・主典であり（第三部第二章第28表・第29表）、平安宮の造宮使も、『紀略』延暦十四年五月己卯条によれば「造宮使主典」とあるから、同様の呼称であったことが確かであり、史料Aの職の呼称はこ

第35表　平安京の造営・遷都と造京式の貢奏

年　月　日	事　　項
延暦十二年正月（七九三）十五日	遷都のため山背国葛野郡宇太村を視察。
正月二十一日	長岡宮の解体開始。
二月　二日	遷都を賀茂大神に告げる。
三月　一日	天皇が新京予定地を巡覧。
三月　七日	新京宮城内に入る百姓地四十四町に三年の価直支給。
三月　十日	遷都を伊勢大神宮に告げる。
三月　十二日	官人に宮城築造の役夫を進めさせる。
三月二十五日	遷都を天智等山陵に告げる。
六月二十三日	諸国に宮城門を造営させる。
七月　十五日	新都に入った口分田・神田の代りを班給。
七月二十五日	天皇が新宮巡覧。造宮使らを褒賞。
八月二十六日	天皇が京中巡覧。
九月　二日	宅地を班給する。
十三年（七九四）六月二十五日	新宮を掃除。
七月　一日	新京に東西市・市人を移す。
七月　九日	女官らに新京の家の造営のため賜稲。
九月二十八日	遷都と征夷を諸国名神に告げる。
九月二十九日	新宮で仁王経を講ず。
十月　五日	遷都のため装束司・次第司を任ず。
十月　十一日	越前国人が造宮料米を貢献。
十月二十二日	天皇が新京へ遷幸（平安京遷都）。
十月二十五日	造宮使・山背国献物。
十月二十六日	近江国献物。

れに合致する。この二点から、史料Aの使以下の職は平安京の造宮使に当たり、またこの点から史料Aの信憑性が確かめられる。

　ところで川勝政太郎氏は早く史料Aを紹介して検討し、平安京の造営官司について論じたが、そこでは、史料Aの「使」は造京に当たるから造京使で、その他の史料にみえる造宮使は宮城の造営に当たるから、両者は別のものと考えた（注（4）論文）。しかし、平安京の造京使は史料にみえず、造宮使・造宮省など「造宮」を冠する造営官司が宮城とともに京城の造営に当たることがあるから、史料Aの「使」は京の造営をしているが、造宮使に当たるとみるのが正しい。後者については、天平十二年（七四〇）の恭仁京の造宮省、天平宝字三年（七五九）の保良京の造宮使、延暦三年（七八

十月二十七日	摂津・河内国献物。
十月二十八日	鴨・松尾神加階。
	遷都の詔を発す。藤原葛野麻呂叙位。
十月　三十日	和泉国献物。
十一月　八日	平安京の号を定め、山背国を山城国に改号。
十一月　十日	伊勢・美作国献物。
十一月　十七日	美濃・但馬国献物。
十一月二十一日	**造宮使が造京式を貢奏す。**
十一月二十九日	播磨国献物。
十二月　二日	斎宮寮献物。
十二月　七日	越前国献物。
十四年正月　十六日	踏歌。新京を祝ぐ歌を奏す。
（七九五）二月二十六日	遷都により出雲国造神賀詞奏上。

（注）京造営に関する事項は文頭を一字分下げた。

四）の長岡京の造宮使のいずれもが宮城と京城の造営に当たっている（第三部第二章）。

新京の宅地班給　『紀略』延暦十二年（七九三）九月戊寅条によれば、平安新京の宅地班給のために菅野真道・藤原葛野麻呂等が派遣された。史料Aの菅原朝臣真道は菅野朝臣真道の誤りであるが、宅地班給に当たった二人は、史料Aでは造宮使の長官の使である。新京の宅地班給に当たった人物が明らかなのは、恭仁京と保良京の例があるが、いずれも造営に当たった官司の長官が含まれている。恭仁京では造営に当たった造宮省の二人の卿のうち智努王が（『続日本紀』〈『続紀』と略称〉天平十三年九月己未条）、保良京では、造宮使と推定される藤原田麻呂がいずれも宅地班給の使節の一員となっている（『続紀』天平宝字五年正月丁未条。第三部第二章参照）。これらの例によれば、宅地班給に当たった菅野真道・藤原葛野麻呂は造宮使の可能性が高く、史料Aはまさしくこのことに合致する。

平安京の造営・遷都と造京式の貢奏　史料Aによれば、延暦十三年十一月二十一日に造宮使が造京式を貢奏した。後述のように、造京式とは平安京の規模・条坊・大小路・築垣・堀溝などについて記したものである。この時点におけるこのような造京式の貢奏という事実の妥当性について、平安京の造営および遷都後の状況から検討してみる（第

35表参照)。

平安京の造営は、延暦十二年(七九三)正月十五日遷都予定地の葛野郡宇太村の視察から始動し、正月二十一日には長岡宮の解体が始まり、遅くとも三月中には新京の工事も開始された。京に関していえば、十二年七月十五日の新都中に入った百姓の口分田や神田を他所で班給する命令を始めとして、九月二日宅地の班給、十三年七月一日東西市の移転、七月九日女官らへの新京の家の建造のための賜稲などがあった。そして九月末ごろから遷都の準備が始まるから、平安京の造成などによる条坊の設定、東西市の造営などは、九月末までにほぼ終了していたと思われる。

次に十三年十月二十二日の遷都の後の状況は、十四年正月まで遷都に関する種々の祝賀の行事が催された。十月二十八日遷都の詔を発し、叙位・任官を行ない、藤原葛野麻呂も叙位された。十一月八日新京の号を平安京と定め、あけて十四年正月十六日の踏歌には新京を祝ぐ歌が奏せられた。この間、畿内と周辺の国十一国と造宮使・斎宮寮から相次いで祝賀のためと思われる献物が行なわれた。造宮使の造京式貢奏が行なわれたのは、これら祝賀行事の行なわれている真最中であって、この時期にこのようなことが行なわれるのはいかにもありそうなことである。ほぼ完成した平安京に関する造京式を、造営に当たった造宮使が、遷都祝賀行事の一環として、詔をうけて貢奏したと考えることができよう。

三　内容からみた信憑性(二)——任官者から——

造宮使の任官者について、本人の位階・本官、また同一氏出身の人物から検討する(第36表参照)。『後紀』は延暦十三年前後は闕巻が多いので、検討には『類史』『紀略』『公卿補任』(『補任』と略称)を利用しなければならない。任官者九人のうち他史料によって存在が確認できるのは五人である。これら九人は他史料との関係で次の四ランクに分けることができる。まず他史料によって存在が確認できる五人は、(1)他史料によって位階・本官の正否が判断できる者（菅野真道、藤原葛野麻呂、和気広世）、(2)他史料と位階などについて矛盾のない者（橘真甥、下道継成）に分けられ、存在の確認できない四人は、(3)同一氏出身の人物や氏の面から判断できる者（飛騨青海、住吉浜主、郡國守）、(4)判断の手掛りのない者（藤原真成）に分けられる。

菅野朝臣真道　史料Aの菅原は明らかに菅野の誤りである。後世著名な菅原道真にひかれて誤写されたものであろう。菅野朝臣はもと津連で、延暦九年（七九〇）七月辛巳に賜姓された（『続紀』）。史料Aの前後の真道の位階・本官の史料を示すと通の通りである。

(ア)『類史』延暦十三年八月癸丑条　　正五位上行民部大輔兼皇太子学士左兵衛佐伊予守（見）

史料A　同十三年十一月二十一日造京式　　使従四位下民部大輔兼東宮学士右衛門督伊予守（見）

(イ)『後紀』同十六年二月己巳条　　従四位下行民部大輔兼左兵衛督皇太子学士から正四位下に昇叙。

(ア)(イ)との対照から史料Aの民部大輔・東宮学士の妥当さが確認できる。真道は民部大輔に延暦十一年六月丙戌に任ぜられ（『補任』延暦二十四年条尻付。以下同じ）、(イ)まで在任を確認できる。東宮学士は皇太子学士と同じもので、真道は安殿立太子の延暦四年十一月丁巳に任ぜられ（『続紀』）、二十四年正月十四日まで在任とみえる（『補任』）。伊予守は(ア)にみえ、延暦十四年二月丁巳にも兼任するから（『補任』）、確認できる。位階については、『補任』の延暦十三年七月従四位下昇叙、十六年二月己巳従四位上昇叙はいずれも(ア)(イ)とくいちがうから誤りであり、信拠できるのは(ア)(イ)の位階である。これらによれば、史料Aの従四位下は正否いずれともいえないが、延暦十三年十月丁卯の遷都の詔に伴う叙位によって藤原葛野麻呂が昇叙したから、真道もその時に従四位下に昇叙した可能性が高く、史料Aの位階は妥

第36表　造宮使任官者の位階・本官

職	氏名	位階・本官	他史料の有無
使	菅原〔野〕朝臣真道	従四位下民部大輔兼東宮学士右衛門督〔左兵衛佐〕伊予守	○
	藤原朝臣葛野麻呂	正五位〔下〕・行右〔左〕少弁兼春宮亮	○
判官	和気朝臣広世	従五位下行式部大丞兼大学助	○
	藤原朝臣真成	正六位上行治部少丞	×
	橘朝臣真甥	正六位上行中衛将監	○
主典	飛騨国造青海	正六位上行民部少録	×
	郡忌寸国守	従六位上右京少属	×
	住吉朝臣浜主	従六位下摂津首〔少目〕	×
	下道朝臣継成	従六位下行相模大目	○

（注）『掌中歴』の原文により校訂を加えた。他史料の有無は他史料に存在が確認できるか否かを示す。○＝見える　×＝見えない。

当であろう。右衛門督については、大宝令制から大同三年（八〇八）まで衛門府は左右に分かれないから誤りである。真道は延暦三年十一月癸卯に左兵衛佐に任ぜられ（『続紀』）、十四年二月丁巳に督に任ぜられるまで（『補任』）、在任したと思われるから、左兵衛佐の誤りの可能性がある。真道については、右衛門督を除き、位階・本官が延暦十三年十一月時点のものとして妥当であることが確認できる。

藤原朝臣葛野麻呂　『補任』延暦二十五年条尻付が主な検討史料となる。まず春宮亮については延暦十三年二月戊辰に任ぜられ、十四年七月に在任しているから確認できる。十六年二月九日春宮大夫就任まで亮に在任したのであろう。次に位階の「正五位」は正五位下が正しい。『補任』の昇叙記事には次のように写本による異伝があり、また誤りもある。

(ア)　延暦十三年十月丁卯　正五位下　　(イ)　十四年四月　(a)従四位下　(b)（ナシ）

(ウ)　十五年四月　(a)従四位上　(b)従四位下　　(エ)　二十三年正月己未　従四位上

まず(エ)従四位上昇叙は、『紀略』延暦二十二年四月壬午条にすでに従四位上とみえるから誤りで、二十二年正月己末に昇叙したとみられる。したがってさかのぼって、(ウ)では(b)従四位下、(イ)では(b)（ナシ）の写本が正しく、葛野麻呂は、十三年十月から十五年四月まで正五位下であった。史料Aは不完全な「正五位」の記載であるから、正否は判断できないが、これらの事実と矛盾はしない。

右少弁については、『補任』によれば葛野麻呂の弁官任官は次の通りである。

(ア) 延暦十年十一月甲子　右少弁。　(イ) 十三年三月二十九日　左少弁。　(ウ) 十四年二月辛巳　右中弁。

(エ) 十四年七月　左中弁。　(オ) 十七年二月丁巳　右大弁。

『弁官補任』もほぼ等しい。『補任』は(イ)について九条家本が右少弁とし、これによれば、史料Aの右少弁と合致するが、(ア)の右少弁任官は『続紀』によって確認できるから、(イ)は左少弁とするのが正しい。したがって、史料Aの右少弁は誤りで、左少弁とするのが正しい。葛野麻呂については、春宮亮は正しく、位階は「下」階を落としているが他史料と矛盾がなく、右少弁は左少弁の誤写と考えられる。

和気朝臣広世　位階の従五位下については、『後紀』延暦十八年二月乙未条の父の清麻呂薨伝によれば、延暦四年に従五位下に叙せられたらしく、同十八年四月癸未にも同位階であるから（『後紀』）正しい。式部大丞、大学助については直接確認できる史料がないが、その後、式部少輔＝延暦十四年十月癸巳（『紀略』）〜二十四年十月己亥、同大輔＝大同元年（八〇六）二月庚戌任、大学頭＝延暦二十四年十月己亥〜大同元年五月甲子（以上『後紀』）という経歴からみれば大いにあり得ることと考えられる。

橘朝臣真甥　『後紀』延暦十八年十一月戊申条にこの時従五位下で少納言に任ぜられたことが見えるのみであり、位階は史料Aの正六位上と矛盾しない。また中衛将監については、中衛府が天平宝字八年（七六四）〜大同二年（八〇七）の間存続するから、中衛将監の存在はおかしくない。

下道朝臣継成　『後紀』に大同元年二月己酉に正六位上から外従五位下に昇叙したことと、同年四月乙巳に外従五位下で主計助に任ぜられたことが見える。史料Aの従六位下は大同元年の正六位上と矛盾しない。相模大目については、同国は上国で（延喜式民部式上）、上国は令制では目が一員であるが、実例では上国の中に大・少目各一員を置く国があり(7)、同国はその一つであるから相模大目の存在はおかしくない。

飛驒国造青海　他史料に存在が確認できない人物については、同一氏の出身者などから検討する。まず飛驒国造氏の出身者は石勝、高市麻呂、祖門が史料にみえ、元来飛驒国大野郡の豪族で、高市麻呂は同郡大領であり（『続紀』天平勝宝元年閏五月癸丑条）、祖門は飛驒国造となった（同延暦二年十二月甲辰条）。一方、三人は中央に出仕し中央官人となっている。石勝は天平勝宝二年（七五〇）～三年に治部大録（『寧楽遺文』下七五八・七六七頁）、高市麻呂は神護景雲二年（七六八）二月癸巳に外従五位下で造西大寺大判官に任ぜられ(補二)（『続紀』）、祖門は大同三年（八〇八）四月庚午に外従五位下で主計助、同三年九月甲申に主税助にそれぞれ任ぜられた（『後紀』）。飛驒国造氏が在地豪族でありながら中央官人化したのは、同国の飛驒工貢進を通じて同氏が中央政府と密接な関係をもったからであろう。青海は石勝、高市麻呂の次の世代、祖門と同世代に当たる。高市麻呂が飛驒工との関係からか造西大寺大判官という造営官僚、祖門が主計助・主税助という財政官僚に任ぜられていることは注目すべきであり、ここに青海が民部少録・造宮主典である可能性が見出せる。

住吉朝臣浜主　住吉朝臣氏はもと池原公で、延暦十年四月乙未に池原公綱主と兄弟二人が賜姓されたことに始まる（『続紀』）。この氏は池原公禾守・綱主、住吉朝臣豊継・継麻呂の四人が史料にみえる。うち三人の初見・終見史料は次の通りである。池原公禾守＝天平宝字七年（七六三）正月壬子　外従五位下で讃岐介任――宝亀八年（七七七）正月戊寅　主計頭従五位下で大外記兼任。池原公（のち住吉朝臣）綱主＝延暦四年（七八五）九月庚子　正六位上から外従五位下に昇叙（以上『続紀』）――同二十四年（八〇五）二月庚戌　散位従四位下で卒す。住吉朝臣豊継＝弘仁元年（八一〇）九月戊申　右近衛将曹見任（以上『後紀』）――同十三年（八二二）正月己亥　従五位下から従五位上に昇叙（『類史』）。以上の活躍時期からみて、禾守、綱主、豊継の三人は、世代の異なる三世代に属すると考えられる。延暦十年四月の住吉朝臣賜姓は「綱主兄弟二人」と限定して許されたが、これは綱主と兄弟二人と解される。この兄弟の一人が、世代からみて豊継の父である継麻呂であり（『類史』弘仁五年正月丙辰条）、もう一人が綱主との名前の類似と年代からみて、史料Aの浜主と考えられる。禾守は世代からみて三兄弟の父か、その世代の一族であろう。綱主は近衛府の将監・将曹・少将を歴任した武官で、鷹犬を愛し、桓武天皇の遊猟に近侍して寵遇を蒙り、住吉朝臣賜姓を含む彼の出世はこのためであり、継麻呂、浜主もそのお陰を蒙った。禾守の経歴では造西隆寺司次官（『続紀』神護景雲元年九月辛亥条）、修理司次官（同・同三年六月庚申条）などの造営官僚の官歴が注目され、浜主の造宮使主典との関係が指摘できる。

浜主の本官の摂津首を前稿では摂津介としたが、宮崎康充氏『国司補任』第二（一九八九年）が摂津少目と改めるのに従うべきである。字形からみて首は少目の誤写であろう。摂津職は延暦十二年三月九日に廃されて国司を設置することになったから（『類聚三代格』）、史料Aで延暦十三年十一月に国司の少目が存在するのはこの改変と合致する。なお摂津国は大・少目のいる上国である（注(7)山田論文）。住吉朝臣氏の本貫は摂津国住吉郡と推定され、彼の摂津少目任官はこのことと関係しよう。

郡忌寸國守　郡忌寸氏は「坂上系図」（『続群書類従』第七輯下）所引の『新撰姓氏録』逸文によれば、倭漢氏の一族である。郡忌寸氏についてはとりたてていうことはないが、倭漢氏が造営に関係する氏であることを指摘しておく(8)。

小　結

任官者の検討からは、延暦十三年十一月のこととして、菅野真道、藤原葛野麻呂、和気広世については、位階・本官が、一部誤りもあるが妥当であり、橘真甥、下道継成については位階が他史料と矛盾がなく、本人の存在を確認できない飛騨青海、住吉浜主、郡國守については、各々同氏出身者の検討から本官あるいは造宮使官人に任ぜられる可能性が指摘でき、各人に関する史料的信憑性があると考えられる。

以上、史料Aは、出典の検討、および内容の上からの造宮使の存続時期と職、宅地の班給、平安京の造営と遷都の祝賀行事、任官者の検討から、史料的信憑性が確認された。

四　造京式の内容

依拠した史料　源為憲は、史料Aをどのような史料に基づいて『口遊』に書きこんだのであろうか。まず、『後紀』などのような編年体の史書に基づくものではないと考えられる。その根拠は、(1)『後紀』は延暦十三年条を闕くが、史料Aは『類史』にみえず、六国史の存する部分はそれらの抄出文である『紀略』に当該日条そのものがない。(2)史料Aの日付が干支による記載でない。(3)史料Aは省略があったとしても国史の一文として文意が通じない、という三点である。

私は、様式からみて、史料Aは造京式そのものを必要に応じて摘記・省略したものと考える。造京式は詔を賜って貢奏されたものであるが、ここでは貢奏された書物の例として、延暦二十二年（八〇三）勘解由使菅野真道によって奏進された延暦交替式をあげ（『新訂増補国史大系』二六）、造京式をこれと比較してその構成を確かめ、さらに省略・改変された部分を復原してみる。上に交替式の構成、下にそれに対応する史料Aを前掲史料に付したアルファベットで示す。

史料A

（延暦交替式）

(1) 書き出し「勘解由使謹奏」

(2) 事書き「撰定諸国司交替式事」……………………………………………(b)「造京式」

(3) 本文（略）……………………………………………………………………(c)「京中大小路幷築垣堀溝條坊」

(4) 末尾「以前。（中略）謹録二事状一。伏聴二天裁一。謹以申聞。謹奏。」

(5) 日付「延暦廿二年二月廿五日」……………………………………………(a)「延暦十三年十一月廿一日」

(6) 奏進者　勘解由使・次官三人署名……………………………………(d)（造宮使官人九名）

検校者　中納言二人署名

(7) 「右大臣宣。奉レ勅依レ奏。」……………………………………………(e)「奉レ詔検録貢奏。」

完全には対応しないが、交替式との対照からみて、史料Aの構成は、(b)が冒頭の事書き、(c)が中心となる本文の略記、(d)(e)が末尾で、それぞれ交替式の(6)(7)に対応する。(1)書き出しに対応するものがないが、本来は(b)の前に「造宮使謹奏」のような書き出しがあったと思われる。そうでないと(d)に「造宮使」ではなく突然「使某」と出てくるのが落ちつかない。(a)の日付は本来(c)(d)の間に位置すべきであるが、次に述べるように、単行法令を「○年○月○日式」と称することがあり、そのような呼称に倣ってこの式も「延暦十三年十一月廿一日造京式」と称されたので、日付が冒頭にくることになったのであろう（補二）。

源為憲が延暦十三年造京式を披見して『口遊』に史料Aの今案を加えたのであろうが、次の事例も注目される。すなわち、『口遊』では宮城門の今案三カ所で、弘仁九年（八一八）定文（勘文）との照合にふれている。この弘仁九年定文は、同年四月に平安宮の殿・堂・院号、門号、京の坊門の号を中国風に改めたことを記録した文書と考えられ(9)、為憲が平安宮・京に関する文書を『口遊』編纂に利用することがあったことを示す。

造京式と式　延暦十三年造京式は、式とはいうものの、延喜式や民部省式などというものから一般に考えられている式の概念と異なる。格のように日付が付いている点や、内容による式名呼称である点である。しかしすでに指摘されているように、式の概念は多様であり、単行の法令を式とよぶ例があった(10)。たとえば、『続紀』延暦五年（七八六）六月己未朔条の「天平宝字元年十月十一日式」は、天平宝字元年（七五七）十月乙卯条の「国司処分公廨式」に当たり、延暦九年十一月乙丑条の「天平十七年式」は同年制定の国司の公廨処分の法令であり（天平十七年十一月庚辰条）、天平宝字三年三月庚寅条の大宰府周辺の警護のための「警固式」は「同年（天平四年）節度使従三位藤原朝臣宇合時式」に当たる（宝亀十一年七月丁丑、天平四年八月壬辰条）。天平宝字三年に大宰府が新羅征伐のために「行軍式」をつくり（天平宝字三年六月壬子条）、のちの『延喜式』治部省式祥瑞条のもとになった「瑞式」と言うものも存した（神護景雲二年九月辛巳条）。造京式はこれらの単行法令と同じ性格の式である。

造京式と延喜式京程条　造京式は『延喜式』左右京職式京程条と内容的に深い関係にあると考えられる。京程条は、平安京の南北・東西の規模、各種の大路と小路の幅と数、町の規模と数、各種大路と小路の築垣幅・溝幅・路幅を記し、いわば平安京の平面図の各種の数値を記したものである。この内容は造京式の内容をなす(c)本文の「京中大小路幷築垣堀溝」と合致する。本来の造京式は京程条のごとき記載に京の条坊図を加えたものと考える。条坊図を加えるのは、(c)に「條坊」とあり、京程条の記載では条坊について明確でないからである。また逆に『延喜式』京程条は延暦十三年造京式を基に成立したものと考えられる。

おわりに

以上の検討によって、延暦十三年造京式について史料的信憑性が確認され、その内容を推測することができた。最後にこの史料によって考えられることを簡単に指摘しておく。

(1) いうまでもなく、史料Aによってはじめて造宮使の任命官人が明らかになった。このことから造宮使から造宮職への変化が明らかになり、山中章氏が明らかにしたように平安京の造営過程を考えることができる。任官者の検討からは瀧浪貞子氏が試みたように、平安京造営の政治史的考察が可能である（注（3）論文）。

(2) 平安京の造営に当たって、造営された京の内容を記した造京式が作成され、遷都後の祝賀行事の中で貢奏されたことが明らかになった。このような事実は、都城造営全般の中ではじめて明らかになった興味深いことである。また『延喜式』京程条は平安京復原のための基本史料であるが、その基が延暦十三年の造京式作成によって成立したと考えられることも重要である。

注

（1） 本書第三部第二章「八世紀造宮官司考」。
（2） 喜田貞吉『帝都』二四八頁（一九三九年）、京都市『京都の歴史』一、第三章第一節（村井康彦執筆、一九七〇年）。
（3） 瀧浪貞子「『山背』遷都と和気清麻呂」（『日本古代宮廷社会の研究』一九九一年）、山中章「長岡京から平安京へ」（新版『古代の日本』八、近畿II、一九九一年）。
（4） 川勝政太郎「平安京の造営機構について」（『史迹と美術』一八四）。
（5） 『掌中歴』の解題については、和田英松『本朝書籍目録考證』（一九三六年）の「掌中歴」の項、および『群書解題』第二十二

（一九六六年）の同書の項（猪熊兼繁執筆）を参照。

（6）『口遊』の解題については、注（5）の和田『本朝書籍目録考證』、『群書解題』第二十二の同書の項（猪熊兼繁執筆）、および古典保存会第一期複製本『口遊』（一九二四年）の解説（山田孝雄執筆）、岡田希雄「口遊は抄略本か」（『国語・国文』第六巻九号、一九三六年）を参照。また本文は『続群書類従』第三二輯上および前記古典保存会複製本による。

（7）山田英雄「国の等級について」（『古代学』九―一・二、一九六〇年）。

（8）岸俊男「大匠・倭漢氏」（『古代宮都の探究』一九八四年）。

（9）本書第三部第三章「長岡宮宮城門号考」。

（10）宮城栄昌『延喜式の研究　論述編』第一篇第一章第二・三節（一九五七年）。

（付記）初出稿　中山修一先生喜寿記念事業会編『長岡京古文化論叢Ⅱ』（一九九二年七月、三星出版刊）掲載。補注に記したように内容を改訂した。

（補一）野村忠夫氏「飛驒国造氏と西大寺――初期律令制官人構成の一視点――」（『岐阜史学』一五、一九五五年。『古代貴族と地方豪族』再収、一九八九年）は、大野郡大領飛驒国造高市麻呂の造西大寺大判官任命について、献物によって叙位された地方豪族が、道鏡政権下に中央官に任命されるようになり、高市麻呂の例もその一事例であること、またその任官は、西大寺造営に徴発される飛驒匠丁の統制に当たらせるためであり、また飛驒国造氏が大野郡の墾田を西大寺に献進したことと関係があることを指摘している。

（補二）初出稿では、造京式と交替式の対応について(e)―(4)としていたが、本書では(e)―(7)と改めた。また本書で(a)日付についての部分を書き加えた。

あとがき

私が宮都研究に取組むようになったきっかけは、奈良国立文化財研究所において十一年間にわたって、平城京跡、飛鳥・藤原京跡の発掘調査に従事したことである。研究所での仕事は、発掘の現場に立つとともに、文献史学の立場から遺跡について考察し、また出土した木簡の調査・研究に当たることであった。このような中で、私は宮都と木簡の研究に向かっていくことになった。

本書の論文は発掘調査を契機に執筆されたものが多い。たとえば、第一部の飛鳥の須彌山・漏刻臺や第二部の平城宮大極殿・朝堂の研究は、それぞれ石神・水落遺跡、平城宮中央区の発掘への参加から生まれた。本書の研究が文献史学の立場に立ちながらも考古学の成果に大きく依拠しているのは、このような研究の経緯による。このようにして成立した点で、本書はともに調査に参加した方々への私の文献史学の立場からの報告書ということができる。また本書には収められなかったが、木簡の研究は本書の宮都の研究と密接な関係をもっている。

最初の論文集を刊行するに当たって想いおこすのは、多くの方々からこれまで蒙ってきた恩誼の数々である。恩師関晃先生には、古代史研究の最初の手ほどきを受けて私の研究の基礎を築いていただき、現在に至るまで変らぬ温容を以て温かいご指導をいただいている。故岸俊男先生は、宮都研究の先達としてその論著から学ぶことが多かっただけでなく、直接お教えを受けることもあった。歴史地理学的方法による平城京条坊の復原、越前国糞置庄の条里復原、また奈良市庁舎にある平城京復原模型の作製などの仕事の末座に加えていただいたのは、懐しい思い出である。

私の在職中の所長であった坪井清足氏、直属の上司であった狩野久氏をはじめとして、奈良国立文化財研究所の方々からは、在職中はもちろん職を離れてからも、多くのことを学んできた。この研究所の特色は、考古学、文献史学、建築史、庭園史など専門を異にする研究者がいて、それぞれが「文化財」という原物資料を対象に研究するところにある。異なった分野の研究者からはさまざまな刺激を受け、木簡の調査や、南都・京都の諸大寺の典籍・古文書の調査への参加を通じて、原物史料を見る大切さとおもしろさを教えられた。若い時期にこのような研究環境の中で、古代史の重要遺跡である飛鳥・藤原京跡、平城京跡の調査に従事できたことは、幸せなことであったし、また私の研究方法を形造る上で大きな影響を受けたと思う。

現在勤務している東北大学文学部では、渡辺信夫教授、羽下徳彦教授に恵まれた研究環境を与えられ、またそれまで経験のなかった大学教育についてお教えを受けることが多かった。宮都研究を続けてきた中で忘れられないのは、各地の都城遺跡の発掘調査に酷寒炎暑の中で従事している調査員の方々のご労苦である。本書の研究はこれらの方々の調査の成果に負っている。

恩誼を受けた方々のお名前をあげつくすことはできないが、この機会を借りて感謝の微意を捧げたい。

本書の作成に当たっては、吉川弘文館の上野久子氏に編集・校正などについてお骨折りいただき、また東北大学大学院の吉田歓君、岡崎玲子君に校正・索引作成についてご助力を得た。厚くお礼申し上げたい。最後に私事ながら、常日ごろ私の健康のために心を砕いてくれる妻の瑞枝に謝意を表わすことをお許しいただきたい。

一九九三年八月

仙台青葉城趾の研究室にて

今泉隆雄

成稿一覧

第一部

第一章　飛鳥の須彌山と齋槻

『東北大学文学部研究年報』四一号　一九九二年三月

第二章　飛鳥の漏刻臺と時刻制の成立

（原題）日本古代における漏刻と時刻制の成立

渡部治雄編『文化における時間意識』一九九三年二月　角川書店

第三章「飛鳥浄御原宮」の宮号命名の意義

（原題）「飛鳥浄御原宮」の宮号について　『日本歴史』四四四号　一九八五年五月

第二部

第一章　平城宮大極殿朝堂考

関晃教授還暦記念会編『関晃先生還暦記念　日本古代史研究』一九八〇年十月　吉川弘文館

第二章　平城宮大極殿朝堂再論

（原題）再び平城宮の大極殿・朝堂について

索　　引

1.　I宮都，II一般事項〔(1)人名・氏名，(2)一般〕，III引用著者名に分類した。
2.　配列は原則として五十音順としたが，宮都・内容ごとに一括した部分がある。

I　宮　　都

あ　行

か　行

さ　行

た　行

な　　行

は　　行

ま　行

や　行

ら　行

わ　行

II　一般事項

(1)　人名・氏名

あ　行

か　行

さ 行

た 行

な 行

は 行

ま 行

や 行

ら 行

わ 行

(2) 一 般

あ 行

か 行

さ 行

た 行

な　　行

は　　行

ま　　行

や　　行

ら　　行

わ 行

III 引用著者名

あ 行

か 行

さ 行

関晃先生古稀記念会編『律令国家の構造』一九八九年一月　吉川弘文館

第三章「平城京市指図」と東西市の位置

（原題）所謂「平城京市指図」について　『史林』五九巻二号　一九七六年三月

第四章　平城京の朱雀大路　新稿

第三部

第一章　律令制都城の成立と展開

歴史学研究会・日本史研究会編『講座日本歴史2　古代2』一九八四年十一月　東京大学出版会

第二章　八世紀造宮官司考

奈良国立文化財研究所創立三〇周年記念論文集刊行会編『文化財論叢』一九八三年三月　同朋舎出版

第三章　長岡宮宮城門号考

付論　藤原宮・平城宮の宮城門号

中山修一先生古稀記念事業会編『長岡京古文化論叢』一九八六年六月　同朋舎出版

第四章　平安京の造京式

中山修一先生喜寿記念事業会編『長岡京古文化論叢II』一九九二年七月　三星出版

著者略歴

一九四七年　福島県郡山市に生まれる
一九六九年　東北大学文学部卒業
一九七二年　同大学大学院文学研究科博士課程中退
　　　　　　奈良国立文化財研究所文部技官
一九八三年　東北大学文学部助教授（国史専攻）現在に
　　　　　　至る

〔主要論著〕

『平城宮木簡三』（共編、一九八一年・奈良国立文化財研究所）
『長岡京木簡一』（共編、一九八四年・向日市教育委員会）
『新版古代の日本9　東北・北海道』（共編、一九九二年・角川書店）

古代宮都の研究

平成五年十二月二十日　第　刷発行

著　者　今《いま》泉《いずみ》隆《たか》雄《お》

発行者　吉川圭三

発行所　株式会社　吉川弘文館
郵便番号一一三
東京都文京区本郷七丁目二番八号
電話〇三—三八一三—九一五一〈代〉
振替口座　東京〇—二四四番

印刷＝三和印刷・製本＝誠製本

日本史学研究叢書

『日本史学研究叢書』刊行の辞

戦後、日本史の研究は急速に進展し、各分野にわたって、すぐれた成果があげられています。けれども、その成果を刊行して学界の共有財産とすることは、なかなか容易ではありません。学者の苦心の労作が、空しく筐底に蔵されて、日の目を見ないでいることは、まことに残念のことと申さねばなりません。

吉川弘文館は、古くより日本史関係の出版を業としており、今日においてもそれに全力を傾注しておりますが、このたび万難を排して、それらの研究成果のうち、とくに優秀なものをえらんで刊行し、不朽に伝える書物としたいと存じます。この叢書は、あらかじめ冊数を定めてもいず、刊行の期日を急いでもおりません。成るにしたがって、つぎつぎと出版し、やがて大きな叢書にする抱負をもっております。

かくは申すものの、この出版にはきわめて多くの困難が予想されます。ひとえに日本の歴史を愛し、学術を解する大方の御支援を得なければ、事業は達成できまいと思います。なにとぞ、小社の微意をおくみとり下され、御援助のほどをお願い申します。

昭和三十四年一月

〈日本史学研究叢書〉
古代宮都の研究（オンデマンド版）

Digital Publishing

2018年10月1日　発行

著　者　今泉隆雄《いまいずみたかお》
発行者　吉川道郎
発行所　株式会社 吉川弘文館
〒113-0033　東京都文京区本郷7丁目2番8号
TEL　03(3813)9151(代表)
URL　http://www.yoshikawa-k.co.jp/

印刷・製本　株式会社 デジタルパブリッシングサービス
URL　http://www.d-pub.co.jp/

今泉隆雄（1947～2013）
ISBN978-4-642-72271-1